信息系统项目管理师一站通关

（适用第4版大纲）

指尖疯 ◎ 编著

中国水利水电出版社
www.waterpub.com.cn
·北京·

内 容 提 要

本书由专注软考培训十余年的指尖疯编著完成，根据 2024 年最新版大纲编写，对信息系统项目管理师认证考试中涉及的 171 个核心考点，通过"考点精讲＋考题实练＋案例强化＋视频解析"的方式进行了详尽阐述。

本书主要内容包括软考大数据分析、信息化发展、信息技术发展、信息系统治理、信息系统管理、信息系统工程、项目管理概论、项目立项管理、项目整合管理、项目范围管理、项目进度管理、项目成本管理、项目质量管理、项目资源管理、项目沟通管理、项目风险管理、项目采购管理、项目干系人管理、项目绩效域、配置与变更管理、高级项目管理、项目管理科学基础、组织通用治理、组织通用管理、法律法规与标准规范的考点精讲，同时针对案例分析科目、计算专题、论文写作科目进行了专项指导。

本书可作为信息系统项目管理师考试的配套辅导用书，帮助考生一站通关，拿到证书。

图书在版编目（CIP）数据

信息系统项目管理师（适用第 4 版大纲）一站通关 / 指尖疯编著. -- 北京 : 中国水利水电出版社，2025. 1.
ISBN 978-7-5226-3097-7

Ⅰ．G202

中国国家版本馆 CIP 数据核字第 2025NZ3289 号

责任编辑：周春元　　　加工编辑：贾润姿　　　封面设计：李　佳

书　　名	信息系统项目管理师（适用第4版大纲）一站通关 XINXI XITONG XIANGMU GUANLISHI（SHIYONG DI-SI BAN DAGANG）YIZHAN TONGGUAN
作　　者	指尖疯　编著
出版发行	中国水利水电出版社 （北京市海淀区玉渊潭南路 1 号 D 座 100038） 网址：www.waterpub.com.cn E-mail：mchannel@263.net（答疑） 　　　　sales@mwr.gov.cn 电话：（010）68545888（营销中心）、82562819（组稿）
经　　售	北京科水图书销售有限公司 电话：（010）68545874、63202643 全国各地新华书店和相关出版物销售网点
排　　版	北京万水电子信息有限公司
印　　刷	三河市德贤弘印务有限公司
规　　格	184mm×240mm　16 开本　25 印张　622 千字
版　　次	2025 年 1 月第 1 版　2025 年 1 月第 1 次印刷
印　　数	0001—3000 册
定　　价	69.80 元

凡购买我社图书，如有缺页、倒页、脱页的，本社营销中心负责调换

版权所有·侵权必究

序　　言

您好，相见是缘，欢迎打开本书，接下来和您聊聊关于软考的思考，关于本书的想法，关于您想知道的，关于我想告诉您的一切。

信息系统项目管理师隶属于软考大家族高级阵营，得益于其通用性和非技术性，近些年的报考热度持续不减，持续占据软考排头兵地位，吸引了越来越多的考生报考，但是折戟沉沙者不在少数，原因何在？找出根本原因方能逆转未来，指尖疯十余年的培训经验揭示了两点真相。一是考试规则所致，信息系统项目管理师考查3个科目，任何一个科目不过，下次3个科目均需重考；二是考试内容包罗万象而且枯燥难记。

第1点真相告诉我们备考不能偏科，时刻不能忘记木桶原理，第2点真相告诉我们需要找到更快、更好的学习策略。简单翻看第4版官方教程，其篇幅是734页126万字，这意味着仅仅从篇幅看，信息系统项目管理师考试内容浩如烟海，但是官方教程学习起来不像看畅销书那样简单。另外信息系统项目管理师第4版考纲不仅没有减少旧版考纲考点，而且还新增了众多考点，拿数据治理举例，第4版官方教程中虽然寥寥几页，但是实际上涵盖了好几本专业书籍的范围。

由此我接触到的很多考生诉苦：所有字都认识，但是看完后却没有任何印象，而这其实是最要命的！所以我一直在想，如何才能够真正帮你去繁存简，提升备考效率，从而诞生了本书。

那么，本书能够给您带来什么呢？

官方教程中的每句话、每段话、每一节、每一章，本书都会在反复阅读和思考的基础上，结合历年考题的考点分布数据，将考点精华提炼出来，考点提炼过程类似大数据中的ETL技术：首先是第1步抽取（extract），从教程中抽取关键考点句出来，删掉重复、无用的语句；其次是第2步转换（transform），将考点用富有逻辑且与上下文结合的方式转换和组合，达到独立理解、记忆和掌握的程度；最后是第3步加载（load），在一站通关中加载展示，同时增加"考点精华""备考点拨"和"考题精练"环节，组成学、讲、练三位一体通关体系。

所以，我所定义的《一站通关》最大价值，是把超级厚书变薄，萃取考点精华，从而让备考更有效率、更易理解、更能记牢！《一站通关》之所以能够价值最大化，源于深入借鉴指尖疯十余年的备考培训体系，源于信息系统项目管理师的备考通关离不开夯基础、抓要害和勤记忆三板斧。

信息系统项目管理师3个考试科目中无论哪一个，都离不开理论知识，万丈高楼平地起，为了帮读者夯实备考基础，本书凭借对过去数十年考题的深度分析，以及十余年培训经验，提炼出考试大纲中的核心考点共计171个，用最精练、简洁的语言和图表，讲解最核心的考点。毫不夸张地讲，这171个核心考点，至少可以覆盖90%的考题。

伴随"核心考点"一同呈现的，还有针对每个考点的"备考点拨"栏。每个考点的备考点拨栏，都会一针见血地告诉读者如何高效掌握当前考点，如何记忆、学习当前考点，并且按学习难度星级和考试频度星级，对每个考点进行双星级评定，让读者直观感受到当前考点的学习难度和考试频度。

本书精心挑选了上百道考题，以练促学、以练强学。这上百道考题，来自于历年真题库和自研习题库，并且提供了考题解析，方便读者用考题来检验自己对核心考点的掌握程度，对考题有直观的体验。

　　除此之外，读者还可以在"指尖疯"公众号中，通过回复关键词"高项真题"，获取过去十余年历年真题合集资料：历年真题超级打印版。指尖疯历年真题超级打印版，被历届考生伙伴赞誉为：网上的历年真题合集只有两种，一种是指尖疯的超级打印版，一种是其他。

　　本书借助高颜值思维导图形式，在每一章开头展示出考点星级分布图，使各个考点不再孤立化和碎片化，而是形成一张彼此关联的分布图，避免陷入云深不知处的尴尬，在备考途中，心中永远有幅指向一站通关拿证的地图。

　　本书在每一章开头，还会言简意赅地展示章节考情速览，让读者快速洞悉本章包含的主要知识块以及在考试中的分值预测。

　　针对热点和难点的代表性考点，本书提供了近 200 个精华短视频，可以直接扫描核心考点旁边的二维码就可以收看，短视频让核心考点掌握更加牢固！

　　有了以上这么多的内容加持，《一站通关》希望能够帮你夯实基础，以不变应万变。

　　信息系统项目管理师一站通关的要害是案例分析科目和论文写作科目，所以本书专门有 5 章内容帮您抓要害。

　　案例分析科目分为问答题型和计算题型。过去统计数据表明，如果能够拿下案例分析科目的计算题型，基本上案例分析科目能够锁定 80% 左右的正确率；问答题型的案例分析又分理论记忆型和找错纠正型 2 类，针对理论记忆型案例分析，本书对高频案例理论记忆考点集中整理了 61 个问题及回答，方便读者对考点一网打尽。针对找错纠正型案例分析，本书整理了 103 个具有代表性的高频找错纠正型案例分析的"关键词"以及对应的"条件反射"。

　　计算题型案例分析，本书对关键路径计算、时差计算、挣值计算、预测计算、三点估算计算、沟通渠道计算、决策树分析 EMV 和净现值投资回收期计算，进行了手把手考点讲解，考虑到计算题的学习场景，本书在难点计算考点上，也一并配套了手把手精讲短视频辅助理解和掌握。

　　论文写作科目的备考和小学作文的学习思路如出一辙，小学语文老师告诉我们，写好作文一要掌握技巧，二要多看优秀作文，三要多练多写。本书通过 4 路攻略和"凤头、猪肚、豹尾"的 3 步手把手演示，告诉您论文的写作技巧和框架思路；论文范文不在多，而在精，本书针对主流的十大知识域和八大绩效域，分别以电子版的方式提供了一篇范文供读者参考（扫码）。在此之后，唯有动手书写，边写边思考、边改进才是取胜王道。

　　最后就是要勤记忆，本书在附录部分（电子版）特地准备了五大过程组的输入、工具与技术和输出汇总表，以及五大过程组、十大知识域和 49 个过程，为集中记忆提供集中"弹药"，而且本书也是您考前冲刺最好的"弹药"，在考前把本书从头到尾再通读一遍，看看自己在书中标记的重点、记下的笔记，相信一站式通关将不负您的努力！

编者
2024 年 6 月

目 录

序言

一站通关导入篇

第1章 大数据显微镜下的软考 2
 1.1 用8个关键词看懂软考 2
 1.2 用5点价值检验软考含金量 3
 1.3 信息系统项目管理师介绍 4
 1.4 大数据扫描下的综合知识科目 5
 1.5 大数据扫描下的案例分析科目 7
 1.6 大数据扫描下的计算题题型 8
 1.7 大数据扫描下的论文写作科目 11

核心考点篇

第2章 信息化发展考点精讲及考题实练 14
 📹 精讲视频：11节
 2.1 章节考情速览 14
 2.2 考点星级分布图 14
 2.3 核心考点精讲 15
  【考点1】信息与信息化 15
  【考点2】信息系统抽象模型与生命周期 17
  【考点3】新型基础设施建设 18
  【考点4】工业互联网平台体系 19
  【考点5】车联网和农业农村现代化 20
  【考点6】两化融合与智能制造和消费
    互联网 22
  【考点7】数字经济 23
  【考点8】数字政府和数字生态 25
  【考点9】数字社会 27
  【考点10】数字化转型 29
  【考点11】元宇宙主要特征及发展演进 30

第3章 信息技术发展考点精讲及考题实练 32
 📹 精讲视频：12节
 3.1 章节考情速览 32
 3.2 考点星级分布图 32
 3.3 核心考点精讲 33

  【考点12】OSI、TCP/IP、SDN 和 5G 33
  【考点13】存储技术 36
  【考点14】数据结构模型 37
  【考点15】数据库类型 38
  【考点16】数据仓库 39
  【考点17】信息安全 41
  【考点18】物联网 42
  【考点19】云计算 43
  【考点20】大数据 45
  【考点21】区块链 46
  【考点22】人工智能 47
  【考点23】虚拟现实 48

第4章 信息系统治理考点精讲及考题实练 49
 📹 精讲视频：7节
 4.1 章节考情速览 49
 4.2 考点星级分布图 49
 4.3 核心考点精讲 50
  【考点24】IT 治理基础 50
  【考点25】IT 治理体系构成、关键决策
    和经验 51
  【考点26】IT 治理体系框架和核心内容 53
  【考点27】IT 治理任务 54
  【考点28】IT 治理方法与标准 55

【考点 29】IT 审计范围、风险和方法技术...57
【考点 30】IT 审计证据底稿与流程内容......59

第 5 章　信息系统管理考点精讲及考题实练......61

精讲视频：6 节

5.1　章节考情速览......61
5.2　考点星级分布图......61
5.3　核心考点精讲......62
　　【考点 31】信息系统架构及战略三角......62
　　【考点 32】设计方法与架构模式......64
　　【考点 33】运维服务管理活动......65
　　【考点 34】IT 服务管理活动......66
　　【考点 35】DMAIC/DMADV......67
　　【考点 36】数据管理能力成熟度评估模型 DCMM......68
　　【考点 37】数据管理模型......71
　　【考点 38】IT 运维管理......72
　　【考点 39】CIA 三要素和信息安全管理体系......74
　　【考点 40】网络安全等级保护 2.0......75

第 6 章　信息系统工程考点精讲及考题实练......77

精讲视频：15 节

6.1　章节考情速览......77
6.2　考点星级分布图......77
6.3　核心考点精讲......79
　　【考点 41】软件架构......79
　　【考点 42】需求分析过程......80
　　【考点 43】统一建模语言（UML）......82
　　【考点 44】软件设计和实现......84
　　【考点 45】部署交付......86
　　【考点 46】CSMM 模型及等级......87
　　【考点 47】数据建模......88
　　【考点 48】数据标准化......89
　　【考点 49】数据运维......91
　　【考点 50】数据开发利用......92
　　【考点 51】数据库安全......94
　　【考点 52】网络集成......94
　　【考点 53】数据集成......95
　　【考点 54】软件和应用集成......97
　　【考点 55】安全系统......98

【考点 56】ISSE 工程体系架构......100

第 7 章　项目管理概论考点精讲及考题实练......102

精讲视频：7 节

7.1　章节考情速览......102
7.2　考点星级分布图......102
7.3　核心考点精讲......103
　　【考点 57】项目的特点......103
　　【考点 58】项目、项目集、项目组合、运营和产品......104
　　【考点 59】组织过程资产与事业环境因素...106
　　【考点 60】组织系统和项目经理......107
　　【考点 61】项目管理原则......109
　　【考点 62】项目生命周期特征......114
　　【考点 63】项目管理过程组和知识域......115
　　【考点 64】价值交付系统......116

第 8 章　项目立项管理考点精讲及考题实练......118

精讲视频：5 节

8.1　章节考情速览......118
8.2　考点星级分布图......118
8.3　核心考点精讲......119
　　【考点 65】项目建议书......119
　　【考点 66】可行性研究的内容......120
　　【考点 67】初步可行性研究......121
　　【考点 68】详细可行性研究......123
　　【考点 69】项目评估......125

第 9 章　项目整合管理考点精讲及考题实练......126

精讲视频：9 节

9.1　章节考情速览......126
9.2　考点星级分布图......126
9.3　核心考点精讲......127
　　【考点 70】整合管理基础......127
　　【考点 71】项目章程......129
　　【考点 72】制定项目章程的输入、输出、工具与技术......130
　　【考点 73】制订项目管理计划的输入、输出、工具与技术......131
　　【考点 74】指导与管理项目工作的输入、输出、工具与技术......133

【考点 75】管理项目知识的输入、输出、
　　　　　工具与技术 135
【考点 76】监控项目工作的输入、输出、
　　　　　工具与技术 137
【考点 77】实施整体变更控制的输入、
　　　　　输出、工具与技术 139
【考点 78】结束项目或阶段的输入、
　　　　　输出、工具与技术 141

第 10 章　项目范围管理考点精讲及考题实练 ... 143

精讲视频：7 节

10.1　章节考情速览 143
10.2　考点星级分布图 143
10.3　核心考点精讲 144
【考点 79】范围管理基础 144
【考点 80】规划范围管理的输入、输出、
　　　　　工具与技术 145
【考点 81】收集需求的输入、输出、
　　　　　工具与技术 147
【考点 82】定义范围的输入、输出、
　　　　　工具与技术 150
【考点 83】创建 WBS 的输入、输出、
　　　　　工具与技术 152
【考点 84】确认范围的输入、输出、
　　　　　工具与技术 154
【考点 85】控制范围的输入、输出、
　　　　　工具与技术 156

第 11 章　项目进度管理考点精讲及考题实练 ... 159

精讲视频：6 节

11.1　章节考情速览 159
11.2　考点星级分布图 159
11.3　核心考点精讲 160
【考点 86】规划进度管理的输入、输出、
　　　　　工具与技术 160
【考点 87】定义活动的输入、输出、
　　　　　工具与技术 161
【考点 88】排列活动顺序的输入、输出、
　　　　　工具与技术 163
【考点 89】估算活动持续时间的输入、
　　　　　输出、工具与技术 166

【考点 90】制订进度计划的输入、输出、
　　　　　工具与技术 168
【考点 91】控制进度的输入、输出、
　　　　　工具与技术 172

第 12 章　项目成本管理考点精讲及考题实练 ... 175

精讲视频：5 节

12.1　章节考情速览 175
12.2　考点星级分布图 175
12.3　核心考点精讲 176
【考点 92】成本管理基础 176
【考点 93】规划成本管理的输入、输出、
　　　　　工具与技术 177
【考点 94】估算成本的输入、输出、
　　　　　工具与技术 178
【考点 95】制定预算的输入、输出、
　　　　　工具与技术 180
【考点 96】控制成本的输入、输出、
　　　　　工具与技术 182

第 13 章　项目质量管理考点精讲及考题实练 ... 185

精讲视频：4 节

13.1　章节考情速览 185
13.2　考点星级分布图 185
13.3　核心考点精讲 186
【考点 97】质量管理基础 186
【考点 98】规划质量管理的输入、输出、
　　　　　工具与技术 188
【考点 99】管理质量的输入、输出、
　　　　　工具与技术 190
【考点 100】控制质量的输入、输出、
　　　　　工具与技术 194

第 14 章　项目资源管理考点精讲及考题实练 ... 197

精讲视频：8 节

14.1　章节考情速览 197
14.2　考点星级分布图 197
14.3　核心考点精讲 198
【考点 101】资源管理基础 198
【考点 102】团队发展和激励 200

【考点103】规划资源管理的输入、输出、
　　　　　工具与技术 203
【考点104】估算活动资源的输入、输出、
　　　　　工具与技术 205
【考点105】获取资源的输入、输出、
　　　　　工具与技术 207
【考点106】建设团队的输入、输出、
　　　　　工具与技术 209
【考点107】管理团队的输入、输出、
　　　　　工具与技术 211
【考点108】控制资源的输入、输出、
　　　　　工具与技术 213

第15章　项目沟通管理考点精讲及考题实练 ... 215

精讲视频：3节

15.1　章节考情速览 215
15.2　考点星级分布图 215
15.3　核心考点精讲 216
【考点109】沟通管理基础 216
【考点110】规划沟通管理的输入、输出、
　　　　　工具与技术 217
【考点111】管理沟通的输入、输出、
　　　　　工具与技术 220
【考点112】监督沟通的输入、输出、
　　　　　工具与技术 222

第16章　项目风险管理考点精讲及考题实练 ... 224

精讲视频：8节

16.1　章节考情速览 224
16.2　考点星级分布图 224
16.3　核心考点精讲 225
【考点113】风险属性和分类 225
【考点114】规划风险管理的输入、输出、
　　　　　工具与技术 228
【考点115】识别风险的输入、输出、
　　　　　工具与技术 229
【考点116】实施定性风险分析的输入、
　　　　　输出、工具与技术 231
【考点117】实施定量风险分析的输入、
　　　　　输出、工具与技术 233

【考点118】规划风险应对的输入、输出、
　　　　　工具与技术 235
【考点119】实施风险应对的输入、输出、
　　　　　工具与技术 237
【考点120】监督风险的输入、输出、
　　　　　工具与技术 238

第17章　项目采购管理考点精讲及考题实练 ... 240

精讲视频：5节

17.1　章节考情速览 240
17.2　考点星级分布图 240
17.3　核心考点精讲 241
【考点121】规划采购管理的输入、
　　　　　输出、工具与技术 241
【考点122】实施采购的输入、输出、
　　　　　工具与技术 244
【考点123】控制采购的输入、输出、
　　　　　工具与技术 246
【考点124】合同的分类及内容 248
【考点125】合同管理过程 250

第18章　项目干系人管理考点精讲 及考题实练 253

精讲视频：4节

18.1　章节考情速览 253
18.2　考点星级分布图 253
18.3　核心考点精讲 254
【考点126】识别干系人的输入、输出、
　　　　　工具与技术 254
【考点127】规划干系人参与的输入、
　　　　　输出、工具与技术 257
【考点128】管理干系人参与的输入、
　　　　　输出、工具与技术 259
【考点129】监督干系人参与的输入、
　　　　　输出、工具与技术 260

第19章　项目绩效域考点精讲及考题实练 ... 263

精讲视频：8节

19.1　章节考情速览 263
19.2　考点星级分布图 263
19.3　核心考点精讲 264

【考点 130】干系人绩效域..................264
【考点 131】团队绩效域......................265
【考点 132】开发方法和生命周期绩效域.....267
【考点 133】规划绩效域......................269
【考点 134】项目工作绩效域................271
【考点 135】交付绩效域......................273
【考点 136】度量绩效域......................274
【考点 137】不确定性绩效域................276

第 20 章 配置与变更管理考点精讲及考题实练..................279

精讲视频：6 节

20.1 章节考情速览..................279
20.2 考点星级分布图..................279
20.3 核心考点精讲..................280
【考点 138】配置管理八大术语..................280
【考点 139】配置管理活动..................282
【考点 140】变更管理基础..................285
【考点 141】变更工作程序..................286
【考点 142】变更控制与版本发布回退..................287
【考点 143】项目文档管理..................289

第 21 章 高级项目管理考点精讲及考题实练...291

精讲视频：8 节

21.1 章节考情速览..................291
21.2 考点星级分布图..................291
21.3 核心考点精讲..................292
【考点 144】项目集管理..................292
【考点 145】项目组合管理..................294
【考点 146】OPM 框架要素和成熟度..................297
【考点 147】量化管理理论及应用..................298
【考点 148】组织级量化管理..................300
【考点 149】项目级量化管理..................302
【考点 150】CMMI 模型..................303
【考点 151】PRINCE2 模型..................304

第 22 章 项目管理科学基础考点精讲及考题实练..................306

精讲视频：1 节

22.1 章节考情速览..................306
22.2 考点星级分布图..................306
22.3 核心考点精讲..................307
【考点 152】资金的时间价值与静态评价法..................307
【考点 153】动态评价法..................309
【考点 154】运筹学..................311
【考点 155】决策分析..................313

第 23 章 组织通用治理考点精讲及考题实练...316

精讲视频：4 节

23.1 章节考情速览..................316
23.2 考点星级分布图..................316
23.3 核心考点精讲..................317
【考点 156】组织战略..................317
【考点 157】绩效考核..................319
【考点 158】组织转型升级..................322
【考点 159】数字化转型实施..................323

第 24 章 组织通用管理考点精讲及考题实练...325

精讲视频：10 节

24.1 章节考情速览..................325
24.2 考点星级分布图..................325
24.3 核心考点精讲..................326
【考点 160】工作分析与岗位设计..................326
【考点 161】人力资源战略与计划..................328
【考点 162】人员招聘录用与培训..................329
【考点 163】组织薪酬管理..................330
【考点 164】流程基础..................331
【考点 165】流程的规划执行评价改进..................333
【考点 166】知识价值链和显隐性知识..................334
【考点 167】知识管理过程..................335
【考点 168】知识协同创新与传播..................337
【考点 169】市场营销..................338

第 25 章 法律法规与标准规范考点精讲及考题实练..................340

25.1 章节考情速览..................340
25.2 考点星级分布图..................340
25.3 核心考点精讲..................341
【考点 170】法律法规..................341
【考点 171】标准规范..................343

案例分析篇

第26章 案例专项强化之问答题型 346
26.1 理论记忆型的案例问答 349
- 26.1.1 项目管理概论案例记忆点 349
- 26.1.2 项目立项管理案例记忆点 349
- 26.1.3 项目整合管理案例记忆点 350
- 26.1.4 项目范围管理案例记忆点 350
- 26.1.5 项目进度管理案例记忆点 351
- 26.1.6 项目成本管理案例记忆点 351
- 26.1.7 项目质量管理案例记忆点 351
- 26.1.8 项目资源管理案例记忆点 351
- 26.1.9 项目沟通管理案例记忆点 352
- 26.1.10 项目风险管理案例记忆点 352
- 26.1.11 项目采购管理案例记忆点 352
- 26.1.12 项目干系人管理案例记忆点 352
- 26.1.13 配置与变更管理案例记忆点 353
- 26.1.14 过程ITO的案例记忆点 353

26.2 找错纠正型的案例问答 353
- 26.2.1 项目整合管理的关键词及条件反射 354
- 26.2.2 项目范围管理的关键词及条件反射 355
- 26.2.3 项目进度管理的关键词及条件反射 356
- 26.2.4 项目成本管理的关键词及条件反射 357
- 26.2.5 项目质量管理的关键词及条件反射 357
- 26.2.6 项目资源管理的关键词及条件反射 358
- 26.2.7 项目沟通管理的关键词及条件反射 359
- 26.2.8 项目风险管理的关键词及条件反射 360
- 26.2.9 项目采购管理的关键词及条件反射 360
- 26.2.10 项目干系人管理的关键词及条件反射 361
- 26.2.11 其他类别的关键词及条件反射 361

第27章 案例专项强化之计算题型 364
- 27.1 关键路径计算专题 364
- 27.2 时差计算专题 365
- 27.3 挣值计算专题 367
- 27.4 预测计算专题 368
- 27.5 三点估算专题 369
- 27.6 沟通渠道专题 370
- 27.7 决策树分析EMV专题 371
- 27.8 净现值＆投资回收期专题 372

论文写作篇

第28章 论文4路攻略：论文也是"纸老虎"而已 375
- 28.1 百闻不如一见，从论文真题看起 375
- 28.2 论文评分规则解读，做到知己知彼 376
- 28.3 洞悉论文加减分规则和5种情况 378
- 28.4 论文时长篇幅分配策略 381

第29章 论文写作3步走："凤头、猪肚、豹尾" 383
- 29.1 论文背景的"凤头"写法 383
- 29.2 论文正文的"猪肚"写法 385
- 29.3 论文收尾的"豹尾"写法 388

① 18篇论文范文
② 十大输入、工具与技术和输出汇总表
③ 五大过程组、十大知识域和49个过程

附赠学习资源

一站通关导入篇

第 1 章
大数据显微镜下的软考

1.1　用 8 个关键词看懂软考

软考的全称是计算机技术与软件专业技术资格（水平）考试，长长的名字可能会让软考蒙上一层难以征服的阴影，但是只需要了解 8 个关键词，就能看懂软考，透彻了解软考，这 8 个关键词分别是：国家级考试，统一大纲、试题和证书，职业资格和职称资格考试，考试准入零门槛，日韩互认，5 个专业领域，3 个级别层次和 27 个专业资格。

第 1 个关键词："国家级考试"。软考是国家级考试，是由中华人民共和国人力资源和社会保障部、工业和信息化部领导下的国家级考试，每个地区、直辖市、省都有相应的考试管理机构，负责本区域考试的组织实施工作。顺利通过考试，就能获得由中华人民共和国人力资源和社会保障部、工业和信息化部用印的计算机技术与软件专业技术资格（水平）证书，证书全国有效。由此可见软考的含金量和重量级，也侧面印证了近些年来软考考生越来越多的缘故。

第 2 个关键词："统一大纲、试题和证书"。计算机软考统一范畴、统一大纲、统一试题、统一标准、统一证书，统一化能够让软考的生命力更强大。可以参考海外 PMP 认证的做法，就是在 PMI 统一领导下，在全球各地实现了统一。即使目前软考每年可能会分多批次考试，但是大纲、题库、证书、教程依然是同一份。

第 3 个关键词："职业资格和职称资格考试"。这是软考的显著特点，软考既是职业资格考试，也是职称资格考试。软考在全国开展后，就不用再进行相应的任职资格评审工作，所以软考实现了以考代评，既是职业资格又是职称资格。

第 4 个关键词："考试准入零门槛"，软考不要求学历，哪怕没上过大学，哪怕只有小学文化，软考大门也完全敞开、完全接纳，完全欢迎你来参加考试，只要你有实力。因为软考本质上是水平类考试，只要达到了对应的专业技术水平，就可以报考，就可以拿证。

第 5 个关键词："日韩互认"。软考的专业岗位和考试标准跟日本和韩国实现了互认。互认意味着如果出国赴日本、韩国工作，可以享受相应的待遇。

第 6 个关键词："5 个专业领域"。软考一共有 5 个专业领域，分别是计算机软件、计算机网络、计算机应用技术、信息系统和信息服务。

第 7 个关键词："3 个级别层次"。5 个专业领域又分 3 个层级，分别是高级、中级和初级。

第 8 个关键词："27 个专业资格"。横向 3 个级别层次和纵向 5 个专业领域划分后，就可以从表 1-1 中看到软考一共有 27 个专业资格，你可以从这 27 个专业资格中，选择自己感兴趣或者擅长的领域报考。

表 1-1 软考资格设置表

级别	计算机软件	计算机网络	计算机应用技术	信息系统	信息服务
高级资格	信息系统项目管理师、系统分析师、系统架构设计师、网络规划设计师、系统规划与管理师					
中级资格	软件评测师、软件设计师、软件过程能力评估师	网络工程师	多媒体应用设计师、嵌入式系统设计师、计算机辅助设计师、电子商务设计师	系统集成项目管理工程师、信息系统监理师、信息安全工程师、数据库系统工程师、信息系统管理工程师	计算机硬件工程师、信息技术支持工程师
初级资格	程序员	网络管理员	多媒体应用制作技术员、电子商务技术员	信息系统运行管理员	网页制作员、信息处理技术员

1.2 用 5 点价值检验软考含金量

除了软考本身特点之外，你可能会更加关心软考证书的价值，本书整理编排了软考的 5 大价值如下：

第 1 点价值是软考证书可以用于抵扣个税。最新资料显示，截至 2024 年，国家职业资格目录依旧沿用 2021 年版本，2021 年年底颁布的国家职业资格目录，一共包含 59 项国家职业资格，软考位列第 36 项。国家职业资格目录近些年一直在"瘦身"，从前些年的好几百条，到今天仅剩 59 条，而软考在其中一直屹立不倒，可见软考的价值所在。

而只有列在国家职业资格目录里的证书才能够抵扣个税，具体而言，个税的抵扣规则中，有一项是专项附加扣除，专项附加扣除可以抵税，通过考证形式的继续教育就属于这一种，但仅限于国家职业资格目录里的证书。假如你在今年取得了软考证书，今年就可以申请个税抵扣，个税抵扣的钱直接值回软考报名费还会有结余。

第 2 点价值是软考证书可以用于职称资格。国人部颁发的《〔2003〕39 号文件》，规定了如果你取得初级资格，就可以聘任技术员或助理工程师职务，中级资格可以聘任工程师职务，高级资格可以聘任高级工程师职务。

无论是上海市人社局 2020 年的文件，还是北京市人社局的最新文件，都能找到相应的职业资格名字。我国的职称一般分为正高级、副高级、中级和初级4个级别，职称的获取分为认定、评审、国家统一考试以及职业资格对应。软考职称的取得方式是国家统一考试以及职业资格对应，执行的是以考代评政策，考试通过，就相当于直接具有了获取相应职称的资格。

请注意本书说的是资格，也就是软考证书代表国家承认你具有相应的职称资格，但是能不能评上相应职称，要看所在的城市和所在的单位，如果所在单位目前还有空余专业技术职务，自己又拿到了软考证书，你就可以直接向单位提出申请评聘，但能否评上，要根据单位的具体情况而定，但是不管怎样，拿到了软考证书，至少达到了门槛条件。

第3点价值是软考证书可以用于积分落户。软考对积分落户有一定作用，但是不会成为决定因素。你可以查阅相关的官方政策，比如上海市积分落户政策、北京市人才引进落户政策和广州市人才引进落户政策，这些政策中都有对应的软考或者职称加分项。但为什么本书又说不会成为决定因素呢？因为一线城市户口的紧缺是不争的事实，能不能最终拿到户口，取决于你跟竞争对手之间的对比，即使报名申请积分落户的人数再多，北上广等一线城市也只有固定名额，积分落户的难度在于此。积分落户能不能成，有非常多的影响因素，而且未来政策可能会变化，软考对积分落户的加分，虽然不能带来质变，但是量变到一定程度就能质变，有加分总比没有好。

第4点价值是软考证书可以作为择业敲门砖。软考证书本身可以在一定程度上充当敲门砖角色，当然仅靠这一块砖，并不能把门敲开，很可能要多块敲门砖的组合，但是终归多一块砖，就会多一份重量，多一份好处。世界的本质残酷点说就是竞争、物竞天择，生物之间彼此竞争。竞争推动世界往前发展，竞争推动生物体系往前进化，竞争推动社会往前演化，拥有一张软考证书至少是竞争加分项。

第5点价值是软考证书可以用于打造职场竞争力。本书甚至认为这个价值比前面讲的价值更重要。前面提到的4点价值，给你带来的收益肉眼可见，也意味着增值想象空间有限，不会给你带来本质变化。就拿信息系统项目管理师举例，如果你超越了软考拿证目标，将软考备考视为重塑个人职场竞争力的机会，重塑个人项目管理体系的机会，通过软考拿证，深度思考项目管理过程的输入、工具与技术、输出，深度思考如何在职场活学活用，相信考试结束时，你收获的不仅仅是一张证书，更是自身职场竞争力脱胎换骨的变化。未来当你做项目管理、项目治理，主导上亿级别的项目时，你也会更有底气，因为拥有了一整套深入骨髓的方法论。

衷心希望你不仅仅拿下证书，而且要在之后持续提升自己的实战能力，有种"不疯魔不成活"的精神。只有这样，你才能真正把软考的考试机会，变成让你实现职场跃迁的机会，让你旧有的知识体系和方法论，发生质的改变。

1.3 信息系统项目管理师介绍

信息系统项目管理师（简称"高项"）属于软考高级考试，考查考生的项目管理知识和IT知识。项目管理知识包含项目管理五大过程组，各个过程的输入、输出、工具与技术，还有项目绩效域知识；IT知识考查信息系统相关知识，软件、架构、网络、集成、信息化以及安全应有尽有。由此可见，信息系统项目管理师对考生的要求有些高，主要高在了广度。

首先看信息系统项目管理师的考试科目。信息系统项目管理师考试，一共 3 个科目，分别为综合知识科目、案例分析科目和论文写作科目。综合知识科目为 75 道单项选择题，考查的是综合知识和基础理论知识，满分 75 分，45 分及格；案例分析科目通常为 3 道案例分析题，其中有一道是必考的计算题，满分 75 分，45 分及格；论文写作科目需要你根据指定的题目写一篇 2000～2500 字的论文，同样是满分 75 分，45 分及格。假如任何一个科目不及格，就直接宣告此次考试失败，后续如果再考，则所有科目都要重新考，这一点让很多考生比较痛苦，也直接拉低了考试通过率。

自 2023 年下半年开始，所有软考，包括信息系统项目管理师考试，开始采用上机考试和 2 个科目连考制，具体而言，综合知识和案例分析 2 个科目连考，作答总时长 240 分钟，综合知识科目最长作答时长 150 分钟，最短作答时长 120 分钟，综合知识科目交卷成功后，选择不参加案例分析科目考试的考生可以离开考场，选择继续作答案例分析科目的考生，考试结束前 60 分钟可以交卷离场。论文科目考试时长 120 分钟，不得提前交卷离场。

科目联考机制，实现了综合知识科目和案例分析科目的时长共享，相当于可以有更多的时间来回答 3 道案例题，当然前提在于自己对综合知识科目的选择题能够熟练作答，熟练作答的前提是对基础知识的掌握，所以务必要重视基础知识，这是万丈高楼的根基所在。不过长达 4 小时的联考机制，对体力和耐力都是非常大的挑战，考生需注意身体并适当锻炼，迎接高强度的考试。

再说下信息系统项目管理师的报名和考试流程，首先各省区考试报名不一样，但通常都会在开考前的 2～3 个月内开放报名，绝大多数都是网上报名交费，非常方便。考生可以通过官方网站或者指尖疯公众号获取每年的报名提醒信息。正式考试上半年通常在 5 月底，下半年在 11 月初，具体要以官方正式通知为准。考试成绩的查询通常在考试 1～2 个月之后。

1.4　大数据扫描下的综合知识科目

信息系统项目管理师考试的综合知识科目为 75 道选择题，主要考查 3 大部分知识，分别为信息系统 IT 专业知识、项目管理知识和其他管理知识。本书统计了过去十余年历次考试的分值分布，并按照分类和章节进行了归类统计，整理出的分值预测见表 1-2。

表 1-2　信息系统项目管理师章节考点分值预测

分类	高项第 4 版	分值预测（左右）
信息系统 IT 专业知识	第 1 章　信息化发展	3
	第 2 章　信息技术发展	2
	第 3 章　信息系统治理	3
	第 4 章　信息系统管理	2
	第 5 章　信息系统工程	4

续表

分类	高项第 4 版	分值预测（左右）
项目管理知识	第 6 章　项目管理概论	2
	第 7 章　项目立项管理	2
	第 8 章　项目整合管理	3
	第 9 章　项目范围管理	3
	第 10 章　项目进度管理	4
	第 11 章　项目成本管理	3
	第 12 章　项目质量管理	3
	第 13 章　项目资源管理	3
	第 14 章　项目沟通管理	3
	第 15 章　项目风险管理	3
	第 16 章　项目采购管理	3
	第 17 章　项目干系人管理	3
	第 18 章　项目绩效域	3
其他管理知识	第 19 章　配置与变更管理	3
	第 20 章　高级项目管理	3
	第 21 章　项目管理科学基础	5
	第 22 章　组织通用治理	3
	第 23 章　组织通用管理	2
	第 24 章　法律法规与标准规范	2
	英文	5
总分		75

　　需要特别强调的是，鉴于过去十余年官方考纲和教程经历了 4 次改版，而且预测普遍存在"你预判了我预判你的预判"悖论，所以以上的分值预测并非绝对准确。本书特意在分值预测的标题栏增加了"左右"2 字，代表此预测仅仅为模糊的，预测仅供学习参考使用，毕竟很可能关键时刻的 1 分就能逆转结果。了解完这点特别强调之后，再回到预测表本身，能够很直观地看出综合知识科目的考试重心分布，从整体上看，分值在章节之间的分布非常均匀，这也说明综合知识科目考查的是广度，考查考生对理论知识掌握的全面度。

　　信息系统 IT 专业知识主要对应官方教程第 1～5 章，几乎涵盖了计算机学科大多数知识，每一章都对应着高校好几本教材，所以考试对信息系统 IT 专业知识的要求，重在广度而不是深度，不需要你透彻掌握每一个考点，你也不可能透彻掌握每一个考点，此时"不求甚解"可能是最好的备考策略，这部分内容的备考策略简单讲是：多看和多记，通常考试考到的也是原话。

项目管理知识对应官方教程的第 6～18 章，这部分绝对是重点，分值占比超过了 50%。这部分主要内容是项目管理十大知识域各个过程的输入、工具与技术、输出，其次还有项目绩效域及立项管理等内容。项目管理知识除了是综合知识科目的考查重点外，也是案例分析科目和论文写作科目的考查重点，项目管理知识的备考策略就不是"不求甚解"了，而是"打破砂锅问到底"策略，力求理解十大知识域和八大绩效域中的考点，在理解的基础上多看、多读、多记忆，效果会更好。

其他管理知识主要涉及配置管理、高级项目管理、组织管理和管理科学的内容，这部分内容主要在综合知识科目中进行考查。

1.5 大数据扫描下的案例分析科目

信息系统项目管理师考试的案例分析科目，一共 3 道案例分析题，其中必有一道计算题。本书统计了 2015—2024 年一共 22 套考题的案例分析考点（更早以前的统计意义不大），汇总整理结果见表 1-3。

表 1-3 2015—2024 年案例分析考点统计表

考点	整合	范围	进度	成本	质量	资源	沟通	干系人	风险	采购	合同	配置	变更	绩效域	立项管理	IT 服务	高级项管	安全
2015 上半年	考		考	考														
2015 下半年	考	考	考															
2016 上半年	考		考	考														
2016 下半年	考		考									考						
2017 上半年			考	考								考						
2017 下半年			考		考							考						
2018 上半年			考	考	考													
2018 下半年		考	考														考	
2019 上半年			考	考			考											
2019 下半年			考	考														
2020 下半年		考										考		考				
2021 上半年			考			考	考											
2021 下半年			考						考									
2022 上半年			考							考								考
2022 下半年			考	考									考					
2023 上半年			考	考											考			
2023 下批次 1			考			考			考									
2023 下批次 2			考			考							考					
2023 下批次 3			考	考					考									
2023 下批次 4			考			考							考					
2024 批次 1			考	考					考									
2024 批次 2	考	考	考										考	考				

从表中可以看出案例分析的考点分布看似杂乱随机，但是隐约中还是能够发现 2 点启示。

第 1 点启示：案例分析的核心考点集中在进度和成本，其实这个不言而喻，因为进度和成本

7

的考点用于计算案例题型的考查，而计算案例题型每年必考。由此可见，案例分析科目的重心应该放在计算题上，接下来的小节也会针对计算题题型再做进一步的大数据扫描。

第 2 点启示：高级项目管理、立项管理、安全、配置管理等过去 10 年相对考得较少，除了进度和成本管理之外的考点考试频率相对均衡，但是也有明显的区别，比如采购和合同管理在更早的年份很少考到，但在 2023 年下半年的多个批次都考到，而 2024 年批次中案例的考点又没有延续这个趋势，另外还需要注意绩效域由于是第 4 版考纲新增考点，所以统计数据不足以说明其重要性。通过刚才的简要描述，能够得到的启示还是前面提到的，命题人和考生互相都在预判对方的预判，这种情况下，与其通过押题来投机取巧搏概率，还不如熟练掌握考点，以不变应万变。

1.6　大数据扫描下的计算题题型

众所周知，信息系统项目管理师的规则是，案例分析科目总分 75 分，至少需要拿下 45 分才能通过，在这个分数线下，如果再深入研究出题规律，很容易发现，案例分析科目中必然有一道计算题，计算题分数通常高达 20 分以上，如果把这 20 分放在 45 分的及格线下，那就了不得了，如果不幸在计算题上折掉，那么基本上已经无法通过本次考试了，因为大概率注定了案例分析科目的折掉，而案例分析科目的折掉，综合知识科目和论文写作科目分数即使再高，最终也是折掉的命运。

反过来想，如果能够拿下计算题，案例分析科目大概率就能上岸，你的拿证概率是不是增加了 50%？信息系统项目管理师的计算题就是这样的重要！

幸运的是，信息系统项目管理师计算题的难度仅仅是小学水平，所以只要你是小学及以上学历，都可以大胆在战略上蔑视它。在战术上的攻略技巧，会在案例计算题攻关专题中详述。

除此之外，计算题具有客观性，要么做对、要么做错，计算和数字不会骗人，但是像其他案例题，基本上是问答方式，针对你的文字回答，阅卷人还是有些主观评分空间的，而且计算题考什么都是明牌。

2023 年下半年开始，软考全面切换到机考赛道，对计算题而言，其实是肉眼可见的利好，无论是计算的效率还是准确度，都会因为机考而提升，计算题的胜负之战，更加倾向于对考点的掌握、对计算公式的掌握，而非小学加减乘除的掌握。

本书把过去 10 年的考题翻了个"底朝天"，从中挑选出所有的和计算有关的真题，既包括计算选择题，也包括计算案例题，之后对挑选出来的计算真题和最新版的官方考试大纲进行了关联映射，从中剔除掉旧考纲的考题，从 2 个维度进行了深入分析。第 1 个维度是计算题型分数占比，这个维度可以指引你投入计算题学习的精力大小；第 2 个维度是计算题型考点占比，这个维度可以指引你在不同计算考点上的精力分配。

首先看综合知识科目中的计算题型在过去 10 年的分值统计，如图 1-1 所示。

从图 1-1 中可以看出，综合知识科目的计算题型，分数通常在 3～6 分，也就是每次会有 3～6 道选择题考查计算题，整体分数呈现上下波动的趋势，最高曾经到达过 7 分，7 分是什么概念？占比总分（75 分）将近 10%，占比分数线（45 分）15.5%。最重要的是，计算题知识点很集中而且比较简单，所以一旦掌握了计算考点，那么就相当于拿到了送分题。

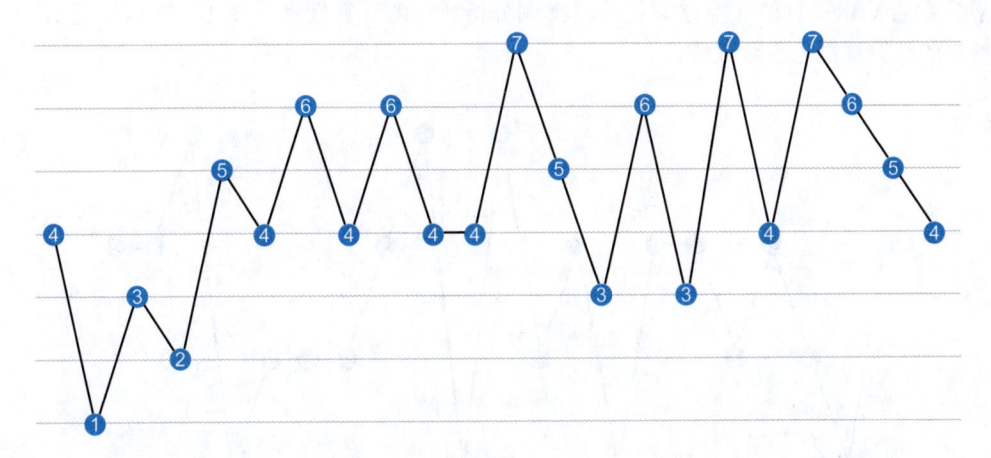

图 1-1 信息系统项目管理师计算选择题型过去 10 年分值统计（不含运筹学）

综合知识科目的计算题型，过去曾经考查了哪些考点，哪些考点相对更加热门呢？可以参见图 1-2。

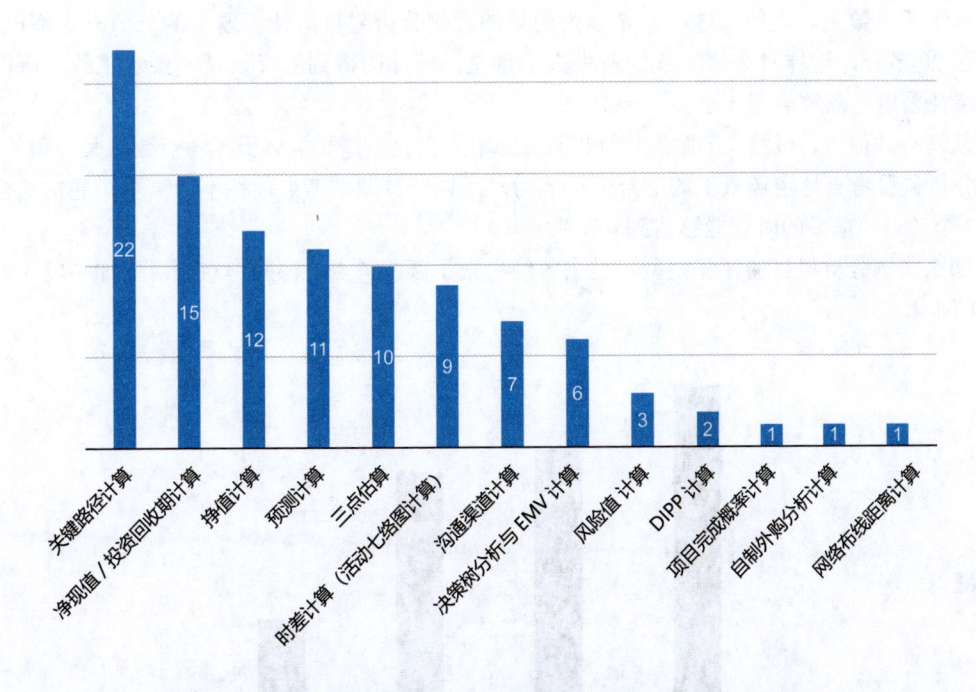

图 1-2 信息系统项目管理师计算选择题型过去 10 年考点分布统计

从图 1-2 中可以看出，以 10 年的尺度统计，综合知识科目的计算题型考点，热度榜前五分别为：关键路径计算、净现值 / 投资回收期计算、挣值计算、预测计算、三点估算。其中对关键路径计算的考查遥遥领先，这其实已经指明了综合知识科目计算考点的备考优先级。

看完综合知识科目的计算题型，再看案例分析科目的计算题型。图 1-3 展示了近 10 年案例分析科目的计算题型考点数量统计。

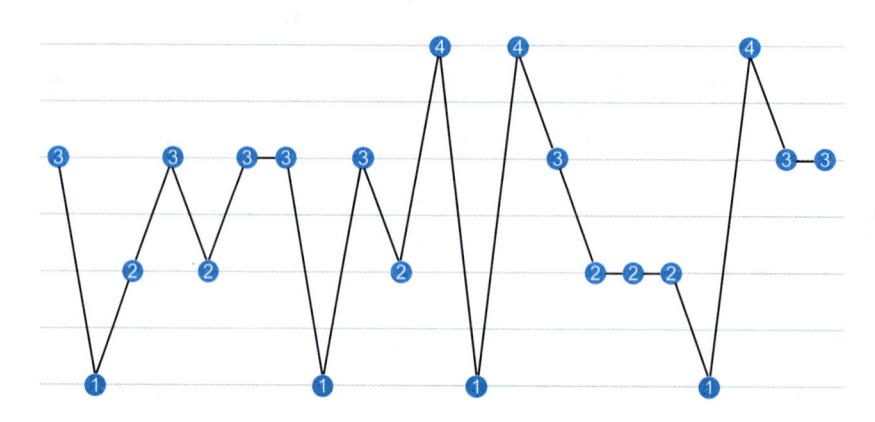

图 1-3　信息系统项目管理师计算案例题型过去 10 年考点数值统计

你很可能发现，对案例分析科目计算题型的数据统计，并没有像综合知识科目那样基于分值，而是基于考点数量。之所以这样，是因为历年的案例分析科目，计算题型的分值一直都很稳定，保持在 20 多分，这样对分值的统计就失去了意义，统计图得到的仅仅是一条水平线，所以需要另辟蹊径采用考点数值统计法。

从考点数值看，虽然乍一眼看统计图波澜起伏，但是定睛再看，历年考点数值其实相差不大。案例分析科目考查特定场景下的综合分析能力，所以计算题型考点往往不止一个，通常综合考查 2～3 个考点，最多的时候能够达到 4 个考点。

那么案例分析科目的计算题型，过去曾经考查了哪些考点，哪些考点相对更加热门呢？可以参见图 1-4。

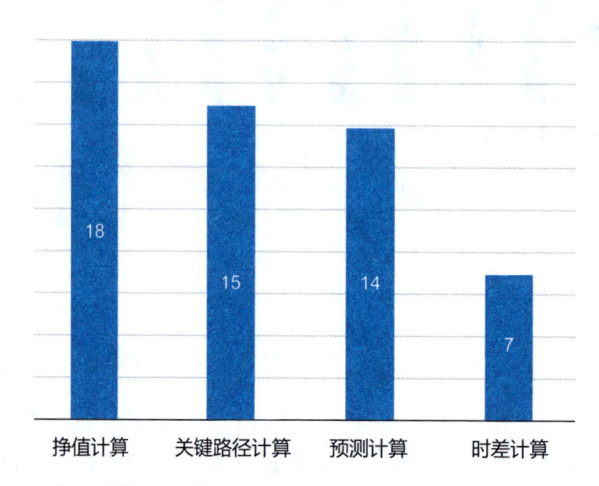

图 1-4　信息系统项目管理师计算案例题型过去 10 年考点分布统计

从图 1-4 中可以看出，以 10 年的尺度统计，挣值计算考查了 18 次，其次依次是关键路径计算、预测计算和时差计算。非常直观的感受是，案例分析科目的计算题型考点是明牌，接下来的计算案例会考什么，其实这幅图都已经告诉你了，计算案例题几乎都集中在进度管理和成本管理两个知识域，这个发现对备考是绝对的利好，考点集中、敌明我暗，可以集中优势兵力聚焦拿下。假如案例分析科目计算题不幸全军覆没，可能需要问责的是自己，而不是抱怨考试太难。

简单总结下，可以从计算题型的大数据统计中获取 2 点重要启示。

第 1 点启示：掌握章法就能满分。稍微跑个题，不仅仅是软考，工作生活中的任何方面，都可以应用这个启示。当然，可能这是句正确的废话，因为难点在于如何洞察到章法。不过幸运的是，考试有其规律可以遵循，特别是信息系统项目管理师的计算题。不同于分析问答题，计算题要么全会做，要么全不会做，计算题章法相对清晰，掌握了就能轻易满分。而且更幸运的是，计算难度仅仅是小学水平，你还有什么好担心的呢？

第 2 点启示：直接决定通过与否。这一点本书在开篇已经讲过，这里不再赘述，实际情况是不要小看每一分，选择题往往 1 分就能"定生死"，何况计算题占案例分析科目超过 30% 的分值，案例分析科目的计算题如果失手，其他分数再高恐怕也很危险。

1.7　大数据扫描下的论文写作科目

信息系统项目管理师考试的论文写作科目，目前已经不能二选一，只能按照论文规定的题目进行写作。本书统计了 2012—2024 年的论文写作题目，汇总整理结果见表 1-4。

表 1-4　2012—2024 年论文写作题目统计表

	整合管理	范围管理	进度管理	成本管理	质量管理	资源管理	沟通管理	干系人管理	风险管理	采购管理	合同管理	安全管理	绩效域	其他
2024 上半年			考	考										
2023 下半年						考		考			考	考		
2023 上半年									考					
2022 下半年				考										
2022 上半年														
2021 下半年			考							考				
2021 上半年		考								考				
2020 下半年				考										
2019 下半年	考						考							
2019 上半年			考		考						考			组合拳考法
2018 下半年				考	考									
2018 上半年														
2017 下半年								考				考		
2017 上半年		考				考								
2016 下半年														绩效管理
2016 上半年		考	考						考					
2015 下半年				考										
2015 上半年					考		考							
2014 下半年			考											多项目资源管理
2014 上半年		考												
2013 下半年							考							
2013 上半年												考		大型复杂项目管理
2012 下半年							考							可行性研究
2012 上半年														
总计	1	4	4	5	4	5	4	2	6	4	2	3	1	

从表中可以看出，论文题目在知识域之间的分布相对比较平衡，风险管理以 6 次的被考次数优势微弱胜出，成本管理和资源管理并列第 2 名，一共被考查了 5 次，并列第 3 名考查 4 次的多达 5 个，分别是范围管理、进度管理、质量管理、沟通管理和采购管理，十大知识域中只有整合管理考了 1 次，绩效域属于第 4 版考纲新增内容，故目前只考 1 次很正常。

　　咱们再换个视角看，每一列从上往下看，会发现除了 2013 上半年和下半年的沟通管理、2018 年下半年和 2019 年上半年的风险管理之外，上一次考过的题目下一次都不会再考，这说明刚刚考过的论文题目，可以把备考优先级放低一些。

　　小众题目已经好几年没有考过了，所谓小众题目是表中的"其他"列，根据过往数据看，每隔 3～4 次就会考一次小众题目，目前已经超过了这个时长，之所以间隔这么长时间没有考，本书推测一方面是因为在此期间论文考试进行了改革，从之前的题目二选一改革为只有一个题目，另一方面是新版考纲的发布，给论文提供了更多的潜在题目，比如八大绩效域。

　　看完上面的论文写作科目历年真题数据统计之后，相信你自己也具备了押题能力，论文押题没有什么神秘的技巧，纯粹就是概率游戏。论文押题很容易让人产生投机和赌博心理，而忽略了最本质的考点掌握。与其押宝题目，不如押宝考点，结合上面数据分析的结果，有针对性地准备，这样才是最佳的捷径。

核心考点篇

第 2 章

信息化发展考点精讲及考题实练

2.1　章节考情速览

信息化发展一共有 5 部分内容，分别是信息与信息化、现代化基础设施、现代化创新发展、数字中国、数字化转型与元宇宙。整体看理解难度不大，讲的都是基础知识和前沿技术应用，唯一需要下功夫的是记忆，相关的记忆考点已经整理为了后面的核心考点。

信息化发展按照往年的考试经验看，一般会考查 3 分左右，而且主要在综合知识科目进行考查，案例分析和论文科目通常很少涉及。

2.2　考点星级分布图

本章涉及的主要考点分布及难度与频度双星级如图 2-1 所示。

信息化发展考点

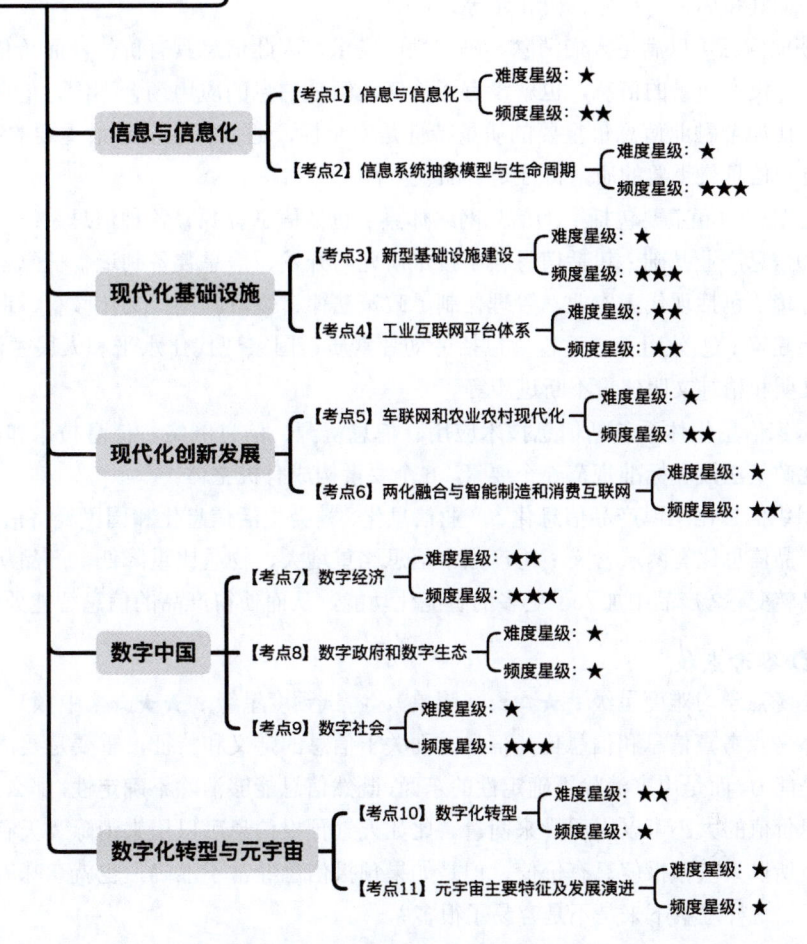

- 信息与信息化
  - 【考点1】信息与信息化 — 难度星级：★ 频度星级：★★
  - 【考点2】信息系统抽象模型与生命周期 — 难度星级：★ 频度星级：★★★
- 现代化基础设施
  - 【考点3】新型基础设施建设 — 难度星级：★ 频度星级：★★★
  - 【考点4】工业互联网平台体系 — 难度星级：★★ 频度星级：★★
- 现代化创新发展
  - 【考点5】车联网和农业农村现代化 — 难度星级：★ 频度星级：★★
  - 【考点6】两化融合与智能制造和消费互联网 — 难度星级：★ 频度星级：★★
- 数字中国
  - 【考点7】数字经济 — 难度星级：★★ 频度星级：★★★
  - 【考点8】数字政府和数字生态 — 难度星级：★ 频度星级：★
  - 【考点9】数字社会 — 难度星级：★ 频度星级：★★★
- 数字化转型与元宇宙
  - 【考点10】数字化转型 — 难度星级：★★ 频度星级：★
  - 【考点11】元宇宙主要特征及发展演进 — 难度星级：★ 频度星级：★

图 2-1　本章考点及星级分布

2.3　核心考点精讲

【考点1】信息与信息化

考点精华

信息是物质、能量及其属性的标示的集合，是确定性的增加。香农指出"信息是用来消除随机不定性的东西"，信息的目的是用来"消除不确定的因素"。信息不是物质，也不是能力，它以一种普遍形式，表达物质运动规律，在客观世界中大量存在、产生和传递。

信息量的单位为比特（bit）。1比特的信息量，在变异度为2的最简单情况下，是消除非此即彼不确定性所需的信息量。"变异度"可以认为是事物的变化状态空间维度，变异度为2就是二维，如好和坏、高和低、快和慢等。

获取信息可以满足人们消除不确定性的需求，因此信息具有价值，而价值的大小取决于信息的质量，没有质量的信息，也就没有了价值，但是信息的应用场合不同，信息质量的侧重面也不一样。比如金融业信息最重要的质量特性是安全性，通信行业信息最重要的质量特性是及时性，餐饮行业信息最重要的质量特性是食品安全性。

信息化内涵主要包括：①信息网络体系：包括信息资源、各种信息系统、公用通信网络平台等；②信息产业基础：包括信息科学技术研究与开发、信息装备制造、信息咨询服务等；③社会运行环境：包括现代工农业、管理体制、政策法律、规章制度、文化教育、道德观念等生产关系与上层建筑；④效用积累过程：包括劳动者素质、国家现代化水平和人民生活质量的不断提高，物质文明和精神文明建设不断进步等。

国家信息化体系包括信息技术应用、信息资源、信息网络、信息技术和产业、信息化人才、信息化政策法规和标准规范6个要素，6个要素构成有机整体。

组织信息化呈现产品信息化、产业信息化、社会生活信息化和国民经济信息化的趋势和方向。其中产品信息化有两层含义：①产品中信息比重增大、物质比重降低，产品从物质产品逐步向信息产品转变；②产品中加入了更多的智能化功能，从而使得产品的信息智能处理功能越来越强大。

🐾 **备考点拨**

本考点学习难度星级：★☆☆（简单），考试频度星级：★★☆（中频）。

本考点考查信息和信息化，信息方面关于信息的定义和特征，重要是要记住：信息不是物质，也不是能力，而是用来消除不确定性的东西，既然信息能够消除不确定性，那么自然有存在的价值，而信息价值的大小可以用质量来衡量。比如天气预报信息可以用来消除"天有不测风云"的不确定性，所以天气预报信息有价值，但是如果预报信息经常不准确，也就意味着天气预报信息的质量低下。这样理解下来是不是容易了很多？

信息化方面一共有信息化内涵、体系和趋势3个细分考点。关于信息化内涵，只需要简单理解就好；关于信息化体系6要素，过去是考试的常客，需要着重记住信息化体系6要素的内容；关于信息化趋势，需要掌握产品信息化、产业信息化、社会生活信息化和国民经济信息化这条按照时间线推进的趋势。

🔗 **考题精练**

1. 下列说法正确的是（　　）。

    A．信息只存在家庭中　　　　　　B．信息只存在图书馆中
    C．信息只存在校园里　　　　　　D．信息无处不在

【解析】答案为D。本题考查信息的概念，信息不是物质，也不是能量，它以一种普遍形式，表达物质运动规律，在客观世界中大量存在、产生和传递。

【考点2】信息系统抽象模型与生命周期

考点精华

信息系统是管理模型、信息处理模型和系统实现条件的结合，其抽象模型如图2-2所示。

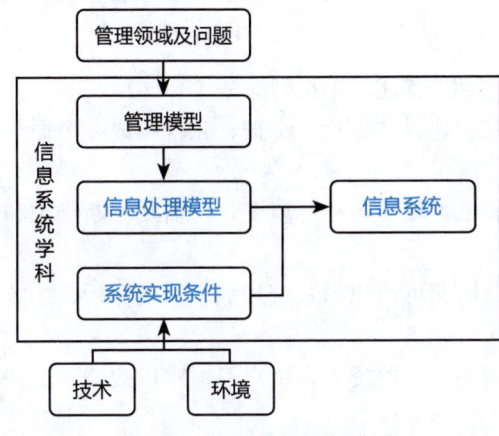

图2-2 信息系统抽象模型

1. 管理模型是系统服务对象领域的专门知识以及分析处理领域问题的模型，面向管理和支持生产是信息系统的显著特点。
2. 信息处理模型指系统处理信息的结构和方法，信息处理模型将管理模型中的理论和分析方法，转化为信息获取、存储、传输、加工和使用的规则。
3. 系统实现条件指计算机通信技术、相关人员以及对资源的控制与融合。

软件生命周期通常包括：可行性分析与项目开发计划、需求分析、概要设计、详细设计、编码、测试、维护等阶段，可以借用软件生命周期来表示信息系统生命周期。

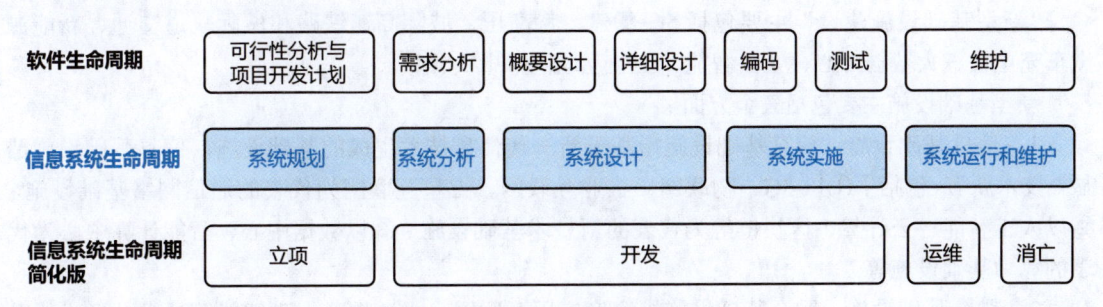

信息系统生命周期可以简化为：系统规划（可行性分析与项目开发计划）、系统分析（需求分析）、系统设计（概要设计、详细设计）、系统实施（编码、测试）、系统运行和维护等阶段。

生命周期的对应关系如图2-3所示。

软件生命周期	可行性分析与项目开发计划	需求分析	概要设计	详细设计	编码	测试	维护
信息系统生命周期	系统规划	系统分析	系统设计		系统实施		系统运行和维护
信息系统生命周期简化版	立项	开发				运维	消亡

图2-3 信息系统生命周期

备考点拨

本考点学习难度星级：★☆☆（简单），考试频度星级：★★★（高频）。

本考点考查信息系统抽象模型和生命周期，模型可以结合图来理解，理解信息系统学科是服务于管理领域及其问题的，想要服务好，就需要技术和环境的支持。将信息处理模型和系统实现条件结合起来，就形成了信息系统。这个考点的理解效果大于死记硬背，可以结合日常企业中的工作感受辅助理解；信息系统生命周期属于基础考点，需要留意两类生命周期的对应关系。

考题精练

1. 关于信息系统生命周期的描述，不正确的是（　　）。
   A. 信息系统的产生、建设、运行、维护、完善构成一个循环的过程，并有一定的规律可循
   B. 信息系统建设和维护随着各种环境变化，需要不断维护和修改，必要时可由新系统替代
   C. 信息系统的生命周期可简化为系统规划、系统分析、系统设计、系统运行和维护等阶段
   D. 信息系统建设周期长、投资大、用户习惯难以改变，定制化开发后无法进行重建和升级

【解析】答案为 C。信息系统的生命周期可简化为系统规划、系统分析、系统设计、系统实施、系统运行和维护等阶段，选项 C 缺少了"系统实施"阶段。

2. 在信息系统开发过程中，（　　）阶段的任务是回答信息系统"做什么"的问题，（　　）阶段的任务是回答系统"怎么做"的问题。
   A. 规划　实施　　　　　　　　B. 分析　设计
   C. 设计　运行　　　　　　　　D. 实施　运行

【解析】答案为 B。本题考查信息系统的生命周期，系统分析阶段的任务是回答信息系统"做什么"的问题，而系统设计阶段要回答的问题是"怎么做"。

【考点3】新型基础设施建设

考点精华

"新型基础设施建设"主要包括 5G 基建、特高压、城际高速铁路和城际轨道交通、新能源汽车充电桩、大数据中心、人工智能、工业互联网等七大领域。

新型基础设施主要包括三个方面：

1. **信息基础设施**。信息基础设施指基于新一代信息技术生成的基础设施，信息基础设施凸显"技术新"，包括：①以 5G、物联网、工业互联网、卫星互联网为代表的通信网络基础设施；②以人工智能、云计算、区块链等为代表的新技术基础设施；③以数据中心、智能计算中心为代表的算力基础设施等。

2. **融合基础设施**。融合基础设施指深度应用互联网、大数据、人工智能等技术，形成的融

合基础设施，从而支撑传统基础设施转型升级。融合基础设施重在"应用新"，包括智能交通基础设施、智慧能源基础设施等。

3. **创新基础设施**。创新基础设施指支撑科学研究、技术开发、产品研制等具有公益属性的基础设施。创新基础设施强调"平台新"，包括重大科技基础设施、科教基础设施、产业技术创新基础设施等。

备考点拨

本考点学习难度星级：★☆☆（简单），考试频度星级：★★★（高频）。

本考点考查新基建，新基建的考点对记忆的要求多，比如要记住新基建的七大领域。新基建的三个方面的信息基础设施、融合基础设施和创新基础设施，分别对应的"技术新""应用新"和"平台新"需要掌握。另外，信息基础设施的三个分类以及对应的举例也需要掌握，通常可以从以上提到的几个考点中出选择题型。

考题精练

1. "新型基础设施"主要包括信息基础设施、融合基础设施和创新基础设施三个方面，其中信息基础设施包括（　　）。

①通信网络基础设施　②智能交通基础设施　③新技术基础设施
④科研基础设施　⑤算力基础设施

A．①③⑤　　　　B．①④⑤　　　　C．②③④　　　　D．②③⑤

【解析】答案为 A。本题考查新型基础设施，新型基础设施主要包括三个方面：信息基础设施、融合基础设施、创新基础设施，其中信息基础设施包括通信网络基础设施、新技术基础设施和算力基础设施。

【考点4】工业互联网平台体系

考点精华

工业互联网不是互联网在工业的简单应用，而是有着丰富的内涵外延。从工业经济发展角度看，工业互联网为制造强国建设提供关键支撑，既能推动传统工业转型升级，又能加快新兴产业培育壮大；从网络设施发展角度看，工业互联网是网络强国建设的重要内容，既能加速网络演进升级，又能拓展数字经济空间。

工业互联网平台体系具有四大层级：它以网络为基础，平台为中枢，数据为要素，安全为保障。

1. 网络是基础

工业互联网网络体系包括网络互联、数据互通和标识解析三部分。网络互联包括企业外网和企业内网，主要实现要素之间的数据传输。内网技术发展有三个特征：①IT 和 OT 走向融合；②工业现场总线向工业以太网演进；③工业无线技术加速发展。数据互通涉及数据传输、数据语义语法等层面，数据互通通过对数据进行标准化描述和统一建模，实现要素间传输信息的相互理解。标识解析体系实现要素的标记、管理和定位，由标识编码、标识解析系统和标识数据服务组成。

2. 平台是中枢

工业互联网平台包括边缘层、IaaS、PaaS 和 SaaS 四个层级，相当于工业互联网的"操作系统"，**它有四个主要作用**：①**数据汇聚**。网络层面采集多源、异构和海量的数据，传输至工业互联网平台。②**建模分析**。对海量数据挖掘分析，实现数据驱动的科学决策和智能应用。③**知识复用**。将工业经验知识转化为平台上的模型库和知识库，通过工业微服务组件方式，进行二次开发和重复调用。④**应用创新**。面向企业多个场景，提供各类工业 App、云化软件帮助企业提质增效。

3. 数据是要素

工业互联网数据有三个特性：①**重要性**。数据是实现数字化、网络化、智能化的基础。②**专业性**。工业互联网数据的利用依赖行业知识和工业机理。③**复杂性**。工业互联网的数据来源于"研产供销服"各环节，"人机料法环"各要素，维度和复杂度远超消费互联网。

4. 安全是保障

与传统互联网安全相比，**工业互联网安全具有三大特点**：①**涉及范围广**。工业互联网打破了传统工业相对封闭可信的环境，网络攻击可直达生产一线。②**造成影响大**。工业互联网覆盖制造业、能源等实体经济领域，一旦发生网络攻击破坏行为，安全事件影响严重。③**企业防护基础弱**。目前我国广大工业企业安全意识、防护能力仍然薄弱，整体安全保障能力有待进一步提升。

工业互联网的六类应用模式为：平台化设计、智能化制造、网络化协同、个性化定制、服务化延伸和数字化管理。

🔖 备考点拨

本考点学习难度星级：★★☆（适中），考试频度星级：★★☆（中频）。

本考点主要考查工业互联网的四大层级："网络为基础，平台为中枢，数据为要素，安全为保障"需要掌握，这里面既可以考到四大层级的名字，也可以考到其作用定位。除此之外，工业互联网体系网络的三部分、平台的四层级、数据的三特性、安全的三特点，也需要有所了解，特别是工业互联网平台包括的边缘层、IaaS、PaaS 和 SaaS 四个层级需要掌握记住，网络体系包括的网络互联、数据互通和标识解析三部分，需要以理解为主。

🔗 考题精练

1. 工业互联网的体系不包括（　　）。

　　A．网络　　　　B．平台　　　　C．技术　　　　D．安全

【解析】答案为 C。本题考查工业互联网。工业互联网平台体系具有四大层级：它以网络为基础，平台为中枢，数据为要素，安全为保障。

【考点 5】车联网和农业农村现代化

📘 考点精华

车联网（Internet of Vehicles，IOV）系统是一个"**端、管、云**"**三层体系**，实现了车与云平台、车与车、车与路、车与人、车内设备之间的全方位网络链接。

1. 端系统。端系统是汽车的智能传感器负责采集与获取车辆的智能信息，感知行车状态与

车联网和农业农村现代化

环境。

2. 管系统。管系统解决车与车、车与路、车与网、车与人等的互联互通，实现车辆自组网及多种异构网络之间的通信与漫游。

3. 云系统。车联网是一个云架构的车辆运行信息平台，是多源海量信息的汇聚，因此需要虚拟化、安全认证、实时交互、海量存储等云计算功能。

农业现代化是用现代工业装备农业，用现代科学技术改造农业，用现代管理方法管理农业，用现代科学文化知识提高农民素质的过程。农业信息化是农业现代化的重要技术手段。农业信息产业化是农村经济发展的必然趋势，是以信息化的方式改造传统农业，把农业发展推进到更高阶段，实现信息时代的农业现化。

乡村振兴战略重点建设基础设施、发展智慧农业和建设数字乡村方面：①建设基础设施。一手抓新建、一手抓改造，推动农村千兆光网、5G、移动物联网与城市同步规划建设。②发展智慧农业。建立和推广应用农业农村大数据体系，推动物联网、大数据、人工智能、区块链等新一代信息技术与农业生产经营深度融合。③建设数字乡村。构建线上线下相结合的乡村数字惠民便民服务体系，推进"互联网+"政务服务向农村基层延伸，深化乡村智慧社区建设。

🔊 备考点拨

本考点学习难度星级：★☆☆（简单），考试频度星级：★★☆（中频）。

本考点主要考查车联网和乡村振兴。车联网的三层体系内容相对较少，记住分别是哪三层，大致理解就好。农业现代化不是重点，需要留意考点精华中的蓝色字，可能会通过挖空的形式在选择题中考查。重点是乡村振兴战略重点建设的三个方面，分别是基础设施、智慧农业和数字乡村，需要掌握这三个名字。

📝 考题精练

1. 车联网系统是一个"端、管、云"三层体系。其中（　　）解决互联互通问题，（　　）是多源海量信息的汇聚。

　　A．云系统 端系统　　　　　　　　B．端系统 云系统
　　C．端系统 管系统　　　　　　　　D．管系统 云系统

【解析】答案为D。管系统解决车与车、车与路、车与网、车与人等的互联互通，另外车联网是一个云架构的车辆运行信息平台，是多源海量信息的汇聚。

2. （　　）不属于车联网网络链接范畴。

　　A．车内设备之间进行用于对设备状态实时监测的信息数据传输
　　B．人通过运营商移动网络与车辆之间进行用于控制车辆的信息沟通
　　C．通过无线通信技术实现与服务平台的信息传输
　　D．人与人之间在车上通过运营商的移动网络进行通话与短信沟通

【解析】答案为D。车联网的网络链接包括：车与云平台、车与车、车与路、车与人、车内设备之间，由此可见其中必然有"车"，选项D是人与人的网络链接，和车没有关系，通过常识也能判断选项D错误。

21

【考点6】两化融合与智能制造和消费互联网

考点精华

两化融合是信息化和工业化的高层次的深度结合，是指以信息化带动工业化、以工业化促进信息化，走新型工业化道路；两化融合的核心就是信息化支撑，追求可持续发展模式。

信息化与工业化主要在技术、产品、业务、产业四个方面进行融合：①技术融合。技术融合是工业技术与信息技术的融合。②产品融合。产品融合是指电子信息技术渗透到产品中，增加产品的技术含量。③业务融合。业务融合是指信息技术应用到企业研发设计、生产制造、经营管理、市场营销等各个环节。④产业衍生。产业衍生是指两化融合可以催生出的新产业，形成新兴业态。

智能制造是由智能机器和人类专家共同组成的人机一体化智能系统，把制造自动化的概念更新扩展到柔性化、智能化和高度集成化。

《智能制造能力成熟度模型》（GB/T 39116—2020）明确了智能制造能力建设服务覆盖的能力要素、能力域和能力子域。能力要素包括人员、技术、资源和制造。人员包括组织战略、人员技能两个能力域；技术包括数据、集成和信息安全三个能力域；资源包括装备、网络两个能力域；制造包括设计、生产、物流、销售和服务五个能力域。

智能制造能力成熟度等级分为五个等级，如图2-4所示，自低向高分别是一级（规划级）、二级（规范级）、三级（集成级）、四级（优化级）和五级（引领级）。较高的成熟度等级涵盖了低成熟度等级的要求。

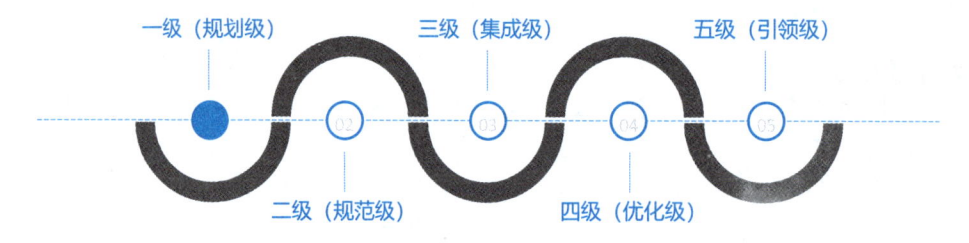

图2-4 智能制造能力成熟度等级

1. 一级（规划级）：企业应开始对实施智能制造的基础和条件进行规划，能够对核心业务活动（设计、生产、物流、销售、服务）进行流程化管理。

2. 二级（规范级）：企业应采用自动化技术、信息技术手段对核心装备和业务活动等进行改造和规范，实现单一业务活动的数据共享。

3. 三级（集成级）：企业应对装备、系统等开展集成，实现跨业务活动间的数据共享。

4. 四级（优化级）：企业应对人员、资源、制造等进行数据挖掘，形成知识、模型等，实现对核心业务活动的精准预测和优化。

5. 五级（引领级）：企业应基于模型持续驱动业务活动的优化和创新，实现产业链协同并衍生新的制造模式和商业模式。

消费互联网本质是 个人虚拟化，增强个人生活消费体验。消费互联网具有的属性包括：①媒体属性：由自媒体、社会媒体以及资讯为主的门户网站；②产业属性：由在线旅行和为消费者提供生活服务的电子商务等其他组成。

备考点拨

本考点学习难度星级：★☆☆（简单），考试频度星级：★★☆（中频）。

本考点主要考查两化融合和智能制造，消费互联网非重点。两化融合最基础的考点就是考查是哪两个方面的融合，一定要记住是工业化和信息化的融合。两化融合之间的关系也需要掌握，这里容易考到的是判断题，比如判断信息化和工业化是谁带动谁？又是谁来促进谁？在此基础上需要进一步掌握两化融合四个方面的融合，分别是技术融合、产品融合、业务融合和产业衍生，至于每种融合的特点简单理解下就好。

智能制造是相对的重点。智能制造考点的备考，首先要理解智能制造的含义，这里的关键句是"智能机器和人类专家共同组成"，智能制造的能力要素、能力域和能力子域，掌握的优先级依次递减，也就是最重要的是掌握人员、技术、资源和制造构成的能力要素，重要度其次的是各个能力要素的能力域，至于能力子域简单了解就好。

智能制造能力的五个成熟度等级，学习起来也是从差异点切入来备考，通常低等级的成熟度落脚在流程层面，中等级的成熟度落脚在数据共享层面，高等级的成熟度落脚在预测以及商业模式层面，具体的区别请参考考点精华中的描述，这里不再赘述。

考题精练

1. 《智能制造能力成熟度模型》（GB/T 39116—2020）规定了企业智能制造能力在不同阶段应达到的水平。若企业应对装备、系统等开展集成，实现跨业务活动间的数据共享，则该企业属于（　　）水平。

　　A．一级（规划级）　　　　　　　B．二级（规范级）

　　C．三级（集成级）　　　　　　　D．四级（优化级）

【解析】答案为C。本题考查智能制造能力成熟度模型，详情请参考考点精华介绍。

2. 根据"十四五"规划和2035年远景目标纲要，到2035年，我国进入创新型国家前列，基本实现新型工业化、信息化、城镇化、（　　）。

　　A．农业现代化　　B．区域一体化　　C．智能化　　D．数字化

【解析】答案为A。本题考查《中华人民共和国国民经济和社会发展第十四个五年计划和2035年远景目标纲要》（简称《"十四五"规划》），属于时政题，《"十四五"规划》提出：展望2035年，我国将进入创新型国家前列。基本实现新型工业化、信息化、城镇化、农业现代化，建成现代化经济体系。

【考点7】数字经济

考点精华

数字中国由三大部分组成：数字经济、数字社会和数字政府，如图2-5所示。

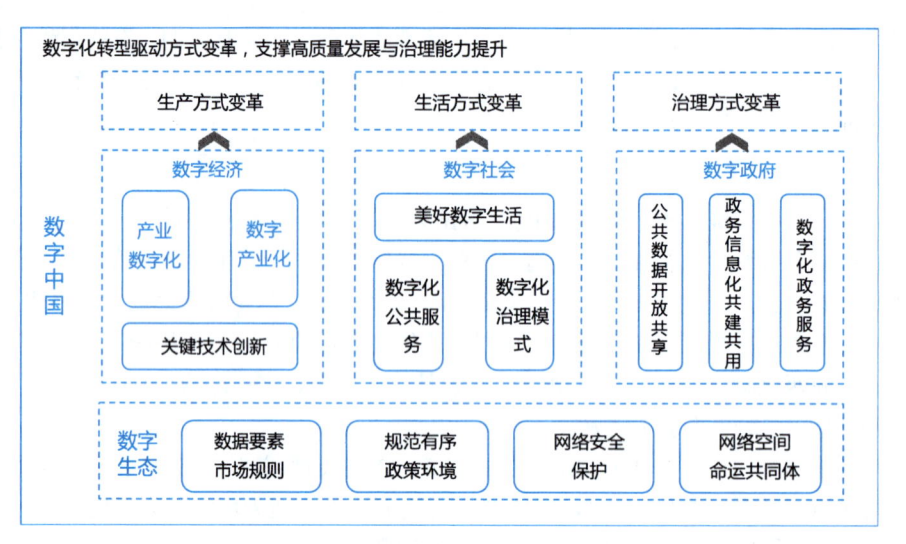

图 2-5 数字中国概览示意图

其中数字经济从产业构成来看,包括数字产业化和产业数字化两大部分。《数字经济及其核心产业统计分类(2021)》中的数字经济分类是：数字产品制造业、数字产品服务业、数字技术应用业、数字要素驱动业和数字化效率提升业,其中,前四类为数字产业化部分,第五类为产业数字化部分。

从整体构成上看,数字经济包括数字产业化、产业数字化、数字化治理和数据价值化四个部分。

1. 数字产业化。数字产业化是指为产业数字化发展提供数字技术、产品、服务、基础设施和解决方案,以及完全依赖于数字技术、数据要素的各类经济活动,包括电子信息制造业、电信业、软件、信息技术、互联网行业等。数字产业化发展重点包括：云计算、大数据、物联网、工业互联网、区块链、人工智能、虚拟现实和增强现实。

2. 产业数字化。产业数字化是指在新一代数字科技支撑和引领下,以数据为关键要素,以价值释放为核心,以数据赋能为主线,对产业链上下游的全要素数字化升级、转型和再造的过程。产业数字化的典型特征包括：以数字科技变革生产工具；以数据资源为关键生产要素；以数字内容重构产品结构；以信息网络为市场配置纽带；以服务平台为产业生态载体；以数字善治为发展机制条件。

3. 数字化治理。数字化治理指依托互联网、大数据、人工智能等技术应用,创新社会治理方法与手段,优化社会治理模式,推进社会治理的科学化、精细化、高效化,助力社会治理现代化。数字化治理的核心特征是全社会的数据互通、数字化全面协同与跨部门的流程再造,形成"用数据说话、用数据决策、用数据管理、用数据创新"的治理机制。

数字化治理的内涵包含：①对数据的治理,治理对象扩大到数据要素；②用数据进行治理,运用数字与智能技术优化治理技术体系,提升治理能力；③对数字融合空间进行治理,随着经济社会活动搬到线上,治理场域也拓展到数字空间。

4. 数据价值化。数据价值化是指以数据资源化为起点,经历数据资产化、数据资本化阶段,实现数据价值化的经济过程。数据价值化的"三化"框架包括数据资源化、数据资产化、数据资本化。

（1）数据资源化使无序、混乱的原始数据成为有序、有使用价值的数据资源。数据资源化是激发数据价值的基础，其本质是提升数据质量，形成数据使用价值的过程。

（2）数据资产化是数据通过流通交易带来经济利益的过程。数据资产化是实现数据价值的核心，其本质是形成数据交换价值，初步实现数据价值的过程。

（3）数据资本化主要包括两种方式，数据信贷融资与数据证券化。数据资本化是拓展数据价值的途径，本质是实现数据要素的社会化配置。

备考点拨

本考点学习难度星级：★★☆（适中），考试频度星级：★★★（高频）。

本考点考查数字经济，数字经济包含数字产业化和产业数字化，仅仅做了词语前后顺序的颠倒，就带来了区别显著的含义。数字产业化特指那些天生就带着数字基因的企业，比如互联网、人工智能等行业，产业数字化指可能千百年前都已经存在的传统企业，比如交通运输业、农业等，让传统企业积极拥抱数字化，最终形成产业数字化。

而数字化治理针对的是社会这个更大的级别，通过数字化治理实现全社会数据互通、全面协同和流程再造。这里要掌握数字化治理的三个内涵，分别是对数据的治理、运用数据进行治理和对数字融合空间进行治理。

最后数据价值化相对比较好理解，毕竟数据如果没了价值，可能连垃圾都不如，就成了"数据垃圾"。这里要掌握数据价值化的起点是数据资源化，另外数据价值化的"三化"框架也要掌握。

所以数字经济考点的学习，需要理解和记忆并重，单纯靠死记硬背的效果其实并不好，因为都是类似的枯燥词汇，所以先求理解、再求记住是数据经济考点的学习策略。

考题精练

1. 数据价值化是以（   ）为起点，经历数据资产化、数据资本化阶段，实现数据价值化的阶段。

  A．数据智能化 B．数据资源化 C．数据安全性 D．数据产业化

【解析】答案为B。本题考查数据价值化，数据价值化是指以数据资源化为起点，经历数据资产化、数据资本化阶段，实现数据价值化的经济过程。

【考点8】数字政府和数字生态

考点精华

数字政府是以新一代信息技术为支撑，以"业务数据化、数据业务化"为着力点，通过数据驱动重塑政务信息化的管理架构、业务架构和组织架构，形成"数据决策、数据服务、数据创新"的现代化治理模式。从大众服务视角来看，数字政府体现在"一网通办""跨省通办"和"一网统管"，其中"一网统管"的建设通常强调：一网、一屏、联动、预警和创新。

数字政府的新特征包含五点：①协同化：强调组织互联互通，实现高效协同管理服务；②云

端化：政务上云是促成各地各部门集约式规划建设、政府整体转型的必要条件；③智能化：智能化治理是政府应对社会治理多元化、多样化的关键手段；④数据化：数据化是数字政府建设重点；⑤动态化：数字政府在数据驱动下的动态发展过程。

数字生态方面，作为新型生产要素，数据具有劳动工具和劳动对象的双重属性。数据作为劳动对象，通过采集、加工、存储、流通、分析环节，具备了价值和使用价值；数据作为劳动工具，通过融合应用提升生产效能，促进生产力发展。

数据要素市场是将尚未完全由市场配置的数据要素转向由市场配置的动态过程，实现数据流动价值或者数据在流动中产生价值。数据要素市场化配置是一种结果，而不是手段。

国家工业信息安全发展研究中心提出了全球数字营商环境评价指标体系。评价体系包含五个一级指标：①数字支撑体系，包含普遍接入、智慧物流设施、电子支付设施；②数据开发利用与安全，包含公共数据开放、数据安全；③数字市场准入，包含数字经济业态市场准入、政务服务便利度；④数字市场规则，包含平台企业责任、商户权利与责任、数字消费者保护；⑤数字创新环境，包含数字创新生态、数字素养与技能、知识产权保护。

📢 备考点拨

本考点学习难度星级：★☆☆（简单），考试频度星级：★☆☆（低频）。

本考点考查数字政府和数字生态，数字政府的考点内容不多，达到理解的程度，能够在选择题中选对即可，数字政府在"一网通办""跨省通办"和"一网统管"上面的体现，可以简单了解，理解起来没有难度，数字政府的五点新特征也是了解即可。

数字生态考点理解即可，可能全球数字营商环境的评价体系读起来有些枯燥，不过站在生态缔造者的视角就比较好理解了。要构建一套生态体系，需要有底层的支撑，对应评价体系的就是数字支撑体系，生态还需要确保安全并有基本的规则，那么对应的分别就是数据开发利用与安全、数字市场规则，进入生态的玩家可不是谁都能当的，那么对应的就是数字市场准入，最后如果想要让生态万物生长、生机勃勃，就离不开营造好的环境，那么对应的就是数字创新环境。

🔗 考题精练

1.《"十四五"国家信息化规划》中提出了打造协同高效的数字政府体系，深入推进"放管服"改革，加快政府职能转变，打造市场化、法治化、国际化营商环境，坚持整体集约建设数字政府，推动条块政务业务协同，（   ），深化推进"一网通办""跨省通办""一网统管"，畅通参与政策制定的渠道，推动国家行政体系更加完善、政府作用更好发挥，行政效率和公信力显著提升，推动有效市场和有为政府更好结合，打造服务型政府。

  A. 加快政务数据开放共享和开发利用

  B. 加快政务数据资产使用便捷性

  C. 加快推动政务数据的价值提升和变现

  D. 严格管控政务数据的质量和使用范围

【解析】答案为A。题干为《"十四五"国家信息化规划》中的原话，这里不再赘述。本题也可以使用排除法求解，根据题干中对数字政府的描述，比较容易排除掉选项C和选项D，此时就需要在选项 A 和选项 B 中选出最接近的答案，选项 A 和选项 B 的主要区别在于，选项 B 仅仅关注便捷性，而选项 A 描述的是共享利用，便捷性仅仅是共享的一方面，所以选项 A 的范围更广、内涵更深，所以选项 A 更加接近正确答案。类似这样的时政题，从制定者的角度来思考答案，用排除法的正确率会更高一些。

2．"十四五"期间，我国关注推动政务信息化共建共用，推动构建网络安全空间命运共同体，属于（　　）建设内容。

　　A．科技中国　　　　B．数字中国　　　　C．制造中国　　　　D．创新中国

【解析】答案为 B。本题考查数字中国。《"十四五"规划纲要》第五篇加快数字化发展建设数字中国：迎接数字时代，激活数据要素潜能，推进网络强国建设，加快建设数字经济、数字社会、数字政府，以数字化转型整体驱动生产方式、生活方式和治理方式变革。题干中提到的"推动政务信息化共建共用"，属于打造"数字政府"的内容；"推动构建网络空间命运共同体"属于营造良好数字生态的内容，均属于数字中国建设内容。

【考点9】数字社会

⬤ 考点精华

数字社会包含数字民生、智慧城市、数字乡村和数字生活。

数字民生将"人"与"公共服务"通过数字的方式全面连接，数字民生建设重点强调普惠、赋能和利民 3 个方面。

智慧城市的基本原理图如图 2-6 所示，从图中能看出来，智慧城市有 5 个核心能力要素，分别是数据治理、数字孪生、边际决策、多元融合和态势感知。

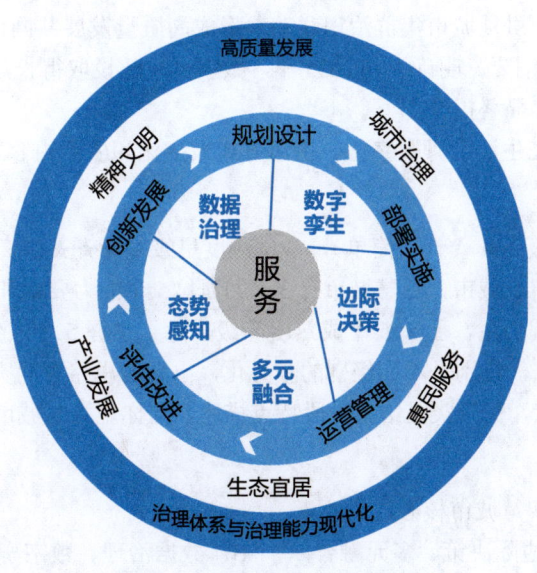

图 2-6　智慧城市基本原理图

1. **数据治理**：围绕数据这一生产要素进行能力构建，包括数据责权利管控、全生命周期管理及其开发利用。

2. **数字孪生**：围绕现实世界与信息世界的互动融合进行能力构建，包括社会孪生、城市孪生和设备孪生等，推动城市空间摆脱物理约束，进入数字空间。

3. **边际决策**：基于决策算法和信息应用等进行能力构建，强化执行端决策能力，达到快速反应、高效决策的效果，满足对社会发展的敏捷需求。

4. **多元融合**：强调社会关系和社会活动的动态性及其融合的高效性，实现服务可编排和快速集成，满足各项社会发展的创新需求。

5. **态势感知**：围绕对社会状态的本质反映及模拟预测等进行能力构建，洞察可变因素与不可见因素对社会发展的影响，从而提升生活质量。

智慧城市成熟度划分为规划级、管理级、协同级、优化级、引领级 5 个等级。

1. 一级（规划级）：围绕智慧城市的发展进行策划，明确相关职责分工和工作机制，初步开展数据采集和应用，确保相关活动有序开展。

2. 二级（管理级）：明确智慧城市发展战略、原则、目标和实施计划，推进城市基础设施智能化改造，多领域实现信息系统单项应用，对智慧城市全生命周期实施管理。

3. 三级（协同级）：管控智慧城市各项发展目标，实施多业务、多层级、跨领域应用系统集成，持续推进信息资源的共享与交换，推动惠民服务、城市治理、生态宜居、产业发展等融合创新，实现跨领域协同改进。

4. 四级（优化级）：聚焦智慧城市与城市经济社会发展深度融合，基于数据与知识模型实施城市经济、社会精准化治理，推动数据要素的价值挖掘和开发利用，推进城市竞争力持续提升。

5. 五级（引领级）：构建智慧城市敏捷发展能力，实现城市物理空间、社会空间、信息空间的融合演进和共生共治，引领城市集群治理联动，形成高质量发展共同体。

《数字乡村发展战略纲要》明确了到 2035 年，数字乡村建设取得长足进展。城乡"数字鸿沟"大幅缩小农民数字化素养显著提升。

数字生活主要体现在生活工具数字化、生活方式数字化和生活内容数字化。

备考点拨

本考点学习难度星级：★☆☆（简单），考试频度星级：★★★（高频）。

数字社会的重点是智慧城市，智慧城市有 3 个特征、5 个能力要素和 5 个成熟度等级，3 个特征和 5 个能力要素以理解为主，至于 5 个成熟度等级，除了掌握 5 个成熟度等级的名字之外，还需要知道每个级别的特点，特别是不同级别的差异化，出题的思路有两类，一类是给出一个级别，让你选出这个级别的特点，另一类是给出一段特点描述，问你是智慧城市的哪个成熟度级别。

考题精练

1. （　　）不属于智慧城市核心能力要素。
   A．数据治理、边际决策、多元融合　　B．数据治理、数字孪生、边际决策
   C．数据管理、数字孪生、态势感知　　D．数字孪生、多元融合、态势感知

【解析】答案为 C。本题考查智慧城市，重点强化数据治理、数字孪生、边际决策、多元融合和态势感知五个核心能力要素建设。

2．智慧城市发展过程中，能够明确智慧城市发展战略、原则、目标和实施计划等，推进城市基础设施的智能化改造，多领域实现信息系统单项应用，对智慧城市全生命周期实施管理，则该智慧城市成熟度处于（　　）水平。

　　A．规划级　　　　B．管理级　　　　C．协同级　　　　D．优化级

【解析】答案为 B。本题考查智慧城市。智慧城市发展成熟度划分为规划级、管理级、协同级、优化级、引领级 5 个等级，等级的详细介绍请参考考点精华。

【考点10】数字化转型

◉ 考点精华

数字化转型是建立在数字化转换、数字化升级基础上，进一步触及到组织核心业务，以新建一种业务模式为目标的高层次转型。

数字化转型驱动范式整理如下：

1．生产力飞升：第四次科技革命。每次科技革命都对应一个科学范式，第四科学范式为数据密集型研究范式，由传统的假设驱动向基于数据探索的方法转变。计算机实施第一、第二、第三科学范式，第四范式通过新型信息技术的数据洞察，从大数据中自动化挖掘实践经验、理论原理并自行开展模拟仿真，完成基于数据的自决策和自优化。

2．生产要素变化：数据要素的诞生。数据作为与土地、劳动力、资本和技术并列的生产要素，表明数据将会是未来社会数字化、智能化发展的重要基础。过去的信息化建设把智慧解构为知识，把知识分解为信息，把信息拆解为数据。随着人工智能、区块链和大数据等技术的出现，分散在各个环节的数据，被重新归集为显性信息、知识和智慧。

3．信息传播效率突破：社会互联网新格局。社交网络信息传输具有永生性、无限性、即时性以及方向性的特征。互联网的特性是信息可以跨越时间和地理障碍在网络上迅速传播，在互联网上传播信息已经成为信息扩散的主渠道。

4．社会"智慧主体"规模：快速复制与"智能+"。如今社会的"智慧主体"已经不单纯是自然人。新兴"智慧主体"的规模和种类快速扩张，将引发人类社会的深层次变革，自然人的竞争力聚焦在新兴"智慧主体"不会具备的领域，也就是以"服务"为典型代表的领域，因为该领域面对更复杂的交互过程、更多的风险融合应对和情感因素管控。

智慧转移的 S8D 模型基于 DIKW 模型，构筑了"智慧—数据""数据—智慧"两大过程的 8 个转化活动，如图 2-7 所示：①"智慧—数据"过程：是"信息化过程"，指信息系统规划、建设、运行过程；②"数据—智慧"过程：是"智慧化过程"，指数据的开发利用和资源管理的过程。

组织能力因子数字化"封装"的持续迭代包含四项活动，即信息物理世界（也称数字孪生，Cyber-Physical Systems，CPS）建设、决策能力边际化（Power to Edge，PtoE）部署、科学社会物理赛博机制构筑（Cyber-Physical-Social Systems，CPSS）、数字框架与信息调制（Digital Frame and Information Modulation，DFIM）。

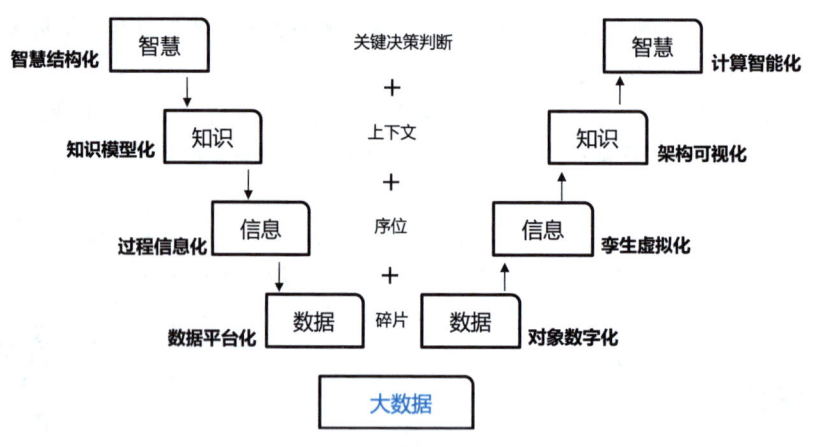

图 2-7 智慧转移的 S8D 模型

🔊 **备考点拨**

本考点学习难度星级：★★☆（适中），考试频度星级：★☆☆（低频）。

本考点考查数字化转型，一个数字化转型考点隐含了三个子考点，分别是数字化转型驱动范式、智慧转移的 S8D 模型和组织能力因子数字化"封装"的持续迭代。如果要把这三个子考点按照优先级排序，智慧转移的 S8D 模型能够排第 1 个，S8D 模型的样子是一个大写的"V"，对 S8D 模型的掌握关键在于理解，理解左边从上到下的信息化，理解右边从下到上的智慧化，左右构成"V"的斜线作用也是潜在的出题点；排第 2 优先级的是数字化转型驱动范式，范式的四个要素的名字要记住，至于要素的介绍理解即可；排最后的是组织能力因子数字化"封装"，知道四项活动即可。

🔗 **考题精练**

1. 以下关于数字化转型驱动范式的说法中，错误的是（　　）。
   A．第四次科技革命对应数据密集型研究范式，实现基于数据的自决策和自优化
   B．数据作为新的生产要素，是未来社会数字化、智能化发展的重要基础
   C．社交网络信息传输的特征不包括有限性
   D．自然人的竞争力聚焦在以"服务"为典型代表的领域，是因为该领域没有新兴"智慧主体"

【解析】答案为 D。自然人的竞争力聚焦在以"服务"为典型代表的领域，是因为这个领域面对更复杂的交互过程、更多的风险融合应对和情感因素管控，而不是该领域没有新兴"智慧主体"。

【考点 11】元宇宙主要特征及发展演进

🔹 **考点精华**

元宇宙作为现实世界的孪生空间和虚拟世界，其物理属性被淡化，社会属性被强化，元宇宙

的主要特征包括：①沉浸式体验；②虚拟身份；③虚拟经济；④虚拟社会治理。

元宇宙首先会在社交、娱乐和文化领域发展，形成虚拟"**数字人**"，逐步再向虚拟身份方向演进，形成"**数字人生**"，此时的元宇宙偏向个体用户需求。随着元宇宙中虚拟经济的发展和现实中组织数字化转型的深入，元宇宙向"**数字组织**"领域延伸，从而影响现实世界的经济与社会发展整体数字化转型升级，形成"**数字生态**"。之后元宇宙的虚拟世界形态持续迭代，形成"**数字社会治理**"，实现物理空间、社会空间和信息空间三元空间的协同发展新格局。

备考点拨

本考点学习难度星级：★☆☆（简单），考试频度星级：★☆☆（低频）。

本考点考查元宇宙，首先元宇宙的四个主要特征需要掌握，考试的时候有可能会问元宇宙的主要特征包括什么或者不包括什么。元宇宙理解起来相对门槛不高，毕竟最接近大众的元宇宙类消费电子大家都或多或少接触过。

考题精练

1. 元宇宙本身不是一种技术，而是一个理念和概念，它需要整合不同的新技术，强调虚实相融。元宇宙主要有以下几项核心技术。一是（　　），包括VR、AR和MR，可以提供沉浸式体验。二是（　　），能够把现实世界镜像到虚拟世界里，在元宇宙里，我们可以看到很多自己的虚拟分身。三是用（　　）来搭建经济体系，经济体系将通过成熟的虚拟产权和成熟的去中心化金融生态具备现实世界的调节功能，市场将决定用户劳动创造的虚拟价值。

　　A. 扩展现实　数字孪生　区块链
　　B. 增强现实　虚拟技术　区块链
　　C. 增强现实　数字孪生　大数据
　　D. 扩展现实　虚拟技术　大数据

【解析】答案为A。元宇宙主要有以下核心技术：一是扩展现实，包括VR和AR。扩展现实技术可以提供沉浸式的体验，可以解决手机解决不了的问题；二是数字孪生，能够把现实世界镜像到虚拟世界里面去。这也意味着在元宇宙里，我们可以看到很多自己的虚拟分身；三是用区块链来搭建经济体系。随着元宇宙进一步发展，对整个现实社会的模拟程度加强，我们在元宇宙中可能不仅仅是花钱，而且有可能赚钱，这样在虚拟世界里同样形成了一套经济体系。

第 3 章

信息技术发展考点精讲及考题实练

3.1 章节考情速览

第 2 章讲的是信息化发展，这一章讲的是信息技术发展，所以这一章不可避免会涉及技术，对没有技术储备的考生而言，这一章可能是个挑战，但是这一章并非最大的挑战，最大的挑战可能会在信息系统工程章节出现。

信息技术发展章节内容分为两大部分，分别是信息技术及其发展和新一代信息技术及应用。信息技术及其发展主要是讲软硬件、网络、存储数据库、安全方面的基础知识，这些技术偏传统，而新一代信息技术及应用所涉及的技术偏向高精尖，比如现在大火的物联网、云计算、大数据、区块链、人工智能、虚拟现实等，都将在这一章"一网打尽"。说"一网打尽"其实是开玩笑，因为随便选一门新技术，都需要三年五载才能精通。这里只用了半章讲六门高科技，能讲到多少呢？

所以这一章的学习一定要"不求甚解"，而不是"打破砂锅问到底"，因为如果想要完全理解，面对的大概率是无底洞。这一章的学习，需要从考试出发，从潜在出题点出发，能理解的地方理解，不能理解的地方就混个眼熟，能够记住自然更好。

信息技术发展按照往年的考试经验看，在 2 分左右，同样也主要在综合知识科目进行考查，其他科目通常不会涉及。

3.2 考点星级分布图

本章涉及的主要考点分布及难度与频度双星级如图 3-1 所示。

信息技术发展考点

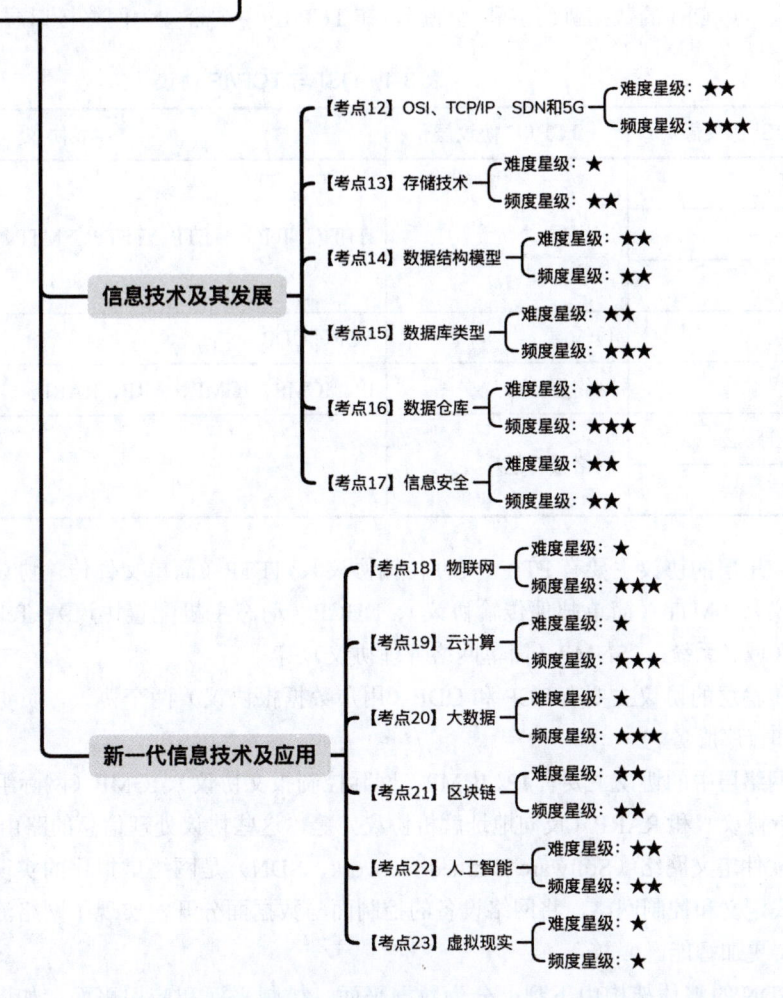

```
信息技术发展考点
├── 信息技术及其发展
│   ├── 【考点12】OSI、TCP/IP、SDN和5G    难度星级：★★  频度星级：★★★
│   ├── 【考点13】存储技术                难度星级：★    频度星级：★★
│   ├── 【考点14】数据结构模型            难度星级：★★  频度星级：★★
│   ├── 【考点15】数据库类型              难度星级：★★  频度星级：★★★
│   ├── 【考点16】数据仓库                难度星级：★★  频度星级：★★★
│   └── 【考点17】信息安全                难度星级：★★  频度星级：★★
└── 新一代信息技术及应用
    ├── 【考点18】物联网                  难度星级：★    频度星级：★★★
    ├── 【考点19】云计算                  难度星级：★    频度星级：★★★
    ├── 【考点20】大数据                  难度星级：★    频度星级：★★★
    ├── 【考点21】区块链                  难度星级：★★  频度星级：★★
    ├── 【考点22】人工智能                难度星级：★★  频度星级：★★
    └── 【考点23】虚拟现实                难度星级：★    频度星级：★
```

图 3-1　本章考点及星级分布

3.3　核心考点精讲

【考点 12】OSI、TCP/IP、SDN 和 5G

OSI、TCP/IP、SDN 和 5G

🔸 **考点精华**

开放系统互连参考模型（Open System Interconnect, OSI）采用了分层的结构化技术，从下到上分为物理层、数据链路层、网络层、传输层、会话层、表示层和应用层。

TCP/IP 将 OSI 的七层简化为四层，见表 3-1：①OSI 的应用层、表示层和会话层三个层次，在 TCP/IP 中被合并为应用层；②OSI 的传输层和网络层，在 TCP/IP 中依然被作为独立的两个层次；③OSI 的数据链路层和物理层，在 TCP/IP 中被合并为网络接口层。

表 3-1　OSI 与 TCP/IP 协议

OSI 协议层	TCP/IP 协议层	代表协议
应用层	应用层	HTTP、Telnet、FTP、TFTP、SMTP、DHCP、DNS、SNMP
表示层		
会话层		
传输层	传输层	TCP、UDP
网络层	网络层	IP、ICMP、IGMP、ARP、RARP
数据链路层	网络接口层	
物理层		

应用层的协议主要有 FTP（文件传输协议）、TFTP（简单文件传输协议）、HTTP（超文本传输协议）、SMTP（简单邮件传输协议）、DHCP（动态主机配置协议）、Telnet（远程登录协议）、DNS（域名系统）、SNMP（简单网络管理协议）等。

传输层的协议主要有 TCP 和 UDP（用户数据报协议）两个协议，负责提供流量控制、错误校验和排序服务。

网络层中的协议主要有 IP、ICMP（网际控制报文协议）、IGMP（网际组管理协议）、ARP（地址解析协议）和 RARP（反向地址解析协议）等，这些协议处理信息的路由和主机地址解析。

软件定义网络（Software Defined Network，SDN）是网络虚拟化的实现方式，通过软件编程的形式定义和控制网络，将网络设备的控制面与数据面分开，实现了网络流量的灵活控制，使网络变得更加智能。

SDN 的整体架构由下到上分为数据平面、控制平面和应用平面，如图 3-2 所示。数据平面由交换机等网络通用硬件组成，网络设备之间通过 SDN 数据通路连接；控制平面包含 SDN 控制器，SDN 控制器掌握全局网络信息，负责各种转发规则的控制；应用平面包含各种基于 SDN 的网络应用，用户无须关心底层细节就可以编程和部署应用。控制平面与数据平面之间通过 SDN 控制数据平面接口（Control-Data-Plane Interface，CDPI）进行通信，最主要应用的是 OpenFlow 协议。控制平面与应用平面之间通过 SDN 北向接口（Northbound Interface，NBI）进行通信，NBI 允许用户根据自身需求定制开发各种网络管理应用。

第五代移动通信技术 5G 在频段方面，与 4G 支持中低频不同，考虑到中低频资源有限，5G 同时支持中低频和高频频段，其中中低频满足覆盖和容量需求，高频满足在热点区域提升容量的需求。

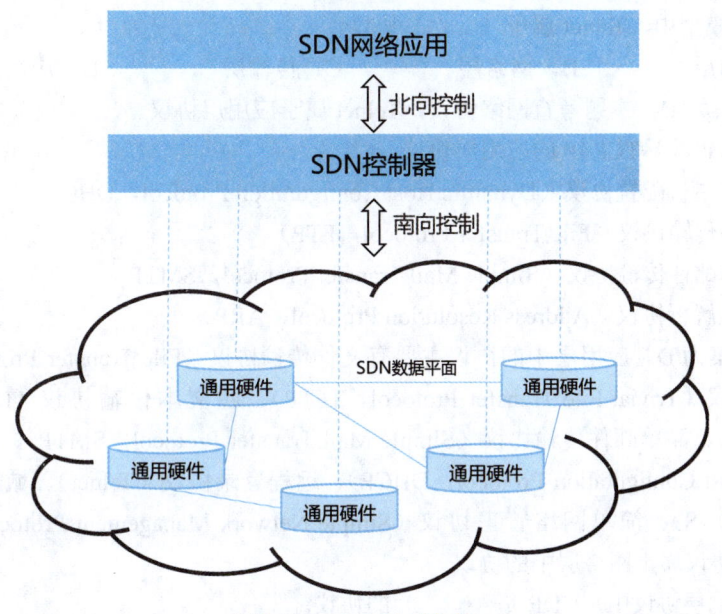

```
                    ┌──────────────────┐
                    │   SDN网络应用      │
                    └──────────────────┘
                           ⇅ 北向控制
                    ┌──────────────────┐
                    │   SDN控制器       │
                    └──────────────────┘
                           ⇅ 南向控制
```

图 3-2 SDN 体系架构

国际电信联盟（International Telecommunication Union，ITU）定义 5G 的三大类应用场景：增强移动宽带、超高可靠低时延通信和海量机器类通信。增强移动宽带主要面向移动互联网流量爆炸式增长，为移动互联网用户提供更加极致的应用体验；超高可靠低时延通信主要面向工业控制、远程医疗、自动驾驶等对时延和可靠性有极高要求的垂直行业应用需求；海量机器类通信主要面向智慧城市、智能家居、环境监测等以传感器和数据采集为目标的应用需求。

备考点拨

本考点学习难度星级：★★☆（适中），考试频度星级：★★★（高频）。

本考点考查 OSI、TCP/IP、SDN 和 5G，都是和网络有关系的子考点。其中 OSI 的七层和 TCP/IP 的四层以及对应关系是必须要牢记的。另外，不同层的协议名字也是必须要牢记的，是考试的热点。而理解软件定义网络（SDN）的关键是，理解 SDN 是通过软件编程的形式定义和控制网络，具体的控制过程通过自下而上的数据平面、控制平面和应用平面来实现，这个考点更加需要理解三者之间的关系。最后的 5G 了解就好，对 5G 的了解不是什么难事，结合日常生活的体验去理解 5G 的三大类应用场景会更容易些。

考题精练

1. TCP/IP 模型中，（　　）协议属于网络层的协议。
   A．ARP　　　　　B．SNMP　　　　　C．TCP　　　　　D．FTP

【解析】答案为 A。本题考查网络协议，网络层的主要功能是将网络地址（例如 IP 地址）翻译成对应的物理地址（例如网卡地址），并决定如何将数据从发送方路由到接收方。在 TCP/IP 协议中，网络层具体协议有 IP、ICMP、IGMP、IPX、ARP 等。

2. TCP/IP 模型中，Telnet 属于（　　）协议。

　　A．接口层　　　　B．网络层　　　　C．传输层　　　　D．应用层

【解析】答案为 D。本题考查网络协议，Telnet 属于应用层协议。

3. （　　）不属于 TCP/IP 的应用层协议。

　　A．动态主机配置协议（Dynamic Host Configuration Protocol，DHCP）

　　B．文件传输协议（File Transfer Protocol，FTP）

　　C．简单邮件传输协议（Simple Mail Transfer Protocol，SMTP）

　　D．地址解析协议（Address Resolution Protocol，ARP）

【解析】答案为 D。应用层中的协议主要有文件传输协议（File Transfer Protocol，FTP）、简单文件传输协议（Trivial File Transfer Protocol，TFTP）、超文本传输协议（Hypertext Transfer Protocol，HTTP）、简单邮件传输协议（Simple Mail Transfer Protocol，SMTP）、动态主机配置协议（Dynamic Host Configuration Protocol，DHCP）、远程登录协议（Telnet）、域名系统（Domain Name System，DNS）、简单网络管理协议（Simple Network Management Protocol，SNMP）等。选项 D 的 ARP 协议属于网络层中的协议。

4. 在 OSI 七层协议中，UDP 是（　　）的协议。

　　A．网络层　　　　B．传输层　　　　C．会话层　　　　D．应用层

【解析】答案为 B。本题考查 OSI 模型，UDP 是传输层协议。

【考点 13】存储技术

◎ 考点精华

根据服务器类型，存储分为封闭系统存储和开放系统存储。封闭系统主要指大型机等服务器，开放系统指基于麒麟、欧拉、UNIX、Linux 等操作系统的服务器。开放系统存储分为内置存储和外挂存储。外挂存储根据连接方式分为直连式存储（Direct-Attached Storage，DAS）和网络化存储（Fabric-Attached Storage，FAS）。网络化存储根据传输协议又分为网络接入存储（Network-Attached Storage，NAS）和存储区域网络（Storage Area Network，SAN）。

DAS 通过电缆直接连接到服务器或客户端的数据存储设备，本身是硬件的堆叠，不带有任何存储操作系统。DAS 的传输对象是数据块，适合中小组织服务器。

NAS 网络接入存储也叫网络直联存储设备或网络磁盘阵列，NAS 基于 LAN 局域网，按照 TCP/IP 协议进行通信，以文件的 I/O 方式进行数据传输。NAS 的传输对象是文件，管理难度容易，适合中小组织、SOHO 族和组织部门。

SAN 存储区域网络是通过光纤集线器、光纤路由器、光纤交换机等连接设备将磁盘阵列、磁带等存储设备与相关服务器连接起来的高速专用子网。SAN 由接口、连接设备和通信控制协议三个基本的组件构成。这三个组件加上附加的存储设备和独立的 SAN 服务器，就构成了 SAN 系统。SAN 主要包含 FC SAN 和 IP SAN，FC SAN 的网络介质为光纤通道，IP SAN 使用标准以太网。SAN 的传输对象是数据块，管理难度通常很大。

存储虚拟化（Storage Virtualization）是"云存储"的核心技术之一，它把来自一个或多个网络的存储资源整合起来，向用户提供一个抽象的逻辑视图，用户通过视图中的统一逻辑接口来访问被整合的存储资源。用户在访问数据时并不知道真实的物理位置。

绿色存储（Green Storage）技术是指从节能环保的角度出发，用来设计生产能效更佳的存储产品，降低数据存储设备的功耗，提高存储设备每瓦性能的技术。以绿色理念为指导的存储系统最终是存储容量、性能、能耗三者的平衡。

备考点拨

本考点学习难度星级：★☆☆（简单），考试频度星级：★★☆（中频）。

本考点考查存储技术，在这个考点中重点是掌握 DAS、NAS 和 SAN 的特点和区别，这里面的很多特点都可以拿出来成为考题，比如哪类存储类型的传输对象是数据块，再比如 NAS 存储的优点是什么，从过往的考试来看，对 NAS 的考查相对会更多一些，至于存储虚拟化和绿色存储，了解一下能够理解就好。

考题精练

1. 关于网络存储技术的描述，正确的是（　　）。
   A．DAS 是一种易于扩展的存储技术
   B．NAS 系统与 DAS 系统相同，都没有自己的文件系统
   C．NAS 可以使用 TCP/IP 作为其网络传输协议
   D．SAN 采用了文件共享存取方式

【解析】答案为 C。本题考查网络存储。DAS 是直连模式，不易扩展；NAS 有文件系统，可以用 TCP/IP 作为网络传输协议；SAN 是块级存储，不是文件共享方式，NAS 用文件共享存取方式。

【考点 14】数据结构模型

考点精华

常见的数据结构模型有三种：层次模型、网状模型和关系模型，层次模型和网状模型统称为格式化数据模型。

1. 层次模型

层次模型是最早使用的模型，它用"树"结构表示实体集之间的关联，其中实体集（用矩形框表示）为节点，树中各节点之间的连线表示彼此的关联。层次模型对应的层次数据库系统只能处理一对多的实体联系，每个记录类型可包含若干个字段，记录类型描述的是实体，字段描述实体属性。各个记录类型、同一记录类型中各个字段不能同名。层次模型的基本特点是任何一个给定的记录值只能按其层次路径查看，没有一个子女记录值能够脱离双亲记录值而独立存在。

2. 网状模型

网状数据库系统采用网状模型作为数据组织方式，网状模型用网状结构表示实体类型及其实体之间的联系。网状模型解决了层次模型不能表示非树状结构的限制。两个或两个以上的节点都可以有多个双亲节点，将有向树变成了有向图。

网状模型中以记录作为数据的存储单位。记录包含若干数据项。每个记录有唯一内部标识符，称为码（Database Key，DBK），DBK 是记录的逻辑地址，可作记录的"替身"或用于寻找记录。网状数据库是导航式数据库，用户在操作数据库时不但说明要做什么，还要说明怎么做。

3．关系模型

关系模型在关系结构数据库中用二维表格表示实体及实体间的联系。关系模型的基本原理是信息原理，所有信息都表示为关系中的数据值，关系变量在设计时相互无关联。

◉ 备考点拨

本考点学习难度星级：★★☆（适中），考试频度星级：★★☆（中频）。

本考点考查数据结构，数据结构可以简单理解为数据库的根基，一共有三类数据结构，分别是层次模型、网状模型和关系模型。层次模型可以想象成一棵树的样子，网状模型可以想象成一张网的样子，关系模型可以想象成一张表格的样子，然后在学习过程中，不断在头脑中回放各自的样子去理解这三类数据结构的特点，这样的学习方式，无论理解效率还是记忆效率都会提高不少，而且也能够对各自的优缺点有更加深刻的印象。

◉ 考题精练

1．以下关于数据结构模型的说法中，错误的是（　　）。

　　A．层次模型用"树"结构表示实体集之间的关联，只能处理一对多的实体联系

　　B．网状模型将有向树变成了有向图，解决了层次模型不能表示非树状结构的限制

　　C．网状模型中记录的唯一内部标识符称为码，可作记录的"替身"或用于寻找记录

　　D．关系模型在关系结构数据库中用三维表格表示实体及实体间的联系

【解析】答案为 D。关系模型在关系结构数据库中用二维表格表示实体及实体间的联系，而不是三维表格。

【考点 15】数据库类型

◉ 考点精华

根据存储方式，数据库分为关系型数据库（SQL）和非关系型数据库（Not Only SQL，NoSQL）。

关系型数据库采用关系模型作为数据组织方式，关系型数据库支持事务 ACID 原则，即原子性（Atomicity）、一致性（Consistency）、隔离性（Isolation）、持久性（Durability），ACID 原则保证事务处理时的数据正确性。

非关系型数据库是分布式、非关系型、不保证遵循 ACID 原则的数据存储系统。非关系型数据库不需要固定的表结构，也不存在连接操作，在大数据存取上具备关系型数据库无法比拟的性能优势。常见的非关系型数据库有如下四种：

（1）键值数据库：类似哈希表，通过 key 来添加、查询或者删除数据库，优势是简单、易部署、高并发。

（2）列存储数据库：将数据存储在列族中，一个列族存储经常被打包查询，列存储数据库通

常用来应对分布式存储海量数据。

(3) **面向文档数据库**：数据以文档的形式存储，查询效率高于键值数据库，允许之间嵌套键值。

(4) **图形数据库**：数据以图的方式存储，实体作为顶点，实体间的关系作为边。

关系型数据库的优点：①关系模型相对网状、层次等模型更容易理解；②通用的SQL语言使得操作关系型数据库非常方便；③丰富的完整性降低了数据冗余和数据不一致的概率。

关系型数据库的缺点：①大数据、高并发下读写性能不足；②扩展困难；③多表关联查询导致性能欠佳。

非关系型数据库的优点：①大数据、高并发下读写能力较强；②易于扩展；③简单，弱结构化存储。

非关系型数据库的缺点：①事务支持较弱；②通用性差；③复杂业务场景支持差。

备考点拨

本考点学习难度星级：★★☆（适中），考试频度星级：★★★（高频）。

本考点考查数据库，数据库主要掌握关系型数据库和非关系型数据库，两者的优缺点可以结合起来学习，记忆的效果会更好些。关于关系型数据库还需要知道其所遵从的事务ACID原则，事务ACID原则分别代表什么。关于非关系型数据库还需要知道其分类，键值数据库、列存储数据库、面向文档数据库和图形数据库的特点如果能够掌握最好掌握，属于较容易出题的点，虽然不是高频考点，但是没有掌握的话，一旦考到就会丢分。

考题精练

1.（　　）不属于关系型数据库。

　　A．Oracle　　　　B．MySQL　　　　C．SQL Server　　　　D．MongoDB

【解析】答案为D。本题考查数据库，MongoDB是基于分布式文件存储的数据库。由C++语言编写。旨在为web应用提供可扩展的高性能数据存储解决方案。MongoDB是介于关系型数据库和非关系型数据库之间的产品，是非关系型数据库当中功能最丰富，最像关系型数据库的产品。

【考点16】数据仓库

考点精华

数据仓库是一个**面向主题的、集成的、非易失的且随时间变化的数据集合**，用于支持管理决策。

数据仓库的基本概念如下：

1. **ETL**：清洗/转换/加载。从数据源抽取出数据，经过数据清洗、转换后，按照数据仓库模型加载到数据仓库中。
2. **元数据**：关于数据的数据。元数据是有关数据源定义、目标定义、转换规则、商业信息的数据。
3. **粒度**：数据仓库中数据的细化程度越高，粒度级别越小，细化程度越低，粒度级别越大。
4. **分割**：任何给定的数据单元属于且只属于一个分割。

5. **数据集市**：小型的、面向部门或工作组级的数据仓库。
6. **操作数据存储（Operational Data Store，ODS）**：面向主题、集成、可变、当前或接近当前。
7. **数据模型**：逻辑数据结构，包括操作和约束，用于表示数据的系统。
8. **人工关系**：用于表示参照完整性。

数据仓库的体系结构包含四部分：

1. **数据源**是数据仓库系统的基础，是系统的数据源泉。通常包括组织内部信息和外部信息。
2. **数据的存储与管理**是数据仓库系统的核心。数据仓库按数据的覆盖范围可分为组织级数据仓库和部门级数据仓库（通常称为"数据集市"）。
3. **联机分析处理（On-Line Analytical Processing，OLAP）服务器**。OLAP 分为基于关系数据库的 OLAP（Relational OLAP，ROLAP）、基于多维数据组织的 OLAP（Multidimensional，OLAP，MOLAP）和基于混合数据组织的 OLAP（Hybrid OLAP，HOLAP）。ROLAP 基本数据和聚合数据存放在关系数据库管理系统（Relational Database Management System，RDBMS）之中；MOLAP 基本数据和聚合数据存放于多维数据库中；HOLAP 基本数据存放于 RDBMS 中，聚合数据存放于多维数据库中。
4. **前端工具**。前端工具包括查询工具、报表工具、分析工具、数据挖掘工具以及基于数据仓库或数据集市的应用开发工具。其中数据分析工具针对 OLAP 服务器，报表工具、数据挖掘工具针对数据仓库。

🐂 备考点拨

本考点学习难度星级：★★☆（适中），考试频度星级：★★★（高频）。

本考点考查数据仓库，数据仓库是重点，过往考得相对多一些。数据仓库需要掌握两个方面，一方面是数据仓库的特点，数据仓库是面向主题的，里面有一系列主题，这是数据仓库非常鲜明的特点，而且它把很多数据集成在一块，随时间变化而变化，里面不仅有汇总数据、明细数据，同时也是稳定的历史数据集合，这是数据仓库五个非常重要的特点，需要掌握；另外一方面是数据仓库的四部分组成，构成的四个部分过去考得比较多的是联机分析处理（OLAP）服务器，不过其他三部分也需要一起学习，毕竟扎扎实实打下基础才能以不变应万变，何况其他三部分相对简单。最后关于数据仓库的八个基本概念，需要知道其定义或者特点，可能会以选择题中的选项出现。

🔗 考题精练

1. 以下关于数据仓库粒度的说法正确的是（   ）。

    A. 数据仓库中数据的细化程度越高，粒度级别越大
    B. 数据仓库中数据的细化程度越低，粒度级别越小
    C. 数据仓库中数据的细化程度越高，粒度级别越小
    D. 数据仓库中粒度级别与细化程度无关

【解析】答案为 C。粒度是数据仓库中数据的细化程度的度量，细化程度越高，粒度级别越小；细化程度越低，粒度级别越大。

【考点 17】信息安全

考点精华

1. 信息安全的 CIA 三要素包括保密性、完整性和可用性。

（1）保密性（Confidentiality）：信息不被未授权者知道，确保传输的数据只被期望的接收者获取。

（2）完整性（Integrity）：信息正确、完整无缺且没有被篡改，收到的数据就是发送的数据。

（3）可用性（Availability）：信息可以随时正常使用，确保数据在需要时能够被使用。

信息系统安全划分四个层次：设备安全、数据安全、内容安全、行为安全。

信息系统安全包括计算机设备安全、网络安全、操作系统安全、数据库系统安全和应用系统安全等。

网络安全技术包括防火墙、入侵检测与防护、VPN、安全扫描、网络蜜罐技术、用户和实体行为分析技术等。

加密技术包括算法和密钥两个元素，数据加密技术分为对称加密（私人密钥加密）和非对称加密（公开密钥加密）。对称加密以数据加密标准（Data Encryption Standard，DES）算法为代表，非对称加密以 RSA 算法为代表。对称加密的加密密钥和解密密钥相同，非对称加密的加密密钥和解密密钥不同，加密密钥可以公开，但是解密密钥需要保密。

用户和实体行为分析（User and Entity Behavior Analytics，UEBA）以用户和实体为对象，利用大数据，结合规则及机器学习模型，并通过定义基线，对用户和实体行为进行分析和异常检测，快速感知内部用户和实体的可疑或非法行为。UEBA 系统包括数据获取层、算法分析层和场景应用层。

网络安全态势感知（Network Security Situation Awareness，NSSA）在大规模网络环境中，对引起网络态势发生变化的安全要素进行获取、理解、显示，并预测未来的网络安全发展趋势。安全态势感知的前提是安全大数据，在安全大数据的基础上进行数据整合、特征提取，然后应用态势评估算法生成网络的态势状况，应用态势预测算法预测态势的发展状况，并使用数据可视化技术，将态势状况和预测情况提供给安全人员，方便安全人员直观了解网络当前状态及预期风险。网络安全态势感知的关键技术包括：海量多元异构数据的汇聚融合技术、面向多类型的网络安全威胁评估技术、网络安全态势评估决策支撑技术、网络安全态势可视化等。

备考点拨

本考点学习难度星级：★★☆（适中），考试频度星级：★★☆（中频）。

本考点考查了一系列信息安全的概念，信息系统项目管理师（简称"高项"）第 4 版考纲对这部分内容做了大量删减，希望拓展学习以防万一的同学，可以参考系统集成项目管理师（简称"中项"）第 3 版考纲中的对应内容。CIA 三要素的名字以及特点，过去都考过，理解起来比较简单，记住就好。加解密的对称加密和非对称加密的区别在于对应的加解密密钥，对称加密的加密和解密密钥一样，而非对称的加解密密钥不同，加密公开、解密保密，解密密钥相当于保险箱的钥匙，所以需要保密，这些典型的特点和区别需要掌握。另外，还需要掌握的是代表算法，这个曾经考过多次，对称加密的代表算法是（DES），非对称加密的代表算法是（RSA）。网络安全态势感知（NSSA）的前提是安全大数据，这句话曾经考过，不过建议不仅要掌握这句话，连带其他特点都需要一并了解。

考题精练

1．网络安全态势感知在（　　）的基础上，进行数据整合、特征提取等，应用一系列态势评估算法，生成网络的整体态势情况。

　　A．安全应用软件　　B．安全基础设施　　C．安全网络环境　　D．安全大数据

【解析】答案为D。本题考查网络安全态势感知，安全态势感知的前提是安全大数据，在安全大数据的基础上进行数据整合、特征提取等，然后应用一系列态势评估算法生成网络的整体态势状况。

2．（　　）是利用公开密钥进行加密的技术。

　　A．AES　　　　B．IDEA　　　　C．DES　　　　D．RSA

【解析】答案为D。本题考查加密技术，RSA是非对称加密，DES是对称加密，只有非对称加密有公开密钥加密和私人密钥解密。

3．测试人员用工具获取系统的传输数据包，查看发送和接收方内容的一致性，验证数据的（　　）。

　　A．完整性　　　B．保密性　　　C．可控性　　　D．合法性

【解析】答案为A。本题考查信息安全，信息安全的基本要素如下：①保密性：信息不被未授权者知晓的属性；②完整性：信息是正确的、真实的、未被篡改的、完整无缺的属性；③可用性：信息可以随时正常使用的属性。

4．信息必须依赖其存储、传输、处理及应用的载体（媒介）而存在。信息系统安全可以划分为设备安全、数据安全、内容安全和（　　）。

　　A．行为安全　　　B．通信安全　　　C．主机安全　　　D．信息安全

【解析】答案为A。本题考查信息系统安全，信息系统安全可以划分为设备安全、数据安全、内容安全和行为安全。

【考点18】物联网

考点精华

物联网三层架构

物联网（The Internet of Things，IoT）是指通过信息传感设备，基于协议将任何物品与互联网相连接，进行信息交换和通信，以实现智能化识别、定位、跟踪、监控和管理的网络。

物联网架构分为三层：感知层、网络层和应用层。感知层是物联网识别物体、采集信息的来源，感知层由各种传感器构成，比如温度传感器、二维码标签、RFID标签和读写器、摄像头、GPS等；网络层是物联网的中枢，负责传递和处理感知层获取的信息，由互联网、广电网、网络管理系统和云计算平台等组成；应用层是物联网和用户的接口，与行业需求结合以实现物联网的智能应用。

物联网的关键技术有传感器技术、传感网和应用系统框架等。

1. 传感器技术。射频识别技术（Radio Frequency Identification，RFID）是物联网中使用的传感器技术。RFID 通过无线电信号识别特定目标并读写相关数据，无须建立机械或光学接触。

2. 传感网。微机电系统（Micro-Electro-Mechanical Systems，MEMS）是由微传感器、微执行器、信号处理和控制电路、通信接口和电源等部件组成的一体化的微型器件系统，MEMS 赋予了普通物体新的"生命"，使物联网能够通过物品实现对人的监控与保护。

3. 应用系统框架。物联网应用系统框架以机器终端智能交互为核心的网络化应用服务。它使对象实现智能化控制，涉及五个重要技术部分：机器、传感器硬件、通信网络、中间件和应用。

📖 备考点拨

本考点学习难度星级：★☆☆（简单），考试频度星级：★★★（高频）。

本考点考查物联网，物联网需要掌握三个架构层次以三个物联网技术。三个架构层次需要记住，不仅要记住架构层的名字，还需要理解各层架构的作用以及构成，三个物联网技术以理解为主，比如 RFID 曾经多次考过。

📖 考题精练

1. （　　）不属于物联网感知层设备。

　　A．摄像头　　　　B．温度传感器　　C．二维码标签　　D．以太网交换机

【解析】答案为 D。物联网感知层的设备有温度传感器、二维码标签、RFID 标签和读写器、摄像头、GPS。

2. 在物联网架构中，云计算平台属于（　　）。

　　A．感知层　　　　B．网络层　　　　C．会话层　　　　D．数据链路层

【解析】答案为 B。本题考查物联网，物联网架构可分为三层，分别是感知层、网络层和应用层，其中网络层由各种网络，包括互联网、广电网、网络管理系统和云计算平台等组成。

3. 小王用智能手环来督促自己每天走路 10000 步，这是将（　　）应用到移动互联网中，为用户提供智能化服务。

　　A．用户画像　　　B．传感器技术　　C．数据挖掘　　　D．射频识别

【解析】答案为 B。本题考查物联网，在物联网应用中有两项关键技术，分别是传感器技术和嵌入式技术。传感器是一种检测装置，能感受到被测量的信息，并能将检测装置感受到的信息，按一定规律变换成为电信号或其他所需形式的信息输出，以满足信息的传输、处理、存储、显示、记录和控制等要求。在计算机系统中，传感器的主要作用是将模拟信号转换成数字信号。

【考点 19】云计算

📖 考点精华

云计算实现了用户可以随时通过网络接入"云"并获得"快速、按需、弹性"的服务。云计算分为基础设施即服务（Infrastructure as a Service，IaaS）、平台即服务（Platform as a Service，PaaS）和软件即服务（Software as a Service，SaaS）三种服务类型。

云计算技术包括虚拟化技术、云存储技术、多租户和访问控制管理、云安全技术。

虚拟化技术

1. 虚拟化技术与多任务、超线程技术完全不同。多任务指在一个操作系统中多个程序同时并行运行；虚拟化技术则可以同时运行多个操作系统，每个操作系统中都有多个程序运行，每个操作系统都运行在一个虚拟的 CPU 或虚拟主机上；超线程技术是单 CPU 模拟双 CPU 来平衡程序运行性能，两个模拟出来的 CPU 不能分离，只能协同工作。

容器技术是全新的虚拟化技术，属于操作系统虚拟化范畴，由操作系统提供虚拟化支持。Docker 使用容器技术将应用隔离在独立的运行环境中，这个独立环境称为"容器"，容器技术可以减少运行程序带来的额外消耗，而且可以在任何地方以相同的方式运行。

2. 云存储技术能够快速、高效地对海量数据进行在线处理，通过多种云技术平台的应用，实现数据的深度挖掘和安全管理，分布式文件系统是云存储技术中的重要组成部分。

3. 多租户和访问控制管理。云计算访问控制集中在云计算访问控制模型、基于 ABE 密码体制的云计算访问控制、云中多租户及虚拟化访问控制研究。

常见的云计算访问控制模型有基于任务的访问控制模型、基于属性模型的云计算访问控制、基于 UCON 模型的云计算访问控制、基于 BLP 模型的云计算访问控制等。

基于 ABE 密码机制的云计算访问控制包括四个参与方：数据提供者、可信第三方授权中心、云存储服务器和用户。

多租户及虚拟化访问控制是云计算的典型特征，在云环境下，租户之间的通信由访问控制保证，每个租户都有自己的访问控制策略。目前对多租户访问控制的研究主要集中在对多租户的隔离和虚拟机的访问控制方面。

4. 云安全技术。云安全研究包含两方面内容：①云计算技术本身的安全保护工作，涉及数据完整性及可用性、隐私保护性以及服务可用性；②借助云服务的方式来保障客户端用户的安全防护需求，通过云计算技术实现互联网安全，涉及基于云计算的病毒防治、木马检测技术。

云安全技术要从开放性、安全保障、体系结构角度考虑，云安全技术研究包含：云计算安全性、保障云基础设施的安全性和云安全技术服务。

📢 备考点拨

本考点学习难度星级：★☆☆（简单），考试频度星级：★★★（高频）。

本考点考查云计算。云计算的 IaaS、PaaS 和 SaaS 三种服务类型过去考的次数太多，以至于如果以后再考，我会直接视为送分题，所以一定要掌握这个送分考点。恰恰是云计算的四种技术，可能更需要留心，多多掌握，比如虚拟化技术、多任务和超线程技术三者的区别，容器技术的特点，多租户和访问控制管理技术的参与方及特点，云安全技术的两个方面。

✏️ 考题精练

1.（　　）是指一个操作系统中多个程序同时并行运行，而（　　）则可以同时运行多个操作系统，而且每个操作系统中都有多个程序运行，（　　）只是单 CPU 模拟双 CPU 来平衡运行性能，这两个模拟出来的 CPU 是不能分离的，只能协同工作。

    A. 虚拟化技术　多任务　超线程技术　　B. 超线程技术　虚拟化技术　多任务
    C. 虚拟化技术　超线程技术　多任务　　D. 多任务　虚拟化技术　超线程技术

【解析】答案为 D。本题考查虚拟化技术，多任务指在一个操作系统中多个程序同时并行运行，而在虚拟化技术中，则可以同时运行多个操作系统。超线程技术只是单 CPU 模拟双 CPU 来平衡程序运行性能，这两个模拟出来的 CPU 是不能分离的，只能协同工作。

2．工程师小王为测试云计算平台网络的弹性伸缩能力，采用的有效方法是（　　）。
　　A．对网络负载进行压力测试，判断系统能否自行通过调整网络带宽来保障网络传输性能
　　B．检查是否具备计算资源弹性伸缩菜单或按钮
　　C．通过对当前运行的网络资源进行单点中断操作，检查网络是否持续可用
　　D．检查云平台是否具有存储资源容量规划工具

【解析】答案为 A。本题考查云计算，根据题干关键词"网络的弹性伸缩能力"，可以通过排除法来进行选择。

3．（　　）向用户提供虚拟的操作系统、数据库管理系统等服务，满足用户个性化的应用部署需求。
　　A．SaaS　　　　B．PaaS　　　　C．IaaS　　　　D．DaaS

【解析】答案为 B。本题考查云计算，云计算服务类型分为基础设施即服务（IaaS）、平台即服务（PaaS）和软件即服务（SaaS），其中 PaaS 向用户提供虚拟的操作系统、数据库管理系统、web 应用等平台化的服务。

【考点 20】大数据

◎ 考点精华

大数据主要特征包括：
1．**数据海量**：大数据的数据体量巨大。
2．**数据类型多样**：大数据数据类型繁多，分为结构化数据和非结构化数据。
3．**数据价值密度低**：数据价值密度的高低与数据总量的大小成反比。
4．**数据处理速度快**：为了从海量数据中快速挖掘数据价值，要对不同类型数据进行快速处理，这是大数据区分传统数据挖掘的最显著特征。

大数据技术架构包含大数据获取技术、分布式数据处理技术、大数据管理技术、大数据应用和服务技术。
1．大数据获取技术。大数据获取技术主要集中在数据采集、整合和清洗三方面。
2．分布式数据处理技术。主流的分布式计算系统有 Hadoop、Spark 和 Storm。Hadoop 用于离线、复杂的大数据处理；Spark 用于离线、快速的大数据处理；Storm 用于在线、实时的大数据处理。
3．大数据管理技术。大数据管理技术主要集中在大数据存储、大数据协同和安全隐私等方面。大数据存储技术有三方面：①采用 MPP 架构的新型数据库集群；②围绕 Hadoop 衍生出相关的大数据技术；③具有良好稳定性、扩展性的大数据一体机。
4．大数据应用和服务技术。大数据应用和服务技术包含分析应用技术和可视化技术。

🎧 **备考点拨**

本考点学习难度星级：★☆☆（简单），考试频度星级：★★★（高频）。

本考点考查大数据技术，大数据四个特征必须要掌握，即海量、类型多样、价值密度低和处理速度快，其中"价值密度低"乍一看感觉是负面缺点，但是这的确是大数据的特征，正是因为海量的大数据和较少的有价值数据之间的强烈反差，所以才需要后续的人工智能介入支持。而大数据的四大技术中，更加具备出题潜质的是分布式数据处理技术和大数据管理技术，具体而言，Hadoop、Spark 和 Storm 的特点需要掌握，大数据管理技术的三个方面需要了解。

🔗 **考题精练**

1. 基于买方的购买历史及行为分析，进行针对性的广告推送，属于（　　）的典型应用。
   A．大数据　　　　B．云计算　　　　C．物联网　　　　D．智慧城市

【解析】答案为 A。本题考查大数据，基于买方的购买历史及行为分析，进行针对性广告推送，属于大数据的典型应用。

【考点 21】区块链

🔍 **考点精华**

区块链以非对称加密算法为基础，以改进的默克尔树为数据结构，使用共识机制、点对点网络、智能合约等技术的分布式存储数据库技术，区块链分为公有链、联盟链、私有链和混合链四大类。

区块链的典型特征包括多中心化、多方维护、时序数据、智能合约、不可篡改、开放共识、安全可信。

区块链的关键技术包含：

1. 分布式账本。分布式账本是区块链技术的核心之一。分布式账本的核心思想是交易记账由分布在不同地方的多个节点共同完成，每个节点保存唯一、真实账本的副本，它们可以监督交易合法性，也可以共同做证；账本的任何改动会在所有副本中反映出来，反应时间在几分钟甚至几秒内。

2. 加密算法。加密算法分为散列（哈希）算法和非对称加密算法。典型的散列算法有 MD5、SHA 和 SM3，目前区块链主要使用 SHA 中的 SHA256 算法。典型的非对称加密算法包括 RSA、Elgamal、D-H、ECC（椭圆曲线加密算法）。

3. 共识机制。共识机制的思想是在没有中心点总体协调的情况下，某个记账节点提出区块数据增加或减少时，需要把该提议广播给所有节点，所有节点根据规则机制，对提议能否达成一致进行计算处理。

区块链未来的发展趋势：区块链将成为互联网的基础协议之一；区块链架构的不同分层将承载不同的功能；区块链的应用和发展呈螺旋式上升趋势。

🎧 **备考点拨**

本考点学习难度星级：★★☆（适中），考试频度星级：★★☆（中频）。

本考点考查区块链，需要掌握的是区块链的七个特征和三项技术，七个特征需要了解每个特

征的具体含义，三项技术需要在了解含义的同时，记住技术的名字。

考题精练

1. 区块链有以下几种特性：多中心化、多方维护、时序数据、智能合约、开放共识、安全可信和（　　）。

　　A．可回溯性　　　　B．不可篡改性　　　C．周期性　　　　D．稳定性

【解析】答案为 B。本题考查区块链，区块链技术具有多中心化存储、隐私保护、防篡改等特点，提供了开放、分散和容错的事务机制，成为新一代匿名在线支付、汇款和数字资产交易的核心，被广泛应用于各大交易平台，为金融、监管机构、科技创新、农业以及政治等领域带来深刻的变革。

【考点 22】人工智能

考点精华

人工智能的关键技术包括机器学习、自然语言处理、专家系统。

1. 机器学习。机器学习自动将模型与数据匹配，并通过训练模型对数据进行"学习"。神经网络是机器学习的一种，类似于神经元对信号的处理。深度学习是通过多等级特征和变量来预测结果的神经网络模型，深度学习模型中的每个特征对人类而言意义不大，所以深度学习模型的使用难度很大且难以解释。强化学习是机器学习的另外一种，指机器学习制订了目标且每一步都会得到奖励。

2. 自然语言处理。自然语言处理（Natural Language Processing，NLP）是计算机科学与人工智能领域中的重要方向。自然语言处理研究人与计算机之间用自然语言进行通信的理论方法。当前深度学习技术是自然语言处理的重要技术支撑。自然语言处理主要应用于机器翻译、舆情监测、自动摘要、观点提取、文本分类、问题回答、文本语义对比、语音识别、中文 OCR 等方面。

3. 专家系统。专家系统是模拟人类专家解决领域问题的计算机程序系统，由人机交互界面、知识库、推理机、解释器、综合数据库、知识获取六个部分构成。是一种模拟人类专家解决领域问题的计算机程序系统。当前人工智能的专家系统研究已经进入到第四个阶段，主要研究大型多专家协作系统、多种知识表示、综合知识库、自组织解题机制、多学科协同解题与并行推理、专家系统工具与环境、人工神经网络知识获取及学习机制等。

备考点拨

本考点学习难度星级：★★☆（适中），考试频度星级：★★☆（中频）。

本考点考查人工智能，需要掌握的是三项关键技术，这里面提到了多种 AI 相关的专业术语，比如机器学习、神经网络、深度学习、强化学习、NLP 等，这些专业术语的定义需要理解，比如过去就曾经针对 NLP 出过考题。

考题精练

1. （　　）利用复杂的算法、模型和规则，从大规模数据集中学习，以创造新内容的人工智能技术。这项技术能够创造文本、图片、声音、视频和代码等多种类型的内容，全面超越了传统

47

软件的数据处理和分析能力。

  A．自然语言处理（NLP）   B．生成式人工智能（AIGC）
  C．光学字符识别（OCR）   D．计算机视觉（CV）

【解析】答案为 B。AIGC（Artificial Intelligence Generated Content），即生成式人工智能，它利用复杂的算法、模型和规则，从大规模数据集中学习，以创造新的原创内容。这项技术能够创造文本、图片、声音、视频和代码等多种类型的内容，全面超越了传统软件的数据处理和分析能力。从题干中的关键词"人工智能技术"，也可以选出选项 B。

2．微信中语音转换为文字的功能，主要应用了（ ）技术。

  A．虚拟现实 B．专家系统 C．自然语言处理 D．大数据

【解析】答案为 C。本题考查自然语言处理，微信中语音转换文字的功能是基于自然语言处理（NLP）技术实现的。

【考点 23】虚拟现实

🔘 考点精华

虚拟现实（Virtual Reality，VR）是可以创立和体验虚拟世界的计算机系统，通过虚拟现实系统所建立的信息空间，已不再是单纯的数字信息空间，而是一个包容多种信息的多维化的信息空间。虚拟现实技术目前正向着增强式虚拟现实系统（Augmented Reality，AR）和元宇宙的方向发展。

虚拟现实技术的主要特征包括沉浸性、交互性、多感知性、构想性（也称"想象性"）和自主性。

虚拟现实的关键技术涉及人机交互技术、传感器技术、动态环境建模技术和系统集成技术等，其中传感器技术是 VR 技术更好地实现人机交互的关键。

🔘 备考点拨

本考点学习难度星级：★☆☆（简单），考试频度星级：★☆☆（低频）。

本考点考查虚拟现实，虚拟现实的考查内容不多，主要了解虚拟现实的主要特征和关键技术就可以。

🔘 考题精练

1．虚拟现实技术的主要特征包括沉浸性、交互性、多感知性、构想性和（ ）。

  A．自主性 B．抗否认性 C．可审计性 D．可靠性

【解析】答案为 A。本题考查虚拟现实，虚拟现实技术的主要特征包括沉浸性、交互性、多感知性、构想性（也称"想象性"）和自主性。

第 4 章
信息系统治理考点精讲及考题实练

4.1 章节考情速览

信息系统治理共有两部分内容,分别是 IT 治理和 IT 审计。这部分内容偏管理,而且是高级管理,所以学习起来会略感枯燥乏味,治理方法论中重点围绕框架展开,所以可以从 IT 治理体系框架、ITSS 治理框架、COBIT 治理体系等作为中心点依次展开备考;而 IT 审计部分在考纲中有多达 14 个表格,这些表格的内容同样需要掌握,过去曾经考过表格中的考点,不要忽略掉。本章的备考策略可以结合日常工作来尽量理解,在理解中记忆。

信息系统治理按照往年的考试经验看,一般会考查 3 分左右,而且主要在综合知识科目进行考查,其他科目通常较少涉及。

4.2 考点星级分布图

本章涉及的主要考点分布及难度与频度双星级如图 4-1 所示。

```
                                    ┌─ 【考点24】IT治理基础 ──── 难度星级：★★
                                    │                         频度星级：★
                                    │
                                    ├─ 【考点25】IT治理体系构成、关键决策和经验 ── 难度星级：★
                                    │                                        频度星级：★
                     ┌─ IT治理 ─────┤
                     │              ├─ 【考点26】IT治理体系框架和核心内容 ── 难度星级：★
                     │              │                                  频度星级：★★
【信息系统治理考点】──┤              │
                     │              ├─ 【考点27】IT治理任务 ──── 难度星级：★
                     │              │                         频度星级：★
                     │              │
                     │              └─ 【考点28】IT治理方法与标准 ── 难度星级：★★
                     │                                          频度星级：★★
                     │
                     └─ IT审计 ─────┬─ 【考点29】IT审计范围、风险和方法技术 ── 难度星级：★
                                    │                                      频度星级：★★
                                    │
                                    └─ 【考点30】IT审计证据底稿与流程内容 ── 难度星级：★
                                                                          频度星级：★★
```

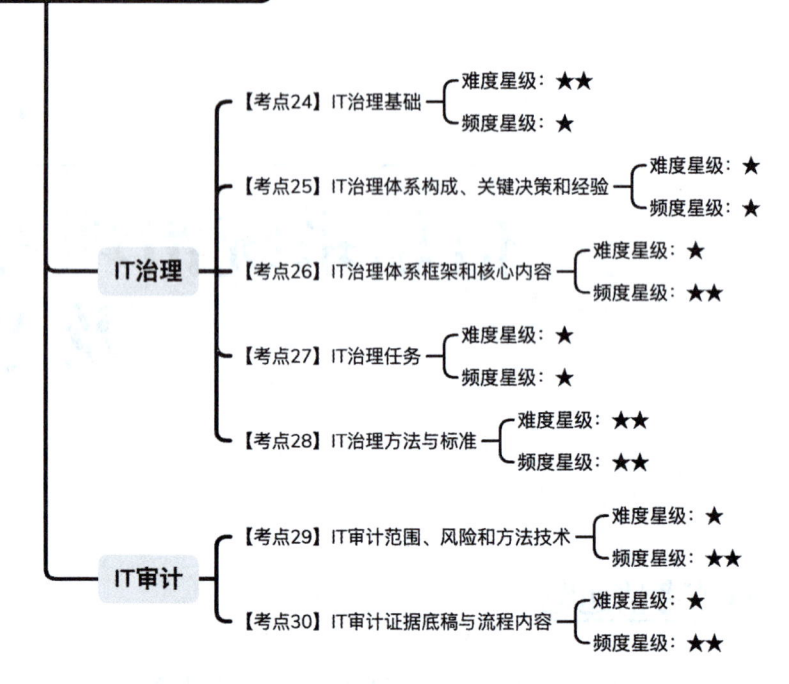

图 4-1　本章考点及星级分布

4.3　核心考点精讲

【考点 24】IT 治理基础

IT 治理层次

考点精华

驱动组织开展 IT 治理因素包括：①确保组织投资 IT 有效性；②IT 是知识高度密集型领域，价值发挥弹性大；③IT 是各领域高质量发展的重要基础；④IT 为组织提供大量新的发展空间和业务机会；⑤IT 治理能够促进 IT 价值挖掘和融合利用；⑥IT 价值也需要良好的价值管理，场景化的业务融合应用；⑦高级管理层的管理幅度有限，需采用明确责权利和清晰管理确保 IT 价值；⑧成熟度较高的组织以不同的方式治理 IT，获得了领域或行业领先的业务发展效果。

IT 治理的内涵体现在五方面：①IT 治理作为组织上层管理的组成部分，由组织治理层或高级管理层负责；②IT 治理强调数字目标与组织战略目标保持一致；③IT 治理保护利益相关者的权益，对风险进行有效管理；④IT 治理是一种制度和机制；⑤IT 治理的组成部分包括管理层、组织结构、制度、流程、人员、技术等多个方面。

IT 治理主要目标包括与业务目标一致、有效利用信息与数据资源、风险管理。

1. 与业务目标一致。IT 治理从组织目标和数字战略中抽取需求，形成总体 IT 治理框架和系统整体模型，保证信息技术开发利用跟上持续变化的业务目标。

2. 有效利用信息与数据资源。通过 IT 治理对信息与数据资源的管理职责进行有效管理，保证投资回收，并支持决策。

3. 风险管理。通过制定信息与数据资源的保护级别，强调对关键信息与数据资源，实施有效监控和事件处理。

IT 治理实践管理层次分为三层：最高管理层、执行管理层、业务与服务执行层。

1. 最高管理层主要职责：证实 IT 战略与业务战略是否一致；证实通过明确的期望和衡量手段交付 IT 价值；指导 IT 战略、平衡支持组织当前和未来发展的投资；指导信息和数据资源的分配。

2. 执行管理层主要职责：制订 IT 的目标；分析新技术的机遇和风险；建设关键过程与核心竞争力；分配责任、定义规程、衡量业绩；管理风险和获得可靠保证等。

3. 业务与服务执行层主要职责：信息和数据服务的提供和支持；IT 基础设施的建设和维护；IT 需求的提出和响应。

备考点拨

本考点学习难度星级：★★☆（简单），考试频度星级：★☆☆（低频）。

本考点考查了 IT 治理的驱动因素、内涵、目标和管理层次，读起来容易但是理解起来比较抽象，毕竟治理不同于管理，属于更高范畴。四个考点中驱动因素和内涵达到理解的程度即可，IT 治理的三个目标和三级管理层次的名称需要掌握，对三级管理层次需要达到理解的程度。

考题精练

1. （　　）不属于 IT 治理的三大主要目标。
   A. 与业务目标一致　　　　　　B. 质量控制
   C. 有效利用信息与数据资源　　D. 风险管理

【解析】答案为 B。本题考查 IT 治理，IT 治理主要目标包括与业务目标一致、有效利用信息与数据资源、风险管理。

【考点 25】IT 治理体系构成、关键决策和经验

考点精华

IT 治理的核心是关注 IT 定位和信息化建设与数字化转型的责权利划分。IT 治理体系构成如图 4-2 所示，包括 IT 定位：IT 应用的期望行为与业务目标一致；IT 治理架构：业务和 IT 在治理委员会中的构成、组织 IT 与各分支机构的 IT 权责边界等；IT 治理内容：投资、风险、绩效、标准和规范等；IT 治理流程：统筹、评估、指导、监督；IT 治理效果（内外评价）。

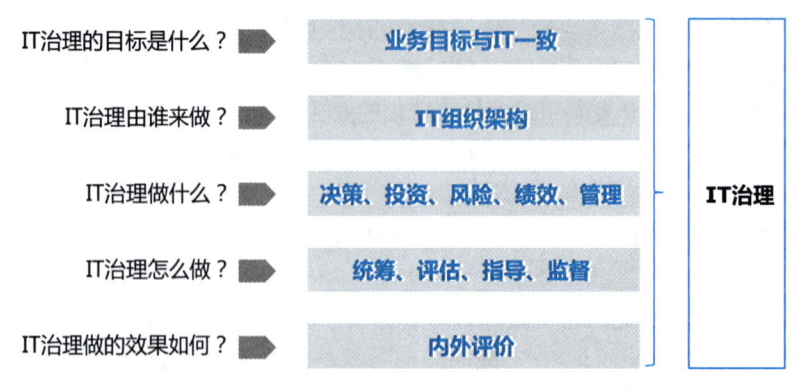

```
IT治理的目标是什么？  →  业务目标与IT一致  ┐
IT治理由谁来做？      →  IT组织架构       │
IT治理做什么？        →  决策、投资、风险、绩效、管理  ├  IT治理
IT治理怎么做？        →  统筹、评估、指导、监督  │
IT治理做的效果如何？  →  内外评价         ┘
```

图 4-2 IT 治理体系构成

IT 治理关键决策如图 4-3 所示，包括 IT 原则、IT 架构、IT 基础设施、业务应用需求、IT 投资和优先顺序。五项关键决策彼此间的关系是：IT 原则驱动 IT 整体架构的形成，IT 整体架构决定 IT 基础设施，IT 基础设施确定的能力决定基于业务应用需求的构建，IT 投资和优先顺序被 IT 原则、IT 架构、IT 基础设施和业务应用需求驱动。

IT原则的决策	组织高层关于如何使用IT的陈述	
IT架构的决策	**业务应用需求决策**	**IT投资和优先顺序决策**
组织从一系列政策、关系以及技术选择中捕获的数据、应用和基础设施的逻辑，以达到预期和商业、技术的标准化和一体化	为购买或内部开发IT应用确定业务需求	关于应该在IT的哪些方面投资以及投资多少的决策，包括项目的审批和论证技术
	IT基础设施决策	
	集中协调、共享IT服务可以给组织的IT能力提供基础	

图 4-3 IT 治理关键决策

建立 IT 治理机制的三点原则为：①简单；②透明；③适合。IT 治理机制的经验如下：

1. 吸纳有才干的业务经理加入 IT 指导委员会，负责组织范围的 IT 治理决策，并在 IT 原则中加入严格的成本控制。
2. 谨慎管理组织的 IT 架构和业务架构，以降低业务成本。
3. 设计严格的架构例外处理流程，使昂贵的例外最小化并从中不断学习。
4. 建立集中化的 IT 团队，管理基础设施、架构和共享服务。
5. 应用连接 IT 投资和业务需求的流程，增加透明度，权衡中心和各运营部门或团队的需求。
6. 设计需要对 IT 投资进行集中协作和核准的 IT 投资流程。
7. 设计简单的费用分摊和服务水平协议机制，明确分配 IT 开支。

📢 **备考点拨**

本考点学习难度星级：★☆☆（简单），考试频度星级：★☆☆（低频）。

本考点考查 IT 治理体系的构成、关键决策以及原则经验。考点的理解门槛不高，但是相对比较抽象，可以通过重复记忆的方式进行掌握。IT 治理的核心关注责权利的划分；IT 治理的关键决策，首先需要决策大的原则，有了大原则之后，就可以向上决策架构，向下决策基础设施，对外决策业务应用需求，对内决策投资和优先顺序，可以参考这样的逻辑理解记忆；建立 IT 治理机制的原则和经验了解即可。

考题精练

1. （　　）的核心是关注 IT 定位和信息化建设与数字化转型的责权利划分。

　　A．IT 技术　　　　B．IT 治理　　　　C．IT 管理　　　　D．IT 架构

【解析】答案为 B。IT 治理的核心是关注 IT 定位和信息化建设与数字化转型的责权利划分，通过排除法也可以选出正确答案。

2. （　　）不是建立 IT 治理机制的原则。

　　A．公平　　　　　B．透明　　　　　C．简单　　　　　D．适合

【解析】答案为 A。建立 IT 治理机制的原则包括：①简单。机制应该明确地定义特定个人和团体所承担的责任和目标。②透明。有效的机制依赖于正式的程序。对于那些被治理决策影响或是想要挑战治理决策的人，机制如何工作需要非常清晰。③适合。机制鼓励处于最佳位置的个人制定特定决策。

【考点 26】IT 治理体系框架和核心内容

考点精华

IT 治理体系框架如图 4-4 所示，包括 IT 战略目标、IT 治理组织、IT 治理机制、IT 治理域、IT 治理标准和 IT 绩效目标，形成一整套 IT 治理运行闭环。

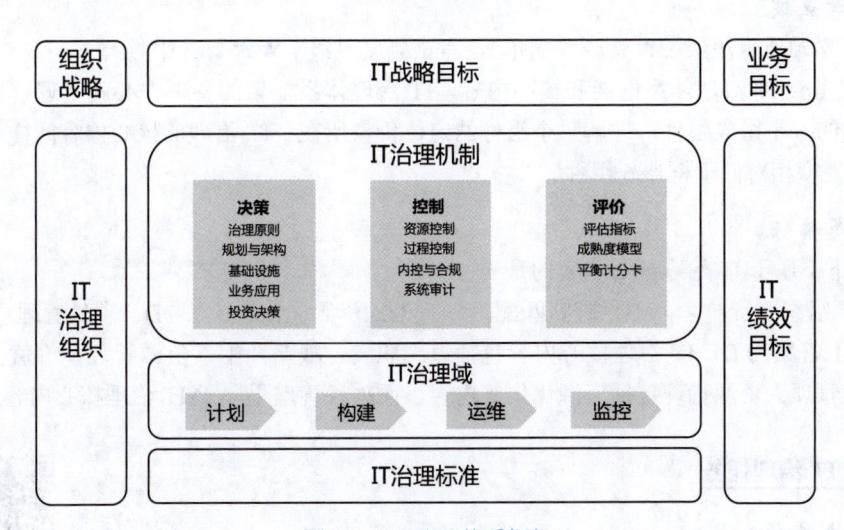

图 4-4　IT 治理体系框架

1. IT 战略目标。IT 战略目标是针对 IT 与业务关系、IT 决策、IT 资源利用、IT 风险控制等方面制定的目标。

2. IT 治理组织。IT 治理组织的核心是治理机构（如 IT 治理委员会等）的设置和权限的划分。

3. IT 治理机制。IT 治理机制是 IT 治理决策机制、执行机制、风险控制机制、协调机制的综合体。

4. IT 治理域。IT 治理域包括 IT 信息系统的计划、构建、运维与监控，确保信息化"高效做事情"、数字化"敏捷的决策"。

5. IT 治理标准。IT 治理标准包括 IT 治理基本规范、IT 治理实施参照、IT 治理评价体系和 IT 治理审计方法。

6. IT 绩效目标。IT 绩效目标关注 IT 价值实现，评价是否满足业务需求以及是否达到目标。

IT 治理核心内容包括：组织职责、战略匹配、资源管理、价值交付、风险管理和绩效管理。

1）组织职责。明确组织信息部门和业务部门间的关系和责任，正确划分信息系统的所有者、建设者、管理者和监控者。

2）战略匹配。战略匹配是 IT 为组织贡献业务价值的重要驱动力。

3）资源管理。确保用户对组织的应用系统和基础设施有良好的理解和应用，优化 IT 投资、IT 资源的分配，做好人员的培训、发展计划，以满足组织的业务需求。

4）价值交付。通过对 IT 项目全生命周期的管理，确保 IT 能够按照组织战略实现预期的业务价值。

5）风险管理。确保 IT 资产的安全和灾难的恢复、组织信息资源的安全以及人员的隐私安全。

6）绩效管理。绩效管理所采用的工具如平衡积分卡，将组织战略目标转化成各职能部门或团队具体的业务活动的目标，保证组织战略目标实现。

备考点拨

本考点学习难度星级：★☆☆（简单），考试频度星级：★★☆（中频）。

本考点考查 IT 治理体系框架和核心内容，IT 治理体系框架的备考中心就是理解框架图，掌握框架图中的 6 个组成组件，理解每个组件的定位价值所在；IT 治理的核心内容同样是 6 项，这 6 项的重要程度相对低于框架 6 组件。

考题精练

1. 以下不属于 IT 治理核心内容的是（　　）。
   A．组织职责　　　B．战略匹配　　　C．资源优化　　　D．项目管理

【解析】答案为 D。IT 治理核心内容包括组织职责、战略匹配、资源管理、价值交付、风险管理和绩效管理。资源管理包括资源优化等内容，而项目管理不属于 IT 治理核心内容。

【考点 27】IT 治理任务

考点精华

组织开展 IT 治理活动的五个任务如下：

IT 治理任务

1. **全局统筹**。全局统筹重点包括：① 制订满足可持续发展的 IT 蓝图；② 实施科学决策、集约管理的策略；③ 建立适应内外部信息环境变化的持续改进和创新机制。

2. **价值导向**。组织需要建立价值递送规则，确保利益相关者明确相应的权利和义务，包括：① 认可信息技术、信息系统和数据在组织中的价值；② 识别投资目录，并以相应的方式进行评估和管理；③ 对关键指标进行设定和监督，并对变化和偏差做出及时回应；④ 权衡实施成本与预期效益，并随组织内外部环境的变化及时调整。

3. **机制保障**。机制保障重点聚焦在：① 指导建立规范过程管理和痕迹管理，并向利益相关者公开质量设定举措；② 评审 IT 管理体系的适宜性、充分性和有效性；③ 审计 IT 完整性、有效性和合规性；④ 监督由审计和管理评审，提出改进内容的实施。

4. **创新发展**。组织可以建立支持创新机制体系，包括：① 创造基于业务团队与 IT 团队的深度沟通以及对内外部环境感知和学习的技术创新环境；② 确保技术发展、管理创新、模式革新的协调联动；③ 对组织创新能力进行评估，并对关键创新要素进行分析和评价；④ 通过促进和创新有效抵御风险，并确保创新是组织文化的组成部分。

5. **文化助推**。文化助推包括：① 建立与 IT 发展相适应的组织文化发展策略；② 营造包括知识、技术、管理、情操在内的积极向上的文化氛围；③ 根据组织内部环境的变化，评估并改进组织文化的管理。

📖 备考点拨

本考点学习难度星级：★☆☆（简单），考试频度星级：★☆☆（低频）。

本考点考查 IT 治理的五项任务，五项任务记住每项任务的名字即可，进一步细分的重点和聚焦点可以多读几遍，尝试达到理解程度，无须一字不差地记住。

📝 考题精练

1. IT 治理活动的主要任务聚焦在全局统筹，价值导向，机制保障，创新发展，文化助推五个方面,其中"指导建立规范过程管理和痕迹管理,并向利益相关者公开质量设定举措"属于（　　）内容。

  A．机制保障 B．创新发展 C．价值导向 D．全局统筹

【解析】答案为 A。机制保障是指组织应对自身发展进行有效管控，保证 IT 需求与实现的协调发展，并使 IT 安全和风险得到有效的识别、管理、防范和处置。组织可以根据相关法律法规、行业管理和上级监管机构发布的规范文件要求，制定本组织的信息技术治理制度并实施，重点聚焦在：①指导建立规范过程管理和痕迹管理，并向利益相关者公开质量设定举措；②评审 IT 管理体系的适宜性、充分性和有效性；③审计 IT 完整性、有效性和合规性；④监督由审计和管理评审，提出改进内容的实施。

【考点 28】IT 治理方法与标准

📘 考点精华

IT 治理方法与标准比较典型的是信息技术服务标准（Information Technology Service

Standards，ITSS）库中 IT 治理系列标准、信息和技术治理框架（COBIT）和 IT 治理国际标准（ISO/IEC 38500）。

1. ITSS 中的 IT 治理实施框架如图 4-5 所示，包括治理的实施环境、实施过程和治理域。

（1）实施环境包括组织的内外部环境和促成因素。

（2）实施过程规定了 IT 治理实施的方法论，包括统筹和规划、构建和运行、监督和评估、改进和优化。

（3）ITSS 标准定义的 IT 治理框架包含信息技术顶层设计、管理体系和资源三大治理域。①顶层设计治理域包含信息技术的战略，以及支撑战略的组织和架构；②管理体系治理域包含信息技术相关的质量管理、项目管理、投资管理、服务管理、业务连续性管理、信息安全管理、风险管理、供方管理、资产管理和其他管理；③资源治理域包含信息技术相关的基础设施、应用系统和数据。

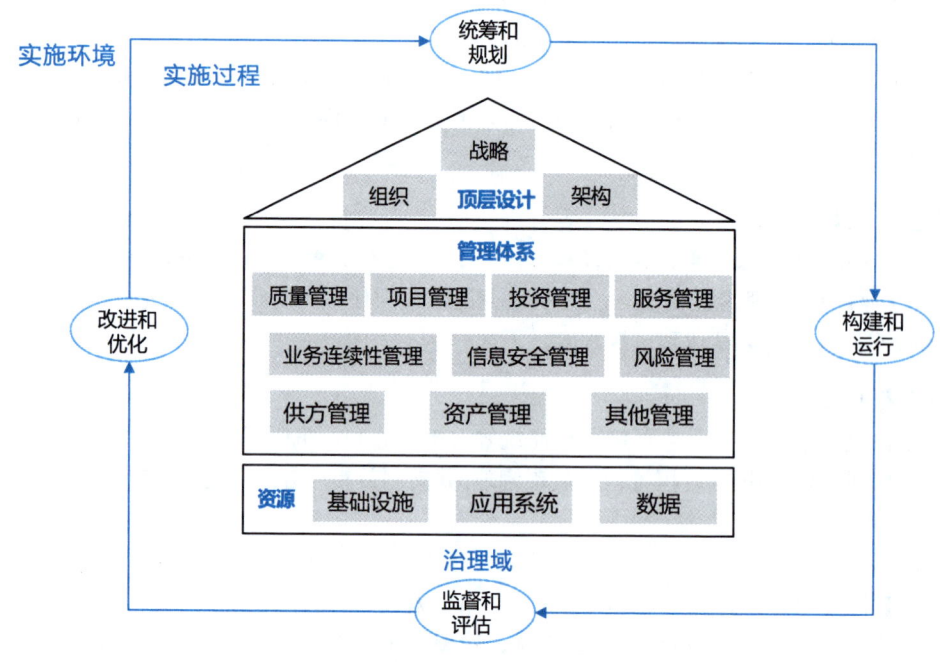

图 4-5 IT 治理实施框架

2. **COBIT 框架对治理和管理的区分**：①治理确保对利益干系人的需求、条件和选择方案进行评估，以确定全面均衡、达成共识的组织目标；通过确定优先等级和制定决策来设定方向；根据议定的方向和目标监控绩效与合规性；②管理是指按治理设定的方向计划、构建、运行和监控活动，以实现组织目标。

在大多数组织中，治理流程通常由董事会和执行管理层负责，而管理流程则在高级和中级管理层的职责范围内。治理目标与治理流程有关，而管理目标与管理流程有关。

COBIT 治理系统设计工作流程：①了解组织环境和战略；②确定治理系统的初步范围；

③优化治理系统的范围；④最终确定治理系统的设计。

3. IT 治理国际标准三个主要任务：评估、指导和监督。

（1）评估。治理机构应审查和判断当前和未来的使用，包括计划、建议和供应安排。治理机构应考虑作用于组织的外部或内部压力，还应考虑当前和未来的业务需要。

（2）指导。治理机构应负责战略和政策的编制和执行。战略应该为 IT 领域的投资设定方向以及 IT 应该实现的目标。政策应在使用 IT 时建立良好的行为。

（3）监督。治理机构应通过适当的测量系统来监测 IT 的表现。

备考点拨

本考点学习难度星级：★★☆（适中），考试频度星级：★★☆（中频）。

本考点考查三大 IT 治理的方法和标准，其备考重要程度按顺序递减。ITSS 标准中的 IT 治理框架，可以结合框架图来理解学习，最外圈是 IT 治理的四步实施过程，中间"房子"的"房顶"是顶层设计治理域，"房子主体"是管理体系治理域，"地基"是资源治理域；COBIT 框架对治理和管理的区分需要掌握；另外，还需要了解 IT 治理国际标准的三个主要任务。

考题精练

1. COBIT 2019 核心模型中的治理和管理目标分为五个领域，（　　）领域是由董事会和执行管理层负责。

　　A. 评估、指导和监控（EDM）　　　　B. 调整、规划和组织（APO）
　　C. 内部构建、外部采购和实施（BAI）　D. 交付、服务和支持（DSS）

【解析】答案为 A。根据 COBIT 核心模型可知，董事会和执行管理层负责的是评估、指导和监控（EDM）领域。

2. GB/T 34960.1 中定义了 IT 治理框架，（　　）不属于 IT 治理框架的三大治理域。

　　A. 管理体系　　　B. 技术体系　　　C. 顶层设计　　　D. 资源

【解析】答案为 B。IT 治理框架包含信息技术顶层设计、管理体系和资源三大治理域。

【考点 29】IT 审计范围、风险和方法技术

考点精华

IT 审计的目的是通过开展 IT 审计工作，了解组织 IT 系统与 IT 活动的总体状况，对组织是否实现 IT 目标进行审查和评价，充分识别与评估相关 IT 风险，提出评价意见及改进建议，促进组织实现 IT 目标。

组织的 IT 目标主要包括：①组织的 IT 战略应与业务战略保持一致；②保护信息资产的安全及数据的完整、可靠、有效；③提高信息系统的安全性、可靠性及有效性；④合理保证信息系统及其运用符合有关法律、法规及标准等的要求。

IT 审计范围包括总体范围、组织范围、物理范围、逻辑范围和其他相关内容。总体范围需要根据审计目的和投入的审计成本来确定；组织范围需要明确审计涉及的组织机构、主要流程、活动及人员等；物理范围确定具体的物理地点与边界；逻辑范围确定涉及的信息系统和逻辑边界。

IT审计风险主要包括：①**固有风险**是指IT活动不存在相关控制的情况下，易于导致重大错误的风险。固有风险是IT活动本身所具有的。②**控制风险**是指与IT活动相关的内部控制体系不能及时预防或检查出存在的重大错误的风险。控制风险与内部控制制度执行的有效性有关，与审计无关，属于内部控制的范畴。③**检查风险**是指通过预定的审计程序未能发现重大、单个或与其他错误相结合的风险。由于IT审计规范不完善、审计人员自身或者技术原因等可能造成检查风险。④**总体审计风险**是指针对单个控制目标所产生的各类审计风险总和。

常用IT**审计方法**包括访谈法、调查法、检查法、观察法，测试法和程序代码检查法等。

常用的IT审计技术包括：①**风险评估技术**。IT风险评估技术一般包括：风险识别技术、风险分析技术、风险评价技术和风险应对技术。②**审计抽样技术**。审计抽样是指审计人员在实施审计程序时，从审计对象总体中选取一定数量的样本进行测试，并根据测试结果，推断审计对象总体特征的一种方法。③**计算机辅助审计技术**。计算机辅助审计（Computer Assisted Audit Tools，CAAT），是指审计人员以计算机为工具来执行和完成某些审计程序和任务的一种新兴审计技术。④**大数据审计技术**。大数据审计技术包括大数据智能分析技术、大数据可视化分析技术及大数据多数据源综合分析技术等。

备考点拨

本考点学习难度星级：★☆☆（简单），考试频度星级：★★☆（中频）。

本考点考查IT审计相关的基础考点，IT审计要达成的组织IT目标了解即可，IT审计范围、IT审计风险、IT审计方法和IT审计技术所分别涉及的内容需要掌握，均有可能在选择题中进行考查。

考题精练

1．在确定IT审计范围时，（　　）需要根据审计的目的和投入的审计成本来确定。

　　A．逻辑范围　　　B．物理范围　　　C．组织范围　　　D．总体范围

【解析】答案为D。IT审计范围分为总体范围、组织范围、物理范围、逻辑范围等，其中总体范围需要根据审计的目的和投入的审计成本来确定。

2．常用的IT审计技术不包括（　　）。

　　A．产品分析技术　　B．风险评估技术　　C．大数据审计技术　　D．抽样审计技术

【解析】答案为A。常用的IT审计技术包括风险评估技术、审计抽样技术、计算机辅助审计技术及大数据审计技术。产品分析技术通常用于对产品的功能、特性、质量等方面进行分析评估，一般应用于产品研发、生产管理等领域，不是常用的IT审计技术。

3．（　　）不属于IT审计的目标。

　　A．对IT目标的实现进行审查和评价　　　B．识别和评估IT风险

　　C．保护信息资产的安全　　　　　　　　D．提出评价意见及改进

【解析】答案为C。IT审计的目的是通过开展IT审计工作，了解组织IT系统与IT活动的总体状况，对组织是否实现IT目标进行审查和评价，充分识别与评估相关IT风险，提出评价意见及改进建议，促进组织实现IT目标。

【考点 30】IT 审计证据底稿与流程内容

考点精华

IT 审计证据的特性包括充分性、客观性、相关性、可靠性、合法性。

审计工作底稿是指审计人员对制订的审计计划、实施的审计程序、获取的相关审计证据以及得出的审计结论做出的记录。审计底稿的作用包括：①是审计结论及意见的直接依据；②是考核审计人员的主要依据；③是审计质量控制与监督的基础；④对未来审计业务具有参考作用。

审计工作底稿一般分为综合类工作底稿、业务类工作底稿和备查类工作底稿：①综合类工作底稿指审计人员在审计计划阶段和审计报告阶段，为规划、控制和总结整个审计工作并发表审计意见所形成的审计工作底稿；②业务类工作底稿指审计人员在审计实施阶段为执行具体审计程序所形成的审计工作底稿；③备查类工作底稿指审计人员在审计过程中形成对审计工作仅具有备查作用的审计工作底稿。

审计工作底稿三级复核制度是指以审计机构负责人、部门负责人和项目负责人（或项目经理）为复核人，依照规定的程序和要点对审计工作底稿进行逐级复核的制度，审计工作底稿按照一定的标准归入审计档案后，应交由档案管理部门进行管理。

下列两种情况需要查阅审计工作底稿的，不属于泄密情形：①法院、检察院及国家其他部门依法查阅，并按规定办理了必要手续；②审计协会或其委派单位对审计机构执业情况进行检查。

审计流程分为审计准备、审计实施、审计终结及后续审计四个阶段，IT 审计业务分为 IT 内部控制审计和 IT 专项审计。

1. IT 内部控制审计主要包括组织层面 IT 控制审计、IT 一般控制审计及应用控制审计。组织层面 IT 控制审计的核心内容是管理控制；IT 一般控制审计关注 IT 系统的可持续性，审计的对象主要包含硬件和软件平台以及网络等；应用控制审计对设计业务系统以及 IT 控制的执行两方面进行分析。

2. IT 专项审计主要是指根据当前面临的特殊风险或者需求开展的 IT 审计，审计范围为 IT 综合审计的某一个或几个部分，比如信息系统生命周期审计、信息系统开发过程审计、信息系统运行维护审计、网络与信息安全审计、信息系统项目审计和数据审计等。

备考点拨

本考点学习难度星级：★☆☆（简单），考试频度星级：★★☆（中频）。

本考点考查了审计的其他概念，审计证据的特性需要了解其含义；审计工作底稿是这部分的重点，特别是审计工作底稿的分类以及定义。底稿的三级复核制度都涉及哪些角色，两种非泄密情形，内控审计和专项审计的作用、范围以及举例需要掌握。

考题精练

1. 在 IT 审计流程中，"深入调查并调整审计计划"属于（ ）的工作内容之一。
   A. 审计终结阶段　　　　　　　B. 审计准备阶段
   C. 后续审计阶段　　　　　　　D. 审计实施阶段

【解析】答案为 D。IT 审计流程包含准备、实施、终结和后续审计一共四个阶段，其中审计实施阶段主要完成四项工作，分别是深入调查并调整审计计划、了解并初步评估 IT 内部控制、进行符合性测试、进行实质性测试。

2．IT 审计业务和服务通常分为 IT 内部控制审计和 IT 专项审计，（　　）属于 IT 内部控制审计。

  A．应用控制审计　　　　　　　　B．网络与信息安全审计
  C．数据审计　　　　　　　　　　D．信息系统生命周期审计

【解析】答案为 A。IT 审计业务和服务通常分为 IT 内部控制审计和 IT 专项审计。IT 内部控制审计主要包括组织层面 IT 控制审计、IT 一般控制审计及应用控制审计；IT 专项审计主要是指根据当前面临的特殊风险或者需求开展的 IT 审计，审计范围为 IT 综合审计的某一个或几个部分。

3．（　　）指审计人员在审计实施阶段为执行具体审计程序所形成的审计工作底稿。

  A．综合类工作底稿　　　　　　　　B．业务类工作底稿
  C．备查类工作底稿　　　　　　　　D．技术类工作底稿

【解析】答案为 B。业务类工作底稿指审计人员在审计实施阶段为执行具体审计程序所形成的审计工作底稿，包括符合性测试中形成的内部控制问题调查表和流程图、实质性测试中形成的项目明细表等。

第 5 章

信息系统管理考点精讲及考题实练

5.1 章节考情速览

信息系统管理章节,从名字看比上一章的"治理"低一个等级,备考起来会更有同感一些,不过学起来依然会感觉平淡,毕竟比较偏理论,而且不是特别技术的理论,大概率能够看懂,但是可能学完之后不会留下深刻的印象。

对于这种既没有深奥技术,也没有生动场景的章节,可能最好的学习方法是记忆。的确这一章需要记忆的内容比较多,但是全部记下来,性价比又很低,从考试大纲和历年考试角度看,这一章并非绝对重点,建议学有余力的同学,尽可能多记忆,特别是考前突击记忆,利用短期记忆优势通过考试。

信息系统管理章节包含了从规划组织,到设计实施,再到运维服务和优化改进的全周期,除此之外对数据管理、运维管理和安全管理的要点进行了讲解。

信息系统管理按照往年考试经验看,一般会考查 2 分左右,主要在综合知识科目进行考查,其他科目通常不会涉及。

5.2 考点星级分布图

本章涉及的主要考点分布及难度与频度双星级如图 5-1 所示。

信息系统管理考点

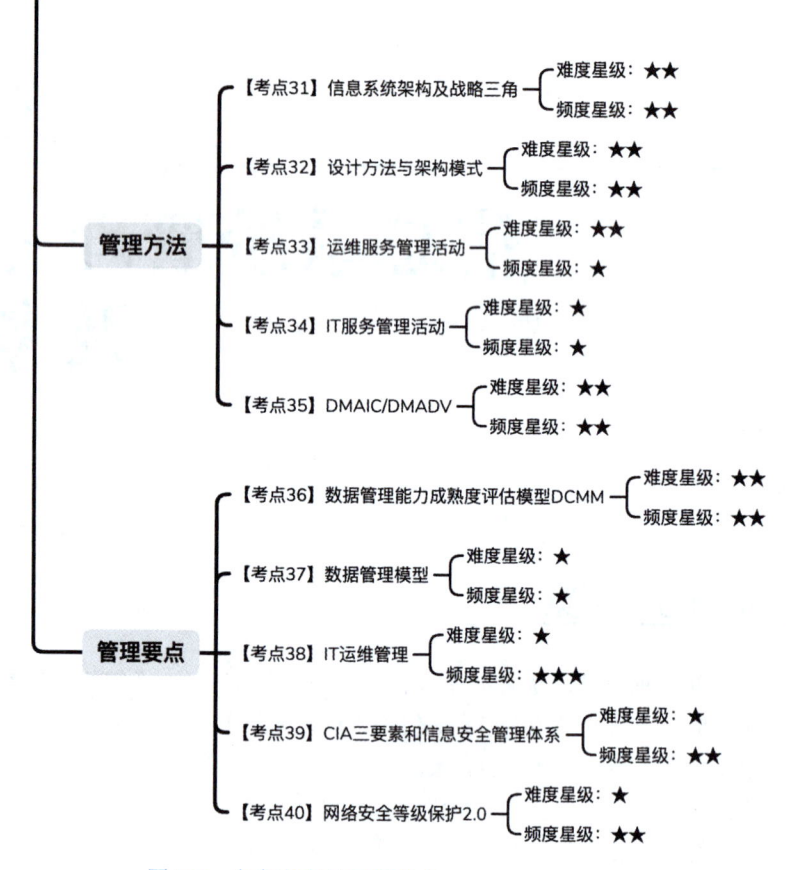

```
信息系统管理考点
├── 管理方法
│   ├── 【考点31】信息系统架构及战略三角 —— 难度星级：★★  频度星级：★★
│   ├── 【考点32】设计方法与架构模式 —— 难度星级：★★  频度星级：★★
│   ├── 【考点33】运维服务管理活动 —— 难度星级：★★  频度星级：★
│   ├── 【考点34】IT服务管理活动 —— 难度星级：★  频度星级：★
│   └── 【考点35】DMAIC/DMADV —— 难度星级：★★  频度星级：★★
└── 管理要点
    ├── 【考点36】数据管理能力成熟度评估模型DCMM —— 难度星级：★★  频度星级：★★
    ├── 【考点37】数据管理模型 —— 难度星级：★  频度星级：★
    ├── 【考点38】IT运维管理 —— 难度星级：★  频度星级：★★★
    ├── 【考点39】CIA三要素和信息安全管理体系 —— 难度星级：★  频度星级：★★
    └── 【考点40】网络安全等级保护2.0 —— 难度星级：★  频度星级：★★
```

图 5-1　本章考点及星级分布

5.3　核心考点精讲

【考点 31】信息系统架构及战略三角

> 🔵 考点精华

信息系统的四个要素分别是人员、技术、流程和数据，而信息系统管理覆盖了四大领域，如图 5-2 所示，分别是：①规划和组织：针对信息系统的整体组织、战略和支持活动；②设计和实施：针对信息系统解决方案的定义、采购和实施，以及他们与业务流程的整合；③运维和服务：针对信息系统服务的运行交付和支持，包括安全；④优化和持续改进：针对信息系统的性能监控及其于内部性能目标、内部控制目标和外部要求的一致性管理。

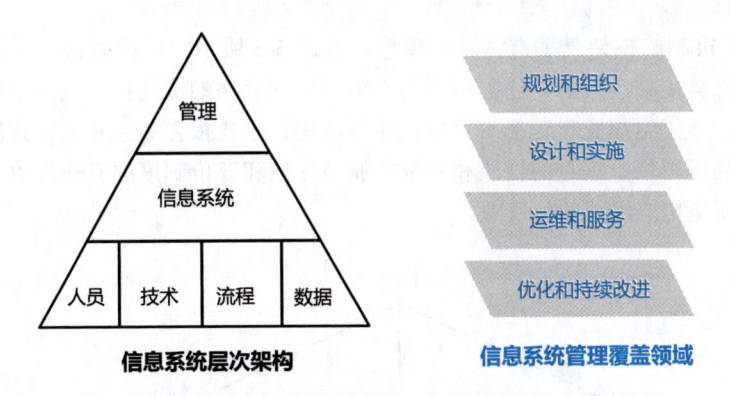

图 5-2　信息系统层次架构与覆盖领域

信息系统战略三角如图 5-3 所示，包括业务战略、信息系统和组织机制。通过业务战略，推动组织机制和信息系统的有机融合，进而打造组织的成功。

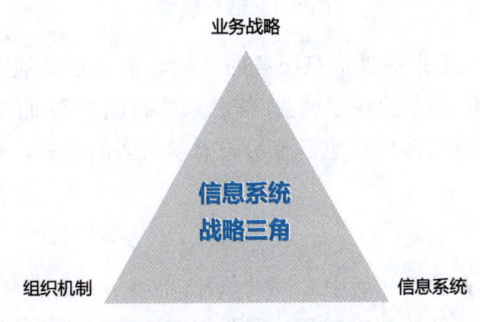

图 5-3　信息系统战略三角

1. 描述业务战略的框架是竞争力优势模型，该模型描述了获得竞争力优势的三种战略，如图 5-4 所示，分别为：①总成本领先战略：通常一个行业中只存在一个成本引领者；②差异性战略：组织通过差异化，以独特的方式在市场上定义产品或服务；③专注化战略：专注化战略的两种变体分别是专注成本和专注差异化，专注成本在细分市场内寻求成本优势，专注差异化在细分市场内寻求产品服务的差异化。

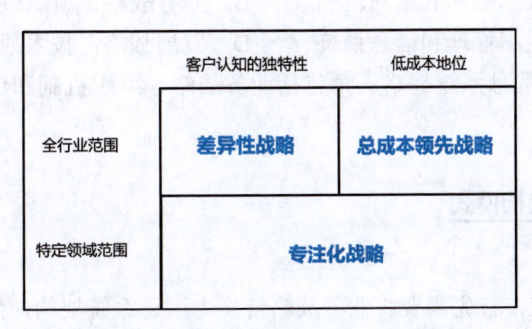

图 5-4　获得竞争力优势的三种战略

63

2. 描述组织机制的框架是莱维特钻石模型，如图5-5所示。该模型将组织计划的关键组成部分标识为：信息与控制、人员、任务和结构。组织机制战略的成功执行包括组织、控制和文化的变量的最佳组合：①组织变量包括决策权、业务流程、正式报告关系和非正式沟通网络；②控制变量包括数据的可得性、规划的性质和质量、业绩计量和评价制度的有效性以及做好工作的激励措施；③文化变量构成组织的价值观。

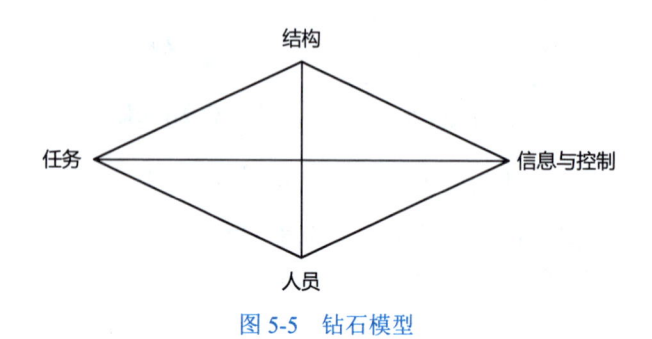

图 5-5 钻石模型

3. 信息系统战略是组织用来提供信息服务的计划。信息系统战略矩阵框架的目的是为管理者提供信息系统组件与策略间关系的观察视图，信息系统有四个基础结构组件，分别为硬件、软件、网络和数据。这四个基础结构组件与其他资源相关事项之间的关系，构成了信息系统战略的关键点。

备考点拨

本考点学习难度星级：★★☆（适中），考试频度星级：★★☆（中频）。

本考点主要考查的信息系统的战略三角，需要掌握是哪三个角，以及每个角对应的模型，这个考点可以考查很多道选择题，因为包含3~4个因素的考点，属于适合出选择题的考点。高项毕竟是高级考试，所以向上需要理解更高层一些的战略，但是战略往往会感觉"虚"，"虚"会增加一些理解和记忆的门槛，不过通过重复记忆也能够解决。

考题精练

1. 信息系统战略三角包括（   ）。
   A．业务战略、技术战略和组织机制　　B．业务战略、组织机制和信息系统
   C．技术战略、组织管理和信息系统　　D．发展战略，技术战略和组织管理

【解析】答案为B。信息系统战略三角包括业务战略、组织机制和信息系统，这个是重要的基础考点，需要掌握。

【考点32】设计方法与架构模式

考点精华

信息系统设计和实施，首先需要将业务战略转换为信息系统架构，然后将信息系统架构转换为信息系统设计。

1. 从战略到系统架构。从业务战略开始制订更具体的目标，然后从目标中派生出详细的业务需求。

2. 从系统架构到系统设计。将信息系统架构转换为系统设计时，需要继承信息系统架构并添加更多细节，比如实际的硬件、数据、网络和软件。

3. 转换框架。转换框架提出了三类问题：内容、人员和位置，从而将业务战略转化为信息系统架构，进而转化为信息系统设计。

信息系统体系架构有三种常见模式：①集中式架构；②分布式架构；③面向服务的系统架构（Service-Oriented Architecture，SOA）。

1. 集中式体系架构的所有功能集中在主机或小型机中，而不是分布在设备和服务器中，所以集中式体系架构更易于管理，更适合具有高度集中式治理的组织。

2. 分布式架构比集中式架构更加模块化，更加容易添加其他服务器，并能为特定用户添加特定的客户端，从而提供更大的灵活性和多中心化的组织治理机制，使得架构决策与组织治理目标更协调。

3. SOA 架构允许从现有软件服务组件构建大型功能单元，为管理人员提供了模块化和组件化设计，SOA 是更易于变更的应用程序构建方法，对于快速构建应用程序非常有用。

🔹 **备考点拨**

本考点学习难度星级：★★☆（适中），考试频度星级：★★☆（中频）。

本考点考查信息系统的设计方法和架构模式，设计方法需要掌握两个转化，首先是从战略到系统架构的转换，其次是从系统架构到系统设计的转换，这里面就会用到转换框架；架构模式需要掌握三种常见模式的名字和特点差异，本考点易出选择题或者判断题。

🔹 **考题精练**

1. 信息系统体系架构中，（　　）更适合具有高度集中式治理的组织。

　　A．集中式架构　　　　　　　　B．分布式架构
　　C．面向服务的系统架构（SOA）　D．以上都不适合

【解析】答案为 A。集中式体系架构的所有功能集中在主机或小型机中，更易于管理，更适合具有高度集中式治理的组织；分布式架构更加模块化，更适合多中心化治理；SOA 为管理人员提供了模块化和组件化设计，对于快速构建应用程序有用。

【考点 33】运维服务管理活动

🔹 **考点精华**

信息系统的运维服务由各类管理活动组成，分别是运行管理和控制、IT 服务管理、运行与监控、终端侧管理、程序库管理、安全管理、介质控制和数据管理等。

1. 运行管理和控制。主要活动包括过程开发、标准制定、资源分配和过程管理。

2. IT 服务管理。IT 服务管理通过主动管理和流程持续改进来确保 IT 服务交付有效且高效，IT 服务管理主要活动包括服务台、事件管理、问题管理、变更管理、配置管理、发布管理、服务

级别管理、财务管理、容量管理、服务连续性管理和可用性管理。

3. 运行与监控。主要活动包括运行监控和安全监控。运行监控是指对信息系统、应用程序和基础设施进行监控，确保按要求运行并记录和管理任何意外或异常事件。作为整体策略的一部分，安全监控是指执行不同类型的安全监控，从而预防和响应安全事件。

4. 终端侧管理。终端侧管理是指使用IT管理工具对用户终端计算机进行高效和一致的管理。最终用户可能会感觉不便，因为这限制了最终用户在设备上执行配置更改的数量和类型，但是这些限制有助于确保最终用户设备和组织IT环境的安全性、一致性，并且能够降低支持成本。

5. 程序库管理。程序库用来存储和管理应用程序源代码和目标代码，程序库管理使组织能够对应用程序的完整性、质量和安全性进行高度控制。

6. 安全管理。信息安全管理确保组织的信息安全计划充分识别和解决风险并正常运行。

7. 介质控制。介质控制是指对数字介质进行管理，保护数据及销毁不再需要的数据，介质清理策略和程序需要包含在服务提供商的相关要求中。

8. 数据管理。数据管理是指数据的获取、处理、存储、使用和处置。

备考点拨

本考点学习难度星级：★★☆（适中），考试频度星级：★☆☆（低频）。

本考点考查信息系统运维服务的各项管理活动，八类管理活动并不需要刻意记住名字，但是需要做到对定义的理解，对于这个考点，理解是第一位，而不是记忆。

考题精练

1. （　　）活动属于信息系统运维服务中的IT服务管理。
　　A. 过程开发　　　　B. 服务台　　　　C. 运行监控　　　　D. 程序库管理

【解析】答案为B。IT服务管理主要活动包括服务台、事件管理、问题管理、变更管理、配置管理、发布管理、服务级别管理、财务管理、容量管理、服务连续性管理和可用性管理。过程开发属于运行管理和控制；运行监控单独作为信息系统运维服务的一项活动；程序库管理也是单独的一项活动。

【考点34】IT服务管理活动

考点精华

IT服务管理由不同的活动组成，具体如下所示。

1. 服务台。服务台是与服务干系人沟通和交互的重要界面，是官方接口和信息发布点，负责对服务干系人的问题需求进行响应处理。

2. 事件管理。事件是IT服务管理遭遇计划外中断或服务质量下降，以及尚未影响服务的配置项故障。

3. 问题管理。当发生了几个具有相同或相似原因的事件时，会启动问题管理。问题管理的总体目标是减少事件数量和严重性，既包括被动性措施，也包括主动措施。

4. 变更管理。变更管理是确保所有建议更改都经过适用性和风险管控审查。

5. 配置管理。配置管理通过技术或行政手段对信息进行管理，被管理的信息不仅包含配置项信息，还包括配置项之间的关系。

6. 发布管理。发布管理通过工作程序和严格监控，保护运营环境和服务不受冲击，发布管理不仅包括软件变更和硬件变更，也包括IT服务管理体系变更。

7. 服务级别管理。服务级别管理通过服务水平协议（Service Level Agreement，SLA）、服务绩效监控和报告的不断循环，对IT服务级别进行定义、记录和管理，从而满足干系人的服务需求。

8. 财务管理。IT服务财务管理主要活动包括：预算编制、设备投资、费用管理、项目会计和项目投资回报率（Return on Investment，ROI）管理等。

9. 容量管理。容量管理用于确认信息系统中有足够的容量满足服务需求，由三个子过程组成：业务容量管理、服务容量管理、资源容量管理。容量管理不仅关注当前需求，还必须考虑未来需求。主要活动包括定期测量、计划变更、战略优化和技术变化等。

10. 服务连续性管理。服务连续性管理是在发生自然或人为灾难时继续保持服务有效性的活动。管理活动分为服务连续性管理的治理、业务影响分析、制订和维护服务连续性计划、测试服务连续性计划、响应与恢复五个过程。

11. 可用性管理。可用性是指在约定的服务时段内，IT服务实际使用的服务时间比例。可用性管理确保持续地满足服务干系人的可用性需求。

备考点拨

本考点学习难度星级：★☆☆（简单），考试频度星级：★☆☆（低频）。

本考点是从运维服务管理活动考点中独立出来的考点，服务管理的相关活动在我们的日常工作中较为常见，和上个考点类似，服务管理的11个活动不需要刻意记住名字，需要做到对定义的理解，同样对于这个考点，理解是第一位，而不是记忆。

考题精练

1. IT服务管理活动中，（ ）负责对服务干系人的问题需求进行响应处理。
   A. 事件管理　　　B. 问题管理　　　C. 服务台　　　D. 变更管理

【解析】答案为C。服务台是与服务干系人沟通和交互的重要界面，负责对服务干系人的问题需求进行响应处理。事件管理是针对IT服务遭遇计划外中断等情况；问题管理是当发生几个具有相同或相似原因的事件时启动；变更管理是确保所有建议更改都经过适用性和风险管控审查。

【考点35】DMAIC/DMADV

戴明环和DMAIC/DMADV

考点精华

优化和持续改进常用的方法为PDCA戴明环和六西格玛五阶段法DMAIC/DMADV。DMAIC/DMADV是对PDCA戴明环周期的延伸，包括定义（Define）、度量（Measure）、分析（Analysis）、改进/设计（Improve/Design）、控制/验证（Control/Verify）。DMAIC和DMADV的区别在于第四阶段的"改进"和"设计"，以及第五阶段的"控制"和"验证"。

1. 定义阶段。定义阶段的目标包括待优化信息系统定义、核心流程定义和团队组建。其中 SIPOC 分析是定义核心流程视图的首选工具，有效的团队人数是 5～7 名，较大团队难以管理。

2. 度量阶段。度量阶段目标包括流程定义、指标定义、流程基线和度量系统分析。其中流程图是流程定义的常用工具，当流程图出现太多决策点时，往往意味着决策点是潜在改进点；一个良好的度量系统特性包括准确、可重复、线性、可重现和稳定。

3. 分析阶段。分析阶段的三个目标包括价值流分析、信息系统异常的源头分析和确定优化改进的驱动因素。

4. 改进/设计阶段。改进/设计阶段的目标包括：①向发起人提出一个或多个解决方案，量化每种方法的收益，就解决方案达成共识并实施；②定义新的操作/设计条件；③为新工艺/设计提供定义和缓解故障模式。

5. 控制/验证阶段。控制/验证阶段的目标包括：①标准化新程序/新系统功能的操作控制要素；②持续验证优化的信息系统的可交付成果；③记录经验教训。

◎ 备考点拨

本考点学习难度星级：★★☆（适中），考试频度星级：★★☆（中频）。

本考点考查 DMAIC/DMADV，最重要的是记住五个阶段的名字，理解每个阶段的目标以及具体要做的事情。五个阶段的名字记忆和理解的难度并不大，本考点的难点在于理解各个阶段的目标和工作内容，相对有些抽象，需要慢慢学习和理解。

◎ 考题精练

1. 在优化和持续改进的方法中，DMAIC/DMADV 方法的定义阶段，有效的团队人数一般是（　　）。

A．3～5 名 B．5～7 名
C．7～9 名 D．9～11 名

【解析】答案为 B。定义阶段中提到有效的团队人数是 5～7 名，较大团队难以管理。

【考点 36】数据管理能力成熟度评估模型 DCMM

◎ 考点精华

数据管理能力成熟度评估模型（Data Management Capability Maturity Assessment Model，DCMM）定义了数据战略、数据治理、数据架构、数据应用、数据安全、数据质量、数据标准和数据生存周期八个核心能力域。

数据战略能力域

1. 数据战略。数据战略能力域包括如下三个能力项：

（1）数据战略规划。活动和工作要点包括：识别利益相关者、数据战略需求评估、数据战略制定、数据战略发布和数据战略修订。

（2）数据战略实施。活动和工作要点包括：评估准则建立、现状评估、差距评估、实施路径、保障计划、任务实施、过程监控。

（3）数据战略评估。活动和工作要点包括：建立任务效益评估模型、建立业务案例、建立投资模型和阶段评估。

2．数据治理。数据治理能力域包括如下三个能力项：

（1）数据治理组织。活动和工作要点包括：建立数据治理组织、岗位设置、团队建设、数据归口管理和建立绩效评价体系。

（2）数据制度建设。活动和工作要点包括：制定数据制度框架、整理数据制度内容、数据制度发布、数据制度宣贯和数据制度实施。

（3）数据治理沟通。活动和工作要点包括：沟通路径、沟通计划、沟通执行、问题协商机制、建立沟通渠道、制订培训宣贯计划和开展培训。

3．数据架构。数据架构能力域包括如下四个能力项：

（1）数据模型。活动和工作要点包括：收集和理解组织的数据需求、制定模型规范、开发数据模型、数据模型应用、符合性检查和模型变更管理。

（2）数据分布。活动和工作要点包括：数据现状梳理、识别数据类型、数据分布关系梳理、梳理数据的权威数据源、数据分布关系的应用、数据分布关系的维护和管理。

（3）数据集成与共享。活动和工作要点包括：建立数据集成共享制度、形成数据集成共享标准、建立数据集成共享环境、建立对新建系统的数据集成方式的检查。

（4）元数据管理。活动和工作要点包括：元模型管理、元数据集成和变更、元数据应用。

4．数据应用。数据应用能力域包括如下三个能力项：

（1）数据分析。活动和工作要点包括：常规报表分析、多维分析、动态预警、趋势预报。

（2）数据开放共享。活动和工作要点包括：梳理开放共享数据、制定外部数据资源目录、建立统一的数据开放共享策略、数据提供方管理、数据开放、数据获取。

（3）数据服务。活动和工作要点包括：数据服务需求分析、数据服务开发、数据服务部署、数据服务监控、数据服务授权。

5．数据安全。数据安全能力域包括如下三个能力项：

（1）数据安全策略。活动和工作要点包括：进行数据安全策略规划，制定适合组织的数据安全标准，定义组织数据安全管理的目标、原则、管理制度、管理组织、管理流程等。

（2）数据安全管理。活动和工作要点包括：数据安全等级的划分、数据访问权限控制、用户身份认证和访问行为监控、数据安全的保护、数据安全风险管理。

（3）数据安全审计。活动和工作要点包括：过程审计、规范审计、合规审计、供应商审计、审计报告发布和数据安全建议。

6．数据质量。数据质量能力域包括如下四个能力项：

（1）数据质量需求。活动和工作要点包括：定义数据质量管理目标、定义数据质量评价维度、明确数据质量管理范围、设计数据质量规则。

（2）数据质量检查。活动和工作要点包括：制订数据质量检查计划、数据质量情况剖析、数据质量校验、数据质量问题管理。

（3）数据质量分析。活动和工作要点包括：数据质量分析方法和要求、数据质量问题分析、数据质量问题影响分析、数据质量分析报告、建立数据质量知识库。

（4）数据质量提升。活动和工作要点包括：制定数据质量改进方案、数据质量校正、数据质量跟踪、数据质量提升、数据质量文化。

7. 数据标准。数据标准能力域包括如下四个能力项：

（1）业务术语。活动和工作要点包括：制定业务术语标准、业务术语字典、业务术语发布、业务术语应用、业务术语宣贯。

（2）参考数据和主数据。活动和工作要点包括：定义编码规则、定义数据模型、识别数据值域、管理流程、建立质量规则、集成共享。

（3）数据元。活动和工作要点包括：建立数据元的分类和命名规则、建立数据元的管理规范、数据元的创建、建立数据元的统一目录、数据元的查找和引用、数据元的管理、数据元管理报告。

（4）指标数据。活动和工作要点包括：制定组织内指标数据分类管理框架、定义指标数据标准化的格式、定期进行数据的采集生成、对指标数据进行访问授权和数据展现、对指标数据采集应用过程中的数据进行监控、划分指标数据的归口管理部门、管理职责和管理流程、按照管理规定对指标标准进行维护和管理。

8. 数据生存周期。数据生存周期能力域包括如下四个能力项：

（1）数据需求。活动和工作要点包括：建立数据需求管理制度、收集数据需求、评审数据需求、更新数据管理标准、集中管理数据需求。

（2）数据设计和开发。活动和工作要点包括：设计数据解决方案、数据准备、数据解决方案质量管理、实施数据解决方案。

（3）数据运维。活动和工作要点包括：制定数据运维方案、数据提供方管理、数据平台的运维、数据需求的变更管理。

（4）数据退役。活动和工作要点包括：数据退役需求分析、数据退役设计、数据退役执行、数据恢复检查、归档数据查询。

备考点拨

本考点学习难度星级：★★☆（适中），考试频度星级：★★☆（中频）。

本考点考查数据管理的 DCMM 模型，DCMM 模型的内容比较多，一共包含了 8 个核心能力域，每个能力域包含若干个能力项，每个能力项又包含了若干个主要活动和工作要点。这么多内容如果都记忆下来性价比并不高，建议主要掌握 8 个核心能力项的名字，其他的内容多看、多读、多理解，考到选择题的时候，能够凭借印象借助排除法等技巧选对答案即可。

考题精练

1. 在数据管理能力成熟度评估模型（DCMM）中，数据安全能力域不包括（　　）能力项。

　　A．数据安全策略　　　　　　　　　　B．数据安全管理
　　C．数据安全审计　　　　　　　　　　D．数据安全开发

【解析】答案为 D。数据安全能力域包括数据安全策略、数据安全管理、数据安全审计三个能力项，不包括数据安全开发。

【考点 37】数据管理模型

🎯 考点精华

数据管理能力成熟度模型 DCMM 将组织的管理成熟度划分为 5 个等级，分别如下：

1. **初始级**：数据需求的管理主要是在项目级体现，没有统一的管理流程，主要是被动式管理。
2. **受管理级**：组织意识到数据是资产，根据管理策略的要求制订了管理流程，指定了相关人员进行初步管理。
3. **稳健级**：数据已被当作实现组织绩效目标的重要资产，在组织层面制定了系列的标准化管理流程，促进数据管理的规范化。
4. **量化管理级**：数据被认为是获取竞争优势的重要资源，数据管理的效率能量化分析和监控。
5. **优化级**：数据被认为是组织生存和发展的基础，相关管理流程能实时优化，能在行业内进行最佳实践分享。

数据治理框架 DGI 从**组织结构、治理规则和治理过程**这三个维度提出了关于数据治理活动的 10 个关键通用组件。

数据管理能力评价模型 DCAM 的 4 个组件如下：

1. **基础组件**包含数据战略与业务案例、数据管理流程与资金职能域。
2. **执行组件**包含业务和数据架构、数据和技术架构、数据质量管理、数据治理职能域。
3. **分析组件**包含数据控制环境职能域。
4. **应用组件**包含分析管理职能域。

数据管理模型 DAMA-DMBOK2 理论框架由 11 个数据管理职能领域和 7 个基本环境要素共同构成，每项数据职能领域都在 7 个基本环境要素约束下开展工作。

🔔 备考点拨

本考点学习难度星级：★☆☆（简单），考试频度星级：★☆☆（低频）。

本考点考查常用的 4 种数据管理模型，其中相对重要的内容有两部分，一个是 DCMM 的 5 个等级，关于等级的出题方式，更多是给出一段描述，让你回答是哪个等级，得分的关键是理解等级的定义；另外一个是 DCAM 的 4 个组件需要了解。

🔗 考题精练

1. 在数据管理领域,数据管理能力成熟度模型（DCMM）将组织的管理成熟度划分为初始级、（　　）、稳健级、量化管理级和优化级。

　　A．可进阶级　　　B．发展级　　　C．受管理级　　　D．安全级

【解析】答案为 C。数据管理能力成熟度模型（DCMM）将组织的管理成熟度划分为初始级、受管理级、稳健级、量化管理级和优化级，其中受管理级是组织制订了管理流程并制订相关人员进行初步管理。

2. 数据管理能力成熟度模型（DCMM）将组织的管理成熟度划分为 5 个等级，每个级别中数据的重要程度会有所不同，从（　　）开始强调数据管理的规范化，数据被当作实现组织绩效目标的重要资产。

A．量化管理级　　　　B．稳健级　　　　C．优化级　　　　D．受管理级

【解析】答案为 B。数据管理能力成熟度模型。DCMM 将组织的管理成熟度划分为 5 个等级，分别是初始级、受管理级、稳健级、量化管理级和优化级。其中在稳健级，数据已被当作实现组织绩效目标的重要资产，在组织层面制订了系列的标准化管理流程，促进数据管理的规范化。

【考点 38】IT 运维管理

◎ 考点精华

IT 运维能力模型包含治理要求、运行维护服务能力体系和价值实现，如图 5-6 所示。治理要求提出了关于最高管理层领导作用及承诺的能力体系建设要求；运行维护服务能力体系（MCS）策划并制定运行维护服务能力方案，对运行维护服务交付过程、结果以及运行维护服务能力体系进行监督、测量、分析和评审；价值实现直接或间接地为服务需求方和利益相关者实现服务价值。

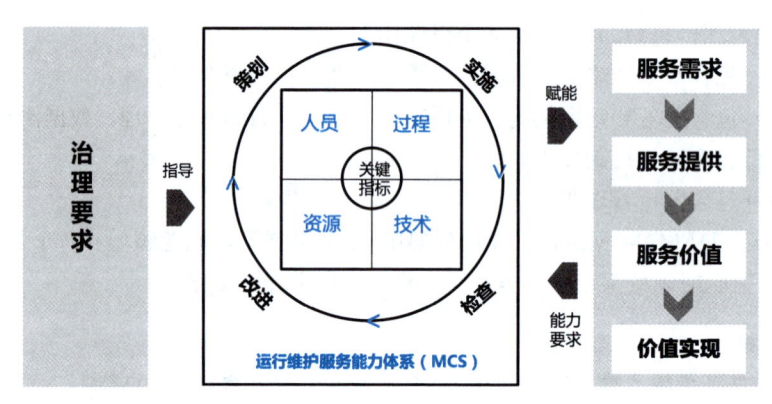

图 5-6　IT 运维能力模型图

1. 能力建设。在能力管理方面，运维能力管理是面向运维全生命期的总体能力管控机制，分为策划、实施、检查和持续改进四个阶段。

2. 人员能力。组织人员能力建设聚焦在从知识、技能和经验维度选择合适的人，从人员管理和岗位职责维度明确做适合的事，目的是指导 IT 运维团队根据岗位职责和管理要求"选人做事"。运维人员一般分为管理类、技术类和操作类三种人员岗位。

3. 资源能力。资源主要由人员、过程和技术要素中被固化下来的能力转化而成，资源能力确保 IT 运维能"保障做事"。

4. 技术能力。组织需要通过自有核心技术的研发和非自有核心技术的学习，持续提升 IT 运维过程中发现问题和解决问题的能力，在提升 IT 运维效率方面是重点考虑的要素，技术要素确

保 IT 运维能"高效做事"。从分类上来说，运维技术聚焦在发现问题的技术和解决问题的技术两大领域。

5．过程。组织通过过程的制订，把人员、技术和资源要素以过程为主线串接在一起，用于指导 IT 运维人员按约定的方式和方法，确保 IT 运维能"正确做事"。

智能运维能力框架，如图 5-7 所示，包括组织治理、智能特征、智能运维场景实现、能力域和能力要素，其中能力要素是构建智能运维能力的基础。

组织治理	智能特征	能感知、会描述、自学习、会诊断、可决策、自执行、自适应
组织战略 管理方针 组织架构 组织文化 相关方需求和期望	智能运维场景实现	场景分析、场景构建、场景交付、效果评估
	能力域	数据管理能力域、分析决策能力域、自动控制能力域
	能力要素	人员、技术、过程、数据、算法、资源、知识

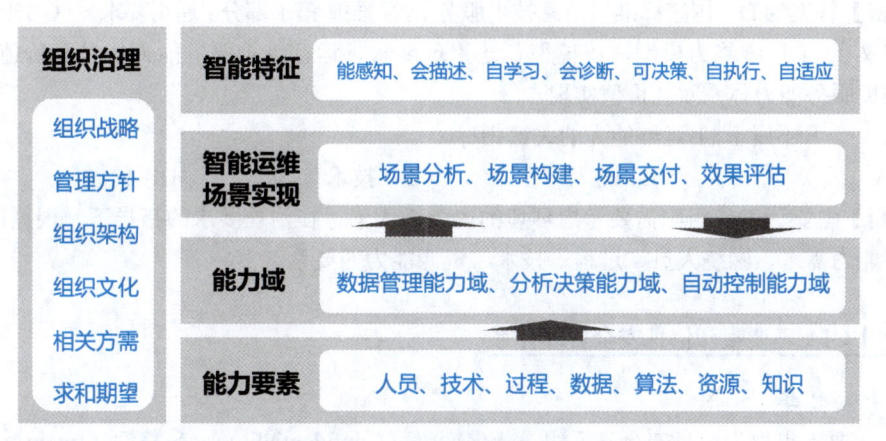

图 5-7 智能运维能力框架

1．能力要素。智能运维的能力要素主要包括人员、技术、过程、数据、算法、资源、知识。
2．能力平台。智能运维能力平台通常具备数据管理、分析决策、自动控制等能力。
3．能力应用。以运维场景为中心，通过场景分析、能力构建、服务交付、迭代调优四个关键环节，可以使运维场景具备智能特征。
4．智能运维具备的智能特征包括能感知、会描述、自学习、会诊断、可决策、自执行、自适应。

🔖 备考点拨

本考点学习难度星级：★☆☆（简单），考试频度星级：★★★（高频）。

本考点考查运维管理的两个子考点，分别是能力模型和智能运维，其中能力模型是一考试重点，能力模型中的 IT 服务原理组成要素包括人员、过程、技术和资源 4 项，人员指导 IT 服务提供商"正确选人"、过程指导 IT 服务提供商"正确做事"、技术确保 IT 服务提供商"高效做事"、资源确保 IT 服务提供商"保障做事"，这四句话表明了组成要素的作用和立场，务必掌握，其他的特点了解即可。

🔗 考题精练

1．信息系统的运维和服务中，IT 服务管理是通过主动管理和流程的持续改进来确保 IT 服务交付有效且高效的一组活动，（　　）不属于 IT 服务管理的活动。
　　A．服务台　　　　B．事件管理　　　　C．配置管理　　　　D．过程管理

【解析】答案为 D。IT 服务管理是通过主动管理和流程的持续改进来确保 IT 服务交付有效且

高效的一组活动。IT 服务管理由若干不同的活动组成：服务台、事件管理、问题管理、变更管理、配置管理、发布管理、服务级别管理、财务管理、容量管理、服务连续性管理和可用性管理。

2.《信息技术服务 运行维护 第 1 部分：通用要求》（GB/T 28827.1—2022）定义的 IT 运维能力模型包含治理要求、运行维护服务能力体系和价值实现，其中（　　）为价值实现赋能。

　　A．用户需求　　　　　　　　　B．治理要求
　　C．战略要求　　　　　　　　　D．运维服务能力体系

【解析】答案为 D。国家标准《信息技术服务 运行维护 第 1 部分：通用要求》（GB/T 28827.1—2022）定义了 IT 运维能力模型，该模型包含治理要求、运行维护服务能力体系和价值实现，其中运行维护服务能力体系赋能价值实现。

3.（　　）不属于 IT 运维能力的关键指标。

　　A．人员　　　　B．过程　　　　C．技术　　　　D．问题

【解析】答案为 D。组织需要考虑环境的内外部因素，在治理要求的指导下，根据服务场景，识别服务能力需求，围绕人员、过程、技术、资源能力四要素。

【考点 39】CIA 三要素和信息安全管理体系

考点精华

CIA 三要素也称为信息安全三元组，指保密性（Confidentiality）、完整性（Integrity）和可用性（Availability），是信息安全最为关注的三个属性。不过 CIA 也有局限性，CIA 关注重心在信息，但对于信息系统安全而言，仅考虑 CIA 是不够的，信息安全的复杂性决定了还存在其他的重要因素。

不同安全等级的安全管理机构需要建立自己的信息系统安全组织机构管理体系，参考步骤包括：

1. 配备安全管理人员。管理层中应有一人分管信息系统安全工作，并为信息系统的安全管理配备专职或兼职的安全管理人员。

2. 建立安全职能部门。建立管理信息系统安全工作的职能部门，或者明确设置一个职能部门监管信息安全工作，作为该部门的关键职责之一。

3. 成立安全领导小组。在管理层成立信息系统安全管理委员会或信息系统安全领导小组。

4. 主要负责人出任领导。由组织机构的主要负责人出任信息系统安全领导小组负责人。

5. 建立信息安全保密管理部门。建立信息系统安全保密监督管理的职能部门，或对原有保密部门明确信息安全保密管理责任，加强对信息系统安全管理重要过程和管理人员的保密监督管理。

备考点拨

本考点学习难度星级：★☆☆（简单），考试频度星级：★★☆（中频）。

本考点考查 CIA 三要素和信息安全管理体系，CIA 三要素的名字以及特点，过去都曾经考过，不过幸好理解起来比较简单，记住就好。信息安全管理体系中需要了解对应的 5 个参考步骤。

考题精练

1. 信息安全管理的 CIA 三要素指的是（　　）。
   A．一致性、可用性、完整性　　　　B．保密性、有效性、可用性
   C．一致性、可用性、有效性　　　　D．保密性、完整性、可用性

   【解析】答案为 D。CIA 三要素是指保密性（Confidentiality）、完整性（Integrity）和可用性（Availability）。CIA 是系统安全设计的目标。保密性、完整性和可用性是信息安全最为关注的三个属性，因此这三个特性也经常被称为信息安全三元组，这也是信息安全通常所强调的目标。

【考点 40】网络安全等级保护 2.0

考点精华

网络安全等级保护 2.0 将"信息系统安全"的概念扩展到了"网络安全"，其安全保护等级划分如下：

第一级：等级保护对象受到破坏后，会对相关公民、法人和其他组织的合法权益造成损害，但不危害国家安全、社会秩序和公共利益。

第二级：等级保护对象受到破坏后，会对相关公民、法人和其他组织的合法权益产生严重损害或特别严重损害，或者对社会秩序和公共利益造成危害，但不危害国家安全。

第三级：等级保护对象受到破坏后，会对社会秩序和公共利益造成严重危害，或者对国家安全造成危害。

第四级：等级保护对象受到破坏后，会对社会秩序和公共利益造成特别严重危害，或者对国家安全造成严重危害。

第五级：等级保护对象受到破坏后，会对国家安全造成特别严重危害。

其安全保护能力等级划分如下：

第一级安全保护能力：应能够防护免受来自个人的、拥有很少资源的威胁源发起的恶意攻击、一般的自然灾难，以及其他相当危害程度的威胁所造成的关键资源损害，在自身遭到损害后，能够恢复部分功能。

第二级安全保护能力：应能够防护免受来自外部小型组织的、拥有少量资源的威胁源发起的恶意攻击、一般的自然灾难，以及其他相当危害程度的威胁所造成的重要资源损害，能够发现重要的安全漏洞和处置安全事件，在自身遭到损害后，能够在一段时间内恢复部分功能。

第三级安全保护能力：应能够在统一安全策略下防护免受来自外部有组织的团体、拥有较为丰富资源的威胁源发起的恶意攻击、较为严重的自然灾难，以及其他相当程度的威胁所造成的主要资源损害，能够及时发现、监测攻击行为和处置安全事件，在自身遭到损害后，能够较快恢复绝大部分功能。

第四级安全保护能力：应能够在统一安全策略下防护免受来自国家级别的、敌对组织的、拥有丰富资源的威胁源发起的恶意攻击、严重的自然灾难，以及其他相当危害程度的威胁所造成的资源损害，能够及时发现、监测发现攻击行为和安全事件，在自身遭到损害后，能够迅速恢复所

有功能。

第五级安全保护能力：略。

📢 备考点拨

本考点学习难度星级：★☆☆（简单），考试频度星级：★★☆（中频）。

本考点考查网络安全等级保护 2.0 的安全保护等级划分和安全保护能力等级划分。安全保护等级学习的关键在于记住不同等级的定义，过去考试经常在题干中提供一段描述，让你选出正确的等级。不同等级定义记忆的窍门在于记住关键词，比如安全保护等级的记忆关键词是不同对象在不同等级中的受损程度，横向对比的记忆效果更好。

🔗 考题精练

1．等级保护对象受到破坏后，会对社会秩序和公共利益造成严重危害，或者对国家安全造成危害，属于（　　）保护等级。

  A．第三级   B．第四级   C．第二级   D．第一级

【解析】答案为 A。第三级等级保护对象受到破坏后，会对社会秩序和公共利益造成严重危害，或者对国家安全造成危害。第一级是对相关公民、法人和其他组织的合法权益造成损害，但不危害国家安全、社会秩序和公共利益；第二级是对相关公民、法人和其他组织的合法权益产生严重损害或特别严重损害，或者对社会秩序和公共利益造成危害，但不危害国家安全；第四级是对社会秩序和公共利益造成特别严重危害，或者对国家安全造成严重危害。

第 6 章
信息系统工程考点精讲及考题实练

6.1　章节考情速览

　　信息系统工程是重点章节，体量差不多有前面章节的两倍，所以包含的内容也比较多，从软件工程到数据工程，从系统集成到安全工程。

　　软件工程考点基本上是按照软件工程的方法论展开的，所以可以按照流程去理解和学习，软件工程考点的理解难度在本章相对不大，毕竟是工程学知识，而不是技术类知识；数据工程考点学习起来并不容易，特别是对没有从事过数据工程的考生而言，这一章难在抽象的概念术语，比如元数据、数据标准化、数据访问接口等。另外，数据是当今的热点，无论是政府层面倡导的数字中国，还是离我们生活越来越近的人工智能，背后就是数据；系统集成考点包括集成基础、网络集成、数据集成、软件集成和应用集成，需要认真对待和学习；安全工程考点仅仅讲到了安全的皮毛，内容理解起来没有那么难，重点要掌握的是安全保护等级和信息安全空间考点。

　　信息系统工程按照往年的考试经验看，一般会考查 4 分左右，主要在综合知识科目进行考查。

6.2　考点星级分布图

　　本章涉及的主要考点分布及难度与频度双星级如图 6-1 所示。

信息系统工程

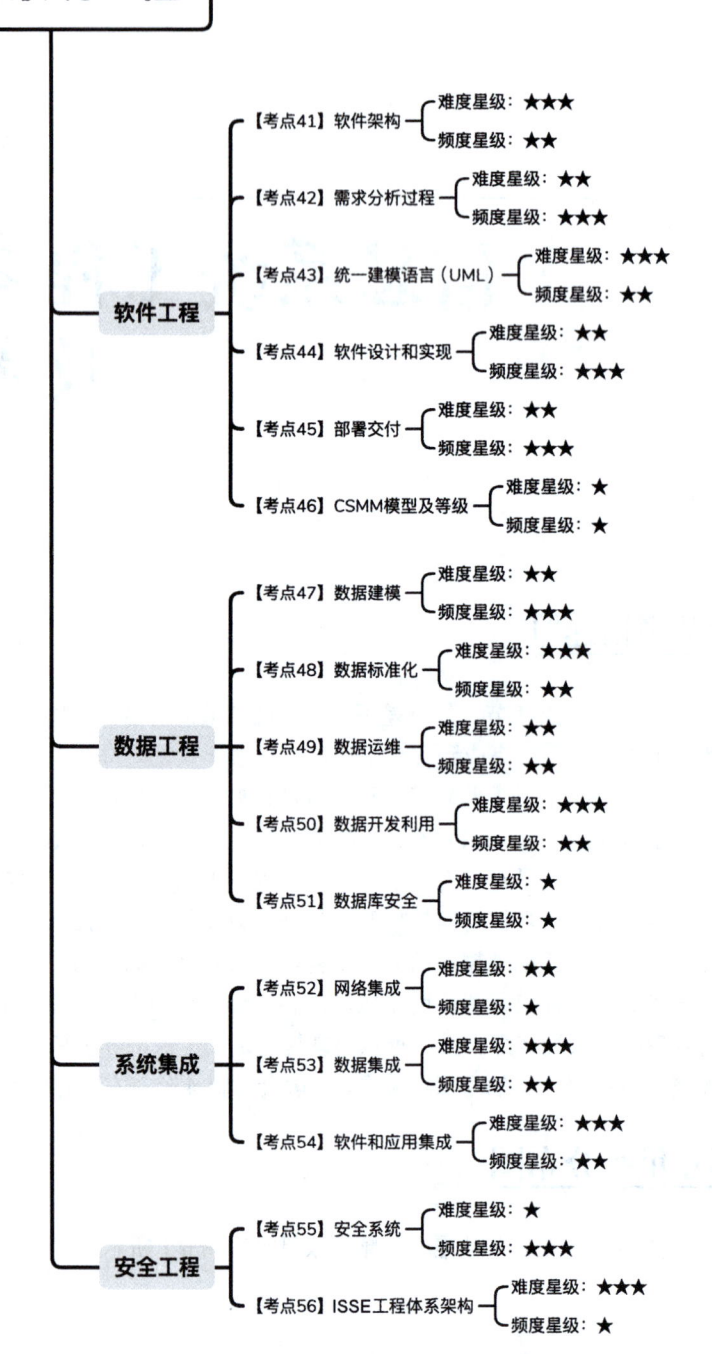

- 软件工程
  - 【考点41】软件架构 — 难度星级：★★★　频度星级：★★
  - 【考点42】需求分析过程 — 难度星级：★★　频度星级：★★★
  - 【考点43】统一建模语言（UML）— 难度星级：★★★　频度星级：★★
  - 【考点44】软件设计和实现 — 难度星级：★★　频度星级：★★★
  - 【考点45】部署交付 — 难度星级：★★　频度星级：★★★
  - 【考点46】CSMM模型及等级 — 难度星级：★　频度星级：★

- 数据工程
  - 【考点47】数据建模 — 难度星级：★★　频度星级：★★★
  - 【考点48】数据标准化 — 难度星级：★★★　频度星级：★★
  - 【考点49】数据运维 — 难度星级：★★　频度星级：★★
  - 【考点50】数据开发利用 — 难度星级：★★★　频度星级：★★
  - 【考点51】数据库安全 — 难度星级：★　频度星级：★

- 系统集成
  - 【考点52】网络集成 — 难度星级：★★　频度星级：★
  - 【考点53】数据集成 — 难度星级：★★★　频度星级：★★
  - 【考点54】软件和应用集成 — 难度星级：★★★　频度星级：★★

- 安全工程
  - 【考点55】安全系统 — 难度星级：★　频度星级：★★★
  - 【考点56】ISSE工程体系架构 — 难度星级：★★★　频度星级：★

图 6-1　本章考点及星级分布

6.3 核心考点精讲

【考点41】软件架构

考点精华

软件工程由方法、工具和过程三个部分组成：①软件工程方法是完成软件工程项目的技术手段，它支持整个软件生命周期；②软件工程使用的工具是人们在开发软件的活动中，智力和体力的扩展与延伸；③软件工程中的过程贯穿于软件开发的各个环节，管理人员在软件工程过程中，要对软件开发的质量、进度和成本进行评估、管理和控制。

软件架构风格是描述某一特定应用领域中系统组织方式的惯用模式，架构风格定义了一个系统"家族"，即一个架构定义、一个词汇表和一组约束。通用软件架构风格包括：①数据流风格，包括批处理序列和管道/过滤器两种风格；②调用/返回风格，包括主程序/子程序、数据抽象和面向对象，以及层次结构；③独立构件风格，包括进程通信和事件驱动的系统；④虚拟机风格，包括解释器和基于规则的系统；⑤仓库风格，包括数据库系统、黑板系统和超文本系统。

软件架构评估可以只针对一个架构，也可以针对一组架构。在架构评估过程中，评估人员所关注的是系统的质量属性。

敏感点是一个或多个构件（或之间的关系）的特性，权衡点是影响多个质量属性的特性，是多个质量属性的敏感点。

软件架构评估技术分三类：基于调查问卷（或检查表）的方式、基于场景的方式和基于度量的方式。这三种评估方式中，基于场景的评估方式最为常用。

基于场景的方式主要包括：架构权衡分析法、软件架构分析法和成本效益分析法。在架构评估中，一般采用刺激、环境和响应三方面来对场景进行描述。刺激是场景中解释或描述项目干系人怎样引发与系统的交互部分，环境描述的是刺激发生时的情况，响应是指系统是如何通过架构对刺激做出反应。

不同的系统对同一质量属性的理解可能不同，因此基于场景的评估方式是特定于领域的，对一个领域适合的场景设计在另一个领域内未必合适。

备考点拨

本考点学习难度星级：★★★（困难），考试频度星级：★★☆（中频）。

本考点考查软件架构的基础知识，无论是软件开发实践还是软考考试，架构都是个难点。对于缺乏IT或者架构经验的考生，不要求对考点完全理解，因为并不现实，对这个考点的掌握，也许"硬"记反而更加适合。幸运的是，对高项考试而言，需要"硬"记的内容并不多。

考题精练

1. 某银行的系统架构师为银行投资管理系统设计的软件架构，包括进程通信和事件驱动的系统，该软件架构风格属于（　　）。

A．数据流风格 B．独立构件风格
C．仓库风格 D．虚拟机风格

【解析】答案为 B。Garlan 和 Shaw 对通用软件架构风格进行了分类，他们将软件架构分为数据流风格、调用/返回风格、独立构件风格、虚拟机风格和仓库风格。进程通信和事件驱动的系统属于独立构件风格。

【考点 42】需求分析过程

◉ 考点精华

软件需求是指用户对新系统在功能、行为、性能、设计约束等方面的期望，是指用户解决问题或达到目标所需的条件或能力，是系统或系统部件要满足合同、标准、规范或其他正式规定文档所需具有的条件或能力，以及反映这些条件或能力的文档说明。

需求是多层次的，包括业务需求、用户需求和系统需求，这三个不同层次从目标到具体，从整体到局部，从概念到细节。质量功能部署（Quality Function Deployment，QFD）将软件需求分为三类，分别是常规需求、期望需求和意外需求，目的是最大限度地提升软件工程过程中用户的满意度。

需求过程主要包括需求获取、需求分析、需求规格说明书编制、需求验证与确认等。

1. 需求获取。需求获取只有与用户有效合作才能成功。常见的需求获取方法包括用户访谈、问卷调查、采样、情节串联板、联合需求计划等。

2. 需求分析。需求分析可以使用结构化分析方法和面向对象分析方法。

结构化分析（Structured Analysis，SA）方法建立的模型核心是数据字典。围绕核心有三个层次的模型，分别是数据模型、功能模型和行为模型（也称为"状态模型"）。在实际工作中，一般使用实体关系图（E-R 图）表示数据模型，用数据流图（Data Flow Diagram，DFD）表示功能模型，用状态转换图（State Transform Diagram，STD）表示行为模型。

面向对象分析（Object-Oriented Analysis，OOA）模型独立于具体实现，即不考虑与系统具体实现有关的因素，这也是 OOA 和 OOD 的区别之所在。OOA 的任务是"做什么"，OOD 的任务是"怎么做"。面向对象分析阶段的核心工作是建立系统的用例模型与分析模型。

（1）用例模型。从用户的角度来看，他们并不想了解系统的内部结构和设计，他们所关心的是系统所能提供的服务，这就是用例方法的基本思想。在 OOA 方法中，构建用例模型一般需要经历四个阶段，分别是识别参与者、合并需求获得用例、细化用例描述和调整用例模型，其中前三个阶段是必需的。

（2）分析模型。分析模型描述系统的基本逻辑结构，展示对象和类如何组成系统（静态模型），以及它们如何保持通信，实现系统行为（动态模型）。

起点是领域模型，领域模型又称为概念模型或简称为域模型，也就是找到那些代表事物与概念的对象，即概念类。

建立分析模型的过程大致包括定义概念类、确定类之间的关系、为类添加职责、建立交互图

80

等，其中有学者将前三个步骤统称为类-责任-协作者（Class-Responsibility-Collaborator，CRC）建模。

类之间的主要关系有关联、依赖、泛化、聚合、组合和实现，分别如下：①关联：提供了不同类的对象之间的结构关系，关联体现的是对象实例之间的关系，而不表示两个类之间的关系；②依赖：两个类 A 和 B，如果 B 的变化可能会引起 A 的变化，则称类 A 依赖于类 B；③泛化：描述一般事物与该事物中的特殊种类之间的关系，也就是父类与子类之间的关系。继承关系是泛化关系的反关系，也就是说，子类继承了父类，而父类则是子类的泛化；④共享聚集关系：简称聚合关系，它表示类之间的整体与部分的关系，其含义是"部分"可能同时属于多个"整体"，"部分"与"整体"的生命周期可以不相同；⑤组合聚集关系：简称组合关系，它也表示类之间的整体与部分的关系。与聚合关系的区别在于，组合关系中的"部分"只能属于一个"整体"，"部分"与"整体"的生命周期相同，"部分"随着"整体"的创建而创建，也随着"整体"的消亡而消亡；⑥实现关系：将说明和实现联系起来，接口是对行为而非实现的说明，而类中则包含了实现的结构。

3. 需求规格说明书编制。软件需求规格说明书（Software Requirements Specification，SRS）是需求开发活动的产物，SRS 是软件开发过程中最重要的文档之一，对于任何规模和性质的软件项目都不应该缺少。

4. 需求验证与确认。在实际工作中，一般通过需求评审和需求测试工作来对需求进行验证。需求评审就是对 SRS 进行技术评审；在业务需求基本明确，用户需求部分确定时，同步进行需求测试，能够及早发现问题，从而在需求开发阶段以较低的代价解决这些问题。

备考点拨

本考点学习难度星级：★★☆（适中），考试频度星级：★★★（高频）。

本考点考查需求分析过程，需求可以从两个维度分类，一个维度是层次维度，从层次维度分业务需求、用户需求和系统需求；另一个维度是 QFD 维度，也就是质量功能部署维度，也可以分成三类，分别是常规需求、期望需求和意外需求。这几类需求的名字以及对应的特点需要掌握，曾经多次考查过。另外，需求过程中的需求分析是重点，需求分析分为结构化分析和面向对象分析，结构化分析涉及的 DFD 建模过程和项目管理中的 WBS 过程很类似，数据字典有点像 WBS 字典对 WBS 的作用，最后面向对象分析的相关术语需要理解和掌握。

考题精练

1. 在面向对象分析中，构建用例模型一般需要经历四个阶段，其中必需的三个阶段不包括（ ）。

　　A．识别参与者　　　　　　　　B．合并需求获得用例
　　C．细化用例描述　　　　　　　D．调整用例模型

【解析】答案为 D。在 OOA 方法中，构建用例模型一般需要经历四个阶段，分别是识别参与者、合并需求获得用例、细化用例描述和调整用例模型，其中前三个阶段是必需的。

【考点43】统一建模语言（UML）

考点精华

统一建模语言（Unified Modeling Language，UML）是一种定义良好、易于表达、功能强大且普遍适用的建模语言，它的作用域不限于支持OOA和OOD，还支持从需求分析开始的软件开发的全过程。

UML的结构包括构造块、规则和公共机制3个部分：

1. UML三种基本的构造块分别是事物、关系和图。
2. 规则是构造块如何放在一起的规定。
3. 公共机制是指达到特定目标的公共UML方法，主要包括规格说明（详细说明）、修饰、公共分类（通用划分）和扩展机制4种。

UML中的事物也称为建模元素，包括结构事物、行为事物、分组事物和注释事物，这些事物是UML模型中最基本的面向对象的构造块：

1. 结构事物是UML模型中静态的部分，代表概念上或物理上的元素。
2. 行为事物是UML模型中动态的部分，代表时间和空间上的动作。
3. 分组事物是UML模型中组织的部分，UML只有一种分组事物，称为包。与构件不同的是，包纯粹是一种概念上的事物，只存在于开发阶段，而构件可以存在于系统运行阶段。
4. 注释事物是UML模型中解释的部分。

UML用关系把事物结合在一起，主要有4种关系，分别为：

1. 依赖：依赖是指其中一个事物发生变化会影响另一个事物的语义。
2. 关联：关联描述一组对象之间连接的结构关系。
3. 泛化：泛化是一般化和特殊化的关系，描述特殊元素的对象可替换一般元素的对象。
4. 实现：实现是类之间的语义关系，其中的一个类指定了由另一个类保证执行的契约。

UML2.0包括14种图：

1. 类图描述一组类、接口、协作和它们之间的关系。类图给出了系统的静态设计视图。
2. 对象图描述一组对象及它们之间的关系。对象图描述了在类图中所建立的事物实例的静态快照。
3. 构件图是类图的变体，描述一个封装的类和它的接口、端口，以及由内嵌的构件和连件构成的内部结构。构件图用于表示系统的静态设计实现视图。
4. 组合结构图描述结构化类（例如，构件或类）的内部结构，组合结构图用于画出结构化类的内部内容。
5. 用例图描述一组用例、参与者及它们之间的关系。用例图给出系统的静态用例视图。
6. 顺序图是一种交互图，交互图专注于系统的动态视图，顺序图是强调消息的时间次序的交互图。
7. 通信图也是一种交互图，顺序图强调的是时序，通信图强调的是对象之间的组织结构（关系）。

8. 定时图也是一种交互图，它强调消息跨越不同对象或参与者的实际时间，而不仅仅只是关心消息的相对顺序。

9. 状态图描述一个状态机，给出了对象的动态视图。状态图强调事件导致的对象行为，这非常有助于对反应式系统建模。

10. 活动图将进程或其他计算结构展示为计算内部一步步的控制流，它对系统的功能建模和业务流程建模特别重要，并强调对象间的控制流程。

11. 部署图给出了架构的静态部署视图，通常一个节点包含一个或多个部署图。

12. 制品图描述计算机中一个系统的物理结构，制品图通常与部署图一起使用。

13. 包图描述由模型本身分解而成的组织单元，以及它们之间的依赖关系。

14. 交互概览图是活动图和顺序图的混合物。

UML 包括 5 个系统视图：

1. 逻辑视图：逻辑视图也称为设计视图，它表示了设计模型中在架构方面具有重要意义的部分，即类、子系统、包和用例实现的子集。

2. 进程视图：进程视图是以可执行线程和进程作为活动类的建模，是逻辑视图的一次执行实例，描述了并发与同步结构。

3. 实现视图：实现视图对组成基于系统的物理代码的文件和构件进行建模。

4. 部署视图：部署视图把构件部署到一组物理节点上，表示软件到硬件的映射和分布结构。

5. 用例视图：用例视图是最基本的需求分析模型。

备考点拨

本考点学习难度星级：★★★（困难），考试频度星级：★★☆（中频）。

本考点考查统一建模语言（UML），UML 非常强大而且学起来很简单、普遍适用。UML 是一种建模语言，它的作用域并不只是需求分析、需求设计、面向对象分析或者面向对象设计，它支持从需求分析开始的软件开发的全过程，从整体上看，UML 结构包含构造块、规则还有公共机制三个部分。UML 三个相关的考点分别是 4 类关系、14 种图和 5 个视图。UML 2.0 里面有 14 种图，针对每种图都详细记忆不太现实、性价比低。时间有限的情况下，建议重点理解 6 个图，分别是类图、对象图、用例图、顺序图、状态图和活动图，这 6 个图在项目实战中用得相对比较多，过去也曾经考过一两次。

考题精练

1. 关于统一建模语言（UML）描述中，不正确的是（　　）。

　　A．UML 适用于各种软件开发方法
　　B．UML 适用于软件生命周期的各个阶段
　　C．行为事物是 UML 模型中的静态部分
　　D．UML 不是编程语言

【解析】答案为 C。行为事务是 UML 模型中的动态部分。

【考点 44】软件设计和实现

考点精华

软件设计是需求分析的延伸与拓展，需求分析阶段解决"做什么"的问题，而软件设计阶段解决"怎么做"的问题。从方法上来说，软件设计分为结构化设计与面向对象设计。

1. 结构化设计。结构化设计（Structured Design，SD）是一种面向数据流的方法，它以 SRS 和 SA 阶段所产生的 DFD 和数据字典等文档为基础，是一个自顶向下、逐步求精和模块化的过程。SD 方法分为概要设计和详细设计两个阶段。在 SD 中，需要遵循一个基本的原则：高内聚，低耦合。

2. 面向对象设计。面向对象设计基本思想包括抽象、封装和可扩展性，其中可扩展性主要通过继承和多态来实现。OOD 的主要任务是对类和对象进行设计，OOD 的结果就是设计模型。如何同时提高软件的可维护性和可复用性，是 OOD 需要解决的核心问题之一。在 OOD 中，可维护性的复用是以设计原则为基础的。

常用的 OOD 原则包括：①单职原则：设计功能单一的类，本原则与结构化方法的高内聚原则是一致的；②开闭原则：对扩展开放，对修改封闭；③李氏替换原则：子类可以替换父类；④依赖倒置原则：要依赖于抽象，而不是具体实现；要针对接口编程，不要针对实现编程；⑤接口隔离原则：使用多个专门的接口比使用单一的总接口要好；⑥组合重用原则：要尽量使用组合，而不是继承关系达到重用目的；⑦迪米特原则（最少知识法则）：一个对象应当对其他对象有尽可能少的了解，本原则与结构化方法的低耦合原则一致。

3. 设计模式。根据处理范围不同，设计模式可分为类模式和对象模式。类模式处理类和子类之间的关系，这些关系通过继承建立，在编译时刻就被确定下来，属于静态关系；对象模式处理对象之间的关系，这些关系在运行时刻变化，更具动态性。根据目的和用途不同，设计模式可分为创建型模式、结构型模式和行为型模式三种。

软件实现包括软件配置管理、软件编码和软件测试：

1. 软件配置管理。软件配置管理与软件质量保证活动密切相关，可以帮助达成软件质量保证目标。软件配置管理活动包括软件配置管理计划、软件配置标识、软件配置控制、软件配置状态记录、软件配置审计、软件发布管理与交付等活动。

2. 软件编码。编码之前的一项重要工作就是选择一种恰当的程序设计语言，程序设计风格包括 4 个方面：①源程序文档化；②数据说明；③语句结构；④输入/输出方法。编码效率主要包括：①程序效率；②算法效率；③存储效率；④I/O 效率。

3. 软件测试。软件测试的目的是验证软件是否满足软件开发合同或项目开发计划、系统/子系统设计文档、软件需求规格说明书、软件设计说明和软件产品说明等规定的软件质量要求。

软件测试方法可分为静态测试和动态测试：①静态测试是指被测试程序不在机器上运行，而采用人工检测和计算机辅助静态分析的手段对程序进行检测。静态测试包括对文档的静态测试和对代码的静态测试。对文档的静态测试主要以检查单的形式进行，而对代码的静态测试一般采用桌前检查（Desk Checking）、代码走查和代码审查；②动态测试是指在计算机上实际运行程序进行软件测试。一般采用白盒测试和黑盒测试方法。

备考点拨

本考点学习难度星级：★★☆（适中），考试频度星级：★★★（高频）。

本考点考查软件设计实现，之前提到的需求分析阶段解决做什么的问题，软件设计阶段解决怎么做的问题。从方法上，软件设计分为结构化设计和面向对象设计。结构化设计（SD）把整个软件拆成了一个又一个独立的模块，这些模块组成了整个软件。模块采用封装技术，将实现细节隐藏起来，外部无关的闲杂人等均不能访问，即使有权限访问其他模块，也需要通过接口进行访问，这里讲到的耦合、内聚等特性需要掌握。面向对象设计需要掌握7个原则，过去也曾经考查过。软件实现方面，配置管理后面还会专题学习，所以这里需要掌握4种编码效率，以及理解软件测试中常见的术语。

考题精练

1. （　　）不属于白盒测试方法。
   A．静态测试　　　　　　　　　B．功能测试
   C．人工检查代码逻辑　　　　　D．语句覆盖

【解析】答案为 B。白盒测试也称结构测试，主要用于软件单元测试中，白盒测试的方法有控制流测试、数据流测试、程序变异测试、静态测试、人工检查代码逻辑法、语句覆盖、逻辑覆盖等。选项 B 的功能测试也称黑盒测试。

2. 在常用的 OOD 原则中，（　　）原则是一个对象应当对其他对象有尽可能少的了解，该原则与结构优化方法的（　　）原则是一致的。
   A．单职　高内聚　　　　　　　B．组合重用　低耦合
   C．迪米特　低耦合　　　　　　D．开闭　高内聚

【解析】答案为 C。常用的 OOD 原则包括 7 类，详情可以参考考点精华，其中迪米特原则（最少知识法则）是指一个对象应当对其他对象有尽可能少的了解，本原则与结构化方法的低耦合原则是一致的。

3. 软件测试是发现软件错误（缺陷）的主要手段，软件测试方法可分为静态测试和动态测试，其中（　　）属于静态测试。
   A．代码走查　　B．功能测试　　C．黑盒测试　　D．白盒测试

【解析】答案为 A。软件测试方法可分为静态测试和动态测试。静态测试是指被测试程序不在机器上运行，而采用人工检测和计算机辅助静态分析的手段对程序进行检测。对文档的静态测试主要以检查单的形式进行，而对代码的静态测试一般买用桌前检查（Desk Checking）、代码走查和代码审查。

4. 关于面向对象方法的描述，不正确的是（　　）。
   A．相比于面向过程设计方法，面向对象方法更符合人类思维习惯
   B．封装性、继承性、模块性是面向对象的三大特征
   C．面向对象设计中，应把握高内聚、低耦合的原则
   D．使用面向对象方法构造的系统具有更好的复用性

【解析】 答案为 B。与传统的结构化系统相比，面向对象系统具有三个明显特征，即封装性、继承性与多态性。

【考点 45】部署交付

考点精华

持续交付是一系列开发实践方法，用来确保让代码能够快速、安全地部署到生产环境中。持续交付是一个完全自动化的过程，当业务开发完成的时候，可以做到一键部署。持续交付提供了一套更为完善的解决传统软件开发流程的方案，主要体现在：

1. 在需求阶段，抛弃了传统的需求文档的方式，使用便于开发人员理解的用户故事。
2. 在开发测试阶段，做到持续集成，让测试人员尽早进入项目开始测试。
3. 在运维阶段，打通开发和运维之间的通路，保持开发环境和运维环境的统一。

在评价互联网公司的软件交付能力的时候，通常会使用两个指标：①仅涉及一行代码的改动需要花费多少时间才能部署上线，这也是核心指标；②开发团队是否在以一种可重复、可靠的方式执行软件交付。

容器技术目前是部署中最流行的技术，与传统的虚拟机技术相比，其优点主要有：①容器技术上手简单，轻量级架构，体积很小；②容器技术的集合性更好，能更容易对环境和软件进行打包复制和发布；③容器技术的引入为软件的部署带来了前所未有的改进，不但解决了复制和部署麻烦的问题，还能更精准地将环境中的各种依赖进行完整的打包。

不可变服务器是一种部署模式，是指除了更新和安装补丁程序以外，不对服务器进行任何更改。现阶段使用容器部署就像一个集装箱，直接把所有需要的内容全部打包并进行复制和部署。

蓝绿部署和金丝雀部署是两种不同的部署方式。蓝绿部署是指在部署的时候准备新旧两个部署版本，通过域名解析切换的方式将用户使用环境切换到新版本中，当出现问题的时候，可以快速地将用户环境切回旧版本，并对新版本进行修复和调整；金丝雀部署是指当有新版本发布的时候，先让少量用户使用新版本，并且观察新版本是否存在问题。如果出现问题，就及时处理并重新发布；如果一切正常，就将新版本适配给所有用户。

备考点拨

本考点学习难度星级：★★☆（适中），考试频度星级：★★★（高频）。

本考点考查部署交付。持续交付是完全自动化的，靠人工做持续交付成本太高，所以持续交付往往是一键部署，让代码快速、安全地部署到生产环境里。容器部署就像集装箱，把所有东西和需要的内容全部扔到集装箱里然后运出去。蓝绿部署和金丝雀部署的区别，学习时需要额外留意，属于高频考点。

考题精练

1.（　　）是指当有新版本发布的时候，先少量用户使用新版本，并且观察新版本是否存在问题。如果出现问题，就及时处理并重新发布；如果一切正常，就稳步地将新版本适配给所有的用户。

A．蓝绿部署　　　　　　　　　　B．金丝雀部署
C．虚拟机部署　　　　　　　　　D．持续部署

【解析】答案为 B。蓝绿部署是指在部署的时候准备新旧两个部署版本，通过域名解析切换的方式将用户使用环境切换到新版本中，当出现问题的时候，可以快速地将用户环境切回旧版本，并对新版本进行修复和调整。金丝雀部署是指当有新版本发布的时候，先让少量用户使用新版本，并且观察新版本是否存在问题。如果出现问题，就及时处理并重新发布；如果一切正常，就稳步地将新版本适配给所有用户。后来逐渐发展为虚拟机部署，在虚拟机上借助流程化的部署能较好地构建软件环境，但是第三方依赖库的重构不稳定为整体部署带来了困难。

【考点 46】CSMM 模型及等级

◎ 考点精华

CSMM 模型的 4 个能力域

软件过程能力成熟度模型（Software Process Capability Maturity Model，CSMM），由 4 个能力域、20 个能力子域、161 个能力要求组成：

1. 治理能力域：包括战略与治理、目标管理能力子域。
2. 开发与交付能力域：包括需求、设计、开发、测试、部署、服务、开源应用能力子域。
3. 管理与支持能力域：包括项目策划、项目监控、项目结项、质量保证、风险管理、配置管理、供应商管理能力子域。
4. 组织管理能力域：包括过程管理、人员能力管理、组织资源管理、过程能力管理能力子域。

CSMM 定义了 5 个成熟度等级，按照软件过程能力的成熟度水平从低到高排列如下：

1. 1 级初始级：软件过程和结果具有不确定性。
2. 2 级项目规范级：项目基本可按计划实现预期的结果。
3. 3 级组织改进级：在组织范围内能够稳定地实现预期的项目目标。
4. 4 级量化提升级：在组织范围内能够量化地管理并实现预期的组织和项目目标。
5. 5 级创新引领级：通过技术和管理的创新，实现组织业务目标的持续提升，引领行业发展。

◎ 备考点拨

本考点学习难度星级：★☆☆（简单），考试频度星级：★☆☆（低频）。

本考点比较简单纯粹，主要考查 CSMM 的能力域与能力子域，以及 CSMM 的 5 个成熟度等级，没有太多需要理解的地方，主要靠的是记忆，备考时需要特别关注 5 个成熟度等级的区分。

◎ 考题精练

1. 软件过程能力成熟度模型（CSMM）的能力域包括治理、开发与交付、管理与支持、（　　）。

A．数据管理　　　　　　　　　　B．组织管理
C．战略管理　　　　　　　　　　D．运营管理

【解析】答案为 B。CSMM 模型由 4 个能力域、20 个能力子域、161 个能力要求组成，其中能力域为治理、开发与交付、管理与支持和组织管理。

【考点 47】数据建模

考点精华

数据建模是把现实世界中的数据抽象到计算机信息世界，通常数据建模过程包括数据需求分析、概念模型设计、逻辑模型设计和物理模型设计等过程。

1. 数据需求分析。数据需求分析通常不是单独进行的，而是融合在整个系统需求分析的过程之中。数据需求分析采用数据流图作为工具，描述系统中数据的流动和变化，强调数据流和处理过程。

2. 概念模型设计。将需求分析得到的结果抽象为概念模型的过程就是概念模型设计，其任务是确定实体和数据及其关联。

3. 逻辑模型设计。由于现在的数据库管理系统（DataBase Management System，DBMS）普遍都采用关系模型结构，因此逻辑模型设计主要指关系模型结构的设计。

4. 物理模型设计。针对具体的 DBMS 进行物理模型设计，使数据模型走向数据存储应用环节。物理模型考虑的主要问题包括命名、确定字段类型和编写必要的存储过程与触发器等。

根据数据模型应用目的的不同，数据模型分为三类：概念模型、逻辑模型和物理模型。

1. 概念模型。概念模型也称信息模型，它是按用户的观点来对数据和信息建模，也就是说，把现实世界中的客观对象抽象为某一种信息结构，这种信息结构不依赖于具体的计算机系统，也不对应某个具体的 DBMS，它是概念级别的模型。

概念模型的基本元素包括：①实体。实体是同一类型实例的共同抽象，不再与某个具体的实例对应。②属性。实体的特性称为属性。③域。属性的取值范围称为该属性的域。④键。能唯一标识每个实例的一个属性或几个属性的组合称为键。⑤关联。在现实世界中，客观事物之间是相互关系的，这种相互关系在数据模型中表现为关联。

2. 逻辑模型。逻辑模型是在概念模型的基础上确定模型的数据结构，目前主要的数据结构有层次模型、网状模型、关系模型、面向对象模型和对象关系模型，其中关系模型是目前最重要的逻辑模型。

关系模型是在概念模型的基础上构建的，因此关系模型的基本元素与概念模型中的基本元素存在一定的对应关系，概念模型中的实体转换为关系模型的关系，概念模型中的属性转换为关系模型的属性，概念模型中的联系有可能转换为关系模型的新关系，也有可能被参照关系的主键转化为参照关系的外键，关系模型中的视图在概念模型中没有元素与之对应，它是按照查询条件从现有关系或视图中抽取若干属性组合而成的。

3. 物理模型。物理模型是在逻辑模型的基础上，考虑各种具体的技术实现因素，进行数据库体系结构设计，真正实现数据在数据库中的存放。在物理实现上的考虑，可能会导致物理数据模型和逻辑数据模型有较大的不同。物理数据模型的目标是用数据库模式实现逻辑数据模型，以及真正地保存数据。物理模型的基本元素包括表、字段、视图、索引、存储过程、触发器等，其中表、字段和视图等元素与逻辑模型中基本元素有一定的对应关系。

备考点拨

本考点学习难度星级：★★☆（适中），考试频度星级：★★★（高频）。

本考点考查数据建模。数据建模其实就是建立数据模型的意思，把现实世界中各种各样的客观事物，比如人物、活动等进行抽象，抽象之后建立数据模型，这种数据模型可以被计算机识别并处理。

数据模型共有三类：概念模型、逻辑模型和物理模型，它们的层次或者目的不一样，需要掌握三类数据模型的特点以及彼之此间的区别。

建造数据模型共有四步，分别是数据需求分析、概念模型设计、逻辑模型设计和物理模型设计，建造数据模型的步骤和数据模型的分类有对应关系，可以把数据模型和步骤结合起来学习记忆。

考题精练

1. 在数据建模过程中，将需求分析得到的结果抽象为概念模型后，接下来进行的是（　　）。
   A. 数据需求分析　　　　　　　　B. 逻辑模型设计
   C. 物理模型设计　　　　　　　　D. 确定字段类型

【解析】答案为B。数据建模过程包括数据需求分析、概念模型设计、逻辑模型设计和物理模型设计等过程。将需求分析得到的结果抽象为概念模型后，接下来进行的是逻辑模型设计。选项A数据需求分析在概念模型设计之前；选项C物理模型设计在逻辑模型设计之后；选项D确定字段类型是物理模型设计中的内容。

【考点48】数据标准化

考点精华

数据标准化是实现数据共享的基础，数据标准化的主要内容包括元数据标准化、数据元标准化、数据模式标准化、数据分类与编码标准化和数据标准化管理。

1. 元数据标准化。元数据是关于数据的数据，是对信息资源的结构化描述。元数据可以分为内容元数据、专门元数据、资源集合元数据、管理元数据、服务元数据、元元数据。

2. 数据元标准化。数据元是数据库、文件和数据交换的基本数据单元。数据库或文件由记录或元组等组成，而记录或元组则由数据元组成。数据元是在数据库或文件之间进行数据交换时的基本组成，被认为是不可再分的最小数据单元。

数据元一般来说由三部分组成：①对象。对象类是可以对其界限和含义进行明确的标识，是人们希望采集和存储数据的事物。②特性。特性是指一个对象类的所有成员所共有的特征。③表示。表示可包括值域、数据类型、表示类（可选的）和计量单位四部分。

目前常用的数据元提取方法有两种：自上而下（Top-Down）提取法和自下而上（Down-Top）提取法。对于新建系统的数据元提取，一般用自上而下提取法，对于已建系统的数据元提取，一般用自下而上提取法。

数据元制定的基本步骤如下：①描述；②界定业务范围；③开展业务流程分析与信息建模；④借助于信息模型，提取数据元，并按照一定的规则规范其属性；⑤对于代码型的数据元，编制其值域，即代码表；⑥与现有的国家标准或行业标准进行协调；⑦发布实施数据元标准并建立相应的动态维护管理机制。

3. 数据模式标准化。从数据的逻辑层面对数据集模式标准化，一方面对数据的内容、组成、结构以及各部分的相互关系进行统一规范，即可以根据数据模式制作出标准化数据；另一方面，数据集按照数据库理论对数据进行了规范化处理，有利于减少数据冗余。

数据模式的描述方式主要有图描述方法和数据字典方法。图描述方法常用的有 IDEFIX 方法和 UML 图，主要用来描述数据集中的实体和实体之间的相互关系；数据字典方法用来描述模型中的数据集、单个实体、属性的摘要信息。

4. 数据分类与编码标准化。数据分类与编码标准化是把数据分类与编码工作纳入标准化工作的领域，按标准化的要求和工作程序，将各种数据按照科学的原则进行分类以编码，数据分类与编码标准化是简化信息交换、实现信息处理和信息资源共享的重要前提，是建立各种信息管理系统的重要技术基础和信息保障依据。

5. 数据标准化管理。数据标准化管理的具体过程包括确定数据需求、制定数据标准、批准数据标准和实施数据标准四个阶段。

备考点拨

本考点学习难度星级：★★★（困难），考试频度星级：★★☆（中频）。

本考点考查数据标准化，其中元数据主要需要掌握定义，元数据是关于数据的数据。描述数据的数据叫作元数据。至于元数据包含的类型需要达到了解的程度。数据标准化包括的内容和标准化过程需要掌握，这部分内容理解起来门槛较高，真正理解不是看书能够解决的，可以采用理解与记忆相结合的方式来备考。

考题精练

1. 制定一个数据元标准的步骤是（　　）。
①界定业务范围　②开展业务流程分析与信息建模　③描述数据的内容，质量等信息
④提取数据元并规范属性　⑤发布数据元标准并维护
　　A. ①②③⑤④　　B. ③①②④⑤　　C. ①④②③⑤　　D. ③①④②⑤

【解析】答案为 B。数据元标准制定的步骤如下：①描述；②界定业务范围；③开展业务流程分析与信息建模；④借助于信息模型，提取数据元，并按照一定的规则规范其属性；⑤对于代码型的数据元，编制其值域，也就是代码表；⑥与现有的国家标准或行业标准进行协调；⑦发布实施数据元标准并建立相应的动态维护管理机制。

2. （　　）确立代码与事物概念之间的一一对应关系，以保证数据的准确性和相容性，为信息集成与资源共享提供良好的基础。
　　A. 元数据标准化　　　　　　　　B. 数据元标准化
　　C. 数据模式标准化　　　　　　　D. 数据分类与编码标准化

【解析】答案为 D。数据分类与编码标准化是简化信息交换、实现信息处理和信息资源共享的重要前提，是建立各种信息管理系统的重要技术基础和信息保障依据。通过分类与编码标准化，

可以最大限度地消除对信息命名、描述、分类和编码的不一致造成的混乱、误解等现象，可以减少信息重复采集、加工、存储等操作，使事物的名称和代码的含义统一化、规范化，确立代码与事物或概念之间的一一对应关系，以保证数据的准确性和相容性，为信息集成与资源共享提供良好的基础。

【考点 49】数据运维

◎ 考点精华

数据存储是根据不同的应用环境，通过采取合理、安全、有效的方式将数据保存到物理介质上，并能保证对数据实施有效的访问。数据存储首先要解决存储介质问题，存储介质的类型主要有**磁带、光盘和磁盘**三种，存储介质不是越贵越好、越先进越好，要根据不同的应用环境，合理选择存储介质。存储管理的具体内容包括**资源调度管理、存储资源管理、负载均衡管理和安全管理**。

常见的数据备份结构分为四种：**DAS 备份结构、基于 LAN 的备份结构、LAN-FREE 备份结构和 SERVER-FREE 备份结构**。常见的备份策略有三种：**完全备份、差分备份和增量备份**。

根据容灾系统保护对象的不同，容灾系统分为**应用容灾和数据容灾**两类。应用容灾用于克服灾难对系统的影响，保证应用服务的完整、可靠和安全等一系列要求，使得用户在任何情况下都能得到正常的服务；数据容灾则关注保证用户数据的高可用性，在灾难发生时能够保证应用系统中的数据尽量少丢失或不丢失，使得应用系统能不间断地运行或尽快地恢复正常运行。

一般情况下，**数据容灾是应用容灾的子集**，也是应用容灾最根本的基础。**数据备份是数据容灾的基础**，数据备份是数据高可用的最后一道防线，其目的是在系统数据崩溃时能够快速恢复数据。虽然它也算一种容灾方案，但这种容灾能力非常有限，因为传统的数据备份主要是采用磁带进行冷备份，备份磁带一般存放在机房中进行统一管理，一旦整个机房出现了灾难，这些备份磁带也随之毁灭，起不到任何容灾作用。

容灾不是简单备份，**衡量容灾系统有两个主要指标：恢复点目标（Recovery Point Object，RPO）和恢复时间目标（Recovery Time Object，RTO）**，RPO 代表灾难发生时允许丢失的数据量，RTO 代表系统恢复时间。

数据质量可以通过数据质量元素来描述，数据质量元素分为数据质量定量元素和数据质量非定量元素。数据质量高低必须从用户使用的角度来看，即使准确性相当高的数据，如果时效性差或者不为用户所关心，仍达不到质量管理标准，数据质量评价方法分为直接评价法和间接评价法：①**直接评价法**通过将数据与内部或外部的参照信息，如理论值等进行对比，确定数据质量；②**间接评价法**利用数据相关信息，如只对数据源、采集方法等的描述推断或评估数据质量。

数据产品质量控制分成前期控制和后期控制两大部分。**前期控制**包括数据录入前的质量控制、数据录入过程中的实时质量控制；**后期控制**为数据录入完成后的后处理质量控制与评价。依据建库流程可分为：①**前期控制**：是在提交成果（即数据入库）之前对所获得的原始数据与完成的工作进行检查，进一步发现和改正错误；②**过程控制**：实施减少并消除误差和错误的实用技术和步骤，主要应用在建库过程中，用来对获得的数据在录入过程中进行属性的数据质量控制；③**系统**

检测：在数据入库后进行系统检测，设计检测模板，利用检测程序进行系统自检；④精度评价：对入库属性数据用各种精度评价方法进行精度分析，为用户提供可靠的属性数据。

数据清理主要包括数据分析、数据检测和数据修正3个步骤：①数据分析：从数据中发现控制数据的一般规则，如字段域、业务规则等，通过数据分析定义数据清理规则并选择清理算法；②数据检测：根据预定义的清理规则及算法，检测数据是否正确，是否满足字段域、业务规则等，或检测记录是否重复；③数据修正：手工或自动修正检测到的错误数据或重复记录。

🔊 备考点拨

本考点学习难度星级：★★☆（适中），考试频度星级：★★☆（中频）。

本考点考查数据运维，数据经过处理之后，接下来需要给这些数据找到容身之地，也就是数据要存储起来，这个时候就会用到数据存储介质。数据备份比较好理解，万一数据出现了丢失，对公司就是非常大的损失，所以要用到数据备份。需要了解四种备份结构和三种备份策略。关于数据容灾，需要了解衡量容灾的两个主要指标。最后的数据质量评价与控制相对有些抽象，可以借鉴对质量的日常理解来辅助学习。

🔗 考题精练

1. （　　）是（　　）的基础，两者的目的都是为了在系统崩溃或灾难发生时能够恢复数据或系统。

  A. 数据容灾　数据备份　　　　　　B. 数据存储　数据安全
  C. 数据安全　数据存储　　　　　　D. 数据备份　数据容灾

【解析】答案为D。数据备份是数据容灾的基础。数据备份是数据高可用的最后一道防线，其目的是在系统数据崩溃时能够快速恢复数据。

【考点50】数据开发利用

👁 考点精华

通过数据集成、数据挖掘和数据服务（目录服务、查询服务、浏览和下载服务、数据分发服务）、数据可视化、信息检索等技术手段，帮助数据用户从数据资源中找到所需要的数据，并将数据以一定的方式展现出来，实现对数据的开发利用。

1. 数据集成。数据集成就是将驻留在不同数据源中的数据进行整合，向用户提供统一的数据视图，使得用户能以透明的方式访问数据。

2. 数据挖掘。数据挖掘是一门交叉学科，其过程涉及数据库、人工智能、数理统计、可视化、并行计算等多种技术。数据挖掘与传统数据分析不同：①两者分析对象的数据量有差异，数据挖掘所需的数据量比传统数据分析所需的数据量大；②两者运用的分析方法有差异，传统数据分析主要运用统计学的方法、手段对数据进行分析，而数据挖掘综合运用数据统计、人工智能、可视化等技术对数据进行分析；③两者分析侧重有差异，传统数据分析通常是回顾型和验证型的，通常分析已经发生了什么，而数据挖掘通常是预测型和发现型的，预测未来的情况，解释发生的原因；④两者成熟度不同，传统数据分析由于研究较早，其分析方法相当成熟，而数据挖掘除基于统计学等方法外，部分方法仍处于发展阶段。

3．数据服务。数据服务主要包括数据目录服务、数据查询与浏览及下载服务、数据分发服务。

（1）数据目录服务。数据目录服务是用来快捷地发现和定位所需数据资源的检索服务，是实现数据共享的重要基础功能服务之一。

（2）数据查询与浏览及下载服务。数据查询、浏览和下载是网上数据共享服务的重要方式，用户使用数据的方式有查询数据和下载数据两种。

（3）数据分发服务。数据分发服务是指数据的生产者通过各种方式将数据传送到用户的过程，其核心内容包括数据发布、数据发现、数据评价和数据获取。

4．数据可视化。数据可视化主要运用计算机图形学和图像处理技术，将数据转换成为图形或图像在屏幕上显示出来，并能进行交互处理。数据可视化的表现方式主要分为七类：一维数据可视化、二维数据可视化、三维数据可视化、多维数据可视化、时态数据可视化、层数据可视化和网络数据可视化。

5．信息检索。信息检索的主要方法有全文检索、字段检索、基于内容的多媒体检索、数据挖掘。信息检索的常用技术有布尔逻辑检索技术、截词检索技术、临近检索技术、限定字段检索技术、限制检索技术等。

备考点拨

本考点学习难度星级：★★★（困难），考试频度星级：★★☆（中频）。

本考点考查对数据的开发利用，其中最重要的在于掌握数据挖掘和传统数据分析的差异，属于综合知识科目比较好的出题点；数据服务中的数据目录就像去饭店吃饭时的菜单，顾客根据菜单点菜，数据目录类似于菜单，用户拿到数据目录时，能够很快定位自己需要哪一类数据资源；数据查询与浏览及下载服务，是通过浏览器方式查看有哪些数据，数据可以不断深入，拿到更详细的底层数据，还可以把数据下载下来；数据分发服务是指数据的生产者，通过各种方式把数据送到用户的手上；数据可视化是把数据以及数据的结论，以图形图像的方式表示出来。数据可视化的七类简要了解即可。

考题精练

1．以下关于数据挖掘与传统数据分析的说法，错误的是（　　）。

A．数据挖掘所需的数据量比传统数据分析所需的数据量大

B．传统数据分析主要运用统计学的方法、手段对数据进行分析，而数据挖掘综合运用多种技术对数据进行分析

C．传统数据分析和数据挖掘都是预测型和发现型的

D．传统数据分析的分析方法相当成熟，而数据挖掘部分方法仍处于发展阶段

【解析】答案为C。传统数据分析通常是回顾型和验证型的，通常分析已经发生了什么；而数据挖掘通常是预测型和发现型的，预测未来的情况，解释发生的原因。选项C说法错误。选项A、B、D分别对应了数据挖掘与传统数据分析在数据量、分析方法、成熟度上的差异，说法正确。

【考点 51】数据库安全

考点精华

数据库安全从后果维度看，分为非授权的信息泄露、非授权的数据修改和拒绝服务；从威胁方式维度看，分为无意的自然意外灾害、系统软硬件中的错误和人为错误，有意的授权用户威胁和恶意代理威胁。

根据数据库安全威胁的特点，数据库安全对策如下：①防止非法的数据访问；②防止推导；③保证数据库的完整性；④保证数据的操作完整性；⑤保证数据的语义完整性；⑥审计和日志；⑦标识和认证；⑧机密数据管理；⑨多级保护；⑩限界。

数据库安全机制包括用户的身份认证、存取控制、数据库加密、数据审计、推理控制等内容。

备考点拨

本考点学习难度星级：★☆☆（简单），考试频度星级：★☆☆（低频）。

本考点考查安全领域中的数据库安全，这个考点内容较少，了解即可，比如需要知道数据库安全的 10 种对策分别都是什么。

考题精练

1. 以下不属于数据库安全对策的是（　　）。
   A．防止非法的数据访问　　　　B．防止数据丢失
   C．保证数据库的完整性　　　　D．审计和日志

【解析】答案为 B。数据库安全对策包括防止非法的数据访问、防止推导、保证数据库的完整性、保证数据的操作完整性、保证数据的语义完整性、审计和日志、标识和认证、机密数据管理、多级保护、限界。选项 B 防止数据丢失不属于数据库安全对策内容。

【考点 52】网络集成

考点精华

系统集成工作遵循的基本原则包括：①开放性。一个集成的信息系统必然是一个开放的信息系统。②结构化。复杂系统设计的最基本方法依然是结构化系统分析设计方法。③先进性。先进性有两层意义：目前先进性和未来先进性。④主流化。系统构成的每一个产品应属于该产品发展的主流。

网络集成的一般体系框架如图 6-2 所示。

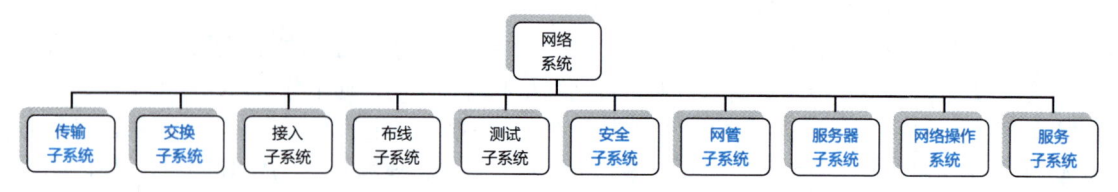

图 6-2　网络集成体系框架

1. 传输子系统。传输是网络的核心，传输介质在很大程度上决定了通信的质量，从而直接影响到网络协议。

2. 交换子系统。网络按所覆盖的区域可分为局域网、城域网和广域网。

3. 安全子系统。网络安全主要关注的内容包括：使用防火墙技术，防止外部的侵犯；使用数据加密技术，防止任何人从通信信道窃取信息；使用访问控制技术，主要是通过设置口令、密码和访问权限保护网络资源。

4. 网管子系统。对于任何网管子系统来说，关键任务便是保证网络的良好运行。

5. 服务器子系统。服务器是网络中的关键设备。

6. 网络操作系统。网络操作系统的主要任务是调度和管理网络资源，并为网络用户提供统一、透明使用网络资源的手段。

7. 服务子系统。网络服务主要包括互联网服务、多媒体信息检索、信息点播、信息广播、远程计算、事务处理以及其他信息服务等。

◎ 备考点拨

本考点学习难度星级：★★☆（适中），考试频度星级：★☆☆（低频）。

本考点考查网络集成，网络集成就是把网络基础设施、网络设备、网络软件、网络基础服务系统以及周边的软硬件等组织集成到一起，成为计算机网络系统的全过程。网络集成的体系框架中包含了很多子系统，其中重要的是传输子系统、交换子系统、安全子系统、网管子系统、服务器子系统、网络操作系统和服务子系统 7 个。

◎ 考题精练

1. 以下不属于系统集成工作遵循的基本原则的是（　　）。

    A．开放性　　　　B．稳定性　　　　C．结构化　　　　D．先进性

【解析】答案为 B。系统集成工作遵循的基本原则包括开放性、结构化、先进性、主流化。选项 B 稳定性不属于系统集成工作遵循的基本原则。

【考点 53】数据集成

◎ 考点精华

数据集成是将系统中的数据按照规则进行组织，使用户能有效地对数据进行操作，数据仓库技术是数据集成的关键。数据集成可以分为基本数据集成、多级视图集成、模式集成和多粒度数据集成四个层次，分别如下：

1. 基本数据集成。通用标识符问题是数据集成时遇到的最难的问题之一，处理该问题的办法包括隔离和调和。隔离保证实体的每次出现都指派一个唯一标识符；调和确认哪些实体是相同的，并且将该实体的各次出现合并起来。

2. 多级视图集成。多级视图机制有助于对数据源之间的关系进行集成：底层数据表示方式为局部模型的局部格式；中间数据表示为公共模式格式；高级数据表示为综合模型格式。视图的集成化过程为两级映射：①数据从局部数据库中，经过数据翻译、转换并集成为符合公共模型格

式的中间视图；②进行语义冲突消除、数据集成和数据导出处理，将中间视图集成为综合视图。

3. 模式集成。实际应用中，数据源的模式集成和数据库设计仍有差距，如模式集成时出现的命名、单位、结构和抽象层次等冲突问题，就无法照搬模式设计的经验。

4. 多粒度数据集成。多粒度数据集成是异构数据集成中最难处理的问题，理想的多粒度数据集成模式是自动逐步抽象。数据综合（或数据抽象）指由高精度数据经过抽象形成精度较低但是粒度较大的数据，数据综合集成的过程实际上是特征提取和归并的过程。数据细化指通过由一定精度的数据获取精度较高的数据，实现该过程的主要途径有时空转换、相关分析或者由综合中数据变动的记录进行恢复。

异构数据集成方法分别是过程式方法和声明式方法。采用过程式方法，一般是根据一组信息需求，采用一种点对点（Ad-hoc）的设计方法来集成数据。声明式方法的主要特点是通过一套合适的语言来对多个数据源的数据进行建模，构建一个统一的数据表示，并且基于这一数据表示来对整体系统数据进行查询，通过一套有效的推理机制来对数据源进行存取，获得所需的信息。

还可以利用中间件集成异构数据库，该方法不需要改变原始数据的存储和管理方式。中间件位于异构数据库系统（数据层）和应用程序（应用层）之间，向下协调各数据库系统，向上为访问集成数据的应用提供统一的数据模式和数据访问的通用接口。

实现异构数据源的数据集成，首先要解决的问题是原始数据的提取。从异构数据库中提取数据大多采用开放式数据库互联（Open Database Connectivity，ODBC），ODBC 是一种用来在数据库系统之间存取数据的标准应用程序接口；另一种提取数据的方法是针对不同的数据源编写专用的嵌入式 C 接口程序，这样可提高数据的提取速度。

基于 XML 的数据交换标准是指在使用中间件作为组织异构数据源集成的解决方案时，需要为中间件选择全局数据模式，来统一异构数据源的数据模式。近年来，随着 AJAX 技术的兴起，JSON（JavaScript Object Notation）作为一种轻量级的数据交换格式，以其易于阅读和编写的优点，被越来越多地应用到各个项目中。

备考点拨

本考点学习难度星级：★★★（困难），考试频度星级：★★☆（中频）。

本考点考查数据集成，涉及数据的考点基本上理解起来都有一定的难度，数据集成的内容更加抽象，所以本考点的学习策略以记忆为主，记住关键术语和关键词句。

考题精练

1. 实现异构数据源的数据集成，首先需要（　　）。
   A．进行数据清洗　　　　　　　　B．实施数据标注
   C．获取原始数据　　　　　　　　D．校正数据质量

【解析】答案为 C。实现异构数据源的数据集成，首先要解决的问题是原始数据的提取，从异构数据库中提取数据大多采用开放式数据库互联 ODBC。本题也比较好理解，无论对数据做什么加工处理，第一步肯定是要先拿到原始数据。

【考点 54】软件和应用集成

考点精华

软件集成领域的代表性软件构件标准如下：

1. 公共对象请求代理结构（Common Object Request Broker Architecture，CORBA）。CORBA 是对象管理组织（Object Management Group，OMG）进行标准化分布式对象计算的基础。CORBA 自动匹配许多公共网络任务，例如对象登记、定位、激活、多路请求、组帧和错误控制、参数编排和反编排、操作分配等。

2. COM。COM 中的对象是一种二进制代码对象，其代码形式是 DLL 或 EXE 执行代码。COM 中的对象由系统平台直接支持，COM 对象可能由各种编程语言实现，并为各种编程语言所引用。

3. DCOM 与 COM+。DCOM 作为 COM 的扩展，不仅继承了 COM 优点，而且针对分布环境提供了一些新的特性，如位置透明性、网络安全性、跨平台调用等。DCOM 通过 RPC 协议，使用户可以通过网络以透明的方式调用远程机器上的远程服务。COM+ 为 COM 的新发展或 COM 更高层次上的应用，其底层结构仍然以 COM 为基础，几乎包容了 COM 的所有内容。COM+ 把 COM 组件软件提升到应用层而不再是底层的软件结构，通过操作系统的各种支持，使组件对象模型建立在应用层上，把所有组件的底层细节留给操作系统。因此，COM+ 与操作系统的结合更加紧密。

4. .NET。.NET 开发框架在通用语言运行环境基础上，给开发人员提供了完善的基础类库、数据库访问技术和网络开发技术，开发者可以使用多种语言快速构建网络应用。

5. J2EE。J2EE 架构是使用 Java 技术开发组织级应用的一种事实上的工业标准，J2EE 的体系结构可以分为客户端层、服务器端组件层、EJB 层和信息系统层。

应用集成或组织应用集成（Enterprise Application Integration，EAI）是指将独立的软件应用连接起来，实现协同工作。从信息系统集成技术的角度看，在集成的堆栈上，应用集成在最上层，主要解决应用的互操作性的问题，数据集成解决互通问题，网络集成解决互联问题。用语言做比喻，语法、语义、语用三者对应到系统集成技术上，网络集成解决语法的问题，数据集成解决语义的问题，应用集成解决语用的问题。

应用集成的技术要求大致有：具有应用间的互操作性、具有分布式环境中应用的可移植性、具有系统中应用分布的透明性。应用集成不同于数据集成，数据集成是共享数据，并不存储数据；而应用集成是在功能层面将多个应用直接连接起来，帮助打造动态且具有高度适应性的应用和服务。

由于应用集成重点关注的是工作流层面的应用连接，因此需要的数据存储空间和计算时间并不多。应用集成既可以部署在云端，集成云应用，也可以部署在受防火墙保护的本地，集成传统系统，还可以部署在混合环境中，集成本地应用和托管在专用服务器上的云应用。

备考点拨

本考点学习难度星级：★★★（困难），考试频度星级：★★☆（中频）。

本考点考查软件和应用集成。本考点提到了较多的专业术语或概念，如果你是非技术出身，可能理解起来比较困难，只能尽量理解，实在理解不了就记忆关键词。从往年数据看，DCOM 与 COM+ 的特点，应用集成和数据集成的区别是考试热点。

考题精练

1. （　　）不属于应用集成的技术要求。

　　A．系统中应用分布的透明性　　　B．应用间数据的存储
　　C．分布式环境中应用的可移植性　　D．应用间的互操作性

【解析】答案为 B。应用集成的技术要求大致有：具有应用间的互操作性、具有分布式环境中应用的可移植性、具有系统中应用分布的透明性。

2. 在应用集成中，有多个组件帮助协调连接各种应用。其中（　　）利用特定的数据结构，帮助开发人员快速访问其他应用的功能。

　　A．事件驱动型操作　B．API　　　C．数据映射　　　D．RNN

【解析】答案为 B。应用编程接口（Application Programming Interface，API）、事件驱动型操作和数据映射都是帮助协调连接各种应用的组件。应用编程接口（API）定义不同软件交互方式的程序和规则，可以支持应用之间相互通信。API 利用特定的数据结构，帮助开发人员快速访问其他应用的功能。

3. 从信息系统集成技术角度来看，（　　）在最上层，主要解决（　　）问题。

　　A．数据集成　互通　　　　　　　B．网络集成　互连
　　C．软件集成　互适应　　　　　　D．应用集成　互操作性

【解析】答案为 D。系统集成栈中共有 3 层，网络集成在最底层解决互联问题；数据集成在中间层，解决互通问题；应用集成在最上层，解决应用互操作性问题。

【考点 55】安全系统

考点精华

信息安全工程中的术语有 6 个，彼此之间的关系如图 6-3 所示，信息系统包括信息安全系统和业务应用信息系统。信息安全系统服务于业务应用信息系统，信息安全系统不能脱离业务应用信息系统而存在。业务应用信息系统是支撑业务运营的计算机应用信息系统，信息系统工程包括两个独立且不可分割的部分，即信息安全系统工程和业务应用信息系统工程。业务应用信息系统工程就是为了建设好业务应用信息系统所组织实施的工程，信息安全系统工程是指为了达到建设好信息安全系统的特殊需要而组织实施的工程。

信息安全系统体系架构如图 6-4 所示，可以使用三个坐标轴描述其组成。

1. X 轴是"安全机制"。安全机制可以理解为提供某些安全服务，利用各种安全技术和技巧，所形成的一个较为完善的结构体系。包含基础设施安全、平台安全、数据安全、通信安全、应用安全、运行安全、管理安全、授权和审计安全、安全防范体系等。

组织可以结合 WPDRRC 能力模型，即预警（Warn）、保护（Protect）、检测（Detect）、反应（Response）、恢复（Recover）和反击（Counter-attack），从人员、技术、政策三大要素来构成宏观的信息网络安全保障体系结构的框架，确保日常和异常情况下的信息安全工作持续、有序地开展。

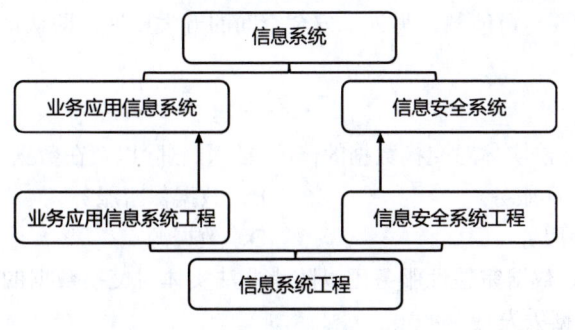

图 6-3 信息安全工程术语

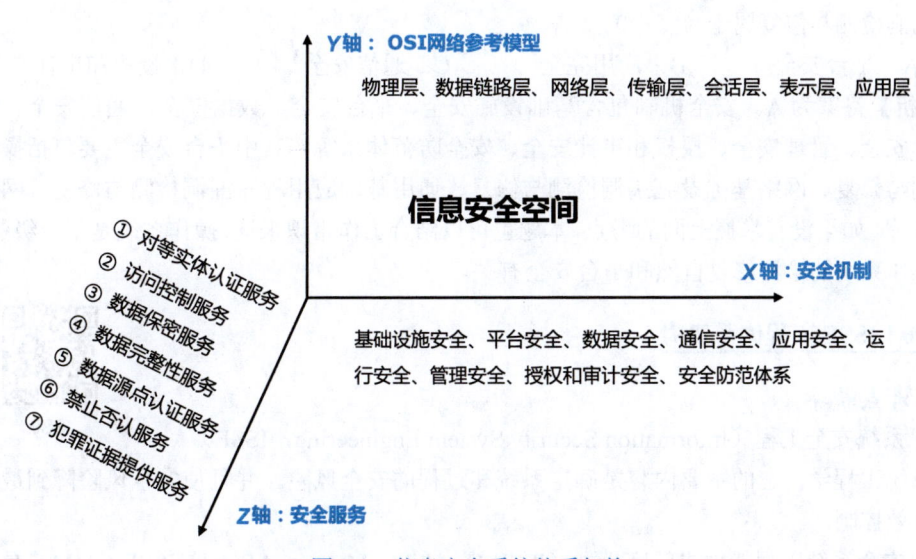

图 6-4 信息安全系统体系架构

2. *Y* 轴是"OSI 网络参考模型"。信息安全系统的许多技术、技巧都是在网络的各个层面上实施的，离开网络信息系统的安全也就失去意义。

3. *Z* 轴是"安全服务"。安全服务就是从网络中的各个层次提供给信息应用系统所需要的安全服务支持。安全服务包括对等实体认证服务、访问控制服务、数据保密服务、数据完整性服务、数据源点认证服务、禁止否认服务和犯罪证据提供服务等。

由 *X*、*Y*、*Z* 三个轴形成的信息安全系统三维空间就是信息系统的"安全空间"。随着网络的逐层扩展，这个空间不仅范围逐步加大，安全的内涵也就更丰富，达到具有认证、权限、完整、加密和不可否认五大要素，也称"安全空间"的五大属性。

🧭 备考点拨

本考点学习难度星级：★☆☆（简单），考试频度星级：★★★（高频）。

本考点考查安全系统，重点是信息安全空间，也就是信息安全系统体系架构坐标轴，坐标轴代表信息安全空间的三个组成，*X* 轴是安全机制，*Y* 轴是 OSI 网络参考模型，*Z* 轴是安全服务，每个坐标轴包含的要素要尽可能熟。另外，安全空间的五大属性，即认证、权限、完整、加密和不可否认需要掌握。

考题精练

1. （　　）是防止非法实体对交换数据的修改、插入、删除以及在数据交换过程中的数据丢失。

   A. 对等实体认证服务　　　　　　B. 数据保密服务
   C. 数据完整性服务　　　　　　　D. 数据源点

【解析】答案为 C。数据完整性服务用以防止非法实体对交换数据的修改、插入、删除以及在数据交换过程中的数据丢失。

2. 由安全机制、OSI 网络参考模型、安全服务三个轴形成的信息安全系统体系架构中，操作系统漏洞检测与修复属于（　　）。

   A. 平台安全　　　B. 应用完全　　　C. 通信安全　　　D. 授权和审计安全

【解析】答案为 A。安全机制包含基础设施安全、平台安全、数据安全、通信安全、应用安全、运行安全、管理安全、授权和审计安全、安全防范体系等。其中平台安全主要包括操作系统漏洞检测与修复、网络基础设施漏洞检测与修复、通用基础应用程序漏洞检测与修复、网络安全产品部署等。如果没有掌握上面的考点，本题也可以结合工作常识来选，操作系统是平台级的软件，那么对操作系统的检测修复自然和平台安全有关。

【考点 56】ISSE 工程体系架构

考点精华

信息系统安全工程（Information Security System Engineering，ISSE）是一门系统工程学，它的主要内容是确定系统和过程的安全风险，并且使安全风险降到最低或使其得到有效控制。

信息安全系统工程能力成熟度模型（ISSE Capability Maturity Model，ISSE-CMM）是一种衡量信息安全系统工程实施能力的方法，是一种使用面向工程过程的方法。主要适用于工程组织、获取组织和评估组织。信息安全工程组织包含系统集成商、应用开发商、产品提供商和服务提供商等，信息安全获取组织包含采购系统、产品以及从外部/内部资源和最终用户处获取服务的组织，信息安全评估组织包含认证组织、系统授权组织、系统和产品评估组织等。

ISSE 将信息安全系统工程实施过程分解为工程过程、风险过程和保证过程三个基本的部分，它们相互独立，但又有着有机的联系。粗略地说来，在风险过程中，人们识别出所开发的产品或系统风险，并对这些危险进行优先级排序。针对危险所面临的安全问题，信息安全系统工程过程与其他工程共同确定安全策略和实施解决方案。最后，由安全保证过程建立起解决方案的可信性并向用户转达这种安全可信性。

1. **工程过程**。信息安全系统工程与其他工程活动一样，是一个包括概念、设计、实现、测试、部署、运行、维护、退出的完整过程，ISSE-CMM 强调信息安全系统工程是一个大项目队伍中的组成部分，需要与其他工程的活动相互协调，有助于保证安全成为一个大项目过程中一个部分，而不是一个分离的独立部分。

2. **风险过程**。信息安全系统工程的一个主要目标是降低信息系统运行的风险。一个有害事件由威胁、脆弱性和影响三个部分组成。安全措施的实施可以减轻风险，但无论如何，不可能消除所有威胁或根除某个具体威胁，这主要是因为消除风险所需的代价，以及与风险相关的各种不确定性的存在。因此，必须接受残留的风险。

3. **保证过程**。保证过程是指安全需求得到足够的可信程度，安全保证并不能增加任何额外的对安全相关风险的抗拒能力，但它能为减少预期安全风险提供信心，这种信心来自措施及其部署的正确性和有效性。

1SSE-CMM 体系结构采用二维设计，其中一维是"域"，另一维是"能力"。

1. **域维/安全过程域**。域维汇集了定义信息安全工程的所有实施活动，这些实施活动称为过程域。能力维代表组织能力，它由过程管理能力和制度化能力构成。这些实施活动被称作公共特性，可在广泛的域中应用。ISSE 包括 6 个基本实施，这些基本实施被组织成 11 个信息安全工程过程域，这些过程域覆盖了信息安全工程所有主要领域。

2. **能力维/公共特性**。通用实施（Generic Practices，GP），由被称为公共特性的逻辑域组成，公共特性分为 5 个级别，依次表示增强的组织能力。与域维基本实施不同的是，能力维的通用实施按其成熟性排序，因此高级别的通用实施位于能力维的高端。

🧭 备考点拨

本考点学习难度星级：★★★（困难），考试频度星级：★☆☆（低频）。

本考点考查 ISSE。ISSE 是信息安全系统工程，ISSE-CMM 是信息安全系统工程能力成熟度模型，用来衡量信息安全系统工程的实施能力。ISSE 将信息安全系统工程实施过程分成三个部分，分别是工程过程、风险过程和保证过程，工程过程可以理解成真正去干活，从概念到设计再到实现、测试、部署、运维、退出的一系列就是工程过程；风险过程要去控制风险，把风险降到最低，风险由威胁、脆弱性和影响三个部分组成；保证过程是个支撑的过程，用来支撑工程过程。

📝 考题精练

1. 依据 ISSE-CMM 中公共特性的成熟度等级定义，（　　）不属于 ISSE-CMM 的规划和跟踪级。

  A．将过程域执行的方法形成标准化和程序化
  B．对组织的标准化过程组进行裁剪文档
  C．在执行过程域中，使用文档化的标准和程序
  D．验证过程与可用标准的一致性

【解析】答案为 B。公共特性的成熟度等级分为 5 级。第 2 级是规划和跟踪级，包含了规划执行、规范化执行、验证执行和跟踪执行 4 个公共特性，选项 A 属于规划执行公共特性，选项 C 属于规范化执行公共特性，选项 D 属于验证执行公共特性。而选项 B 属于第 3 级充分定义级的定义标准化过程公共特性。

第 7 章 项目管理概论考点精讲及考题实练

7.1 章节考情速览

项目管理概论章节主要包含 3 个知识块，分别是项目基本要素、项目经理的角色、价值驱动的项目管理知识域体系，基本上把项目管理涉及的基础知识都在这一章提到了，属于基础中的基础，如果考查到，大概率是送分题。

整体来看，这一章学习起来比较轻松容易，从过去的考试经验看，预计考试会考查 2 分左右，以综合知识科目考查为主。

7.2 考点星级分布图

本章涉及的主要考点分布及难度与频度双星级如图 7-1 所示。

项目管理概论考点

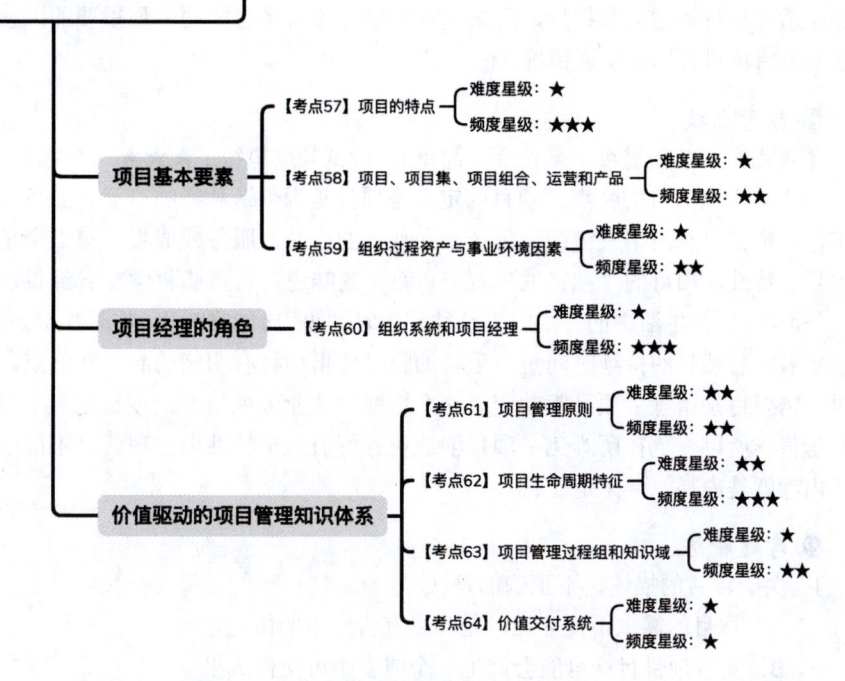

- **项目基本要素**
  - 【考点57】项目的特点　难度星级：★　频度星级：★★★
  - 【考点58】项目、项目集、项目组合、运营和产品　难度星级：★　频度星级：★★
  - 【考点59】组织过程资产与事业环境因素　难度星级：★　频度星级：★★
- **项目经理的角色**
  - 【考点60】组织系统和项目经理　难度星级：★　频度星级：★★★
- **价值驱动的项目管理知识体系**
  - 【考点61】项目管理原则　难度星级：★★　频度星级：★★
  - 【考点62】项目生命周期特征　难度星级：★★　频度星级：★★★
  - 【考点63】项目管理过程组和知识域　难度星级：★　频度星级：★★
  - 【考点64】价值交付系统　难度星级：★　频度星级：★

图 7-1　本章考点及星级分布

7.3　核心考点精讲

【考点 57】项目的特点

项目的成功标准

🔹 **考点精华**

项目是为创造独特的产品、服务或成果而进行的临时性工作，包括如下特点：

1. 独特的产品、服务或成果。可交付成果可能是有形的，也可能是无形的。某些项目可交付成果和活动中可能存在相同的元素，但这并不会改变项目本质上的独特性。

2. 临时性工作。项目的临时性是指项目有明确的起点和终点。临时性并不一定意味着项目的持续时间短。虽然项目是临时性工作，但其可交付成果可能会在项目终止后依然存在。

3. 项目驱动变更。从业务价值角度看，项目旨在推动组织从一个状态转到另一个状态，从而达成特定目标，获得更高的业务价值，通过成功完成一个或一系列项目，组织可以实现期望的状态并达成特定的目标。

4. 项目创造业务价值。业务价值是从组织运营中获得的可量化的净效益。项目的业务价值指特定项目的成果能够为干系人带来的效益。项目带来的效益可以是有形的、无形的或两者兼而有之。

促进项目创建的因素大致可以分为四个基本类别：符合法律法规或社会需求，满足干系人要求或需求，创造、改进或修复产品、过程或服务，执行、变更业务或技术战略。时间、成本、范围和质量等项目管理测量指标，历来被视为确定项目是否成功的最重要的因素。确定项目是否成功还应考虑项目目标的实现情况。

备考点拨

本考点学习难度星级：★☆☆（简单），考试频度星级：★★★（高频）。

本考点考查项目的特点。项目的定义是项目是为创造独特的产品、服务或成果而进行的临时性工作。定义里有两个关键词，第一个是独特的产品、服务或成果，第二个是临时性，这两个属于项目的特性。项目的"独特性"有一点哲学的味道，古希腊哲学家曾经说过，人不能两次踏进同一条河流；工作生活中的"临时"往往代表时间短，比如临时工、临时加班。但是项目的临时性，不一定意味着项目的持续时间短，项目的临时性指项目有明确的起点和终点，这个考点之前曾经考过，需要特别留意；项目驱动变更这个特性要从业务视角看，项目是为了驱动组织获得更高的业务价值，所以变更在所难免；项目创造业务价值这个特性很好理解，不能创造业务价值的项目除了内卷就是内耗，一无是处。

考题精练

1. 关于项目的描述，不正确的是（   ）。
   A．项目的需求不复存在，是项目宣告结束的情况之一
   B．实现项目目标可能会产生一个或多个可交付成果
   C．可交付成果可能会在项目终止后依然存在
   D．项目是为创造独特的产品、服务或成果而进行的周期性工作

【解析】答案为D。项目可宣告结束的情况主要包括：达成项目目标、不能达到目标、项目资金耗尽或不再获得资金支持、对项目的需求不复存在、无法获得所需的人力或物力资源、出于法律或其他原因终止项目等。实现项目目标可能会产生一个或多个可交付成果。虽然项目是临时性工作，但其可交付成果可能会在项目终止后依然存在。项目是为创造独特的产品、服务或成果而进行的临时性工作，而不是周期性工作。

【考点58】项目、项目集、项目组合、运营和产品

考点精华

项目可以采用三种不同的模式进行管理：独立项目（不包括在项目集或项目组合中）、在项目集内、在项目组合内。

1. 项目集管理。项目集是一组相互关联且被协调管理的项目、子项目集和项目集活动，目的是获得分别管理无法获得的利益。项目集不是大项目，大项目是指规模、影响等特别大的项目。

项目集管理指在项目集中应用知识、技能与原则来实现项目集的目标，获得分别管理项目集组成部分所无法实现的利益和控制。项目集组成部分指项目集中的项目和其他项目集。项目管理注重项目内部的依赖关系，以确定管理项目的最佳方法。

项目集和项目组合

2. 项目组合管理。项目组合是指为实现战略目标而组合在一起管理的项目、项目集、子项目组合和运营工作。项目组合管理是指为了实现战略目标而对一个或多个项目组合进行的集中管理。项目组合中的项目集或项目不一定存在彼此依赖或直接相关的关联关系。

从组织的角度看：①项目和项目集管理的重点在于以"正确"的方式开展项目集和项目，即"正确地做事"；②项目组合管理则注重开展"正确"的项目集和项目，即"做正确的事"。

3. 运营管理。持续运营不属于项目的范畴，但是项目与运营会在产品生命周期的不同时间点存在交叉，在每个交叉点，可交付成果及知识都会在项目与运营之间转移，可能是将项目资源及知识转移到运营部门，也可能是将运营资源转移至项目中。运营管理关注产品的持续生产、服务的持续提供。

4. 组织级项目管理和战略。项目组合、项目集和项目都需要符合组织战略，由组织战略驱动服务于战略目标的实现：①项目组合管理通过选择适当的项目集或项目，对工作进行优先级排序，并提供所需资源，与组织战略保持一致；②项目集管理通过对其组成部分进行协调，对它们之间的依赖关系进行控制，从而实现既定收益；③项目管理使组织的目标得以实现。

5. 产品管理。产品生命周期是指一个产品从引入、成长、成熟到衰退的整个演变过程的一系列阶段。产品管理可以在产品生命周期的任何时间点启动项目集或项目，初始产品开始时可以是项目集或项目的可交付物。在整个生命周期中，新的项目集或项目可能会增加或改进创造额外价值的特定组件、属性或功能。产品管理可以表现为如下三种不同的形式：①产品生命周期中包含项目集管理；②产品生命周期中包含单个项目管理；③项目集内的产品管理。

📢 备考点拨

本考点学习难度星级：★☆☆（简单），考试频度星级：★★☆（中频）。

本考点考查项目集/项目组合/运营/产品等管理术语。项目是有关联的，比如项目集、项目组合、运营管理，还有组织级项目管理和产品管理，从企业看来，项目可以是独立的项目，也就是不在任何项目集或者项目组合里，也可以把某个项目放到项目集里，或者放到项目组合里。项目集不是大项目，这是两个不同的视角，大项目指的是规模很大、影响很大的项目，项目集是另外一个视角。项目集的项目存在关系，但是项目组合里的项目集或者项目不一定存在关系，这是项目集和项目组合的区别之一，另外一个区别是项目组合关注做正确的事，而项目和项目集关注正确地做事。

要记住运营不是项目，运营管理不是项目管理，因为运营管理没有结束的时间，或者说企业并不希望它某一天结束。组织级项目管理是指为了实现战略目标，把项目组合、项目集、项目管理整合在一起，形成框架，这个框架就是组织级项目管理，所以组织级项目管理全部包含，而且最重要的钱和人等资源，都是由组织级项目管理来分配。

✏️ 考题精练

1. （　　）重在对项目进行优先级排序，并提供所需资源，与组织战略保持一致；（　　）通过对其组成部分进行协调，对它们之间的依赖关系进行控制，从而实现既定收益。

A．项目集管理　　组织级项目管理　　　　B．项目组合管理　　组织级项目管理
C．项目集管理　　项目组合管理　　　　　D．项目组合管理　　项目集管理

【解析】答案为 D。项目组合、项目集和项目都需要符合组织战略，由组织战略驱动，并以不同的方式服务于战略目标的实现：①项目组合管理通过选择适当的项目集或项目，对工作进行优先级排序，并提供所需资源，与组织战略保持一致；②项目集管理通过对其组成部分进行协调，对它们之间的依赖关系进行控制，从而实现既定收益；③项目管理使组织的目标得以实现。

【考点59】组织过程资产与事业环境因素

◉ 考点精华

组织过程资产包含：①过程资产：包括工具、方法论、方法、模板、框架、模式或 PMO 资源；②治理文件：包括政策和流程；③数据资产：包括以前项目的数据库、文件库、度量指标、数据和工件；④知识资产：包括项目团队成员、主题专家和其他员工的隐性知识；⑤安保和安全：包括对设施访问、数据保护、保密级别和专有秘密的程序和实践等。「★案例记忆点★」

组织内部的事业环境因素包含：①组织文化、结构和治理：包括愿景、使命、价值观、信念、文化规范、领导力风格、等级制度和职权关系、组织风格、道德和行为规范；②设施和资源的物理分布：包括工作地点、虚拟项目团队和共享系统；③基础设施：包括现有设施、设备、组织和电信通道、IT 硬件、可用性和功能；④信息技术软件：包括进度计划软件、配置管理系统、信息系统的网络接口、协作工具和工作授权系统；⑤资源可用性：包括签订合同和采购制约因素、获得批准的供应商和分包商以及合作协议，与人员和材料相关的可用性包括签订合同和采购制约因素、获得批准的供应商和分包商以及时间线；⑥员工能力：包括通用和特定的专业知识、技能、能力、技术和知识等。

组织外部的事业环境因素包含：①市场条件：包括竞争对手、市场份额、品牌认知度、技术趋势和商标；②社会和文化影响因素：包括政策导向、地域风俗和传统、公共假日和事件、行为规范、道德和观念；③监管环境：包括与安全性、数据保护、商业行为、雇佣、许可和采购相关的全国性和地区性法律和法规；④商业数据库：包括标准化的成本估算数据和行业风险研究信息；⑤学术研究：包括行业研究、出版物和标杆对照结果；⑥行业标准：包括与产品、生产、环境、质量和工艺相关的标准；⑦财务考虑因素：包括汇率、利率、通货膨胀、税收和关税；⑧物理环境因素：包括工作条件和天气相关因素等。

◉ 备考点拨

本考点学习难度星级：★☆☆（简单），考试频度星级：★★☆（中频）。

本考点考查组织过程资产和事业环境因素。组织过程资产和事业环境因素属于企业的内外部运行环境，组织过程资产可分成过程、治理、数据、知识和安全，事业环境因素又拆成了组织内部和组织外部两类。这个考点需要掌握组织过程资产包含的内容举例和事业环境因素包含的内容举例，考题可能会给出四个文档之类的资料，让你从中选出正确的答案。

考题精练

1. （　　）不属于组织过程资产。
    A．行业风险数据库 B．变更控制程序
    C．公司过去同类项目的相关资料 D．配置管理知识库

【解析】答案为 A。商业数据库（如标准的成本估算数据、行业风险研究信息与行业风险数据库）属于事业环境因素。

2. （　　）属于事业环境因素。
    A．配置管理知识库 B．变更控制程序
    C．项目档案 D．项目管理信息系统

【解析】答案为 D。考查事业环境因素和组织过程资产的内容区别。

【考点 60】组织系统和项目经理

考点精华

项目会受到组织结构的影响，组织系统内的组织结构类型主要包括职能型、强矩阵型、弱矩阵型、均衡矩阵型和项目导向型等。强矩阵型和项目导向型的组织结构下，项目经理是全职并且负责预算，均衡矩阵型的组织结构下，项目经理和职能经理混合管理预算。「★案例记忆点★」

项目管理办公室（Project Management Office，PMO）是常见的组织结构，PMO 职责范围可大可小，小到提供项目管理支持服务，大到直接管理一个或多个项目。PMO 有权在每个项目的生命周期中充当重要干系人和关键决策者，PMO 可以提出建议、支持知识传递、终止项目，并根据需要采取其他行动，PMO 的一个主要职能是通过各种方式向项目经理提供支持。

PMO 的具体形式、职能和结构取决于所在组织的需要。PMO 有如下三种不同类型：①支持型：支持型 PMO 担当顾问的角色，向项目提供模板、最佳实践、培训，以及来自其他项目的信息和经验教训，这种类型的 PMO 其实就是一个项目资源库，对项目的控制程度很低；②控制型：控制型 PMO 不仅给项目提供支持，而且通过各种手段要求项目服从，这种类型的 PMO 对项目的控制程度属于中等，可能要求项目采用项目管理框架或方法论、使用特定的模板、格式和工具或遵从治理框架；③指令型：指令型 PMO 直接管理和控制项目，项目经理由 PMO 指定并向其报告，这种类型的 PMO 对项目的控制程度很高。「★案例记忆点★」

项目经理则由执行组织委派，负责领导团队实现项目目标。项目经理使用软技能（如人际关系技能、人员管理技能）来平衡项目干系人之间相互冲突和竞争的目标，以达成共识。项目经理发展、维护和培养的非正式人际网络更加重要。非正式人际网络包括与专家和具有影响力的领导者建立的个人人际关系。通过这些正式和非正式的人际网络，项目经理可以让很多人参与解决问题并绕过项目中遇到的官僚主义障碍等。

项目经理需要重点关注三个方面的关键技能包括项目管理、战略和商务、领导力。「★案例记忆点★」

1. 项目管理：与项目、项目集和项目组合管理特定领域相关的知识、技能和行为，可以帮助达成项目目标。顶尖的项目经理往往具备如下几种关键技能：①重点关注并随之准备好所管

理的各个项目的关键项目管理要素；②针对每个项目裁剪，有选择地使用传统工具、敏捷工具、技术、方法；③花时间制订完整计划并谨慎排定优先顺序；④管理项目制约因素包括进度、成本、资源风险等。

2. 战略和商务：关于行业和组织的知识和专业技能，有助于提高绩效并取得更好的业务成果。战略和商业技能有助于项目经理了解与项目相关的商业因素。项目经理应确定这些商业和战略因素对项目造成的影响，同时了解项目与组织之间的相互关系。

3. 领导力：指导、激励和带领团队所需的知识、技能和行为，可以帮助组织达成业务目标。人际交往占据项目经理工作的绝大部分，另外，项目经理需要在组织政策、协议和程序许可的范围内主动寻求所需的权力和职权，而不是坐等组织授权。

"领导力"不等同于"管理"。"管理"指指挥一个人执行一系列已知的预期行为从一个位置到另一个位置。"领导力"指通过讨论或辩论方式与他人合作，带领他们从一个位置到另一个位置。为获得成功，项目经理必须同时采用领导力和管理这两种方式，针对不同的情况找到恰当的平衡点。

项目经理可以采用多种领导力风格，包括：①放任型：允许团队自主决策和设定目标，又被称为"无为而治型"；②交易型：根据目标、反馈和成就给予奖励；③服务型：做出服务承诺、处处先为他人着想，关注他人的成长、学习、发展、自主性和福利，关注人际关系、团体与合作，服务优先于领导；④变革型：通过理想化特质和行为、鼓舞性激励、促进创新和创造，以及个人关怀提高追随者的能力；⑤魅力型：能够激励他人，精神饱满、热情洋溢、充满自信，说服力强；⑥交互型：结合了交易型、变革型和魅力型领导的特点。

备考点拨

本考点学习难度星级：★☆☆（简单），考试频度星级：★★★（高频）。

本考点考查组织结构及项目经理角色。需要掌握组织结构的项目经理是兼职还是全职，在项目型和强矩阵型里，项目经理是全职，其他都是兼职。关于预算，在强矩阵和项目型里，项目经理掌控预算，平衡矩阵是项目经理跟职能经理一起掌控，其他都是职能经理掌控。关于项目管理人员，在强矩阵和项目型等项目导向型里，项目管理人员是全职，其他都是兼职，角色是兼职还是专职，根据往年经验考得比较多。

项目管理办公室（PMO）在大企业会比较常见，小企业少一些。PMO有几种类型：支持型、控制型、指令型，需要了解不同类型PMO的特点。

关于项目经理需要具备的能力，学习起来比较容易，唯一需要注意的是，项目经理并不是靠自己亲自下场做具体工作来实现项目目标的，而是通过项目团队和其他干系人来完成工作，所以特别依赖人际关系技能，如领导力、团队建设、激励、沟通、冲突管理等。

考题精练

1. 关于项目经理相关能力的描述，不正确的是（　　）。

A．项目管理、战略和商务、领导力是项目经理需关注的技能

B．人际交往占据项目经理的绝大部分工作内容

C．领导力关注近期目标，关注可操作性的问题和问题解决
D．战略和商务技能有助于项目经理了解与项目相关的商业因素

【解析】答案为 C。考查团队管理与团队领导力的区别，领导力关注的是长期愿景，管理关注的是近期目标。

2．关于项目经理的描述，不正确的是（　　）。
A．项目经理是发起人、团队成员与其他干系人之间的沟通者
B．项目经理领导项目团队实现项目目标
C．项目经理应该时刻关注行业的最新发展趋势
D．项目经理不可以是临时被委任的外部顾问

【解析】答案为 D。在某些情况下，项目经理可以是临时被委任的外部顾问。

【考点 61】项目管理原则

◉ 考点精华

价值驱动的项目管理知识体系关注价值的实现，如图 7-2 所示，包含了项目管理原则、绩效域、项目生命周期、过程组、十大知识领域和价值交付系统。

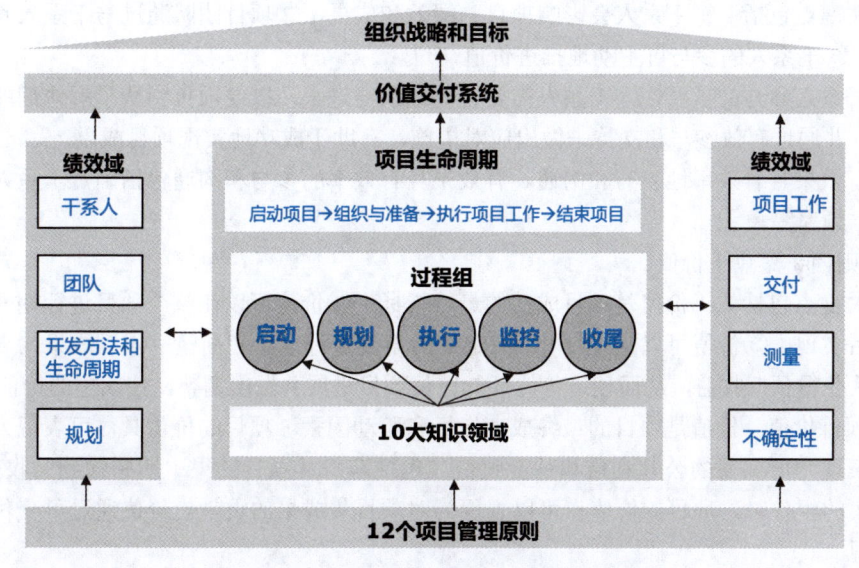

图 7-2　价值驱动的项目管理知识体系

其中 12 个项目管理原则如下：
1．原则一：勤勉、尊重和关心他人。
（1）关键点包括：①关注组织内部和外部的职责；②坚持诚信、关心、可信、合规原则；③秉持整体观，综合考虑财务、社会、技术和可持续的发展环境等因素。
（2）组织内部的工作内容包括：①运营时要做到与组织及其目标、战略、愿景、使命保持

一致并维持其长期价值；②承诺并尊重项目团队成员的参与，包括薪酬、机会获得和公平对待；③监督项目中使用的组织资金、材料和其他资源；④了解职权和职责的运用是否适当等。组织外部的工作内容包括：①关注环境可持续性以及组织对材料和自然资源的使用；②维护组织与外部干系人（如其合作伙伴和渠道）的关系；③关注组织或项目对市场、社会和经营所在地区的影响；④提升专业化行业的实践水平等。

(3) 项目管理者需要遵守明确的职责，也需要遵守隐含的职责。这些职责包括诚信、关心、可信、合规。

2. 原则二：营造协作的项目管理团队环境。

(1) 关键点包括：①项目是由项目团队交付的；②项目团队在组织文化和准则范围内开展工作，通常会建立自己的"本地"文化；③协作的项目团队环境有助于与其他组织文化和指南保持一致。

(2) 协作的项目团队涉及的因素包括团队共识、组织结构和过程方面的因素。

(3) 协作的项目团队文化。澄清角色和职责可以改善团队文化，与任务相关的职权、担责和职责分别为：①职权：指在特定背景下有权做出相关决策，制订或改进程序，应用项目资源，支出资金或给予批准；②担责：指对成果负责，担责不能由他人分担；③职责：指有义务开展或完成某件事，职责可与他人共同履行。

3. 原则三：促进干系人有效参与。

(1) 关键点包括：①干系人会影响项目、绩效和成果；②项目团队通过与干系人互动来为干系人服务；③干系人的参与可主动地推进价值交付。

(2) 干系人参与的重要性。干系人需要有效地参与进来，以便项目团队了解他们的利益、顾虑和权利，并通过有效参与和支持来做出应对措施，有助于成功地实现项目成果。

(3) 有效果且有效率地参与和沟通。有效果且有效率的参与和沟通包括确定干系人参与的方式、时间、频率等。

4. 原则四：聚焦于价值。

(1) 关键点包括：①价值是项目成功的最终指标；②价值可以在整个项目进行期间、项目结束或完成后实现；③价值可以从定性和/或定量的角度进行定义和衡量；④以成果为导向，可帮助项目团队获得预期收益，从而创造价值；⑤评估项目进展并做出调整，使期望的价值最大化。

(2) 项目价值。价值是项目的最终成功指标和驱动因素。项目的价值具体可表现为财务收益值，也可表现为所取得的公共利益和社会收益（包括客户从项目结果中所感知到的收益）。当项目是项目集的组件时，项目的价值也可以表现为对项目集成果的贡献。价值通过可交付物的预期成果来体现。

(3) 关注预期成果。为了支持从项目中实现价值，项目团队可将重点从可交付物转到预期成果。

5. 原则五：识别、评估和响应系统交互。

(1) 关键点包括：①项目是由多个相互依赖且相互作用的活动域组成的一个系统；②需要从系统角度进行思考，整体了解项目的各个部分如何相互作用，以及如何与外部系统进行交互；③系统不断变化，需要始终关注内外部环境；④对系统交互做出响应，可以使项目团队充分利用积极的成果。

（2）将系统整体性思维应用于项目。项目是一个动态环境中的多层次的实体，具有系统的各种特征。项目团队可以通过系统整体性思维，使项目与干系人期望保持一致。

（3）将系统整体性思维应用于项目团队。多样性给项目团队带来了价值，同时也带来了差异，项目团队需要有效平衡差异性，帮助项目团队紧密协作。

（4）识别、评估和响应系统交互带来的收益。

6. **原则六：展现领导力行为。**

（1）关键点包括：①有效的领导力有助于项目成功，并有助于取得积极的成果；②任何项目团队成员都可以表现出领导力行为；③领导力与职权不同；④有效的领导者会根据情境调整自己的风格；⑤有效的领导者会认识到项目团队成员之间动机的差异性；⑥领导者应该在诚实、正直和道德行为规范方面展现出期望的行为。

（2）有效领导力。愿景、创造力、激励、热情、鼓励和同理心，这些特质通常与领导力有关。领导力并非任何特定角色所独有，高绩效项目可能会有多名成员表现出有效的领导力技能，任何开展项目工作的人员可以展现有效的领导力特质、风格和技能，以帮助项目团队执行和交付所要求的结果。

领导力与职权不同。职权是指组织内人员被赋予的控制地位，可以帮助高效履行其职能，通常通过正式手段（如章程文件或指定的职务）授予某人。职权可以用来影响、激励、指导他人，或在他人未按要求或指示行事时采取措施。项目经理仅仅拥有职权是不够的，他还需要领导力来激励团队成员处理好个人与项目集体之间的关系，激励团队实现共同的目标。

（3）领导力风格。领导力包括专制型、民主型、放任型、指令型、参与型、自信型、支持型和共识型等。领导力风格没有好坏之分，不同的领导力风格适合不同的环境。在混乱无序的环境下，相比于协作型，指令型的领导行动力更强，解决问题更清晰、更有推动力；对于拥有高度胜任和敬业员工的环境，授权型比集中式更有效；当优先事项发生冲突时，民主中立的引导更有效。

（4）领导力技能的培养。有效的领导力技能是可以培养的，可以通过学习提升。

7. **原则七：根据环境进行裁剪。**

（1）关键点包括：①每个项目都具有独特性；②项目是否成功取决于适合项目的独特环境和方法；③裁剪应该在整个项目进展过程中持续进行。

（2）裁剪的重要性。商业环境、团队规模、不确定性和项目复杂性都是裁剪项目应该考虑的因素。项目团队需要和 PMO 一起进行裁剪，在组织治理的策略下，逐一讨论每个项目，确定每个项目的交付方法，选择要使用的过程、开发方式方法和所需的工件，明确所需资源和计划实现的成果。在项目生命周期中，裁剪是一个持续迭代的过程。

8. **原则八：将质量融入过程和成果中。**

（1）关键点包括：①项目成果的质量要求是达到干系人期望并满足项目和产品需求；②质量通过成果的验收标准来衡量；③项目过程的质量要求是确保项目过程尽可能适当有效。

（2）质量的内容。质量是产品、服务或成果的一系列内在特征满足需求的程度。质量包括满足客户明示的或隐含的需求的能力。

（3）质量的测量。项目团队需要依据需求，使用度量指标和验收标准对质量进行测量，度量指标和验收标准是一系列在工作说明书或其他设计文件中明确规定的指标。

在关注项目成果质量的同时，也需要对项目活动和过程进行评估。因此质量管理更加关注过程的质量。

9. 原则九：驾驭复杂性。

（1）关键点包括：①复杂性是由人类行为、系统交互、不确定性和模糊性造成的；②复杂性可能在项目生命周期的任何时间出现；③影响价值、范围、沟通、干系人、风险和技术创新的因素都可能造成复杂性；④在识别复杂性时，项目团队需要保持警惕，应用各种方法来降低复杂性的数量及其对项目的影响。

（2）复杂性的来源。复杂性源于项目要素、项目要素之间的交互以及与其他系统和项目环境的交互。交互的性质和数量决定了项目的复杂程度。虽然复杂性无法控制，但项目团队可以随时调整项目活动，降低复杂性对项目的影响。

项目团队通常无法预见复杂性的出现，常见的复杂性来源包括人类行为、系统行为、不确定性和模糊性、技术创新。

10. 原则十：优化风险应对。

（1）关键点包括：①单个和整体的风险都会对项目造成影响；②风险可能是积极的（机会），也可能是消极的（威胁）；③项目团队需要在整个项目生命周期中不断应对风险；④组织的风险态度、偏好和临界值会影响风险的应对方式；⑤项目团队持续反复地识别风险并积极应对。

（2）风险及应对方法。项目整体风险是不确定性对项目整体的影响，整体风险源自所有不确定性，是单个风险的累积结果。项目整体风险管理的目标就是要将项目风险保持在可接受的范围内。项目团队成员应该争取干系人参与，了解他们的风险偏好和风险临界值：①风险偏好是为了获得预期的回报，组织或个人愿意承担的不确定性的程度；②风险临界值是围绕目标的可接受的偏差范围，它反映了组织和干系人的风险偏好。

11. 原则十一：拥抱适应性和韧性。

（1）关键点包括：①适应性是应对不断变化的能力；②韧性是接受冲击的能力和从挫折和失败中快速恢复的能力；③聚焦成果而非某项输出，有助于增强适应性。

（2）适应性和韧性。在项目中保持适应性和韧性，可使项目团队在内外部环境发生变化时，能够关注项目预期的成果，帮助项目团队学习和改进，帮助项目团队从失败或挫折中快速恢复，并继续在交付价值方面取得进展。

12. 原则十二：为实现目标而驱动变革。

（1）关键点包括：①采用结构化变革方法，帮助个人、群体和组织从当前状态过渡到未来的期望状态；②变革源于内部和外部的影响；③变革具有挑战性，并非所有干系人都接受变革；④在短时间内尝试过多的变革会导致变革疲劳，使变革易受抵制；⑤干系人参与、激励，有助于变革顺利进行。

（2）积极驱动变革。根据项目本身的定义，项目会创造新的事物，是变革推动者。项目经理需要具备独特的能力，让组织做好变革的准备。有效的变革管理需要采用激励型策略，而不是强制型策略。积极参与，并鼓励双向沟通可营造有效变革的环境，让变革更容易被采用和接受。项目团队成员和项目经理需要掌握变革的节奏，试图在太短的时间内进行过多的变革，会因变革饱和而受到抵制。

备考点拨
本考点学习难度星级：★★☆（适中），考试频度星级：★★☆（中频）。

本考点考查12个项目管理原则。12个项目管理原则是新版考试大纲增加的考点，在备考方面，首先要理解不同原则的含义和作用，理解是备考12个原则的关键所在，之后在理解的基础上，尽量熟悉每个原则的关键点，但是没有必要全部背下来。

考题精练

1．某跨国企业需要建设覆盖多个国家的人力资源系统，项目经理在规划系统建设时对系统覆盖多个国家的文化规范、语言、时区等问题进行了充分的调研，确保了该系统满足管理需要，这是价值驱动的项目管理原则中（　　）原则的体现。

　　A．展现领导力行为　　　　　　　　B．驾驭复杂性
　　C．为实现目标而驱动变革　　　　　D．促进干系人参与

【答案】B。项目团队通常无法预见复杂性的出现，因为复杂性是风险、依赖性、事件或相互关系等许多因素交互形成的，很难分离造成复杂性的特定原因。常见的复杂性来源包括人类行为、系统行为、不确定性和模糊性、技术创新。其中不同时区、不同语言和不同文化规范属于人类行为的复杂性来源。

2．关于项目价值的描述，不正确的是（　　）。

　　A．项目存在于组织中，为干系人创造价值
　　B．价值以过程为导向并定量定义，以获得预期的经济收益为目标
　　C．项目可通过提高效率、生产力、效果或响应能力来创造价值
　　D．价值是项目成功的最终指标，可创造满足需要的新产品、服务或结果

【解析】答案为B。项目管理者在坚持"聚焦于价值"原则时，应该关注的关键点包括：①价值是项目成功的最终指标；②价值可以在整个项目进行期间、项目结束或完成后实现；③价值可以从定性和/或定量的角度进行定义和衡量；④以成果为导向，可帮助项目团队获得预期收益，从而创造价值；⑤评估项目进展并做出调整，使期望的价值最大化。

3．关于项目管理原则中"驾驭复杂性原则"的描述，不正确的是（　　）。

　　A．复杂性可能在项目生命周期的任何时间出现
　　B．影响价值、沟通、技术、风险的因素都可能造成复杂性
　　C．项目团队能够实时预测未来复杂性的出现并分析其原因
　　D．复杂性是由系统交互、不确定性和模糊性等造成的

【解析】答案为C。项目团队通常无法预见复杂性的出现，因为复杂性是风险、依赖性、事件或相互关系等许多因素交互形成的，很难分离造成复杂性的特定原因。

【考点 62】项目生命周期特征

考点精华

项目生命周期指项目从启动到完成所经历的一系列阶段,这些阶段之间的关系可以顺序、迭代或交替进行,项目生命周期适用于任何类型的项目。所有项目都呈现包含启动项目、组织与准备、执行项目工作和结束项目四个项目阶段的通用的生命周期结构。

通用的项目生命周期结构具有的特征如图 7-3 所示:①成本与人力投入在开始时较低,在工作执行期间达到最高,并在项目快要结束时迅速回落;②风险与不确定性在项目开始时最大,并在项目的整个生命周期中随着决策的制定与可交付成果的验收而逐步降低;③做出变更和纠正错误的成本,随着项目越来越接近完成而显著增高。

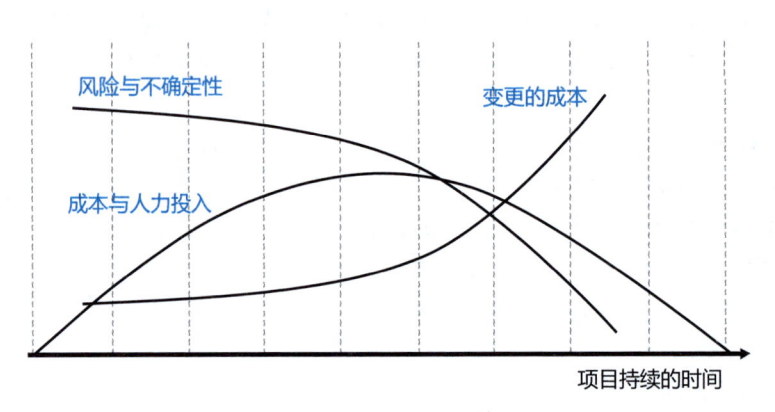

图 7-3 项目生命周期特征

开发生命周期可分为预测型(计划驱动型)、迭代型、增量型、适应型(敏捷型)和混合型多种类型,采用不同的开发生命周期的项目会呈现出不同的项目生命周期的特点。「★案例记忆点★」

1. **预测型生命周期**。采用预测型开发方法的生命周期适用于已经充分了解并明确确定需求的项目,又称为瀑布型生命周期。预测型生命周期在生命周期的早期阶段确定项目范围、时间和成本,对任何范围的变更都要进行严格管理,每个阶段只进行一次,每个阶段都侧重于某一特定类型的工作。高度预测型项目范围变更很少,干系人之间有高度共识。这类项目会受益于前期的详细规划,但有些情况(如增加范围、需求变化或市场变化)会导致某些阶段重复进行。

2. **迭代型生命周期**。采用迭代型生命周期的项目范围通常在项目生命周期的早期确定,但时间及成本会随着项目团队对产品理解的不断深入而定期修改。

3. **增量型生命周期**。采用增量型生命周期的项目通过在预定的时间区间内渐进增加产品功能的一系列迭代来产出可交付成果。只有在最后一次迭代之后,可交付成果具有了必要和足够的能力,才能被视为完整的。迭代方法和增量方法的区别:迭代方法是通过一系列重复的循环活动来开发产品,而增量方法是渐进地增加产品的功能。

4. **适应型生命周期**。采用适应型开发方法的项目又称敏捷型或变更驱动型项目,适合于需求不确定，不断发展变化的项目。适应型项目生命周期的特点是先基于初始需求制订一套高层级计划，再逐渐把需求细化到适合特定规划周期所需的详细程度。

5. **混合型生命周期**。混合型生命周期是预测型生命周期和适应型生命周期的组合。

📢 备考点拨

本考点学习难度星级：★★☆（适中），考试频度星级：★★★（高频）。

本考点考查项目生命周期特征与项目类型，需要掌握生命周期不同阶段的成本投入、风险大小和变更成本的变化趋势，多次在选择题中进行正误判断。项目生命周期的类型可以分为预测型、迭代型、增量型、敏捷型和混合型，需要掌握不同类型的特点，以及类型之间的对比。

📝 考题精练

1. 迭代型与增量型项目生命周期的特点是（　　）。

   A. 需求在交付期间频繁细化，在交付期间实时把变更融入项目

   B. 需求在交付期间定期细化，定期把变更融入项目

   C. 需求在开发前确定，尽量限制变更

   D. 针对最终可交付成果制订可交付计划，在项目结束时一次性交付最终产品

【解析】答案为 B。迭代型与增量型项目的需求在交付期间定期细化，适应型项目的需求在交付期间频繁细化，预测型项目的需求在开发前已经预先确定，选项 D 描述的也是预测型项目的特点。

【考点 63】项目管理过程组和知识域

🎯 考点精华

五大项目管理过程组分别为：①**启动过程组**：定义了新项目或现有项目的新阶段，启动过程组授权一个项目或阶段的开始；②**规划过程组**：明确项目范围、优化目标，并为实现目标制订行动计划；③**执行过程组**：完成项目管理计划中确定的工作，以满足项目要求；④**监控过程组**：跟踪、审查和调整项目进展与绩效，识别变更并启动相应的变更；⑤**收尾过程组**：正式完成或结束项目、阶段或合同。

项目管理过程组不同于项目阶段：①项目管理过程组是为了管理项目，针对项目管理过程进行逻辑上的划分；②项目阶段是项目从开始到结束所经历的一系列阶段，是一组具有逻辑关系的项目活动的集合，通常以一个或多个可交付成果的完成为结束标志。

在适应型和高度适应型生命周期中，过程组之间相互作用的方式会有所不同。①**启动过程组**。在采用适应型生命周期的项目上，启动过程通常要在每个迭代期开展。适应型项目非常依赖知识丰富的干系人代表，因此应该在项目开始时识别出这些关键干系人。②**规划过程组**。在采用适应型生命周期的项目上，应该让尽可能多的团队成员和干系人参与到规划过程，以便降低不确定性。预测型和适应型生命周期在规划阶段的主要区别在于做多少规划工作，以及什么时间做。③**执行过程组**。在敏捷型或适应型项目生命周期中，执行过程通过迭代对工作进行指导和管理。虽然工作是通过短期迭代进行的，但是也需要对照长期的项目交付时间框架对其进行跟踪和管理。④监

控过程组。在敏捷型或适应型项目生命周期中，监控过程通过维护未完项的清单，对进展和绩效进行跟踪、审查和调整。把工作和变更列入同一张清单的做法，多应用于充满变更的项目环境。⑤收尾过程组。在敏捷型或适应型项目生命周期中，收尾过程对工作进行优先级排序，以便首先完成最具业务价值的工作。这样，即便不得不提前关闭项目或阶段，也很可能已经创造出一些有用的业务价值。

适应型项目过程组之间的关系：①以迭代方式顺序开展的项目。适应型项目往往可分解为一系列先后顺序进行的、被称为"迭代期"的阶段。在每个迭代期都要利用相关的项目管理过程。②持续反复开展的项目。高度适应型项目往往在整个项目生命周期内持续实施所有的项目管理过程组。采用这种方法，工作一旦开始，计划就需根据新情况而改变，需要不断调整和改进项目管理计划的所有要素。

项目十大知识领域包括：①项目整合管理：识别、定义、组合、统一和协调各项目管理过程组的各个过程和活动；②项目范围管理：确保项目做且只做所需的全部工作以成功完成项目；③项目进度管理：管理项目按时完成所需的各个过程；④项目成本管理：使项目在批准的预算内完成而对成本进行的规划、估算、预算、融资、筹资、管理和控制；⑤项目质量管理：把组织的质量政策应用于规划、管理、控制项目和产品的质量，以满足干系人的期望；⑥项目资源管理：识别、获取和管理所需资源以成功完成项目；⑦项目沟通管理：确保项目信息及时且恰当地规划、收集、生成、发布、存储、检索、管理、控制、监督和最终处置；⑧项目风险管理：规划风险管理、识别风险、开展风险分析、规划风险应对、实施风险应对和监督风险；⑨项目采购管理：从项目团队外部采购或获取所需产品、服务或成果；⑩项目干系人管理：识别影响或受项目影响的人员、团队或组织，分析干系人对项目的期望和影响，制定合适的管理策略来有效调动干系人参与项目决策和执行。

🔍 备考点拨

本考点学习难度星级：★☆☆（简单），考试频度星级：★★☆（中频）。

本考点考查项目管理过程组和项目管理知识域，这个属于基础中的基础。过程组分成5个，知识域分成10个。过程组中的每个过程在每个阶段都会重复和开始，需要重点学习适应型项目的过程组区别，这是第4版考纲增加的内容。

📝 考题精练

1. 以下不属于五大项目管理过程组的是（　　）。
　　A．启动过程组　　B．规划过程组　　C．决策过程组　　D．收尾过程组

【解析】答案为C。五大项目管理过程组分别为启动过程组、规划过程组、执行过程组、监控过程组、收尾过程组，没有决策过程组。

【考点64】价值交付系统

💡 考点精华

价值交付系统描述了项目如何在系统内运作，为组织及其干系人创造价值。价值交付系统包

括项目如何创造价值、价值交付组件和信息流。「★案例记忆点★」

1. 创造价值。项目可以通过以下方式创造价值：①创造满足客户或最终用户需要的新产品、服务或结果；②做出积极的社会或环境贡献；③提高效率、生产力、效果或响应能力；④推动必要的变革，以促进组织向期望的未来状态过渡；⑤维持以前的项目集、项目或业务运营所带来的收益等。

2. 价值交付组件。可以单独或共同使用多种组件（如项目组合、项目集、项目、产品和运营）以创造价值。这些组件共同组成了一个符合组织战略的价值交付系统。

3. 信息流。当信息和信息反馈在所有价值交付组件之间以一致的方式共享时，价值交付系统最为有效，能够使系统与战略保持一致。高层领导会与项目组合分享战略信息，项目组合与项目集和项目分享预期成果、收益和价值。项目集和项目的可交付物及其支持和维护信息一起传递给运营部门。反之，从运营部门到项目集与项目的信息反馈表明对可交付物的调整、修复和更新。项目集和项目给项目组合提供实现预期成果、收益和价值方面的绩效信息和进展。项目组合会提供与高层领导一起对项目组合进行的绩效评估。此外，运营部门还提供有关组织战略推进情况的信息。

备考点拨

本考点学习难度星级：★☆☆（简单），考试频度星级：★☆☆（低频）。

本考点考查价值交付系统。价值交付系统描述项目如何在系统内运作，通过运作给干系人创造价值，包含创造价值、价值交付组件和信息流。

价值交付组件直白讲，项目组合、项目及项目产品运营，都是价值交付组件，所以可以单独使用也可以共同使用，怎么有助于创造组织价值就怎么来，这些共同构成了价值交付系统。信息流的作用是实现自上而下、自下而上的通畅流动和双向流动。

考题精练

1. 价值交付系统包括项目如何创造价值、价值交付组件和信息流。其中，价值交付组件包括（　　）。

①战略　②项目组合　③项目集　④项目　⑤运营　⑥产品　⑦市场环境

A. ②③④⑤⑥　　　　　　　　B. ②③④⑥⑦
C. ①②③④⑤　　　　　　　　D. ①②③④⑥

【解析】答案为 A。可以单独或共同使用多种组件（如项目组合、项目集、项目、产品和运营）以创造价值。这些组件共同组成了一个符合组织战略的价值交付系统。

第 8 章

项目立项管理考点精讲及考题实练

8.1 章节考情速览

项目立项管理章节的内容不多，备考起来会比较轻松，一共考查了项目建议与立项申请、项目可行性研究和项目评估与决策，虽然考纲的篇幅不多，但是需要记忆的内容并不少，不过理解的难度不大。

项目立项管理按照往年的考试经验看，一般会考查 2 分左右，而且主要在综合知识科目进行考查。

8.2 考点星级分布图

本章涉及的主要考点分布及难度与频度双星级如图 8-1 所示。

项目立项管理考点

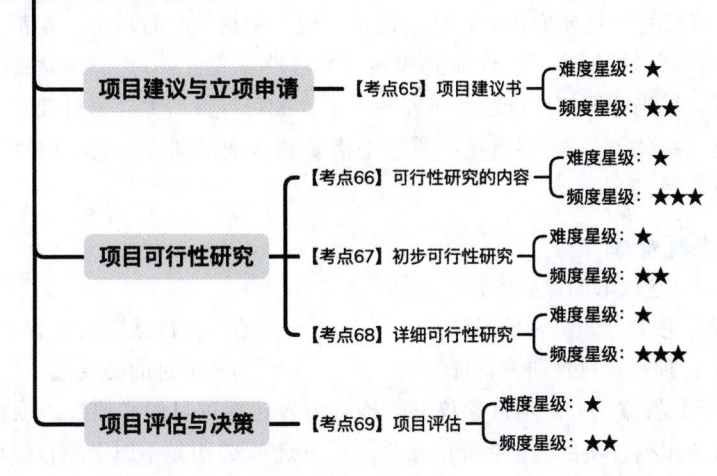

```
项目立项管理考点
├── 项目建议与立项申请 —— 【考点65】项目建议书 —— 难度星级：★ / 频度星级：★★
├── 项目可行性研究
│   ├── 【考点66】可行性研究的内容 —— 难度星级：★ / 频度星级：★★★
│   ├── 【考点67】初步可行性研究 —— 难度星级：★ / 频度星级：★★
│   └── 【考点68】详细可行性研究 —— 难度星级：★ / 频度星级：★★★
└── 项目评估与决策 —— 【考点69】项目评估 —— 难度星级：★ / 频度星级：★★
```

图 8-1 本章考点及星级分布

8.3 核心考点精讲

【考点 65】项目建议书

◎ 考点精华

项目立项管理是对项目技术上的先进性、适用性，经济上的合理性、效益性，实施上的可能性、风险性以及社会价值的有效性、可持续性等进行全面科学的综合分析，为项目决策提供客观依据的研究活动。

项目建议与立项申请、初步可行性研究、详细可行性研究、评估与决策是项目投资前的四个阶段。在实际工作中，初步可行性研究和详细可行性研究可以依据项目的规模和繁简程度合二为一，但详细可行性研究是不可缺少的。升级改造项目做初步和详细研究，小项目一般只进行详细可行性研究。「★案例记忆点★」

立项申请又称为项目建议书，是项目建设单位向上级主管部门提交项目申请时所必需的文件，是该项目建设筹建单位提出的某一具体项目的建议文件，是对拟建项目提出的框架性总体设想。项目建议书是项目发展周期的初始阶段，是国家或上级主管部门选择项目的依据，也是可行性研究的依据。涉及利用外资的项目，在项目建议书获得批准后，方可开展后续工作。

项目建议书应该包括的核心内容有：①项目的必要性；②项目的市场预测；③项目预期成果（如产品方案或服务）的市场预测；④项目建设必需的条件。

备考点拨

本考点学习难度星级：★☆☆（简单），考试频度星级：★★☆（中频）。

本考点考查立项管理与立项申请，这个过程分为四个阶段：项目建议与立项申请、初步可行性研究、详细可行性研究还有评估与决策。现实中这四个阶段不一定都要进行一遍，假如项目没那么复杂，可以把初步可行性研究和详细可行性研究合二为一。要注意详细可行研究不可缺少，换句话说，相当于把初步可行性研究并入了详细可行性研究。另外要注意，项目建议书定义中的关键词是"总体设想"，也就意味着还不需要到特别详细的程度，项目建议书包含的4项核心内容也需要掌握。

考题精练

1. 项目建议书的核心内容不包括（　　）。
   A．项目建设必需的条件　　　　　　B．项目预期成果的市场预测
   C．项目可行性研究认证　　　　　　D．项目的必要性

【解析】答案为C。项目建议书的核心内容包括项目的必要性、项目的市场预测、项目预期成果的市场预测、项目建设必需的条件。可见选项C明显不属于项目建议书的内容。

【考点66】可行性研究的内容

考点精华

可行性研究是在项目建议书被批准后，进行论证以最终确定整个项目是否可行。可行性研究包括很多方面的内容，可以归纳为以下几个方面：★案例记忆点★

1. 技术可行性分析。技术可行性分析是指在当前的技术、产品条件限制下，能否利用现在拥有的以及可能拥有的技术能力、产品功能、人力资源来实现项目的目标、功能、性能，能否在规定的时间期限内完成整个项目。

   技术可行性分析一般应当考虑的因素包括：①进行项目开发的风险：在给定的限制范围和时间期限内，能否设计并实现预期的系统；②人力资源的有效性：技术人员队伍是否可以建立，是否存在人力资源不足、技术能力欠缺等问题；③技术能力的可能性：相关技术的发展趋势和当前所掌握的技术是否支持该项目的开发；④物资（产品）的可用性：是否存在可以用于建立系统的其他资源，如设备及替代产品等。

2. 经济可行性分析。经济可行性分析主要是对整个项目的投资及所产生的经济效益进行分析，具体包括：①支出分析：支出可分为一次性支出和非一次性支出两类；②收益分析：信息系统项目收益包括直接收益、间接收益以及其他方面的收益等；③收益投资比、投资回收期分析；④敏感性分析：当关键性因素变化时，对支出和收益产生影响的估计。除了上述的经济方面的分析外，一般还需要对项目的社会效益进行分析。

3. 社会效益可行性分析。针对面向公共服务领域的项目，其社会效益往往是可行性分析的关注重点。①对组织内部：品牌效益、竞争力效益、技术创新效益、人员提升收益、管理提升效益；②对社会发展：公共效益、文化效益、环境效益、社会责任感效益、其他收益。

4. 运行环境可行性分析。信息系统项目只有基础硬件运转正常可靠、软件正常使用，并达到预期的技术指标、经济效益和社会效益指标，才能称为信息系统项目是成功的。运行环境是制约信息系统发挥效益的关键。

5. 其他方面的可行性分析。还包括诸如法律可行性、政策可行性等方面的可行性分析。信息系统项目也会涉及合同责任、知识产权等法律方面的可行性问题。此外，在可行性分析方面，还包括项目实施对社会环境、自然环境的影响，以及可能带来的社会效益分析。

备考点拨

本考点学习难度星级：★☆☆（简单），考试频度星级：★★★（高频）。

本考点考查可行性研究的内容，可行性研究是从技术、经济、社会，还有人员等方面进行调查研究，并对可能得出来的技术方案进行论证，最终确定整个项目是否可行。可行性研究包含五个方面的内容需要掌握，需要额外留意人力资源有效性和物资（产品）的可用性，也属于技术可行性分析的范畴，这一点可能和很多人的印象不同，也会成为考题中常踩的坑。

考题精练

1. 在可行性报告中，"是否存在人力资源不足的问题，是否可以通过社会招聘或培训获得所需人员"属于（　　）的内容。

A．技术可行性分析　　　　　　　　B．经济可行性分析
C．社会效益可行性分析　　　　　　D．运行环境可行性分析

【解析】答案为 A。技术可行性分析的考虑因素包括人力资源的有效性，也就是技术人员队伍是否可以建立，是否存在人力资源不足、技术能力欠缺等问题。

【考点67】初步可行性研究

考点精华

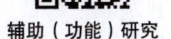

初步可行性研究一般是在对市场或者客户情况进行调查后，对项目进行的初步评估。详细可行性研究费时、费力，因此进行初步可行性评估，可以决定是否开始详细可行性研究。

辅助（功能）研究包括项目的一个或几个方面，但不是所有方面，并且只能作为初步可行性研究、详细可行性研究和大规模投资建议的前提或辅助，辅助研究的内容视研究性质和研究项目各有不同，分别如下：

1. 如果一项基本投入可能是确定项目可行性的一个决定因素，那么应在初步可行性研究之前进行辅助研究。

2. 如果对一项具体功能的详细研究过于复杂，不能作为项目可行性研究的一部分进行，辅助研究则与初步项目可行性研究分头同时进行。

3. 如果在进行项目可行性研究过程中发现，尽管作为决策过程一部分的初步评价可以早些开始，但稳妥的做法是对项目的某一方面进行更详尽的鉴别，那么就在完成该项目可行性研究之后再进行辅助研究。

4. 辅助研究的费用必须和项目可行性研究的费用一并考虑，因为这种研究的目的之一就是

要在项目可行性研究阶段节省费用。

初步可行性研究的结果及研究的主要内容基本与详细可行性研究相同。所不同的是占有的资源、研究细节方面有较大差异。经过初步可行性研究，可以形成初步可行性研究报告，该报告虽然比详细可行性研究报告粗略，但是对项目已经有了全面的描述、分析和论证。初步可行性研究的主要内容包括需求与市场预测、设备与资源投入分析、空间布局、项目设计、项目进度安排、项目投资与成本估算。

备考点拨

本考点学习难度星级：★☆☆（简单），考试频度星级：★★☆（中频）。

本考点考查辅助研究和初步可行性研究。初步可行性研究是对项目进行初步的评估，为什么一定在详细可行性研究前面再加个初步可行性研究？因为详细可行性研究非常花钱、非常花时间，要做深入调查研究，做深入分析，所以一开始先做轻量级的初步可行性评估，去看到底要不要继续做详细可行性研究，这是初步可行研究的定义和作用。

与它相关的是辅助研究，辅助研究会研究项目的某个方面或几个方面。辅助研究分为几部分：第一个是要对设计开发的产品进行市场研究；第二个是看原材料和配件能不能很好获取，也就是投入物资的研究，看未来获取的可能性多大，未来会不会涨价等，如果会涨价，可能现在要多购买一些，如果涨价太离谱，可能就不可行了；第三个是试验室和中间工厂的试验；第四个是网络物理布局设计；第五个是规模的经济性研究，也就是看最具经济性的规模是什么样；第六个是设备选择研究。

辅助功能研究可以研究项目的一个方面，也可以研究几个方面，但不会研究所有的方面。研究哪个方面取决于项目的核心问题是什么，因为辅助研究是为了解决项目的核心问题而存在的，如果一项投入会成为决定性因素，会决定可行性结果，那么就应该在初步可行研究之前做辅助研究。

考题精练

1. 关于可行性研究的描述，正确的是（　　）。

    A．试验室和中间工厂的试验是初步可行性研究的主要内容

    B．详细可行性研究一般是在对市场或者客户情况进行调查后，对项目进行的初步评估

    C．初步可行性研究与详细可行性研究在占有资源和研究细节方面是相同的

    D．辅助研究用于解决项目的核心问题，为判断是否具备必要的技术、实验、人力条件提供支持

【解析】答案为D。辅助研究分类：①对要设计开发的产品进行市场研究；②配件和投入物资的研究；③实验室和中间工厂的试验；④网络物理布局设计；⑤规模的经济性研究；⑥设备选择研究。由此可知，选项A的试验室和中间工厂的试验是辅助研究的主要内容。初步可行性研究一般是在对市场或者客户情况进行调查后，对项目进行的初步评估，所以选项B错误。初步可行性研究的结果及研究的主要内容基本与项目可行性研究相同，不同的是占有的资源、研究细节方面有较大差异，所以选项C错误。

2. 关于项目可行性研究的描述，不正确的是（   ）。
   A．初步可行性研究报告，必须包含项目的主要投资支出
   B．初步的可行性研究报告可作为正式文件，支持项目决策
   C．初步可行性研究报告的核心内容不包括项目进度安排
   D．初步可行性研究是详细可行性研究的基础

【解析】答案为 C。初步可行性研究的主要内容包括需求与市场预测、设备与资源投入分析、空间布局、项目设计、项目进度安排、项目投资与成本估算等，其中项目进度安排包括项目整体周期、里程碑阶段划分等，由此可见选项 C 描述错误。

【考点 68】详细可行性研究

◉ 考点精华

详细可行性研究是在项目决策前对与项目有关的技术、经济、法律、社会环境等方面的条件和情况，进行详尽地、系统地、全面地调查、研究和分析，对各种可能的技术方案进行详细的论证、比较，并对项目建设完成后所可能产生的经济、社会效益进行预测和评价，最终提交的可行性研究报告将成为进行项目评估和决策的依据。

1. 详细可行性研究的原则：

（1）科学性原则。①运用科学的方法和认真的态度来收集、分析和鉴别原始的数据和资料，以确保它们真实和可靠；②要求每一项技术与经济的决定要有科学依据，是经过认真分析、计算而得出的。

（2）客观性原则。①正确地认识各种信息化建设条件，这些条件都是客观存在的，研究工作要求排除主观臆断，要从实际出发；②要实事求是地运用客观的资料做出符合科学的决定和结论；③可行性研究报告和结论必须是分析研究过程合乎逻辑的结果，而不掺杂任何主观成分。

（3）公正性原则。公正性原则就是站在公正的立场上，不偏不倚。

2. 详细可行性研究的方法：

（1）投资估算法。投资费用一般包括固定资金及流动资金两大部分，投资估算根据其进程或精确程度可分为数量性估算（比例估算法）、研究性估算、预算性估算及投标估算的方法。

（2）增量净效益法（有无比较法）。将有项目时的成本（效益），与无项目时的成本（效益）进行比较，求得两者差额即为增量成本（效益），这种方法称为有无比较法。有无比较法比传统的前后比较法更能准确地反映项目的真实成本和效益。因为前后比较法不考虑不上项目时的项目变化趋势，会人为地夸大或低估项目的效益。有无比较法则先对不上项目时组织的变动趋势做预测，将上项目以后的成本/效益逐年做动态比较，因此得出的结论更科学、更合理。

3. 详细可行性研究的内容：

（1）市场需求预测。需求和市场分析的关键因素是就某一时间范围项目主要产出或成果需求量做出估计，需求估计比一般想象得复杂。

（2）部件和投入的选择供应。项目可行性研究应包括同配件和投入需要量有关的问题。

（3）信息系统架构及技术方案的确定。项目可行性研究中技术评价应反映如下几个方面：技术的先进性、技术的实用性、技术的可靠性、技术的连锁效果、技术后果的危害性等。

（4）技术与设备选择。在项目可行性研究报告中，应根据项目研发能力和所选择的技术来确定设备方面的需要。

（5）网络物理布局设计。信息系统项目的网络物理布局主要考虑场地的电气特性，基本设施（网络基础设施）和网络新技术发展等方面。

（6）投资、成本估算与资金筹措。

1）投资费用：投资费用就是固定资本与净周转资金的合计。

2）资金筹措：大型投资项目除了自筹资金外，通常还需一定数量的贷款。一般认为自筹、贷款各半稳妥。

3）项目成本：项目总成本一般划分为四大类：研发成本、行政管理费、销售与分销费用、财务费用和折旧。前三类成本的总和称为经营成本。

4）财务报表：项目可行性研究中的财务报表，主要目的是向投资者说明项目编制以及随之而来的财务分析，财务报表通常包括现金流动表、净收入报表和预计资产负债表。

（7）经济评价及综合分析。

1）经济评价：经济评价分为组织经济评价和国民经济评价。①进行组织经济评价时可以使用静态评价方法，但最好使用动态评价方法，以便考虑资金的时间价值；②国民经济评价：就是从国民经济的利害得失出发，对项目所做的经济效果评估。与组织经济评价不同，它将工资、利息、税金作为国家收益，它所采用的产品价格为社会价格，采用的贴现率也为社会贴现率。

2）综合分析：在对项目进行了经济评价后，还需要对项目进行综合评价分析。

4. 详细可行性研究报告目录项 包括：①项目背景；②可行性研究的结论；③项目提出的技术背景；④项目的技术发展现状；⑤编制项目建议书的过程及必要性；⑥市场情况调查分析；⑦客户现行系统业务、资源、设施情况调查；⑧项目总体目标；⑨项目实施进度计划；⑩项目投资估算；⑪项目组人员组成；⑫项目风险；⑬经济效益预测；⑭社会效益分析与评价；⑮可行性研究报告结论；⑯附件。

备考点拨

本考点学习难度星级：★☆☆（简单），考试频度星级：★★★（高频）。

本考点考查详细可行性研究。详细可行性研究是非常详尽、非常系统、全面地调查研究和分析，而且要做详细论证。详细可行性研究的子考点相对比较多，详细可行性研究的3项原则、投资估算法和增量净效益法2项方法、包含的7项内容，以及详细可行性研究报告的目录结构，都需要认真掌握。

考题精练

1. 详细可行性研究报告目录项中不包括（　　）。
   A．项目风险评估方法　　　　　　　B．项目风险
   C．经济效益预测　　　　　　　　　D．社会效益分析与评价

【解析】 答案为 A。详细可行性研究报告目录项包括项目背景、可行性研究的结论、项目提出的技术背景、项目的技术发展现状、编制项目建议书的过程及必要性、市场情况调查分析、客户现行系统业务、资源、设施情况调查、项目总体目标、项目实施进度计划、项目投资估算、项目组人员组成、项目风险、经济效益预测、社会效益分析与评价、可行性研究报告结论、附件等，不包括项目风险评估方法。

【考点69】项目评估

考点精华

项目评估指在项目可行性研究的基础上，由第三方（国家、银行或有关机构）根据国家颁布的政策、法规、方法、参数和条例等，从国民经济与社会、组织业务等角度出发，对拟建项目建设的必要性、建设条件、生产条件、市场需求、工程技术、经济效益和社会效益等进行评价、分析和论证，进而判断其是否可行的一个评估过程。

1. 评估依据。项目评估的依据主要包括：①项目建议书及其批准文件；②项目可行性研究报告；③报送组织的申请报告及主管部门的初审意见；④项目关键建设条件和工程等的协议文件；⑤必需的其他文件和资料等。「★案例记忆点★」

2. 评估程序。项目评估工作一般可按以下程序进行：①成立评估小组；②开展调查研究；③分析与评估；④编写讨论修改评估报告；⑤召开专家论证会；⑥评估报告定稿并发布。

备考点拨

本考点学习难度星级：★☆☆（简单），考试频度星级：★★☆（中频）。

本考点考查项目评估。项目评估最明显的特点是第三方做，不是自己做，比如国家、银行或有关机构去做。评估依据包含的5项需要掌握。评估步骤包含的6步理解即可。

考题精练

1. 项目评估指在（　　）的基础上，由（　　）根据国家颁布的政策、法规、方法、参数和条例等条件下进行评价、分析和论证。

　　A. 项目立项申请　项目承建方　　　B. 项目可行性研究　项目建设方
　　C. 项目立项申请　第三方　　　　　D. 项目可行性研究　第三方

【解析】 答案为 D。项目评估指在项目可行性研究的基础上，由第三方（国家、银行或有关机构）根据国家颁布的政策、法规、方法、参数和条例等条件下进行评价、分析和论证。

第 9 章

项目整合管理考点精讲及考题实练

9.1 章节考情速览

项目整合管理在十大知识域里面可以近似看作"总指挥"或者"总调度"的角色，其他九大知识域都是专攻某一个具体的领域，这样会导致没有知识域来统筹全局，而项目整合管理就是统筹全局的。这一点也能够从项目整合管理的七个过程名字及定义看出来。项目整合管理在项目管理体系中起到了根基的作用，可以说是中流砥柱。

项目整合管理按照往年的考试经验看，在综合知识科目一般会考查 3 分左右，而且也会在案例分析科目考到，论文写作科目较少考到。

9.2 考点星级分布图

本章涉及的主要考点分布及难度与频度双星级如图 9-1 所示。

项目整合管理考点

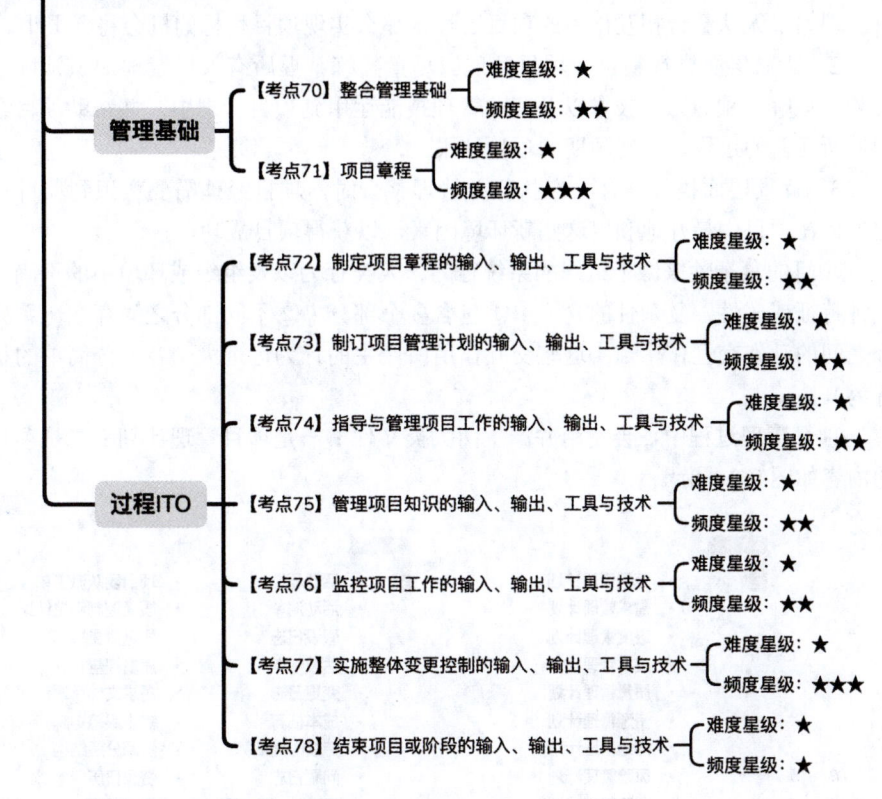

- **管理基础**
  - 【考点70】整合管理基础　难度星级：★　频度星级：★★
  - 【考点71】项目章程　难度星级：★　频度星级：★★★
- **过程ITO**
  - 【考点72】制定项目章程的输入、输出、工具与技术　难度星级：★　频度星级：★★
  - 【考点73】制订项目管理计划的输入、输出、工具与技术　难度星级：★　频度星级：★★
  - 【考点74】指导与管理项目工作的输入、输出、工具与技术　难度星级：★　频度星级：★★
  - 【考点75】管理项目知识的输入、输出、工具与技术　难度星级：★　频度星级：★★
  - 【考点76】监控项目工作的输入、输出、工具与技术　难度星级：★　频度星级：★★
  - 【考点77】实施整体变更控制的输入、输出、工具与技术　难度星级：★　频度星级：★★★
  - 【考点78】结束项目或阶段的输入、输出、工具与技术　难度星级：★　频度星级：★

图 9-1　本章考点及星级分布

9.3　核心考点精讲

【考点 70】整合管理基础

项目整合管理的目标和层次

◉ 考点精华

项目整合管理包括识别、定义、组合、统一和协调项目管理过程组的各个过程和项目管理活动。在项目管理中，整合管理兼具统一、合并、沟通和建立联系的性质，项目整合管理贯穿项目始终。

项目整合管理的目标包括：①资源分配；②平衡竞争性需求；③研究各种备选方法；④裁剪过程以实现项目目标；⑤管理各个项目管理知识领域之间的依赖关系。

项目整合管理由项目经理负责，项目整合管理的责任不能被授权或转移，项目经理必须对整个项目承担最终责任。执行项目整合时项目经理承担双重角色：①组织层面上，项目经理与项目发起人携手合作，了解战略目标并确保项目目标和成果与项目组合、项目集以及业务领域保持一致；②项目层面上，项目经理负责指导团队关注真正重要的事务并协同工作。

1. 过程层面执行整合。项目管理很多过程在整个项目期间会相互重叠并重复发生多次。项目经理如果无法整合相互作用的项目过程，那么实现项目目标的机会将会很小。

2. 认知层面执行整合。项目经理应尽量熟练掌握所有项目管理知识领域，帮助项目经理将经验、见解、领导力、技术以及商业管理技能运用到项目管理中，并帮助项目经理整合这些知识领域所涵盖的过程，实现预期的项目结果。

3. 背景层面执行整合。在执行并管理整合时，项目经理需要意识到项目背景和新因素，决定如何在项目中最好地利用这些新环境因素，以获得项目成功。

项目的复杂性来源于组织的系统行为、人类行为以及组织或环境中的不确定性。作为项目的一种特征或属性，复杂性的含义：①包含多个部分；②不同部分之间存在一系列关联；③不同部分之间的动态交互作用；④这些交互作用所产生的行为远远大于各部分简单的相加（例如突发性行为）。

项目管理过程中，会使用并产生两大类文件：一是项目管理计划；二是项目文件，分别包含的内容如图 9-2 所示。

项目管理计划
- 范围管理计划
- 需求管理计划
- 进度管理计划
- 成本管理计划
- 质量管理计划
- 资源管理计划
- 沟通管理计划
- 风险管理计划
- 采购管理计划
- 干系人参与计划
- 变更管理计划
- 配置管理计划
- 范围基准
- 进度基准
- 成本基准
- 绩效测量基准
- 项目生命周期描述
- 开发方法

项目文件
- 活动属性
- 活动清单
- 假设日志
- 估算依据
- 变更日志
- 成本估算
- 持续时间估算
- 问题日志
- 经验教训登记册
- 里程碑清单
- 物质资源分配单
- 项目日历
- 项目沟通记录
- 项目进度计划
- 项目进度网络图
- 项目范围说明书
- 项目团队派工单
- 质量控制测量结果
- 质量测量指标
- 质量报告
- 需求文件
- 需求跟踪矩阵
- 资源分解结构
- 资源日历
- 资源需求
- 风险登记册
- 风险报告
- 进度数据
- 进度预测
- 干系人登记册
- 团队章程
- 测试与评估文件

图 9-2　项目管理计划与项目文件内容

项目整合管理过程包括：①制定项目章程：编写一份正式批准项目并授权项目经理在项目活动中使用组织资源的文件；②制订项目管理计划：定义、准备和协调项目计划的所有组成部分，并把它们整合为一份综合项目管理计划；③指导与管理项目工作：为实现项目目标而领导和执行项目管理计划中所确定的工作，并实施已批准变更；④管理项目知识：使用现有知识并生成新知识，以实现项目目标，帮助组织学习；⑤监控项目工作：跟踪、审查和报告整体项目进展，以实现项目管理计划中确定的绩效目标；⑥实施整体变更控制：审查所有变更请求，批准变更，管理可交付成果、组织过程资产、项目文件和项目管理计划的变更，并对变更处理结果进行沟通；⑦结束项目或阶段：结束项目、阶段或合同的所有活动。

备考点拨

本考点学习难度星级：★☆☆（简单），考试频度星级：★★☆（中频）。

本考点考查项目整合管理的基础概念，项目整合管理是全局视角，协调多个知识域、多个过程组、多个过程，起到引领作用，因此，整合管理必须项目经理亲自上阵，不能交给其他人。整合管理3个层面的整合需要掌握，另外需要掌握整合管理的6个过程，包括其先后顺序。关于整合管理涉及的项目管理计划和项目文件的组成，尽量能够记全一些。

考题精练

1. 作为项目的一种特征或属性，复杂性是指（　　）。
①包含多个部分　②不同部分之间存在差异性　③不同部分之间的动态交互作用
④交互作用产生的行为远远大于各部分简单的相加
A. ①②③　　　　B. ②③④　　　　C. ①③④　　　　D. ①②③④

【解析】答案为C。在项目整合之前，项目经理需要考虑项目面临的内外部环境因素，检查项目的特征或属性。作为项目的一种特征或属性，复杂性的含义：①包含多个部分；②不同部分之间存在一系列关联；③不同部分之间的动态交互作用；④这些交互作用所产生的行为远远大于各部分简单的相加（例如突发行为）。项目经理可以通过检查项目的这些复杂性特征，帮助其在规划、管理和控制项目时识别关键领域，确保完成整合。

【考点71】项目章程

考点精华

制定项目章程是编写一份正式批准项目，并授权项目经理在项目中使用组织资源的文件的过程。制定项目章程过程的主要作用是：①明确项目与组织战略目标间的关系；②确立项目的正式地位；③展示组织对项目的承诺。

外部项目需要用正式的合同来达成合作关系，项目章程不能当成合同，项目章程用于建立组织内部的合作关系，确保正确交付合同内容。

项目章程可由发起人编制，也可由项目经理与发起机构合作编制，项目由项目以外的机构启动，比如发起人、项目集、项目管理办公室（PMO）、项目组合治理委员会主席或其授权代表。项目启动者或发起人应该具有一定职权，能为项目获取资金并提供资源。

应在规划开始前就任命项目经理，项目经理越早确认并任命越好，最好在制定项目章程时就任命，项目章程一旦被批准，就标志着项目的正式启动。

项目章程包含的内容有：①项目目的；②可测量的项目目标和成功标准；③高层级需求、高层级项目描述、边界及主要可交付成果；④整体项目风险；⑤总体里程碑进度计划；⑥预先批准的财务资源；⑦关键干系人名单；⑧项目审批要求；⑨项目退出标准；⑩委派的项目经理及其职责和职权；⑪发起人或其他批准项目章程的人员的姓名和职权等。「★案例记忆点★」

📣 备考点拨

本考点学习难度星级：★☆☆（简单），考试频度星级：★★★（高频）。

本考点考查项目章程基础。这里有个高频考点需要额外提醒下，项目章程由发起人编制，有时发起人会授权项目经理帮着写，因为发起人一般位高权重，所以让项目经理动手，然后发起人去审查。但是要注意，项目经理不能、也没有权力发布项目章程，只有发起人才有权力发布项目章程。可由项目经理与发起机构一起编制项目章程，但是一定是项目范围以外的机构启动项目，比如发起人启动或者 PMO 启动，因为启动代表给项目资源，给资源需要有一定的职权。

🔎 考题精练

1. 关于项目管理计划的描述，不正确的是（　　）。
   A．头脑风暴、冲突管理和会议管理可帮助项目管理计划的制订
   B．项目章程由项目经理签字、是编制项目管理计划的依据之一
   C．项目管理不能理想化期望项目管理计划一步到位
   D．组织的过程测量数据库也可以是项目管理计划制订的依据

【解析】答案为 B。项目章程由项目实施组织外部签发，也就是由启动者或发起人签字后，标志着项目获得批准。

【考点 72】制定项目章程的输入、输出、工具与技术

💡 考点精华

1. 制定项目章程的输入主要有立项管理文件、协议、事业环境因素和组织过程资产 4 项。
   （1）立项管理文件。立项管理包含商业需求和成本效益分析，项目合理性论证和项目边界确定，所以立项管理阶段的成果（立项管理文件）可以用于制定项目章程。要注意立项管理文件不是项目文件，项目经理不可以更新或者修改立项管理文件，只能提出建议。
   （2）协议。协议包括合同、谅解备忘录、服务水平协议（Service Level Agreement，SLA）、协议书、意向书、口头协议或其他书面协议。
   （3）事业环境因素。
   （4）组织过程资产。

2. 制定项目章程的输出主要有项目章程和假设日志 2 项。
   （1）项目章程。项目章程记录关于项目和预期交付的产品、服务或成果的高层级信息，项目章程确保干系人在总体上就主要可交付成果、里程碑及项目参与者的角色职责达成共识。
   （2）假设日志。假设日志用于记录项目生命周期中的所有假设条件和制约因素。

3. 制定项目章程的工具与技术主要有专家判断、数据收集、人际关系与团队技能和会议 4 项。
   （1）专家判断。专家来自具有专业学历、知识、技能、经验或培训经历的任何小组或个人。
   （2）数据收集。数据收集技术涉及头脑风暴、焦点小组和访谈 3 种。头脑风暴在短时间内获得大量创意，头脑风暴由两个部分构成：创意产生和创意分析；焦点小组是召集干系人和主题专

家讨论项目风险、成功标准和其他议题，比一对一访谈更有利于互动交流；访谈通过与干系人直接交谈，了解高层级需求、假设条件、制约因素、审批标准及其他信息。

（3）人际关系与团队技能。人际关系与团队技能涉及冲突管理、引导和会议管理3种。冲突管理有助于干系人就目标、成功标准、高层级需求、项目描述、总体里程碑和其他内容达成一致意见；引导能够有效引导团队活动成功达成决定、解决方案或结论；会议管理包括准备议程，确保邀请每个关键干系人代表，以及准备和发送后续的会议纪要和行动计划。

（4）会议。在制定项目章程过程中，与关键干系人举行会议。

🔖 备考点拨

本考点学习难度星级：★☆☆（简单），考试频度星级：★★☆（中频）。

本考点考查制定项目章程的主要输入、输出、工具与技术。想要制定一份优秀的项目章程，首先需要参考立项管理文件（输入），立项管理文件是项目诞生之前的内容，是当时做可行性分析输出的内容，包括商业需求和成本效益分析，可以用在项目章程的开头；其次如果有合同、SLA等协议（输入），那么也可以在制定项目章程时借鉴。这个过程的输出是项目章程（输出），但是同时还会输出假设日志（输出），在制定项目章程过程中，有可能会发现新的项目假设条件还有制约因素，就可以记录在假设日志文件中。

🔖 考题精练

1. 在制定项目章程需要的人际关系与团队技能中，（　　）有助于干系人就目标、成功标准、高层级需求、项目描述、总体里程碑和其他内容达成一致意见。

　　A. 冲突管理　　　　　　　　B. 访谈
　　C. 会议管理　　　　　　　　D. 头脑风暴

【解析】答案为 A。冲突管理有助于干系人就目标、成功标准、高层级需求、项目描述、总体里程碑和其他内容达成一致意见。选项 B 访谈通常是用于单向获取信息，选项 C 会议管理过于泛泛，选项 D 头脑风暴是为了集思广益。

【考点73】制订项目管理计划的输入、输出、工具与技术

🔖 考点精华

制订项目管理计划是定义、准备和协调项目计划的所有组成部分，并把它们整合为一份综合项目管理计划的过程。本过程的主要作用是生成一份综合文件，用于确定所有项目工作的基础及其执行方式。★案例记忆点★

在确定基准之前，可能对项目管理计划进行多次更新，这些更新无须遵循正式流程，但是一旦确定了基准，就只能通过提出变更请求、实施整体变更控制过程进行更新。

1. 制订项目管理计划的输入主要有项目章程、其他知识域规划过程的输出、事业环境因素和组织过程资产4项。

（1）项目章程。项目章程是初始项目规划的起点，项目章程包含项目高层级信息，有助于项目管理计划各个组成部分进一步细化使用。

（2）其他知识域规划过程的输出。其他知识域规划过程所输出的子计划和基准是本过程的输入。

（3）事业环境因素。

（4）组织过程资产。

2. 制订项目管理计划的输出主要有项目管理计划1项。项目管理计划是说明项目执行、监控和收尾方式的文件，整合了所有知识域的子管理计划和基准，以及管理项目所需的其他组件信息。项目管理计划组件主要包括：「★案例记忆点★」

（1）子管理计划：范围管理计划、需求管理计划、进度管理计划、成本管理计划、质量管理计划、资源管理计划、沟通管理计划、风险管理计划、采购管理计划、干系人参与计划。「★案例记忆点★」

（2）基准：范围基准、进度基准和成本基准。

（3）其他组件通常包括：变更管理计划、配置管理计划、绩效测量基准、项目生命周期、开发方法、管理审查。

3. 制订项目管理计划的工具与技术主要有专家判断、数据收集、人际关系与团队技能和会议4项。

（1）专家判断。征求拥有相关专业知识或接受过相关培训的个人或小组意见。

（2）数据收集的技术有头脑风暴、核对单、焦点小组和访谈。

1）头脑风暴：以头脑风暴形式收集关于项目方法的创意和解决方案。

2）核对单：指导项目经理制订计划或帮助检查项目管理计划是否包含全部信息。

3）焦点小组：召集干系人处讨论项目管理计划各个组成部分的整合方式。

4）访谈：用于从干系人处获取制订项目管理计划、任何子计划或项目文件的信息。

（3）人际关系与团队技能的技术有冲突管理、引导和会议管理。

1）冲突管理：通过冲突管理让观点差异的干系人就项目管理计划达成共识。

2）引导：引导确保参与者有效参与、互相理解，并考虑所有意见。

3）会议管理：采用会议管理来确保制订项目管理计划的会议有效召开。

（4）会议。可以利用项目开工会议明确项目规划阶段工作的完成并宣布开始项目执行阶段，开工会议的召开时机取决于项目特征：

1）对于小型项目：项目启动之后就开工。

2）对于大型项目：开工会议将在项目执行阶段开始时召开。

3）对于多阶段项目：通常在每个阶段开始时都要召开开工会议。

▶备考点拨

本考点学习难度星级：★☆☆（简单），考试频度星级：★★☆（中频）。

本考点考查制订项目管理计划的输入、输出、工具与技术，制订项目管理计划的输入有4个：第一个是项目章程，项目章程是上个过程的输出，成为了这个过程的输入。项目章程是项目规划的起点，可以在这个过程做进一步细化。第二个是其他知识领域规划过程的输出，这个很容易理解，看下项目管理计划包含的内容就知道了。第三个和第四个分别是事业环境因素和组织过程资产。

输出很明显就是项目管理计划,需要注意这个输入包罗万象,包含了各种子管理计划,包括铁三角基准:范围基准、进度基准、成本基准。还包括其他组件,如配置管理计划、绩效测量基准、项目生命周期开发方法等。

考题精练

1. 能够影响"制订项目管理计划"过程的组织过程资产包括( )。
   ①组织的标准政策　②变更控制程序　③历史项目进度网络图
   ④特定行业的项目管理知识体系　⑤法律法规和安全标准　⑥历史信息和经验教训知识库
   A. ①②③⑥　　　B. ①③⑤⑥　　　C. ①③④⑥　　　D. ①②④⑤

【解析】答案为 A。能够影响制订项目管理计划过程的组织过程资产主要包括:组织的标准政策、流程和程序;项目管理计划模板;变更控制程序,包括修改正式的组织标准、政策、计划、程序或项目文件,以及批准和确认变更所须遵循的步骤;监督和报告方法、风险控制程序以及沟通要求;以往类似项目的相关信息(如范围、成本、进度与绩效测量基准、项目日历、项目进度网络图和风险登记册),历史信息和经验教训知识库等。

2. 关于项目管理计划的描述,不正确的是( )。
   A. 项目管理计划是项目总体计划,它从整体上指导项目工作的有序进行
   B. 项目管理计划具有统筹作用,包括项目管理与控制过程的所有文件
   C. 在项目管理信息系统中,项目管理计划在计划模块中制订和维护
   D. 项目管理计划可详可略,可由一个或多个部分计划及其他事项组成

【解析】答案为 B。项目管理计划是项目的主计划或称为总体计划,它确定了执行、监控和结束项目的方式和方法,包括项目需要执行的过程、项目生命周期、里程碑和阶段划分等全局性内容。制订项目管理计划过程包括将确定、协调与综合所有部分计划所需要的行动形成文件,使其成为项目管理计划。能够看出来项目管理计划主要包含的是计划过程,而非全部的项目管理过程和控制过程。

【考点74】指导与管理项目工作的输入、输出、工具与技术

考点精华

指导与管理项目工作是为实现项目目标而领导和执行项目管理计划中的工作,并实施已批准变更的过程。本过程的主要作用是对项目工作和可交付成果开展综合管理,以提高项目成功可能性。

项目执行过程中,工作绩效数据被收集并传达给十大知识域的控制过程做进一步分析,工作绩效数据也用作监控过程组的输入,并反馈到经验教训库,改善未来工作绩效。

1. 指导与管理项目工作的输入主要有项目管理计划、项目文件、批准的变更请求、事业环境因素和组织过程资产 5 项。

(1) 项目管理计划。项目管理计划中的所有组件都可用作指导与管理项目工作的输入。

(2) 项目文件。项目文件中的变更日志、经验教训登记册、里程碑清单、项目沟通记录、项目进度计划、需求跟踪矩阵、风险登记册、风险报告都可用作指导与管理项目工作的输入。

(3) 批准的变更请求。批准的变更请求是实施整体变更控制过程的输出，作为了指导与管理项目工作的输入。

(4) 事业环境因素。

(5) 组织过程资产。

2. 指导与管理项目工作的输出主要有可交付成果、工作绩效数据、问题日志、变更请求、项目管理计划（更新）、项目文件（更新）和组织过程资产（更新）7 项。

(1) 可交付成果。可交付成果是在某阶段或项目完成时，产出的产品、成果或服务。

(2) 工作绩效数据。工作绩效数据是执行项目工作过程中，收集到的原始观察结果和测量值。工作绩效数据是最低层次的细节，交由其他过程提炼并形成工作绩效信息。

(3) 问题日志。问题日志记录和跟进所有问题，问题日志在这个过程被首次创建，然后在监控过程中被不断更新。

(4) 变更请求。变更请求一共包含 4 种类型，分别是：①纠正措施：为使项目工作绩效重新与项目管理计划一致，进行的有目的的活动；②预防措施：为确保项目工作未来绩效符合项目管理计划，进行的有目的的活动；③缺陷补救：为修正不一致产品或产品组件，进行的有目的的活动；④更新：对受控的项目文件或计划进行变更，反映修改或增加的意见内容。「★案例记忆点★」

(5) 项目管理计划（更新）。项目管理计划的任一部分都可能需要更新。

(6) 项目文件（更新）。项目文件中的活动清单、假设日志、经验教训登记册、风险登记册和干系人登记册有可能需要更新。

(7) 组织过程资产（更新）。任何组织过程资产都有可能需要更新。

3. 指导与管理项目工作的工具与技术主要有专家判断、项目管理信息系统和会议 3 项。

(1) 专家判断。可以征求相关专业知识或接受过相关培训的个人或小组意见。

(2) 项目管理信息系统。项目管理信息系统可以自动收集和报告关键绩效指标。

(3) 会议。会议包括开工会议、技术会议、敏捷或迭代规划会议、每日站会、指导小组会议、问题解决会议、进展跟进会议以及回顾会议。

备考点拨

本考点学习难度星级：★☆☆（简单），考试频度星级：★★☆（中频）。

本考点考查指导与管理项目工作的输入、输出、工具与技术。指导与管理项目工作属于项目整合管理域，由此可见其指导和管理的是全局，依赖的自然是项目管理计划（输入）的所有组件，同样的情况也发生在项目文件（输入）上，项目文件中的变更日志、经验教训登记册、里程碑清单、项目沟通记录、项目进度计划、需求跟踪矩阵、风险登记册和风险报告都会用来做指导与管理项目工作。

经过指导与管理项目工作之后，就可以获取到可交付成果（输出），同时还可以获取到工作绩效数据（输出），这个过程中难以避免问题和变更的发生，所以问题日志（输出）和变更请求（输出）也会一并产生，变更请求一共分 4 种，分别是纠正措施、预防措施、缺陷补救和更新，需要掌握。

考题精练

1. 项目整合管理过程中,"实施已批准的变更"在（　　）过程中开展。
   A. 实施整体变更控制　　　　　B. 指导与管理项目工作
   C. 管理项目知识　　　　　　　D. 监控项目工作

   【解析】答案为 B。指导与管理项目工作要求项目团队回顾所有项目变更的影响,并实施已批准的变更,包括纠正措施、预防措施、缺陷补救和更新。另外,从指导与管理项目工作的输入可以得知,批准的变更请求属于指导与管理项目工作的输入之一。

2. （　　）不是"指导与管理项目工作"过程的成果。
   A. 可交付成果　　　　　　　　B. 工作绩效数据
   C. 变更请求　　　　　　　　　D. 项目管理计划

   【解析】答案为 D。指导与管理项目工作过程的成果有：①可交付成果；②工作绩效数据；③问题日志；④变更请求；⑤项目管理计划（更新）；⑥项目文件（更新）；⑦组织过程资产（更新）。

3. （　　）属于工作绩效数据。
   ①关键绩效指标（KPI）　②挣值分析　③进度活动的实际开始日期
   ④可交付成果状态　⑤合同绩效信息　⑥缺陷的数量
   A. ①②③④　　B. ①③④⑥　　C. ②③⑤⑥　　D. ③④⑤⑥

   【解析】答案为 B。工作绩效数据包括已完成的工作、关键绩效指标（KPI）、技术绩效测量结果、进度活动的实际开始日期和完成日期、已完成的故事点、可交付成果状态、进度进展情况、变更请求的数量、缺陷的数量、实际发生的成本、实际持续时间等。

【考点75】管理项目知识的输入、输出、工具与技术

考点精华

管理项目知识是使用现有知识生成新知识,以实现项目目标并且帮助组织学习的过程。管理项目知识过程的主要作用：①利用已有的组织知识来创造或改进项目成果；②使当前项目创造的知识可用于支持组织运营和未来的项目或阶段。

知识管理最重要的环节就是营造相互信任的氛围,激励人们分享知识或关注他人知识。在实践中,可以联合使用知识管理工具与技术以及信息管理工具与技术来分享知识。

1. 知识管理过程包括知识获取与集成、知识组织与存储、知识分享、知识转移与应用和知识管理审计。「★案例记忆点★」

   （1）知识获取与集成。组织显性知识获取的途径有图书资料、内外部数据挖掘、网络搜索、营销与销售信息等。隐性知识获取方式有结构式访谈、行动学习、标杆学习、分析学习、经验学习、综合学习和交互学习等。

   （2）知识组织与存储。知识组织是以知识为对象的一系列组织过程及其方法,是以满足各类客观知识主观化需要为目的,针对客观知识的无序化所实施的一系列有序化组织活动。知识存储是指在组织中建立知识库,知识库包括显性知识和隐性知识。构建知识库不仅是为了存储知识,更重要的目的是实现知识分享,促进组织知识流动和创新。

（3）知识分享。知识分享是知识从一个个体、群体或组织向另一个个体、群体或组织转移或传播的行为。

（4）知识转移与应用。知识转移是由知识传输和知识吸收两个过程所共同组成的统一过程。知识的成功转移必须完成知识传递和知识吸收两个过程，并使知识接收者感到满意。

（5）知识管理审计。知识管理审计是对组织知识资产和关联的知识管理系统的评估，起到了承上启下的重要作用。知识管理的审计对象包括知识资源、安全和能力。

2. 管理项目知识的输入主要有项目管理计划、项目文件、可交付成果、事业环境因素和组织过程资产5项。

（1）项目管理计划。项目管理计划的所有组成部分都是管理项目知识的输入。

（2）项目文件。项目文件中的经验教训登记册、项目团队派工单、资源分解结构、供方选择标准和干系人登记册，都有助于项目知识管理。

（3）可交付成果。可交付成果是在某一过程、阶段或项目完成时，产出的产品、成果或服务能力。

（4）事业环境因素。

（5）组织过程资。

3. 管理项目知识的输出主要有经验教训登记册、项目管理计划（更新）和组织过程资产（更新）3项。

（1）经验教训登记册。经验教训登记册在项目早期创建，作为管理项目知识过程的输出。在项目或阶段结束时，把相关信息归入经验教训知识库，作为组织过程资产的一部分。

（2）项目管理计划（更新）。项目管理计划的任一组成部分都可在管理项目知识过程中更新。

（3）组织过程资产（更新）。组织过程资产有可能在管理项目知识过程中更新。

4. 管理项目知识的工具与技术主要有专家判断、知识管理、信息管理和人际关系与团队技能4项。

（1）专家判断。征求具备领域相关专业知识或接受过相关培训的个人或小组的意见。

（2）知识管理。知识管理主要包括：①人际交往；②实践社区和特别兴趣小组；③会议；④工作跟随和跟随指导；⑤讨论论坛；⑥知识分享活动；⑦研讨会；⑧讲故事；⑨创造力和创意管理技术；⑩知识展会和茶座；⑪交互式培训。

（3）信息管理。信息管理工具与技术用于创建人们与知识之间的联系。

（4）人际关系与团队技能。主要包括积极倾听、引导、领导力、人际交往和政策意识。

备考点拨

本考点学习难度星级：★☆☆（简单），考试频度星级：★★☆（中频）。

本考点考查管理项目知识的输入、输出、工具与技术。在管理项目知识的输入、输出、工具与技术之前，关于知识管理过程的5步需要掌握，从知识的获取到存储，再到分享和转移，最后是审计，步骤的逻辑顺序学习起来会比较清晰，这个子考点的学习以理解为主，记住5个步骤大致的关键词即可。

知识来自于工作中，所以项目知识可以来自项目管理计划（输入）中的各个子计划及基准组件，项目知识也可以来自于项目文件（输入），典型的如经验教训登记册、干系人登记册。非典型的如资源分解结构和项目团队派工单，这两个是从人力资源的角度看团队拥有或欠缺的知识。知识可能还来自项目文件中的供方选择标准，因为供应商的知识也完全可以为己所用。

管理项目知识最终获取的知识，放在哪里比较合适呢？自然是经验教训登记册（输出）。

考题精练

1. 经验教训登记册通常在（　　）时创建，可以包含情况的类别和描述，还可包括与情况相关的影响、建议和行动方案。

　　A．项目测试　　　B．项目验收　　　C．项目开始　　　D．项目结束

【解析】答案为 C。经验教训登记册在项目早期创建，作为管理项目知识过程的输出。因此，在整个项目期间，它可以作为很多过程的输入，也可以作为输出而不断更新。

【考点 76】监控项目工作的输入、输出、工具与技术

考点精华

监控项目工作是跟踪、审查和报告整体项目进展，以实现项目管理计划中确定的绩效目标的过程。本过程的主要作用：①让干系人了解项目的当前状态并认可为处理绩效问题而采取的行动；②通过成本和进度预测，让干系人了解项目的未来状态。

监控项目工作过程主要关注：①把项目的实际绩效与项目管理计划进行比较；②定期评估项目绩效，决定是否采取纠正或预防措施；③检查单个项目风险的状态；④项目期间维护准确且及时更新的信息库，以反映产品及文件情况；⑤为状态报告、进展测量和预测提供信息；⑥做出预测，以更新当前的成本与进度信息；⑦监督已批准变更的实施情况；⑧如果项目隶属于项目集，应向项目集管理层报告项目进展和状态；⑨确保项目与商业需求保持一致。

1. 监控项目工作的输入主要有项目管理计划、项目文件、工作绩效信息、协议、事业环境因素和组织过程资产 6 项。

（1）项目管理计划。项目管理计划的组成部分可用于监控项目工作的输入。

（2）项目文件。项目文件中的假设日志、风险登记册、风险报告、里程碑清单、估算依据、问题日志、经验教训登记册、成本预测、进度预测和质量报告可用于监控项目工作的输入。

（3）工作绩效信息。工作绩效信息可以用来了解项目执行情况。

（4）协议。可以通过采购协议监督承包商的工作。

（5）事业环境因素。

（6）组织过程资产。

2. 监控项目工作输出主要有工作绩效报告、变更请求、项目管理计划（更新）和项目文件（更新）4 项。

（1）工作绩效报告。基于工作绩效信息可以编制形成工作绩效报告，工作绩效报告包括状态报告和进展报告，包含挣值图表和信息趋势线预测、储备燃尽图、缺陷直方图、合同绩效信息和风险情况概述，还可以报告仪表指示图、热点报告、信号灯图或其他信息。

（2）变更请求。监控项目工作过程中对实际情况与计划要求的比较，有可能引发变更请求。

（3）项目管理计划（更新）。项目管理计划有可能因为监控项目工作而更新。

（4）项目文件（更新）。项目文件中的成本预测、进度预测、问题日志、经验教训登记册和风险登记册有可能需要更新。

3．监控项目工作的工具与技术主要有专家判断、数据分析、决策和会议4项。

（1）专家判断。可以征求具备领域相关专业知识或接受过相关培训的个人或小组意见。

（2）数据分析。数据分析技术包括备选方案分析、成本效益分析、挣值分析、根本原因分析、趋势分析和偏差分析6项。①备选方案分析用于出现偏差时选择纠正措施或纠正措施和预防措施的组合；②成本效益分析有助于出现偏差时确定最节约成本的纠正措施；③挣值分析是对范围、进度和成本绩效进行综合分析；④根本原因分析关注识别问题的主要原因；⑤趋势分析是根据以往结果预测未来绩效；⑥偏差分析用于审查目标绩效与实际绩效间的差异。

（3）决策。可以使用的决策技术是投票。投票可以采用一致同意、大多数同意或相对多数原则的决策方式。

（4）会议。会议可以是面对面或虚拟会议，正式或非正式会议。

备考点拨

本考点学习难度星级：★☆☆（简单），考试频度星级：★★☆（中频）。

本考点考查监控项目工作的主要输入、输出、工具与技术。监控项目工作使用工作绩效信息（输入）进行相关的监控，对外还需要用到协议（输入）来监控供应商工作。除此之外，常见的项目管理计划（输入）中大部分组件，项目文件（输入）中的假设日志、估算依据、成本预测、问题日志、经验教训登记册、里程碑清单、质量报告、风险登记册、风险报告和进度预测等都是监控项目工作的输入。

监控项目工作过程将工作绩效信息转化成了工作绩效报告（输出）。工作绩效数据、工作绩效信息和工作绩效报告三者之间的关系和区别需要掌握。

主要使用数据分析（技术）和决策（技术）来进行监控项目工作，数据分析技术用到了备选方案分析、成本效益分析、挣值分析、根本原因分析、趋势分析和偏差分析。

考题精练

1．监控项目工作过程中出现偏差时，需使用（　　）在多个方案中选择要执行的纠正措施和预防措施；需使用（　　）技术确定最节约成本的纠正措施；需使用（　　）技术对范围、进度和成本绩效进行综合分析。

  A．偏差分析　备选方案分析　成本效益分析

  B．备选方案分析　成本效益分析　挣值分析

  C．备选方案分析　偏差分析　成本效益分析

  D．偏差分析　备选方案分析　挣值分析

【解析】答案为B。监控项目工作的工具与技术一共4项，分别是专家判断、数据分析、决策和会议。其中数据分析技术包含备选方案分析、成本效益分析、挣值分析、根本原因分析、趋

势分析和偏差分析 6 项。本题考查其中的 3 项，备选方案分析用于在出现偏差时选择要执行的纠正措施或纠正措施和预防措施的组合，成本效益分析有助于出现偏差时确定最节约成本的纠正措施，挣值分析对范围、进度和成本绩效进行综合分析。

2．监控项目工作过程包括了监视和控制两方面的活动，（　　）属于控制活动。
　　A．采取预防措施　　　　　　　B．收集绩效信息
　　C．测量绩效信息　　　　　　　D．评价测量结果

【解析】答案为 A。监督是贯穿于整个项目的项目管理活动之一，包括收集、测量和分析测量结果，以及预测趋势，以便推动过程改进。控制包括制订纠正、采取预防措施或更新规划，并跟踪行动计划的实施过程，以确保它们能有效解决问题。

【考点 77】实施整体变更控制的输入、输出、工具与技术

◉ 考点精华

实施整体变更控制的工具

实施整体变更控制是审查所有变更请求、批准变更，管理对可交付成果、项目文件和项目管理计划的变更，并对变更处理结果进行沟通的过程。本过程的作用是确保对项目中已记录在案的变更做出综合评审。

在基准确定之前，变更无须正式受控或按照变更控制流程。一旦确定了项目基准，就必须通过实施整体变更控制过程来处理变更请求。尽管变更可以口头提出，但所有变更请求都必须以书面形式记录，并纳入变更管理和配置管理系统中。每项记录在案的变更请求都必须由一位责任人批准、推迟或否决，这个责任人通常是项目发起人或项目经理。应该在项目管理计划或组织程序中指定这位责任人，必要时由 CCB 来开展实施整体变更控制过程。

1．实施整体变更控制的输入主要有项目管理计划、项目文件、工作绩效报告、变更请求、事业环境因素和组织过程资产 6 项。

（1）项目管理计划。项目管理计划中的变更管理计划、配置管理计划、范围基准、进度基准和成本基准可用于实施整体变更控制的输入。

（2）项目文件。项目文件中的需求跟踪矩阵、风险报告和估算依据可用于实施整体变更控制的输入。

（3）工作绩效报告。工作绩效报告包括资源可用情况、进度和成本数据、挣值报告、燃烧图或燃尽图，可用于实施整体变更控制的输入。

（4）变更请求。项目执行中很多过程都会输出变更请求，可用于实施整体变更控制的输入。

（5）事业环境因素。

（6）组织过程资产。

2．实施整体变更控制的输出主要有批准的变更请求、项目管理计划（更新）和项目文件（更新）3 项。

（1）批准的变更请求。由项目经理、CCB 或指定的团队成员，根据变更管理计划处理变更请求，做出批准、推迟或否决的决定。

139

（2）项目管理计划（更新）。

（3）项目文件（更新）。

3. 实施整体变更控制的工具与技术主要有专家判断、变更控制工具、数据分析、决策和会议 5 项。

（1）专家判断。可以征求具备领域相关专业知识或接受过相关培训的个人或小组意见。

（2）变更控制工具。配置控制和变更控制的关注点区别是：配置控制关注可交付成果及各个过程的技术规范；变更控制关注识别、记录、批准或否决对项目文件、可交付成果或基准的变更。

变更控制工具支持的配置管理活动包括：①识别配置项；②记录并报告配置项状态；③进行配置项核实与审计。变更控制工具支持的变更管理活动包括：①识别变更；②记录变更；③做出变更决定；④跟踪变更。「★案例记忆点★」

（3）数据分析。数据分析技术包括备选方案分析和成本效益分析。

（4）决策。决策技术包括投票、独裁型决策制定和多标准决策分析。

（5）会议。可以与 CCB 一起召开变更控制会。

备考点拨

本考点学习难度星级：★☆☆（简单），考试频度星级：★★★（高频）。

本考点考查实施整体变更控制的输入、输出、工具与技术。工作绩效报告（输入）和变更请求（输入）是实施整体变更控制重要的两个输入，项目经理需要结合变更本身和当前绩效，才能更好判断变更的影响。另外项目管理计划（输入）中的变更管理计划、配置管理计划、范围基准、进度基准和成本基准，项目文件（输入）中的需求跟踪矩阵、风险报告和估算依据也可以作为实施整体变更控制的参考。经过实施整体变更控制过程，就可以得到批准的变更请求（输出）。

考题精练

1. 关于项目实施整体变更控制的描述，不正确的是（　　）。

　　A．影响项目基准的变更应由 CCB 和客户审批

　　B．项目经理对实施变更控制过程承担最终责任

　　C．CCB 也可以审查配置管理活动，应明确规定 CCB 的角色和职责

　　D．批准的变更请求都是可用于实施整体变更控制过程的输入文件

【解析】答案为 D。实施整体管理控制过程的输入是变更请求，输出是批准的变更请求，而选项 D 的描述正好相反。

2. 关于项目整合管理的描述，不正确的是（　　）。

　　A．批准的变更请求可能导致修改正式受控的项目文件

　　B．CCB 通过对变更方案的审查决策，对变更进行管理实施和控制

　　C．组织的结构文化管理实践和可持续性是影响指导与管理项目工作过程的因素

　　D．项目管理计划的任何组件都可用作指导与管理项目工作的输入

【解析】答案为 B。CCB 是决策机构，不是作业机构，所以 CCB 只会负责审批，不会下场去做具体的管理实施和控制，具体的管理实施和控制会由项目团队完成。

【考点 78】结束项目或阶段的输入、输出、工具与技术

考点精华

结束项目或阶段是终结项目、阶段或合同所有活动的过程。本过程的主要作用：①存档项目或阶段信息，完成计划工作；②释放组织团队资源以展开新的工作。

结束项目或阶段过程所需执行的活动包括：①为达到阶段或项目的完工或退出标准所必需的行动和活动；②为关闭项目合同协议或项目阶段合同协议所必须开展的活动；③为完成收集项目或阶段记录、审计项目成败、管理知识分享和传递、总结经验教训、存档项目信息以供组织未来使用等工作所必须开展的活动；④为向下一个阶段，或者向生产和（或）运营部门移交项目的产品、服务或成果所必须开展的行动和活动；⑤收集关于改进或更新组织政策和程序的建议，并将它们发送给相应的组织部门；⑥测量干系人的满意程度等。「★案例记忆点★」

1. 结束项目或阶段的输入主要有项目章程、项目管理计划、项目文件、验收的可交付成果、立项管理文件、协议、采购文档和组织过程资产 8 项。

（1）项目章程。项目章程记录了项目成功标准、审批要求，以及由谁来签署项目结束。

（2）项目管理计划。项目管理计划的所有组成部分均可以作为结束项目或阶段的输入。

（3）项目文件。项目文件中的假设日志、需求文件、里程碑清单、风险登记册、风险报告、估算依据、变更日志、问题日志、经验教训登记册、项目沟通记录、质量控制测量结果和质量报告可以作为结束项目或阶段的输入。

（4）验收的可交付成果。验收的可交付成果包括批准的产品规范、交货收据和工作绩效文件。

（5）立项管理文件。立项管理文件中的可行性研究报告和项目评估报告可以作为结束项目或阶段的输入。

（6）协议。结束项目或阶段时需要查阅协议，确保正式关闭采购的要求均已完成。

（7）采购文档。收集采购文档、建立索引和归档后，方可结束和关闭合同。

（8）组织过程资产。组织过程资产中的项目或阶段收尾指南或要求、配置管理知识库可以作为结束项目或阶段的输入。

2. 结束项目或阶段的输出主要有项目文件（更新）、最终产品、服务或成果、项目最终报告和组织过程资产（更新）4 项。

（1）项目文件（更新）。结束项目或阶段需要更新所有项目文件为最终版本。

（2）最终产品、服务或成果。最终产品、服务或成果需要移交客户。

（3）项目最终报告。项目最终报告用来对项目绩效进行总结。

（4）组织过程资产（更新）。组织过程资产中的项目文件、运营和支持文件、项目或阶段收尾文件、经验教训知识库可能需要更新。

3. 结束项目或阶段的工具与技术主要有专家判断、数据分析和会议 3 项。

（1）专家判断。可以征求具备领域相关专业知识或接受过相关培训的个人或小组意见。

（2）数据分析。用到的数据分析技术主要有文件分析、回归分析、趋势分析和偏差分析。

（3）会议。结束项目或阶段的会议通常是收尾报告会、客户总结会、经验教训总结会、庆祝会等。

备考点拨

本考点学习难度星级：★☆☆（简单），考试频度星级：★☆☆（低频）。

本考点考查结束项目或阶段的输入、输出、工具与技术。结束项目或阶段时，需要回头看看最早的项目章程（输入），需要再次审视验收的可交付成果（输入），涉及外采的，还需要查看协议（输入）和采购文档（输入），另外项目管理计划（输入）和相关的项目文件（输入）也是这个过程的输入。

技术项目或阶段完成后，最终可以得到最终产品、服务或成果（输出），随之还有一份项目最终报告（输出）。

考题精练

1. 结束项目或阶段过程的输入是（　　）。
   A. 批准的产品规范　　　　　　　　B. 最终产品、服务或成果
   C. 项目最终报告　　　　　　　　　D. 经验教训知识库

【解析】答案为A。结束项目或阶段过程的输入包括项目章程、项目管理计划、项目文件、验收的可交付成果、立项管理文件、协议、采购文档和组织过程资产，本题考查了输入中的细节，也就是验收的可交付成果包含的具体内容，选项A批准的产品规范就是属于验收的可交付成果。而选项B、C、D是过程的输出，其中选项D是输出组织过程资产（更新）中的内容。

2. 结束项目或阶段过程的主要作用包括（　　）。
   ①存档项目或阶段信息　　②利用已有的组织知识，改进项目成果
   ③对项目工作的可交付成果进行综合管理　　④确定项目工作的基础　　⑤释放组织团队资源
   A. ①②⑤　　　　B. ①⑤　　　　C. ①③⑤　　　　D. ①④

【解析】答案为B。结束项目或阶段是终结项目、阶段或合同的所有活动的过程。本过程的主要作用：①存档项目或阶段信息，完成计划的工作；②释放组织团队资源以展开新的工作。

第 10 章
项目范围管理考点精讲及考题实练

10.1 章节考情速览

项目范围管理一共有 6 个过程，分别是规划范围管理、收集需求、定义范围、创建 WBS、确认范围和控制范围，基本上就是日常工作中进行范围管理的流程顺序，6 个过程中，创建 WBS 相对是综合知识科目的考试重点，控制范围相对是案例分析科目的考试重点，不过所有的过程、过程的顺序、过程的输入、输出、工具与技术都需要掌握，因为不仅仅是综合知识科目的重点，也是案例分析科目和论文写作科目的考试重点之一。从往年的考试经验看，综合知识科目一般会考查 3 分左右。

10.2 考点星级分布图

本章涉及的主要考点分布及难度与频度双星级如图 10-1 所示。

```
项目范围管理考点
├─ 范围管理基础 ──【考点79】范围管理基础 ── 难度星级：★
│                                         频度星级：★★
└─ 过程ITO
   ├─【考点80】规划范围管理的输入、输出、工具与技术 ── 难度星级：★　频度星级：★★★
   ├─【考点81】收集需求的输入、输出、工具与技术 ── 难度星级：★　频度星级：★★
   ├─【考点82】定义范围的输入、输出、工具与技术 ── 难度星级：★　频度星级：★★★
   ├─【考点83】创建WBS的输入、输出、工具与技术 ── 难度星级：★★　频度星级：★★★
   ├─【考点84】确认范围的输入、输出、工具与技术 ── 难度星级：★　频度星级：★★
   └─【考点85】控制范围的输入、输出、工具与技术 ── 难度星级：★　频度星级：★★
```

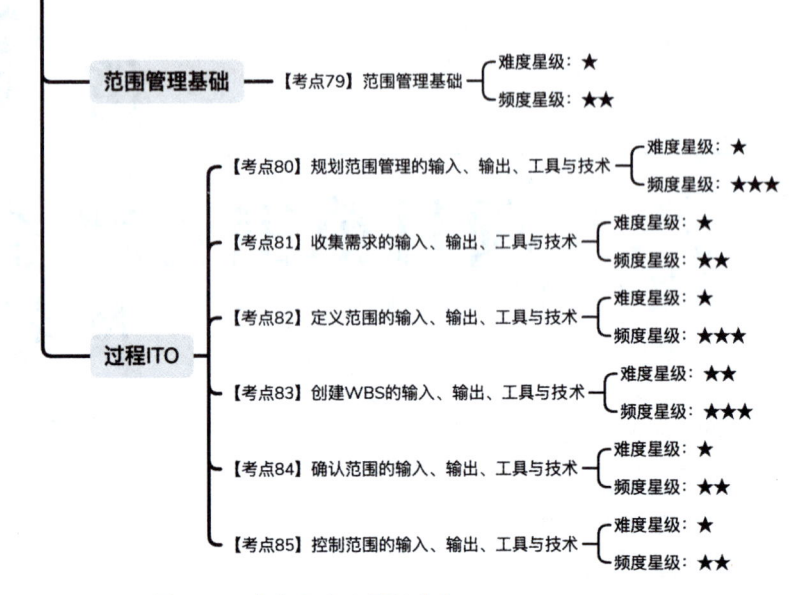

图 10-1　本章考点及星级分布

10.3　核心考点精讲

【考点 79】范围管理基础

> **考点精华**

项目范围管理包括确保项目做且只做所需的全部工作，以成功完成项目。项目范围管理主要在于定义和控制哪些工作应该包括在项目内，哪些不应该包含在项目内。

项目范围和产品范围的区别为：产品范围指某项产品、服务或成果所具有的特征和功能，产品范围的完成情况是根据产品需求来衡量的，"需求"是指根据特定协议或其他强制性规范，产品、服务或成果必须具备的条件或能力。而项目范围包括产品范围，是为交付具有规定特性与功能的产品、服务或成果而必须完成的工作，项目范围的完成情况是根据项目管理计划来衡量的。

项目范围管理过程包括：①规划范围管理：为了记录如何定义、确认和控制项目范围及产品范围，创建范围管理计划；②收集需求：为了实现项目目标，确定、记录并管理干系人的需要和需求；③定义范围：制定项目和产品详细描述；④创建WBS：将项目可交付成果和项目工作分解为较小的、更易于管理的组件；⑤确认范围：正式验收已完成的项目可交付成果；⑥控制范围：监督项目和产品的范围状态，管理范围基准的变更。

敏捷或适应型方法有目的地构建和审查原型，并通过多次发布版本来明确需求，范围会在整个项目期间被定义和再定义。

采用敏捷或适应型生命周期，旨在应对大量变更，需要干系人持续参与项目。因此，适应型项目的整体范围分解为一系列拟实现的需求和拟执行的工作（也称产品未完成项），通过多次迭代来开发可交付成果，并在每次迭代开始时定义和批准详细的范围，在每次迭代中，都会重复开展三个过程：①收集需求；②定义范围；③创建 WBS。

在适应型或敏捷型生命周期中，发起人和客户代表应该持续参与项目，并对迭代交付的可交付成果提供反馈意见，确保产品未完成项真实地反映了他们的当前需求。在每次迭代中，都会重复开展两个过程：①确认范围；②控制范围。

在预测型项目中，经过批准的项目范围说明书、工作分解结构（Work Breakdown Structure，WBS）和相应的 WBS 词典构成项目范围基准，在开展确认范围、控制范围及其他控制过程时，基准被用作比较的基础。而采用适应型生命周期的项目，则使用未完成项（包括产品需求和用户故事）反映当前需求。

🔊 **备考点拨**

本考点学习难度星级：★☆☆（简单），考试频度星级：★★☆（中频）。

本考点考查项目范围管理的基础概念，范围管理的定义和作用一定要掌握，3 个科目都可能会考到。同样需要牢记的是项目范围管理的 6 个过程名字以及先后顺序。新考纲中增加了敏捷适应型生命周期的相关内容，需要放在生命周期大背景下理解不同知识域的执行差异。

🔗 **考题精练**

1. 关于项目范围管理过程的描述，不正确的是（　　）。

    A. 采用敏捷或适应型生命周期，旨在应对大量变更，需要干系人持续参与项目
    B. 在预测型项目中，只有通过正式变更控制程序才能变更项目范围基准
    C. 在预测型项目中，通过多次迭代来开发可交付成果，使用未完成项反映当前需求
    D. 在适应型或敏捷型生命周期中，在每次迭代开始时都可以定义或批准详细的范围

【解析】答案为 C。适应型项目使用未完成项反映当前需求，而不是预测型项目，未完成项包括产品需求和用户故事。

【考点 80】规划范围管理的输入、输出、工具与技术

🔊 **考点精华**

规划范围管理是为记录如何定义、确认和控制项目范围及产品范围，而创建范围管理计划的过程。本过程的主要作用是在整个项目期间对如何管理范围提供指南和方向。范围管理计划用于指导如下过程和相关工作：①制定项目范围说明书；②根据详细项目范围说明书创建 WBS；③确定如何审批和维护范围基准；④正式验收已完成的项目可交付成果。

1. 规划范围管理的输入主要有项目章程、项目管理计划、事业环境因素和组织过程资产 4 项。

   （1）**项目章程**。项目章程记录项目目的、项目概述，以及项目高层级的需求。

规划范围管理的输出

（2）项目管理计划。项目管理计划中的质量管理计划、项目生命周期描述和开发方法可以用于规划范围管理。

（3）事业环境因素。包括组织文化、基础设施、人事管理制度和市场条件等。

（4）组织过程资产。包括政策和程序、历史信息和经验教训知识库等。

2. 规划范围管理的输出主要有范围管理计划和需求管理计划2项。

（1）范围管理计划。范围管理计划是项目管理计划的组成部分，描述将如何定义、制定、监督、控制和确认项目范围。

（2）需求管理计划。需求管理计划是项目管理计划的组成部分，描述如何分析、记录和管理需求。需求管理计划的内容包括：①如何规划、跟踪和报告各种需求活动；②和需求有关的配置管理活动；③需求优先级排序过程；④测量指标及使用指标的理由；⑤反映哪些需求属性将被列入跟踪矩阵等。

3. 规划范围管理的工具与技术主要有专家判断、数据分析和会议3项。

（1）专家判断。可以征求具备相关专业知识或接受过相关培训的个人或小组意见。

（2）数据分析。主要是备选方案分析，备选方案分析技术用于评估和收集需求，详细描述项目和产品范围，确认和控制范围的方法。

（3）会议。项目团队可通过项目会议来制订范围管理计划。

备考点拨

本考点学习难度星级：★☆☆（简单），考试频度星级：★★★（高频）。

本考点考查规划范围管理的主要输入、输出、工具与技术。规划范围管理可以从项目章程（输入）入手，因为项目章程中包含了高层级的需求信息，另外还需要查看项目管理计划（输入），主要用到其中的质量管理计划、项目生命周期描述和开发方法，最后就是参考事业环境因素和组织过程资产。

这个过程输出范围管理计划（输出）和需求管理计划（输出），需求管理计划和范围管理计划只有两字之差但区别很大。需求管理计划关注需求以及需求如何管理，是面向作业流程的管理计划。

考题精练

1. 当用户提出新需求时，项目组应在（　　）指导下进行项目范围管理。
   A．WBS B．范围管理计划
   C．项目范围说明书 D．需求跟踪矩阵

【解析】答案为B。如果没有范围管理计划，那么在面对范围管理出现的问题，例如，需求的变化、设计中的错误等"意外"情况时，项目团队就缺乏一个行动指导方针，对于用户提出的新的需求，要么全部说"不"，要么全部说"是"，或者更糟，全凭借想象说"是"或者"不"，这无疑会严重打击项目团队的积极性，对项目的进度、资源使用和完成带来非常不利的影响。

2. 某公司承担了一个新项目，为一家小型制造企业开发协同工作系统，该制造企业之前没有使用过协同工作系统，业务比较复杂，需求会持续变更，作为项目经理应通过（　　）来确保项目顺利完成。

  A．项目前期多花时间，尽可能地明确和细化需求

  B．更改项目完成时间，提前进行验收，以便处理验收时发现的问题

  C．在开发中采用迭代开发的方式，及时调整功能

  D．制订需求管理计划，规划如何分析、记录和管理需求

【解析】答案为D。需求管理计划是项目管理计划的组成部分，描述如何分析、记录和管理需求。

【考点81】收集需求的输入、输出、工具与技术

考点精华

收集需求是为实现目标而确定、记录并管理干系人的需要和需求的过程。本过程的主要作用是为定义产品范围和项目范围奠定基础。

1. 收集需求的输入主要有立项管理文件、项目章程、项目管理计划、项目文件、协议、事业环境因素和组织过程资产7项。

（1）立项管理文件。立项管理文件会影响收集需求的过程。

（2）项目章程。项目章程记录了项目概述以及用于制定详细需求的高层级需求。

（3）项目管理计划。项目管理计划中的范围管理计划、需求管理计划和干系人参与计划可以用于收集需求过程。

（4）项目文件。项目文件中的假设日志、干系人登记册和经验教训登记册可以用于收集需求过程。

（5）协议。协议中包含项目和产品需求。

（6）事业环境因素。

（7）组织过程资产。

2. 收集需求的输出主要有需求文件和需求跟踪矩阵2项。

（1）需求文件。需求文件描述单一需求如何满足项目的业务需求。只有明确的、可测量的、可测试的、可跟踪的、完整的、相互协调的且干系人认可的需求，才能作为基准。

需求可以分为业务解决方案和技术解决方案。业务解决方案是干系人的需要，技术解决方案是如何实现干系人需要的方案。

需求的类别通常包含业务需求、干系人需求、解决方案需求、过渡和就绪需求、项目需求和质量需求6类，具体如下：

1）业务需求描述了组织的高层级需要。

2）干系人需求描述了干系人的需要。

3）解决方案需求是为满足业务需求和干系人需求，产品、服务或成果必须具备的特性、功能和特征。解决方案需求又可以分为功能需求和非功能需求2类。

4）过渡和就绪需求描述了从"当前状态"过渡到"将来状态"所需的临时能力，比如数据转换需求和培训需求。

5）项目需求是项目需要满足的行动、过程或其他条件，比如里程碑日期、合同责任、制约

因素等需求。

6）质量需求是用于确认项目可交付成果成功完成或其他项目需求实现的条件或标准，比如测试、认证、确认等需求。

（2）需求跟踪矩阵。需求跟踪矩阵是把产品需求从来源连接到可交付成果的表格。需求跟踪矩阵把每个需求与业务目标或项目目标联系起来，有助于确保每个需求都具有业务价值，有助于确保需求文件中被批准的每项需求在项目结束时都能实现并交付，而且需求跟踪矩阵还为管理产品范围变更提供了框架。

3. 收集需求的工具与技术主要有专家判断、数据收集、数据分析、决策、数据表现、人际关系与团队技能、系统交互图和原型法8项。

（1）专家判断。可以征求具备领域相关专业知识或接受过相关培训的个人或小组的意见。

（2）数据收集。数据收集技术包括：①头脑风暴：用来产生和收集对项目需求与产品需求的多种创意；②访谈：通过与干系人直接交谈进而获取需求；③焦点小组：召集预定的干系人和主题专家，了解他们对产品、服务或成果的期望和态度，焦点小组由主持人引导进行互动式讨论，比一对一访谈更热烈；④问卷调查：设计一系列书面问题，向众多受访者快速收集信息，问卷调查适合受众多样化、需要快速完成调查、受访者地理位置分散的场景；⑤标杆对照：将实际或计划的产品与其他可比组织进行对比，进而识别最佳实践、形成改进意见。

（3）数据分析。用到的数据分析技术是文件分析。文件分析通过分析现有文件，识别与需求相关的信息来获取需求。

（4）决策。决策技术包括：①投票：为达成期望结果，对多个方案进行评估的决策技术，可以通过投票来识别、归类和排序产品需求；②独裁型决策制定：由一个人为整个集体制定决策；③多标准决策分析：借助决策矩阵用系统分析法建立多种标准，对众多创意进行评估和排序。

（5）数据表现。数据表现技术包括：①亲和图：用来对大量创意进行分组，以便进一步审查和分析；②思维导图：把从头脑风暴中获得的创意整合成思维导图，用来反映创意间的关系，从而激发新创意。

（6）人际关系与团队技能。人际关系与团队技能包括：①名义小组技术。名义小组技术是一种结构化的头脑风暴，由4步组成：第1步是向集体提出一个问题，每个人思考后写出自己的想法；第2步是主持人在活动挂图上记录所有人的想法；第3步是集体讨论各个想法，直到达成明确的共识；第4步是个人私下投票对想法进行优先排序，可以采用5分制，1分最低，5分最高。可进行数轮投票，每轮投票后清点选票，得分最高者被选出。②观察和交谈。当产品使用者难以或不愿说出需求时，可以通过观察和交谈技术，观察和交谈是直接察看个人在各自环境中如何执行工作和实施流程。③引导。引导可以和主题研讨会结合使用，把主要干系人召集在一起，有助于快速定义跨职能需求并协调干系人的需求差异。

（7）系统交互图。系统交互图是对产品范围的可视化描绘，可以直观显示业务系统与人和其他系统之间的交互方式。

（8）原型法。原型法是在实际制造产品之前，先造出产品模型，并据此征求需求反馈。故事板是一种原型技术，通过一系列图像来展示顺序或导航路径。在软件开发中，故事板使用实体模型来展示网页、屏幕或其他用户界面的导航路径。

备考点拨

本考点学习难度星级：★☆☆（简单），考试频度星级：★★☆（中频）。

本考点考查收集需求的主要输入、输出、工具与技术。有了范围管理计划和需求管理计划双计划之后就开始收集需求。收集需求是记录并管理干系人需要和需求的过程。注意这里还提到了"需要"，需要的含义是不成熟的想法，临时想到的一些要求是"需要"，所以收集需求是尽量多地拿到想法，先不考虑到底把哪些放到项目里去。

收集需求的输入比较多，因为要从多维度、多方面去收集尽可能多的需求，不要遗漏掉需求。主要的输入一个是项目管理计划（输入），另一个是项目文件（输入）。项目管理计划中包含范围管理计划、需求管理计划和干系人参与计划，因为收集需求需要向干系人收集；项目文件里的假设日志、干系人登记册、经验教训登记册会成为收集需求的输入。其他输入不再赘述，可参考考点精华。

收集需求的输出有2个，首先要输出需求文件（输出），其次还有配套的需求跟踪矩阵（输出）。需求跟踪矩阵把业务需要或者需求，跟系统的真正功能联系起来，以后就能做追踪或者追溯。

收集需求的工具与技术一共有8种，八仙过海，各显神通。既然是收集需求，自然会用到专家判断（技术），用到数据收集（技术），还可以使用原型法（技术）来挖掘用户的真实需求，原始需求拿到之后要做数据分析（技术），也就是对需求展开文件分析，分析的结果可以使用系统交互图（技术）描述，用亲和图或者思维导图做数据表现（技术），最终需要决策（技术），当然这期间少不了用到人际关系与团队技能（技术）让需求收集更加高效。

考题精练

1. （　　）用于确认项目可交付成果的成功完成。
   A. 业务需求　　　B. 解决方案需求　　　C. 质量需求　　　D. 过渡与就绪需求

【解析】答案为C。质量需求用于确认项目可交付成果的成功完成或其他项目需求的实现的任何条件或标准，如测试、认证、确认等。

2. 关于收集需求管理过程及相关技术的描述，正确的是（　　）。
   A. 需求跟踪矩阵是把产品需求从其来源链接到能满足需求的可交付成果的一种表格
   B. 原型法是一种结构化的头脑风暴形式，通过投票排列最有用的创意
   C. 故事板是一种原型技术，是对产品范围的可视化描绘，可以直观显示业务系统的交互方式
   D. 收集需求管理过程为规划范围管理过程奠定基础，需要反复开展，贯穿于整个项目生命周期

【解析】答案为A。本题主要考查收集需求过程的工具与技术。通过投票排列最有用的创意的结构化头脑风暴是名义小组技术，不是原型法。原型法是在实际制造预期产品之前，先造出该产品的模型，并据此征求对需求的早期反馈，所以选项B错误；系统交互图是对产品范围的可视化描绘，可以直观显示业务系统与人和其他系统之间的交互方式，而不是故事板，故事板也是一

种原型技术，通过一系列的图像或图示来展示顺序或导航路径，所以选项 C 错误；收集需求过程仅开展一次或仅在项目的预定义点开展，所以选项 D 错误。

3. 关于收集需求的描述，不正确的是（　　）。
   A. 德尔菲技术通过组织专家讨论、并投票来排列最有用创意
   B. QFD 对质量需求分为基础需求、期望需求和意外需求
   C. 概括性的需求文件不能作为基准
   D. 如不能将设计元素或测试案例回溯到需求文件，就可能出现镀金行为

【解析】答案为 A。QFD 将软件需求分为三类，分别是常规需求、期望需求和意外需求。其中常规需求也叫基本需求；名义小组技术是通过投票来排列最有用的创意，以便进行进一步的头脑风暴或优先排序，是头脑风暴法的深化应用，是更加结构化的头脑风暴法；一开始可能只有概括性的需求，然后随着信息的增加而逐步细化，只有明确的（可测量和可测试）、可跟踪的、完整的、相互协调的，且主要干系人愿意认可的需求，才能作为基准。

【考点 82】定义范围的输入、输出、工具与技术

考点精华

定义范围是制定项目和产品详细描述的过程。本过程的主要作用是描述产品、服务或成果的边界和验收标准。由于收集需求过程中识别出的所有需求不一定都包含在项目中，定义范围过程需要从需求文件中选取最终的项目需求，然后制定关于项目及其产品、服务或成果的详细描述。

1. 定义范围的输入主要有项目章程、项目管理计划、项目文件、事业环境因素和组织过程资产 5 项。

（1）项目章程。项目章程包含对项目的高层级描述、产品特征和审批要求。

（2）项目管理计划。项目管理计划中的范围管理计划，记录了如何定义、确认和控制项目范围。

（3）项目文件。项目文件中的假设日志、需求文件和风险登记册可以用作定义范围过程的输入。

（4）事业环境因素。

（5）组织过程资产。

2. 定义范围的输出主要有项目范围说明书和项目文件（更新）2 项。

（1）项目范围说明书。项目范围说明书是对项目范围、主要可交付成果、假设条件和制约因素的描述。项目范围说明书描述要做和不做的工作详细程度，决定项目管理团队控制项目范围的有效程度。「★案例记忆点★」

项目范围说明书包括以下内容：「★案例记忆点★」①产品范围描述：对项目章程和需求文件中的产品、服务或成果逐步细化；②可交付成果：可交付成果也包括项目管理报告和文件之类的辅助成果；③验收标准：可交付成果通过验收前必须满足一系列条件；④项目的除外责任：明确说明哪些内容不属于项目范围，有助于管理干系人期望并减少范围蔓延。

（2）项目文件（更新）。在定义范围过程可能更新的项目文件包括假设日志、需求文件、需求跟踪矩阵和干系人登记册。

3. 定义范围的工具与技术主要有专家判断、数据分析、决策、人际关系与团队技能和产品

分析 5 项。

（1）专家判断。定义范围过程中，可以征求具备相关知识或经验的个人或小组意见。

（2）数据分析。用于定义范围过程的数据分析技术是备选方案分析。

（3）决策。用于定义范围过程的决策技术是多标准决策分析。多标准决策分析借助决策矩阵使用系统分析方法，通过建立需求、进度、预算和资源等多种标准来完善项目和产品范围。

（4）人际关系与团队技能。可以在研讨会中使用引导技术来协调不同期望的关键干系人，使他们就项目可交付成果及边界达成跨职能的共识。

（5）产品分析。产品分析用于定义产品和服务。

备考点拨

本考点学习难度星级：★☆☆（简单），考试频度星级：★★★（高频）。

本考点考查定义范围的主要输入、输出、工具与技术。定义范围肯定离不开项目管理计划（输入），其实是离不开其中的范围管理计划，同时项目文件（输入）中的需求文件自然也是定义范围不可或缺的输入。定义范围的主要输出是项目范围说明书（输出），项目范围说明书的制定具备非常大的里程碑意义，代表所有干系人就项目范围达成了共识并记录在案，以后出现问题争议时，大家把项目范围说明书拿出来看就好。

考题精练

1. 关于范围管理的描述，正确的是（　　）。
   A. 定义范围管理是为了记录如何定义、确认和控制项目范围及产品范围，而创建范围管理计划的过程
   B. 范围管理计划包含配置管理活动和需求优先级排序过程
   C. 范围管理计划是非常详细的正式的计划
   D. 规划范围管理的作用是在整个项目期间对如何管理范围提供指南和方向

   【解析】答案为 D。记录如何定义、确认和控制项目范围及产品范围，而创建范围管理计划的过程是规划范围管理过程，不是定义范围过程，定义范围是制定项目和产品详细描述的过程，主要作用是描述产品、服务或成果的边界和验收标准，所以选项 A 错误；配置管理活动和需求优先级排序过程是需求管理计划的内容，而非范围管理计划内容，所以选项 B 错误；范围管理计划也可以是非正式和高度概括的，所以选项 C 错误；排除法可得正确答案是 D，规划范围管理的作用是在整个项目期间对如何管理范围提供指南和方向。

2. 项目范围说明书包括的内容有（　　）。
   ①产品范围描述　②需求跟踪矩阵　③项目的除外责任
   ④干系人登记册　⑤可交付成果　⑥验收标准
   A. ①②④⑥　　　B. ①③⑤⑥　　　C. ①②③⑤　　　D. ①②⑤⑥

   【解析】答案为 B。详细的项目范围说明书包括内容有 4 项，分别是：①产品范围描述；②可交付成果；③验收标准；④项目的除外责任。需求跟踪矩阵和干系人登记册属于项目文件，而非项目范围说明书。

3. 定义范围最重要的任务就是详细定义项目的范围边界，（　　）不适合用于描述某个项目的范围。

  A．系统开发完成后，开发人员针对系统操作为客户举行两次以上的培训

  B．服务软件在对外传输数据过程中不允许以明文形式传输

  C．将主会场原有的标清视频会议系统替换为高清（1080P）视频会议系统

  D．智能数据分析系统核心功能在 2 个月内完成，以满足验收要求

【解析】答案为 D。定义范围是制定项目和产品详细描述的过程，其主要作用是明确所收集的需求哪些将包含在项目范围内，哪些将排除在项目范围外，从而明确产品、服务或成果的边界。选项 D 描述的是项目进度和质量要求，非项目范围要求。

【考点 83】创建 WBS 的输入、输出、工具与技术

◎ 考点精华

WBS 的分解步骤

创建工作分解结构（WBS）是把项目可交付成果和项目工作分解成较小、更易于管理的组件的过程。本过程的主要作用是为所要交付的内容提供架构。WBS 的最低层是工作包，"工作"是指活动结果的工作产品或可交付成果，而不是活动本身。

1. 创建 WBS 输入主要有项目管理计划、项目文件、事业环境因素和组织过程资产 4 项。

（1）项目管理计划。项目管理计划中的范围管理计划定义了如何根据项目范围说明书创建 WBS。

（2）项目文件。项目文件中的需求文件和项目范围说明书可作为创建 WBS 过程的输入。

（3）事业环境因素。影响创建 WBS 过程的事业环境因素是所在行业的 WBS 标准。

（4）组织过程资产。影响创建 WBS 过程的组织过程资产包括：用于创建 WBS 的政策、程序和模板，以往项目的项目档案，以往项目的经验教训等。

2. 创建 WBS 输出主要有范围基准和项目文件（更新）2 项。

（1）范围基准。范围基准是经过批准的范围说明书、WBS 和 WBS 字典。范围基准是项目管理计划的组成部分，只有通过正式的变更控制流程才能变更范围基准。「★案例记忆点★」

1）项目范围说明书。项目范围说明书是对项目范围、可交付成果、假设条件和制约因素的描述。

2）WBS。WBS 是对需要实施的全部工作范围的层级分解。

3）工作包。工作包是 WBS 的最低层，每个工作包都被分配了账户编码，每个工作包都是控制账户的一部分，且只与一个控制账户关联。控制账户是管理控制点，包含两个或更多工作包，控制账户把范围、预算和进度进行整合，之后与挣值对比来测量绩效。

4）规划包。规划包的位置低于控制账户，但是高于工作包，一个控制账户可以包含一个或多个规划包。规划包的工作内容已知，但详细的进度活动未知。

5）WBS 字典。WBS 字典针对 WBS 中的每个组件，详细描述了可交付成果、活动和进度信息。WBS 字典中的内容包括：账户编码标识、工作描述、假设条件和制约因素、负责的组织、

进度里程碑、相关的进度活动、所需资源、成本估算、质量要求、验收标准、技术参考文献、协议信息等。

（2）项目文件（更新）。在创建 WBS 过程更新的项目文件包括假设日志和需求文件。

3．创建 WBS 的工具与技术主要有专家判断和分解 2 项。

（1）专家判断。创建 WBS 过程中，可以征求具备类似项目知识或经验的个人或小组意见。

（2）分解。分解把项目范围和项目可交付成果逐步划分为更小、更便于管理的组成部分。分解的程度取决于所需的控制程度，创建 WBS 常用的方法包括自上而下法、使用组织特定的指南和使用 WBS 模板。

1）分解活动。要把项目工作分解为工作包，需要开展如下 5 项活动：①识别和分析可交付成果及相关工作；②确定 WBS 的结构和编排方法；③自上而下逐层细化分解；④为 WBS 组成部分制定和分配标识编码；⑤核实可交付成果分解的程度是否恰当。「★案例记忆点★」

2）WBS 结构。WBS 的结构可以采用两种形式：①把生命周期各阶段作为分解的第二层，把可交付成果作为分解的第三层；②把可交付成果作为分解的第二层。「★案例记忆点★」

WBS 可以采用提纲式、组织结构图或其他形式。敏捷适应型方法可以将长篇故事分解成用户故事。对于未来远期完成的可交付成果，当前可能无法分解，所以通常要等到达成一致意见时，才能做出 WBS 的相应细节，这种技术称为滚动式规划。

3）注意事项。WBS 分解过程应该注意 8 方面：「★案例记忆点★」① WBS 必须是面向可交付成果的；② WBS 必须符合项目范围，WBS 包括也仅包括为了完成项目的可交付成果的活动。100% 原则认为，WBS 所有下一级的元素之和必须 100% 代表上一级元素；③ WBS 的底层应该支持计划和控制，WBS 的底层不但要支持项目管理计划，而且能让管理层监控项目进度和预算；④ WBS 中的元素必须有人负责，而且只能有一个人负责，也就是独立责任原则，可以使用工作责任矩阵来描述；⑤ WBS 应控制在 4～6 层，如果项目规模过大导致超过 6 层，可以使用项目分解结构将大项目分解成子项目，针对子项目做 WBS；⑥ WBS 应包括项目管理工作，也要包括分包的工作，WBS 需要纳入外包工作，作为外包工作的一部分，卖方须制定相应的合同 WBS；⑦ WBS 的编制需要所有主要项目干系人的参与，项目经理需组织干系人讨论，编制出大家都能接受的 WBS；⑧ WBS 并非一成不变的，在完成 WBS 之后的工作中，有可能需要继续对 WBS 进行修改。

备考点拨

本考点学习难度星级：★★☆（适中），考试频度星级：★★★（高频）。

本考点考查创建 WBS 的主要输入、输出、工具与技术。创建 WBS 需要用到范围管理计划，包含范围管理计划的项目管理计划（输入）就成为了主要输入，另外还需要参考项目文件（输入）中的项目范围说明书和需求文件。重要的范围基准（输出）是创建 WBS 过程的主要输出，因为范围基准包括经过批准的范围说明书、WBS 和相应的 WBS 字典。

除了专家判断（技术）之外，创建 WBS 用到最多的就是分解（技术）。分解的考点比较多，其中最重要的是 WBS 分解过程的八项注意事项，曾经多次考过，一定要确保掌握。

考题精练

1. 关于 WBS 描述正确的是（   ）。

   A．WBS 分解得越详细越利于项目的执行

   B．WBS 的元素可以几个人同时负责

   C．WBS 完成后，就不能对 WBS 进行修改

   D．WBS 中下级元素之和等于上级元素

【解析】答案为 D。WBS 的底层应该支持计划和控制。WBS 的底层不但要支持项目管理计划，而且要让管理层能够监视和控制项目的进度和预算。如果将 WBS 分解得过于详细，那么容易让人掉进细节中，同时可能会忽略更重要的事情，对于项目的控制成本也不利。另外，WBS 如果变成了每小时的工作单，那么对于项目团队成员而言，谁也不愿意每时每刻都受到监控，而且，组织可能还需要雇佣相应的人员来完成如此之多的监控。

2. 关于 WBS 的描述，正确的是（   ）。

   A．WBS 中的各项工作为可交付成果提供服务

   B．WBS 的内容一般会超出完成可交付成果的活动范围

   C．WBS 中的元素可以由一人或多人负责

   D．WBS 应包括分包的工作，但不包括管理工作

【解析】答案为 A。WBS 中的各项工作是为提供可交付的成果服务的。WBS 必须包括也仅包括为了完成项目的可交付成果的活动。WBS 中的元素必须有人负责，而且只有一个人负责。WBS 应包括项目管理工作（因为管理是项目具体工作的一部分），也要包括分包出去的工作。

【考点 84】确认范围的输入、输出、工具与技术

考点精华

确认范围是正式验收已完成的项目可交付成果的过程。本过程的主要作用：①使验收过程具有客观性；②通过确认每个可交付成果来提高最终产品、服务或成果获得验收的可能性。

确认范围的步骤

确认范围过程与控制质量过程的区别是，确认范围关注可交付成果的验收，控制质量关注可交付成果的正确性及是否满足质量要求。控制质量过程通常先于确认范围过程，但二者也可同时进行。

1. 确认范围的步骤包括：

（1）确定需要进行范围确认的时间。

（2）识别范围确认需要哪些投入。

（3）确定范围正式被接受的标准和要素。

（4）确定范围确认会议的组织步骤。

（5）组织范围确认会议。

2. 项目干系人进行范围确认时，需要检查 6 个方面的问题：

（1）可交付成果是否是确定的、可确认的。

(2) 每个可交付成果是否有明确的里程碑，里程碑是否有明确的、可辨别的事件。

(3) 是否有明确的质量标准。

(4) 审核和承诺是否有清晰的表达。

(5) 项目范围是否覆盖需要完成的产品或服务的所有活动，有没有遗漏或错误。

(6) 项目范围的风险是否太高。

3. 干系人对确认范围的关注点不同：[★案例记忆点★]

(1) 管理层关注项目范围，关注范围对项目进度、资金和资源的影响，是否超过了组织承受范围，是否在投入产出上具有合理性。

(2) 客户关注产品范围，关注项目可交付成果是否足够完成产品或服务。

(3) 项目管理人员关注项目制约因素，关注项目可交付成果是否足够和必须完成，时间、资金和资源是否足够，关注主要的潜在风险和解决方法。

(4) 项目团队成员关注项目范围中自己参与的元素和负责的元素。

4. 确认范围的输入主要有项目管理计划、项目文件、工作绩效数据和核实的可交付成果4项。

(1) 项目管理计划。项目管理计划中的范围管理计划、需求管理计划和范围基准可以用于确认范围的输入。

(2) 项目文件。项目文件中的需求文件、需求跟踪矩阵、质量报告和经验教训登记册可以用于确认范围的输入。

(3) 工作绩效数据。工作绩效数据包含符合需求的程度、不一致数量、不一致的严重性或开展确认的次数。

(4) 核实的可交付成果。核实的可交付成果是已经完成，并被控制质量过程检查为正确的可交付成果。

5. 确认范围的输出主要有验收的可交付成果、变更请求、工作绩效信息和项目文件（更新）4项。

(1) 验收的可交付成果。符合验收标准的可交付成果由客户或发起人正式签字批准。

(2) 变更请求。可能需要针对可交付成果提出变更请求。

(3) 工作绩效信息。工作绩效信息包括项目进展信息。

(4) 项目文件（更新）。项目文件中的需求文件、需求跟踪矩阵和经验教训登记册可能需要更新。

6. 确认范围的工具与技术主要有检查和决策2项。

(1) 检查。检查是开展测量、审查与确认等活动，判断工作和可交付成果是否符合需求和产品验收标准。

(2) 决策。可以使用的决策技术是投票，项目团队和干系人验收时可以使用投票来形成结论。

🔹 备考点拨

本考点学习难度星级：★☆☆（简单），考试频度星级：★★☆（中频）。

本考点考查确认范围的输入、输出、工具与技术。确认范围的5个步骤、6方面的检查问题以及干系人关注点这 3 个细分考点可以在理解的前提下掌握，特别是干系人的关注点。

既然确认的是范围，那么过程就需要项目管理计划（输入）中，与范围有关的范围管理计划、需求管理计划和范围基准，还需要项目文件（输入）中，与需求有关的需求文件、需求跟踪矩阵，与质量有关的质量报告，以及经验教训登记册。控制质量过程输出的核实的可交付成果（输入）就可以用来确认范围，此时同样需要参考工作绩效数据（输入）。

确认范围将核实的可交付成果转化成了验收的可交付成果（输出），把工作绩效数据转化成了工作绩效信息（输出）。

考题精练

1. 关于确认范围的描述，不正确的是（　　）。
   A．确认范围的作用之一是确保验收过程具有客观性
   B．确认范围过程通常先于控制质量过程，二者也可同时进行
   C．在确认范围时，要检查可交付成果是否有明确的质量标准
   D．管理层、客户、项目经理人员在确认范围时的关注点有所不同

   【解析】答案为 B。通常情况下，在确认范围前，项目团队需要先进行质量控制工作，例如，在确认软件项目的范围之前，需要进行系统测试等工作，以确保确认工作的顺利完成。

2. 确认范围由客户或者发起人正式签字批准的文件是（　　）。
   A．核实的可交付成果　　　　　　B．工作绩效信息
   C．验收的可交付成果　　　　　　D．可交付成果

   【解析】答案为 C。符合验收标准的可交付成果应该由客户或发起人正式签字批准。

3. 关于确认范围管理过程的叙述，正确的是（　　）。
   A．项目团队成员主要关注项目范围中自己参与的元素和负责的元素
   B．项目实施单位的管理层主要关注产品或服务范围，客户主要关注项目制约因素
   C．确认范围过程的作用是为所要支付的内容提供架构
   D．符合验收标准的可交付成果应由项目经理正式签字批准

   【解析】答案为 A。确认范围过程中，不同角色的关注点有所不同，管理层主要关注项目范围，客户关注产品范围，项目管理人员关注项目制约因素，项目团队成员主要关注项目范围中自己参与的元素和负责的元素。综上可知选项 A 正确，选项 B 错误。确认范围过程的作用，一是使验收过程具有客观性，二是通过确认每个可交付成果来提高终验通过的可能性，所以选项 C 的描述错误；验收的可交付成果由获得授权的干系人正式签字批准，而非项目经理，项目经理不能既做"运动员"又做"裁判员"，所以选项 D 的描述错误。

【考点 85】控制范围的输入、输出、工具与技术

考点精华

控制范围是监督项目和产品的范围状态，管理范围基准变更的过程。本过程的主要作用是在整个项目期间保持对范围基准的维护。控制范围过程应该与其他控制过程协调开展，未经控制的

控制范围的输出

产品或项目范围的扩大被称为范围蔓延。

1. 控制范围的输入主要有项目管理计划、项目文件、工作绩效数据和组织过程资产4项。

（1）项目管理计划。项目管理计划中的范围管理计划、需求管理计划、变更管理计划、配置管理计划、范围基准和绩效测量基准可用于控制范围的输入。

（2）项目文件。项目文件中的需求文件、需求跟踪矩阵和经验教训登记册可用于控制范围的输入。

（3）工作绩效数据。工作绩效数据中含有变更和交付成果的相关信息，可以用于控制范围的输入。

（4）组织过程资产。

2. 控制范围的输出主要有工作绩效信息、变更请求、项目管理计划（更新）和项目文件（更新）4项。

（1）工作绩效信息。工作绩效信息包括项目和产品范围实施情况、变更信息、范围偏差及原因、偏差影响以及范围绩效预测信息等。

（2）变更请求。过程可能针对范围基准、进度基准或项目管理计划其他部分提出变更请求。

（3）项目管理计划（更新）。项目管理计划的范围管理计划、范围基准、进度基准、成本基准和绩效测量基准可能需要更新。

（4）项目文件（更新）。项目文件的需求文件、需求跟踪矩阵和经验教训登记册可能需要更新。

3. 控制范围的工具与技术主要有数据分析1项。数据分析技术主要包括：

（1）偏差分析：将基准与实际比较，确定偏差是否处于临界值区间内，是否需要采取纠正或预防措施。

（2）趋势分析：审查项目绩效随时间的变化情况，判断绩效正在改善还是正在恶化。

📢 备考点拨

本考点学习难度星级：★☆☆（简单），考试频度星级：★★☆（中频）。

控制范围需要用到工作绩效数据（输入），还需要用到项目管理计划（输入）中的范围管理计划、需求管理计划、变更管理计划、配置管理计划、范围基准和绩效测量基准等。用到项目文件（输入）中的经验教训登记册、需求文件和需求跟踪矩阵。想要控制好范围，离不开和范围、需求有关的一系列计划、基准和文件，离不开对变更和配置的管理与控制，离不开对绩效基准的对比分析。

控制范围过程将工作绩效数据转化成了工作绩效信息（输出）。

🔍 考题精练

1.（　　）包括收到的变更请求数量，接受的变更请求数量或者确认和完成的可交付成果数量；控制范围过程产生的（　　）包括收到的变更分类、识别的范围偏差和原因、偏差对进度和成本的影响，以及对将来范围绩效的预测。

  A．工作绩效报告　工作绩效信息　　B．工作绩效数据　工作绩效信息
  C．工作绩效信息　工作绩效报告　　D．工作绩效数据　工作绩效报告

【解析】答案为B。本题考查控制范围的输入和输出。输入之一为工作绩效数据，工作绩效

数据可能包括收到的变更请求的数量，接受的变更请求的数量或者核实、确认和完成的可交付成果数量。输出之一为工作绩效信息，工作绩效信息是有关项目和产品范围实施情况的相互关联且与各种背景相结合的信息，包括收到的变更的分类、识别的范围偏差和原因、偏差对进度和成本的影响，以及对将来范围绩效的预测。

2. 关于范围确认和范围控制的描述，正确的是（ ）。

  A．当变更会对进度、成本产生较大影响时，变更申请不应该被通过

  B．客户和项目团队成员往往有在当前版本中加入所有功能的意愿

  C．确认范围后该项目的范围不能再更改

  D．由于政府政策调整而导致项目范围的变更申请，可直接通过

【解析】答案为 B。在项目中，客户和项目团队成员往往有在当前版本中加入所有功能和特征的意愿，这对于项目来说是一种潜在的风险，会给组织和客户带来危害和损失。在确认范围的工作过程中也可能会出现范围变更请求，如果这些范围变更请求得到了批准，那么也要重新修改项目范围说明书和 WBS。

第 11 章

项目进度管理考点精讲及考题实练

11.1 章节考情速览

项目进度管理连同下一章项目成本管理是考试的重中之重,进度管理是案例计算题的常见考点,也是论文写作科目的重点题目之一,所以值得反复认真地学习,而且这一章的内容相对较多,共有 6 个过程,分别是规划进度管理、定义活动、排列活动顺序、估算活动持续时间、制订进度计划和控制进度,其中制订进度计划是 6 个过程中的重点,涉及进度网络图的绘制。

项目进度管理按照往年的考试经验看,在综合知识科目一般会考查 4 分左右。

11.2 考点星级分布图

本章涉及的主要考点分布及难度与频度双星级如图 11-1 所示。

```
项目进度管理考点
                ┌─【考点86】规划进度管理的输入、输出、工具与技术 ─ 难度星级：★  频度星级：★★
                ├─【考点87】定义活动的输入、输出、工具与技术 ─ 难度星级：★  频度星级：★★
    过程ITO ────┼─【考点88】排列活动顺序的输入、输出、工具与技术 ─ 难度星级：★★  频度星级：★★
                ├─【考点89】估算活动持续时间的输入、输出、工具与技术 ─ 难度星级：★★  频度星级：★★★
                ├─【考点90】制订进度计划的输入、输出、工具与技术 ─ 难度星级：★★★  频度星级：★★★
                └─【考点91】控制进度的输入、输出、工具与技术 ─ 难度星级：★  频度星级：★★
```

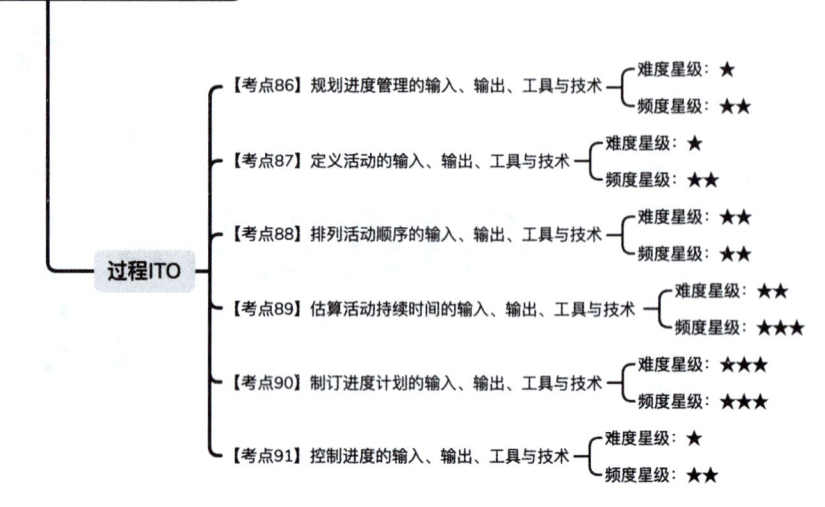

图 11-1　本章考点及星级分布

11.3　核心考点精讲

【考点 86】规划进度管理的输入、输出、工具与技术

◎ 考点精华

规划进度管理是为规划、编制、管理、执行和控制项目进度而制定政策、程序和文档的过程。本过程的主要作用是为如何在项目期间管理项目进度提供指南和方向。

1. 规划进度管理的输入主要有项目章程、项目管理计划、事业环境因素和组织过程资产 4 项。

（1）项目章程。项目章程中的总体里程碑进度计划会影响项目的进度管理。

（2）项目管理计划。项目管理计划中的开发方法和范围管理计划可以作为规划进度管理的输入。

（3）事业环境因素。

（4）组织过程资产。

2. 规划进度管理的输出主要有进度管理计划 1 项。进度管理计划是项目管理计划的组成部分，为编制、监督和控制项目进度建立准则和明确活动要求。进度管理计划的内容包括：

（1）项目进度模型：规定用于制定项目进度模型的进度规划方法论和工具。

（2）进度计划发布和迭代长度：适应型生命周期的项目，需要指定发布、规划和迭代的周期。

（3）准确度：定义活动持续时间估算的可接受区间，以及允许的紧急储备。

（4）计量单位：规定资源的计量单位。

（5）工作分解结构（Work Breakdown Structure，WBS）：为进度管理计划提供框架。

（6）项目进度模型维护：规定如何在进度模型中更新项目状态，记录项目进展。

（7）控制临界值：规定偏差临界值，通常用偏离基准计划中参数的某个百分比表示。

（8）绩效测量规则：规定用于绩效测量的挣值管理（Earned Value Management，EVM）规则或其他规则。

（9）报告格式：规定进度报告格式和编制频率。

3．规划进度管理的工具与技术主要有专家判断、数据分析和会议 3 项。

（1）专家判断。可以征求具备相关专业知识或接受过相关培训的个人或小组意见。

（2）数据分析。可以使用数据分析技术中的备选方案分析技术。备选方案分析确定采用哪些进度计划方法，以及如何将不同方法整合到项目中；备选方案分析还包括确定进度计划的详细程度、滚动式规划的持续时间以及审查和更新频率。

（3）会议。项目团队可以通过规划会议来制订进度管理计划。

◉ 备考点拨

本考点学习难度星级：★☆☆（简单），考试频度星级：★★☆（中频）。

本考点考查规划进度管理的输入、输出、工具与技术。规划进度管理时需要用到项目管理计划（输入），其实是用到其中的范围管理计划和开发方法，进度是和范围息息相关的，范围广，自然进度会更长，而开发方法会影响进度计划的设定和编制，与传统瀑布式开发和敏捷开发相比，规划进度管理的进度计划完全是不同的种类。输出是进度管理计划（输出），这个很明显，不过还需要了解进度管理计划中包含的 9 项内容。

◉ 考题精练

1．关于进度管理计划的概述，不正确的是（　　）。

　A．进度管理计划既可以是正式的也可以是非正式的，既可以是非常详细的也可以是高度概括的

　B．项目管理计划中规定的偏差临界值，可以用于监督进度绩效，通常用偏离基准计划中的参数的某个百分数来表示

　C．在采用适应型生命周期时，应指定进度管理计划发布，规划和迭代的固定时间段

　D．进度管理计划描述如何定义、制定、监督、控制和确认项目范围，是项目管理计划的组成部分

【解析】答案为 D。选项 D 很明显是错误的，进度管理计划管理的是进度，并不是项目范围，进度管理计划为编制、监督和控制项目进度建立准则和明确活动要求。

【考点 87】定义活动的输入、输出、工具与技术

◉ 考点精华

定义活动是识别和记录为完成项目可交付成果而采取具体行动的过程。本过程的主要作用是将工作包分解为进度活动，作为对项目工作进行进度估算、规划、执行、监督和控制的基础。

1. 定义活动的输入主要有项目管理计划、事业环境因素和组织过程资产3项。

（1）项目管理计划。项目管理计划中的进度管理计划和范围基准可以作为定义活动的输入。

（2）事业环境因素。

（3）组织过程资产。

2. 定义活动的输出主要有活动清单、活动属性、里程碑清单、变更请求和项目管理计划（更新）5项。

（1）活动清单。活动清单包含项目所需的进展活动、每个活动的标识及工作范围描述，活动清单会在项目过程中持续更新。

（2）活动属性。活动属性是活动具有的多重属性，用来扩充对活动的描述。

（3）里程碑清单。里程碑清单列出了项目所有的里程碑，以及每个里程碑是强制性的还是选择性的。里程碑是项目中的重要时间点或事件，持续时间为零。

（4）变更请求。在将可交付成果细化分解为活动的过程中，可能发现不属于项目基准的工作，此时需要提出变更请求。

（5）项目管理计划（更新）。项目管理计划中的进度基准和成本基准可能需要更新。

3. 定义活动的工具与技术主要有专家判断、分解、滚动式规划和会议4项。

（1）专家判断。可以征求了解类似项目和当前项目的个人或小组的专业意见。

（2）分解。定义活动过程的输出是活动而不是可交付成果，可交付成果是创建WBS过程的输出。

（3）滚动式规划。滚动式规划是迭代规划技术，详细规划近期要完成的工作，在较高层级上粗略规划远期要完成的工作。

（4）会议。会议可以是面对面或虚拟会议，正式或非正式会议。

备考点拨

本考点学习难度星级：★☆☆（简单），考试频度星级：★★☆（中频）。

本考点考查定义活动的主要输入、输出、工具与技术。上一个过程输出的进度管理计划顺理成章成了这个过程的输入，一同作为输入的还有范围基准，范围基准中的WBS继续分解就是活动了，进度管理计划和范围基准都属于项目管理计划（输入）。

定义活动的输出自然和活动有关，首先可以得到粗颗粒度的里程碑清单（输出），还能得到更细的活动清单（输出），以及活动清单配套的活动属性（输出）。

定义活动的主要工具与技术依然可以使用创建WBS使用的分解（技术），另外还可以使用滚动式规划（技术），因为项目中的信息是逐渐明朗的，一开始很难对未来做出详细的规划，所以需要滚动着规划。

考题精练

1. 关于定义活动过程的描述，不正确的是（　　）。

　　A. 定义活动主要由项目经理主导，也需要其他项目团队成员参与

　　B. 定义活动完成后，应形成一份详细的活动清单

C. 定义活动输出的里程碑清单是合同要求的强制性的重要时间节点和事件

D. 定义活动过程中必须考虑项目的时间限制和预算约束

【解析】答案为 C，本题主要考查定义活动的输出。输出之一是里程碑清单，清单里面列出了里程碑，里程碑可以是强制性的（如合同要求的），也可以是选择性的（如根据历史信息确定），选项 C 提到的是里程碑清单而不是里程碑，两字之差很容易看漏。

【考点88】排列活动顺序的输入、输出、工具与技术

◎ 考点精华

PDM 四种依赖关系

排列活动顺序是识别和记录项目活动之间关系的过程，本过程的主要作用是定义工作之间的逻辑顺序。除首尾两项，每项活动都至少有一项紧前活动和一项紧后活动。

1. 排列活动顺序的输入主要有项目管理计划、项目文件、事业环境因素和组织过程资产 4 项。

（1）项目管理计划。项目管理计划中的进度管理计划和范围基准可以作为排列活动顺序的输入。

（2）项目文件。项目文件中的假设日志、活动属性、活动清单和里程碑清单可作为排列活动顺序的输入。

（3）事业环境因素。事业环境因素中的政府或行业标准、项目管理信息系统、进度规划工具、组织的工作授权系统可作为排列活动顺序的输入。

（4）组织过程资产。组织过程资产中的项目组合与项目集规划、项目间依赖关系、政策、程序和指南、模板、经验教训知识库等可作为排列活动顺序的输入。

2. 排列活动顺序的输出主要有项目进度网络图和项目文件（更新）2 项。

（1）项目进度网络图。项目进度网络图表示项目进度活动间的逻辑依赖关系，项目进度网络图可包括项目全部细节，也可只列出一项或多项概括性活动。

（2）项目文件（更新）。项目文件中的活动属性、活动清单、假设日志、里程碑清单可能需要更新。

3. 排列活动顺序的工具与技术主要有紧前关系绘图法、箭线图法、确定和整合依赖关系、提前量和滞后量、项目管理信息系统 5 项。

（1）紧前关系绘图法。紧前关系绘图法（Precedence Diagramming Method，PDM），又称前导图法，使用方框代表活动，被称为节点，节点间用箭头连接，箭头代表节点的逻辑关系。因为只有节点需要编号，所以 PDM 也称单代号网络图或活动节点图（Active on Node，AON），如图 11-2 所示。

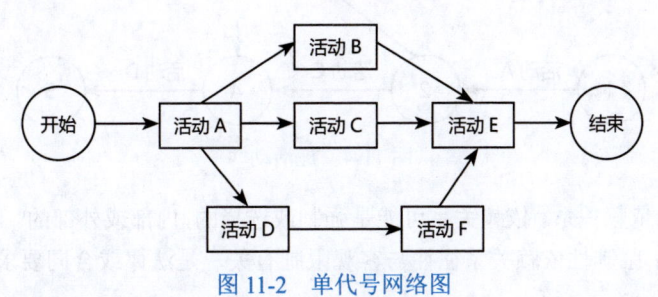

图 11-2　单代号网络图

PDM 包括四种逻辑关系，其中完成到开始（FS）最常用，开始到完成（SF）很少用。「★案例记忆点★」：①完成到开始（FS）：只有紧前活动完成，紧后活动才能开始的逻辑关系；②完成到完成（FF）：只有紧前活动完成，紧后活动才能完成的逻辑关系；③开始到开始（SS）：只有紧前活动开始，紧后活动才能开始的逻辑关系；④开始到完成（SF）：只有紧前活动开始，紧后活动才能完成的逻辑关系。

前导图中每个节点的活动有如下几个时间：①最早开始时间（ES）：某项活动能够开始的最早时间；②最早完成时间（EF）：某项活动能够完成的最早时间；③最迟开始时间（LS）：为了使项目按时完成，某项活动必须开始的最迟时间；④最迟完成时间（LF）：为了使项目按时完成，某项活动必须完成的最迟时间。

（2）箭线图法。箭线图法（Arrow Diagramming Method，ADM）用箭线表示活动，节点表示事件。由于节点和箭线都要编号，所以箭线图法也称双代号网络图或活动箭线图，如图 11-3 所示。

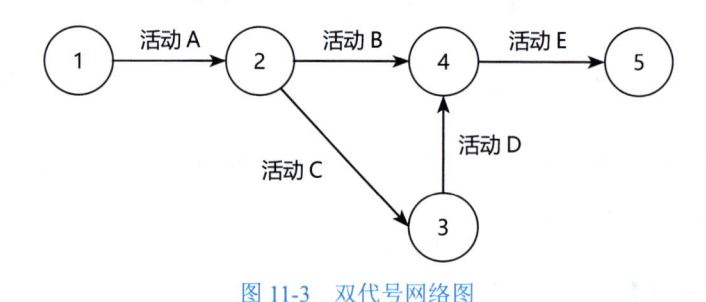

图 11-3　双代号网络图

箭线图法有三个基本原则：①网络图中每一活动和每一事件都必须有唯一的代号，即网络图中不会出现相同代号；②任两项活动的紧前事件和紧后事件代号至少有一个不相同，节点代号沿箭线方向越来越大；③流入（流出）同一节点的活动，均有共同的紧后活动（或紧前活动）。

箭线图中有一种特殊的活动叫虚活动，在网络图中用虚箭线表示。虚活动不消耗时间，也不消耗资源，只是为了弥补箭线图在表达活动依赖关系方面的不足。借助虚活动，人们可以更好、更清楚地表达活动间的关系，如图 11-4 所示。

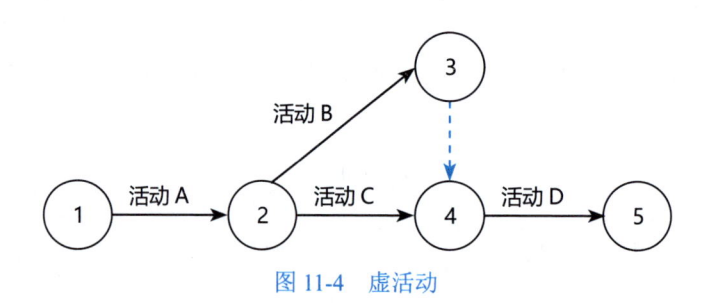

图 11-4　虚活动

（3）确定和整合依赖关系。依赖关系可能是强制或选择的，内部或外部的。四种依赖关系包括：①强制性依赖关系：强制性依赖关系往往与客观限制有关，是法律或合同要求的或工作内在性质决定的依赖关系，又称硬逻辑关系或硬依赖关系；②选择性依赖关系：选择性依赖关系又称软逻辑关系，应基于应用领域的最佳实践或项目特殊性质对活动顺序的要求来创建，选择性依赖关系的顺序不是强制要求的；③外部依赖关系：外部依赖关系往往不在项目团队的控制范围内，是项目活动与非项目活动间的依赖关系；④内部依赖关系：内部依赖关系通常在项目团队的控制之中，是项目活动间的紧前关系。

（4）提前量和滞后量。提前量是相对于紧前活动，紧后活动可提前的时间量，提前量一般用负值表示；滞后量是相对于紧前活动，紧后活动需要推迟的时间量，滞后量一般用正值表示。

（5）项目管理信息系统。可以使用项目管理信息系统规划、组织和调整活动顺序，插入逻辑关系、提前和滞后值，以及区分不同类型的依赖关系。

备考点拨

本考点学习难度星级：★★☆（适中），考试频度星级：★★☆（中频）。

本考点考查排列活动顺序的主要输入、输出、工具与技术。

这个过程依然要用到进度管理计划和范围基准，两者都属于项目管理计划（输入），也就是和定义活动的输入一样。除了项目管理计划之外，还需要用到项目文件（输入），其中会用到假设日志、活动属性、活动清单和里程碑清单，其中活动属性、活动清单和里程碑清单都是上一个过程定义活动的输出，成为了排列活动顺序的输入，因为假设日志中的假设条件和制约因素可能会影响活动之间的排序。

排列活动顺序之后，就可以得到项目进度网络图（输出），项目进度网络图表示进度活动之间的逻辑关系或者依赖关系的图形。

想要绘制输出的项目进度网络图，可以使用紧前关系绘图法（技术）或者箭线图法（技术），在画图的时候有可能需要增加提前量和滞后量（技术）。

考题精练

1. 关于活动排序的描述，不正确的是（　　）。
    A. 在单代号网络图中，每项活动有唯一的活动号，每项活动都标明了活动的持续时间
    B. 双代号网络图中流入同一节点的活动，均有共同的紧后活动
    C. 双代号网络图中，任两项活动的紧前事件和紧后事件代号至少有一个不相同
    D. 滞后量是紧后活动相对于紧前活动需要推迟的时间量，一般用负值表示

【解析】答案为 D。提前量是相对于紧前活动，紧后活动可提前的时间量，提前量一般用负值表示。滞后量是相对于紧前活动，紧后活动需要推迟的时间量，滞后量一般用正值表示。

2. （　　）不属于排列活动顺序过程的工具与技术。
    A. 关键路径法　　　　　　　　　　B. 提前量和滞后量
    C. 紧前关系绘图法　　　　　　　　D. 箭线图法

【解析】答案为 A。排列活动顺序过程的工具与技术共有 5 个，分别是紧前关系绘图法、箭线图法、确定和整合依赖关系、提前量和滞后量、项目管理信息系统，选项 A 的关键路径法是制订进度计划的工具与技术。

3．某项目进度网络图中，活动 A 和 B 之间的依赖关系表示为 SS-8 天，则表明（　　）。

  A．活动 A 开始 8 天后活动 B 开始　　B．活动 A 开始 8 天前活动 B 开始

  C．活动 A 结束 8 天后活动 B 开始　　D．活动 A 结束 8 天前活动 B 开始

【解析】答案为 B。SS 活动 A 和 B 是开始和开始的关系，+8 代表滞后量，-8 代表提前量，即为活动 A 开始 8 天前活动 B 开始。

【考点 89】估算活动持续时间的输入、输出、工具与技术

考点精华

估算活动持续时间是根据资源估算结果，估算完成单项活动所需工作时段数的过程。本过程的主要作用是确定完成每个活动所需花费的时间量。

1．估算持续时间时需要考虑的因素如下所示。

（1）收益递减规律：其他因素不变的情况下，增加一个产出所需投入的因素最终会达到一个临界点，在临界点之后的产出会随着此因素的增加而递减。

（2）资源数量：增加资源数量，比如投入两倍资源并不会让完工时长缩短一半，因为投入资源会增加额外风险。

（3）技术进步：在确定持续时间估算时，技术进步因素可能发挥重要作用。

（4）员工激励：想要有效的员工激励需要了解拖延症和帕金森定律。拖延症是指人们只有到最后一刻才会全力以赴；帕金森定律是指只要还有时间，工作就会不断扩展，直到用完所有时间。

2．估算活动持续时间的输入主要有项目管理计划、项目文件、事业环境因素和组织过程资产 4 项。

（1）项目管理计划。项目管理计划中的进度管理计划和范围基准可以作为估算活动持续时间的输入。

（2）项目文件。项目文件中的假设日志、风险登记册、活动属性、活动清单、里程碑清单、经验教训登记册、资源需求、资源分解结构、资源日历、项目团队派工单可以作为估算活动持续时间的输入。

（3）事业环境因素。

（4）组织过程资产。

3．估算活动持续时间的输出主要有持续时间估算、估算依据和项目文件（更新）3 项。

（1）持续时间估算。持续时间估算是对完成某项活动、阶段或项目所需时长的定量评估，持续时间估算不包括滞后量，但可具有一定的变动区间。

（2）估算依据。估算依据是持续时间估算的支持文件，清晰、完整地说明了持续时间估算是如何得出的。

（3）项目文件（更新）。项目文件中的活动属性、假设日志、经验教训登记册可能需要更新。

4．估算活动持续时间的工具与技术主要有专家判断、类比估算、参数估算、三点估算、自下而上估算、数据分析、决策和会议 8 项。

（1）专家判断。可以征求具备领域专业知识或接受过相关培训的个人或小组意见。

（2）类比估算。类比估算以过去类似项目的参数值（如持续时间、预算、规模、重量和复杂性等）为基础，估算当前和未来项目的同类参数或指标。类比估算成本较低、耗时较少，但准确性也较低。类比估算可以针对整个项目或项目中的某个部分进行，也可以与其他估算方法联合使用。

（3）参数估算。参数估算基于历史数据和项目参数，使用某种算法估算成本或持续时间，参数估算的准确性取决于参数模型成熟度和基础数据可靠性。

（4）三点估算。三点估算的公式中涉及如下三个时间的概念：①乐观时间（T_o）：在一切都顺利的情况下，完成某项工作的时间；②最可能时间（T_m）：在正常情况下，完成某项工作的时间；③悲观时间（T_p）：在一切都不利的情况下，完成某项工作的时间。

通过乐观时间、最可能时间和悲观时间，就可以按照两种算法来计算期望持续时间（T_e）。①如果三个估算值服从三角分布，则 $T_e=(T_o + T_m + T_p)/3$；②如果三个估算值服从 β 分布，则 $T_e=(T_o + 4T_m + T_p)/6$。

（5）自下而上估算。自下而上估算通过从下到上逐层汇总 WBS 组成部分的估算而得到项目估算。

（6）数据分析。用于估算活动持续时间过程的数据分析技术包括备选方案分析和储备分析两种，其中储备分析用于确定项目所需的应急储备和管理储备：①应急储备包含在进度基准中，应急储备与"已知-未知"风险相关；②管理储备不包含在进度基准中，但是属于项目总持续时间的一部分，管理储备与"未知-未知"风险相关，用来应对项目范围中不可预见的工作。

（7）决策。使用的决策技术是投票。举手表决是投票方法的一种形式，经常用于敏捷项目。

（8）会议。项目团队可能召开会议来估算活动持续时间。

备考点拨

本考点学习难度星级：★★☆（适中），考试频度星级：★★★（高频）。

本考点考查估算活动持续时间的输入、输出、工具与技术。

估算活动持续时间，依然要用进度管理计划和范围基准，也就是项目管理计划（输入），这一点和前面的排列活动顺序和定义活动用到的一模一样。估算活动时间用到的项目文件（输入）就比较多了，一共涉及了 10 个文件，这些有所了解即可。

这个过程的输出是持续时间估算（输出），另外，一定要附上估算依据（输出），未来可能需要查看估算依据，看看估算到底是如何得出的。

估算活动时间时，如果有类似的项目能够参考，可以使用类比估算（技术），如果能够拿到相关的参数及模型，可以使用参数估算（技术），还可以使用经常考到的三点估算（技术），最后还可以使用自下而上估算（技术）来汇总得到活动的持续时间。

考题精练

1. 一位软件工程师在进行软件项目持续时间估算时，按照"代码行"为单位进行估算，采用的估算方法是（　　）。

　　A. 三点估算　　　　B. 类比估算　　　　C. 参数估算　　　　D. 专家判断

【解析】答案为 C。题干提到了按照代码行为单位进行估算，这是基于项目的某些参数来估算项目持续时间的方法。

2．关于估算活动持续时间过程的工具与技术的描述，不正确的是（　　）。
A．类比估算是一种精确的估算方法，适用于项目详细信息充分、项目需求明确的情况
B．专家判断依赖于专家的可用性和经验，可能受到主观判断的影响
C．三点估算考虑了估算中的不确定性和风险，有助于界定活动持续时间的近似区间
D．参数估算是一种基于历史数据和项目参数，使用某种算法来计算成本或持续时间的估算技术

【解析】答案为 A。类比估算以过去类似项目的参数值为基础，来估算当前和未来项目的同类参数或指标。这是一种粗略的估算方法，成本较低、耗时较少，但准确性也较低，在项目详细信息不足时，经常使用类比估算。

【考点 90】制订进度计划的输入、输出、工具与技术

◎ 考点精华

制订进度计划的输出

制订进度计划是分析活动顺序、持续时间、资源需求和进度制约因素，创建进度模型，从而落实项目执行和监控的过程。本过程的主要作用是为完成项目活动而制定具有计划日期的进度模型。

1．制订进度计划的关键步骤分为如下 4 步：
（1）定义项目里程碑，识别活动并排列活动顺序，估算持续时间，确定活动开始和完成日期。
（2）由分配至各活动的项目人员审查被分配的活动。
（3）项目人员确认开始和完成日期与资源日历及其他任务是否有冲突，从而确认计划日期的有效性。
（4）分析进度计划，确定是否存在逻辑冲突、是否需要资源平衡，并同步修订项目进度模型，确保进度计划持续切实可行。

2．制订进度计划的输入主要有项目管理计划、项目文件、协议、事业环境因素和组织过程资产 5 项。
（1）项目管理计划。项目管理计划中的进度管理计划和范围基准可作为制订进度计划的输入。
（2）项目文件。项目文件中的假设日志、风险登记册、活动属性、活动清单、里程碑清单、项目进度网络图、估算依据、持续时间估算、经验教训、资源需求、项目团队派工单、资源日历可作为制订进度计划过程的输入。
（3）协议。关于如何执行合同相关的项目工作，供应商可以为项目进度计划提供输入。
（4）事业环境因素。
（5）组织过程资产。

3．制订进度计划的输出主要有进度基准、项目进度计划、进度数据、项目日历、变更请求、项目管理计划（更新）和项目文件（更新）7 项。
（1）进度基准。进度基准是经过批准的进度模型，包含基准开始日期和基准结束日期。进度

基准用于和实际结果进行比较的依据，进度基准只有通过正式的变更控制程序才能变更。

（2）项目进度计划。项目进度计划为相关联的活动标注了计划日期、持续时间、里程碑和所需资源等，项目进度计划中至少要包括每个活动的计划开始日期与计划完成日期。「★案例记忆点★」项目进度计划可以使用列表形式，但是图形方式会更加直观，可以采用横道图、里程碑图和项目进度网络图3种图形：①横道图也称甘特图，纵向列代表活动，横向列代表日期，横条代表活动的持续时长；②里程碑图与横道图类似，但仅标出主要可交付成果和关键外部接口的计划开始或完成日期；③项目进度网络图用活动节点法绘制，没有时间纬度，只显示活动及相互关系。项目进度网络图也可以包含时间纬度，包含时间刻度的进度网络图称为时标图。

（3）进度数据。进度数据包括进度里程碑、进度活动、活动属性，以及假设条件与制约因素，典型的进度数据包括：①以资源直方图表示的按时段的资源需求；②备选的进度计划；③使用的进度储备。

（4）项目日历。项目日历标明了可用于开展进度活动的时间段，包括具体的可用工作日和工作班次。

（5）变更请求。可能会对范围基准或项目管理计划提出变更请求。

（6）项目管理计划（更新）。项目管理计划中的进度管理计划和成本基准可能需要更新。

（7）项目文件（更新）。项目文件中的活动属性、假设日志、持续时间估算、经验教训登记册、资源需求、风险登记册可能需要更新。

4．制订进度计划的工具与技术主要有进度网络分析、关键路径法、资源优化、数据分析、提前量和滞后量、进度压缩、计划评审技术、项目管理信息系统和敏捷或适应型发布规划9项。

（1）进度网络分析。进度网络分析是创建项目进度模型的一种综合技术。

（2）关键路径法。关键路径是项目中时间最长的活动顺序，决定着可能的项目最短工期。可以使用关键路径法在进度模型中估算项目最短工期，确定路径的进度灵活性。

关键路径法有两个规则：第1个规则是某项活动的最早开始时间必须相同或晚于指向这项活动的最早结束时间中的最迟时间；第2个规则是某项活动的最迟结束时间必须相同或早于该活动指向的所有活动最迟开始时间的最早时间。

根据这两个规则，就可以对活动的最早完工时间进行计划。计算方法为通过正向计算，即从第一个活动到最后一个活动，计算出最早完工时间，具体步骤分5步：①从网络图始端向终端计算；②第1个活动的开始为项目开始；③活动完成时间为开始时间加持续时间；④后续活动的开始时间根据前置活动的时间和搭接时间而定；⑤多个前置活动存在时，根据最迟活动时间来定。

同样根据这两个规则，通过反向计算，即从最后一个活动到第一个活动，就可以计算出最迟完工时间，具体步骤同样分5步：①从网络图终端向始端计算；②最后一个活动的完成时间为项目完成时间；③活动开始时间为完成时间减持续时间；④前置活动的完成时间根据后续活动的时间和搭接时间而定；⑤多个后续活动存在时，根据最早活动时间来定。

由此可见，关键路径法并不考虑任何资源的限制，只是通过正向和反向计算，计算所有活动的最早开始、最早结束、最迟开始和最迟完成日期。

总浮动时间是指在任一网络路径上，在不延误项目完成日期或违反进度制约因素的前提下，进度活动可以从最早开始日期推迟或拖延的时间。总浮动时间的计算方法为：本活动的最迟完成时间减去本活动的最早完成时间，或本活动的最迟开始时间减去本活动的最早开始时间。最长路径的总浮动时间通常为零。

自由浮动时间是指在不延误任何紧后活动的最早开始日期或不违反进度制约因素的前提下，某进度活动可以推迟的时间量。自由浮动时间的计算方法为：紧后活动最早开始时间的最小值减去本活动的最早完成时间。

（3）资源优化。资源优化技术根据资源供需情况调整进度模型，具体而言，资源优化调整活动的开始和完成日期，从而实现调整计划使用的资源，确保等于或少于可用资源。资源优化技术包括资源平衡和资源平滑两类技术。「★案例记忆点★」

1）资源平衡。资源平衡的目的是在资源需求与资源供给之间取得平衡，所以会根据资源制约因素对开始日期和完成日期进行调整。资源平衡往往导致关键路径改变，通常是延长关键路径。

2）资源平滑。资源平滑主要对进度模型中的活动进行调整，尽量使项目资源需求不超过预定的资源限制。资源平滑不会改变项目的关键路径，所以完工日期不会延迟，因为资源平滑主要是对活动的自由浮动时间和总浮动时间进行调整，这样资源平滑技术就可能无法实现所有资源的优化。

（4）数据分析。数据分析技术包括假设情景分析和模拟两种技术：①假设情景分析是对各种情景进行评估，预测它们对项目目标积极或消极的影响，之后根据预测结果评估进度计划的可行性；②模拟把单个项目风险和不确定性的其他来源模型化，从而评估它们对项目目标的潜在影响。蒙特卡罗分析是最常见的模拟技术，利用风险和其他不确定资源计算项目可能的进度结果。

（5）提前量和滞后量。提前量是在条件许可情况下提早开始紧后活动；滞后量是在限制条件下，在紧前和紧后活动之间增加一段不需要工作或资源的时间。

（6）进度压缩。进度压缩是指在不缩减项目范围的前提下缩短或加快进度工期。进度压缩技术包括赶工和快速跟进两种：「★案例记忆点★」①赶工通过增加资源，以最小的成本代价压缩进度工期。赶工的例子包括：批准加班、增加额外资源、支付加急费用来加快关键路径上的活动。赶工只适用于可以通过增加资源就能缩短持续时间且位于关键路径上的活动，赶工有可能导致风险和成本的增加。②快速跟进将正常情况下顺序进行的活动或阶段改为并行开展。快速跟进可能造成返工和风险增加，只适合能通过并行活动来缩短关键路径的情况。

（7）计划评审技术。计划评审技术（Program Evaluation and Review Technique，PERT）又称三点估算技术，可以估计项目在某个时间内完成的概率。平均估算值的计算公式为：(最可能持续时间×4+最乐观+最悲观)/6，标准差的计算公式为：(最悲观-最乐观)/6，根据正态分布，±1个标准差范围内的概率为68%，±2个标准差范围内的概率为95%，±3个标准差范围内的概率为99%，如图11-5所示。

（8）项目管理信息系统。项目管理信息系统中的进度计划软件可以加快进度计划编制过程。

（9）敏捷或适应型发布规划。敏捷或适应型发布规划提供了高度概括的3～6个月的发布时间轴，同时还确定了迭代冲刺次数。

图 11-5 标准差与正态分布

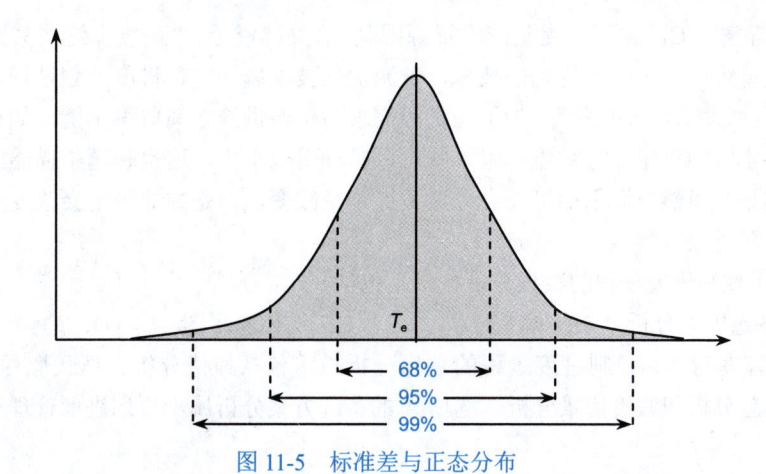

📣 备考点拨

本考点学习难度星级：★★★（困难），考试频度星级：★★★（高频）。

本考点考查制订进度计划的输入、输出、工具与技术。

有了前面的活动定义、活动排序、活动持续时间，就可以根据这些信息来制订进度计划了，所以进度管理前面多个过程的输出，都会放在项目文件中，会成为这个过程的输入，比如包含进度管理计划和范围基准的项目管理计划（输入），比如包含 12 项内容的项目文件（输入）。

制订完成进度计划之后，自然就会输出项目进度计划（输出），除此之外，还会形成进度基准（输出）和进度数据（输出），同样也可以把相关的计划信息放进日历中形成项目日历（输出），供项目成员参考。

进度计划的制订可以使用关键路径法（技术）或者计划评审技术（技术）来编制，在编制的过程中，有可能因为资源问题需要做资源优化（技术），还可能因为进度问题需要做进度压缩（技术）。

📝 考题精练

1. （　　）不属于项目进度计划的图形表示方式。

    A．横道图　　　　B．矩阵图　　　　C．项目进度网络图　　D．里程碑图

【解析】答案为 B。项目进度计划可以是概括的或是详细的。虽然项目进度计划可用列表形式，但图形方式更直观，可以采用的图形方式包括横道图、里程碑图、项目进度网络图。

2. 在一个复杂的信息系统项目中，由于资源限制，项目经理发现关键资源（如资深开发人员）经常在不同的项目任务之间被重新分配，这导致项目进度频繁延误和质量波动，为了有效控制资源并减少对进度延迟和成本超支的影响，项目经理优先采取的措施是（　　）。

    A．增加资源储备以应对未来的资源需求波动

    B．严格限制资源在项目间的共享，确保资源专注于当前任务

    C．实施资源平衡策略，优化不同任务间的资源分配

    D．缩减项目范围以匹配可用资源的能力

【解析】答案为C。题干中提到的"资源限制""关键资源""进度"这些关键词，能够指引我们想到进度管理中关于资源优化的技术，资源优化技术属于制订进度计划过程，共有资源平衡和资源平滑两种技术，资源平衡是为了在资源需求与资源供给之间取得平衡，如果共享资源或关键资源只在特定时间可用而且数量有限，就可以进行资源平衡，这也和题干描述的背景吻合，需要补充说明的是，虽然资源平衡可能会导致关键路径改变，但是并非一定会改变关键路径，可以用浮动时间平衡资源。

3．可用于控制进度过程的数据分析技术不包括（　　）。
　　A．备选方案分析　　B．偏差分析　　C．迭代燃尽图　　D．趋势分析

【解析】答案为A。控制进度过程的数据分析技术包括挣值分析、迭代燃尽图、绩效审查、趋势分析、偏差分析和假设情景分析。选项A的备选方案分析属于规划进度管理过程的数据分析技术。

4．关于进度管理的描述，不正确的是（　　）。
　　A．项目开展过程中，关键路径可能会发生变化
　　B．关键路径上的活动的总浮动时间和自由浮动时间都为0
　　C．资源平滑技术通常会导致项目关键路径变长
　　D．定义活动、排列活动顺序、估算活动持续时间可以由一个人在较短时间内完成

【解析】答案为C。制订进度计划的资源优化技术包括资源平衡和资源平滑，资源平衡往往导致关键路径改变，通常是延长了关键路径；资源平滑不会改变项目的关键路径，完工日期也不会延迟。

【考点91】控制进度的输入、输出、工具与技术

考点精华

控制进度是监督项目状态，以更新项目进度和管理进度基准变更的过程。本过程的主要作用是在项目期间保持对进度基准的维护。

1．控制进度的输入主要有项目管理计划、项目文件、工作绩效数据和组织过程资产4项。

（1）项目管理计划。项目管理计划中的进度管理计划、进度基准、范围基准和绩效测量基准可以用于控制进度的输入。

（2）项目文件。项目文件中的资源日历、项目进度计划、项目日历、进度数据和经验教训登记册可以用于控制进度的输入。

（3）工作绩效数据。工作绩效数据包含关于项目进度的数据，可以用于控制进度的输入。

（4）组织过程资产。组织过程资产中含有与进度控制有关的政策、程序和指南、进度控制工具、可用的监督和报告方法等内容。

2．控制进度的输出主要有工作绩效信息、进度预测、变更请求、项目管理计划（更新）和项目文件（更新）5项。

（1）工作绩效信息。工作绩效信息包括与进度基准相比较的项目工作执行情况。

（2）进度预测。进度预测是对项目未来情况和事件进行的估算或预计。

（3）变更请求。控制进度过程可能会产生对进度基准、范围基准等项目管理计划组件的变更请求。

（4）项目管理计划（更新）。项目管理计划的进度管理计划、进度基准、成本基准和绩效测量基准有可能需要更新。

（5）项目文件（更新）。项目文件的假设日志、估算依据、经验教训登记册、项目进度计划、资源日历、进度数据和风险登记册有可能需要更新。

3. 控制进度的工具与技术主要有数据分析、关键路径法、项目管理信息系统、资源优化、提前量和滞后量、进度压缩 6 项。

（1）数据分析。控制进度过程的数据分析技术包括挣值分析、迭代燃尽图、绩效审查、趋势分析、偏差分析、假设情景分析 6 项。①可以用挣值分析的进度绩效测量指标评价进度基准偏离度；②迭代燃尽图对实际与理想燃尽图进行偏差分析和趋势预测；③绩效审查根据进度基准测量、对比、分析进度绩效；④趋势分析检查项目绩效的变化趋势；⑤偏差分析关注实际开始和完成日期与计划的偏离以及浮动时间的偏差；⑥假设情景分析对各种情景进行评估，推动进度模型符合基准。

（2）关键路径法。检查关键路径进展有助于确定项目进度状态，检查次关键路径进展有助于识别进度风险。

（3）项目管理信息系统。通过项目管理信息系统的进度计划工具，可以跟踪进度、报告偏差和预测影响。

（4）资源优化。资源优化技术在考虑资源可用性和项目时间情况下，对活动和活动所需资源进行进度规划。

（5）提前量和滞后量。通过调整提前量与滞后量，促使进度滞后的项目活动赶上进度。

（6）进度压缩。采用进度压缩技术，比如快速跟进或者赶工，使进度滞后的活动赶上进度。

📣 备考点拨

本考点学习难度星级：★☆☆（简单），考试频度星级：★★☆（中频）。

本考点考查控制进度的主要输入、输出、工具与技术。

控制进度除了用到项目管理计划中的项目管理计划（输入）之外，用得最多的就是 3 个基准：进度基准、范围基准和绩效测量基准。还需要用到项目文件（输入）中的经验教训登记册、项目日历、项目进度计划、资源日历和进度数据。工作绩效数据（输入）能够给控制进度提供详细的项目状态信息。

控制进度把工作绩效数据转化成工作绩效信息（输出），而且提供了进度预测（输出）。

项目经理控制进度的"百宝箱"中有 5 件工具，可以使用挣值分析、迭代燃尽图、绩效审查、趋势分析、偏差分析和假设情景分析的方式进行数据分析（技术），可以使用关键路径法（技术）检查关键路径的状态，还可以使用资源优化（技术）、进度压缩（技术）、提前量和滞后量（技术）来针对性解决进度问题。

考题精练

1. 项目进度管理过程中，可用于控制进度过程的数据分析技术包括（　　）。

    A．蒙特卡罗分析　　　　　　　B．计划评审技术（PERT）

    C．参数估算　　　　　　　　　D．挣值分析

    【解析】答案为D。可用于控制进度过程的数据分析技术包括挣值分析、迭代燃尽图、绩效审查、趋势分析、偏差分析、假设情景分析。

2. 在控制进度过程的数据分析技术中，（　　）可以通过检查项目绩效随时间的变化情况，确定绩效是在改善还是在恶化。

    A．储备分析　　　　　　　　　B．蒙特卡罗分析

    C．趋势分析　　　　　　　　　D．假设情景分析

    【解析】答案为C。趋势分析旨在检查项目绩效随时间的变化情况，以判断绩效是在改善还是在恶化。

3. 如果一个项目的2024年SPI=0.75，CPI=0.9，此时项目经理最适合采取（　　）方式来控制项目进度。

    A．快速跟进　　　B．赶工　　　C．资源平衡　　　D．蒙特卡罗分析

    【解析】答案为A。进度滞后，成本超支。选项B会让成本更超支，选项C会延长进度，选项D起不到效果。

第 12 章

项目成本管理考点精讲及考题实练

12.1 章节考情速览

项目成本管理和上一章的项目进度管理一样,是考试的重中之重,成本管理同样是案例计算题的常见考点,也是论文写作科目的重点题目之一,同样值得反复认真学习,这一章一共有 4 个过程,分别是规划成本管理、估算成本、制定预算和控制成本,其中制订预算和控制成本是相对重点,其中涉及较多的术语,同时也涉及计算。

项目成本管理按照往年的考试经验看,在综合知识科目一般会考查 3 分左右。

12.2 考点星级分布图

本章涉及的主要考点分布及难度与频度双星级如图 12-1 所示。

```
项目成本管理考点
├─ 成本管理基础 ─【考点92】成本管理基础 ─ 难度星级：★
│                                         频度星级：★★★
└─ 过程ITO
   ├─【考点93】规划成本管理的输入、输出、工具与技术 ─ 难度星级：★
   │                                              频度星级：★★
   ├─【考点94】估算成本的输入、输出、工具与技术 ─ 难度星级：★★
   │                                           频度星级：★★★
   ├─【考点95】制定预算的输入、输出、工具与技术 ─ 难度星级：★★
   │                                           频度星级：★★★
   └─【考点96】控制成本的输入、输出、工具与技术 ─ 难度星级：★★
                                                频度星级：★★★
```

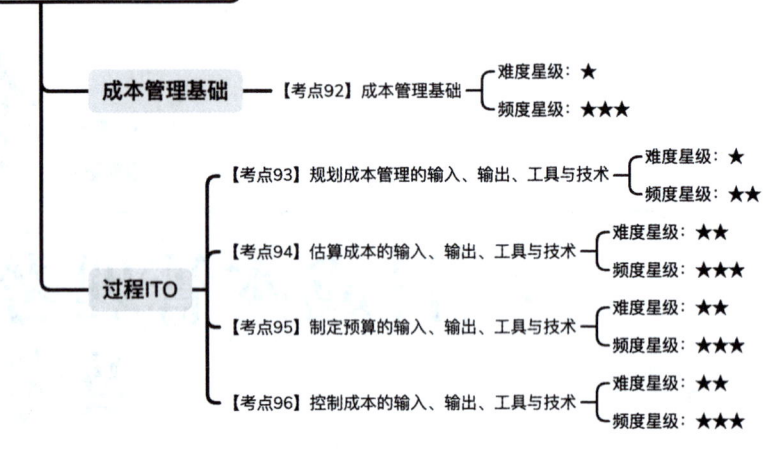

图 12-1　本章考点及星级分布

12.3　核心考点精讲

【考点 92】成本管理基础

考点精华

项目成本管理是为了项目在批准的预算内完成，对成本进行规划、估算、预算、融资、筹资、管理和控制的过程。项目成本管理重点关注完成项目活动所需资源的成本，但同时也考虑项目决策对项目产品、服务或成果的使用成本、维护成本和支持成本的影响。产品的全生命期成本考虑的是权益总成本，即开发成本加上维护成本。

项目成本管理过程包括：①规划成本管理：确定如何估算、预算、管理、监督和控制项目成本；②估算成本：对完成项目活动所需货币资源进行近似估算；③制定预算：汇总所有单个活动或工作包的估算成本，建立一个经批准的成本基准；④控制成本：监督项目状态，以更新项目成本和管理成本基准的变更。

项目成本管理应考虑干系人对成本的要求，不同的干系人会在不同的时间，用不同的方法测算项目成本，项目成本管理需要考虑项目外的财务效益预测和分析工作。项目成本失控的原因主要包括：①对工程项目认识不足；②组织制度不健全；③方法问题；④技术的制约；⑤需求管理不当。

成本的类型包括：①可变成本；②固定成本；③直接成本：可以直接归属于项目工作的成本为直接成本，如项目团队差旅费、工资、项目使用的物料及设备使用费等；④间接成本：来自一般管理费用科目或几个项目共同担负的项目成本所分摊给本项目的费用，形成了项目的间接成本，如税金、额外福利和保卫费用等；⑤机会成本：利用一定的时间或资源生产或交付一种产品或服务，而失去利用这些资源生产或交付其他最佳替代品的机会是机会成本，泛指一切在做出某一选择后同时失去其他选择，其他选择中最大的损失；⑥沉没成本：指由于过去的决策已经发生，不能由现在或将来的任何决策改变的成本。沉没成本是一种历史成本，对现有决策而言是不可控成本，会很大程度上影响人们的行为方式与决策，在投资决策时应该尽量排除沉没成本的干扰。

应急储备是包含在成本基准内的一部分预算，用来应对项目的"已知 - 未知"风险。可以为某个具体活动建立应急储备，也可以为整个项目建立应急储备，还可以同时建立，应急储备可取成本估算值的某一百分比、某个固定值或者通过定量分析来确定。

管理储备是为了管理控制而留出的项目预算，用来应对"未知 - 未知"风险。管理储备不包括在成本基准中，但属于项目总预算和资金需求的一部分，使用前需要得到高层管理者审批。当动用管理储备时，要把管理储备增加到成本基准中，此时会导致成本基准的变更。

成本基准是经批准的按时间安排的成本支出计划，并随时反映了经批准的项目成本的变更，被用于度量和监督项目的实际执行成本。

📣 备考点拨

本考点学习难度星级：★☆☆（简单），考试频度星级：★★★（高频）。

本考点考查成本管理的基础，内容相对比较琐碎，涉及了较多的概念，不过成本管理的概念都比较好理解。本考点有几个概念是过去考试的常见考点，比如应急储备和管理储备的特点，谁包含在成本基准中，谁又包含在总预算中一定要掌握，再比如直接成本和间接成本的举例要掌握，机会成本和沉没成本能够理解其含义就可以。

🔗 考题精练

1. 关于成本的描述，不正确的是（　　）。

　　A．投资决策时应尽量考虑沉没成本　　B．沉没成本是一种历史成本
　　C．管理储备不包括在成本基准中　　D．管理储备是项目总预算的一部分

【解析】答案为 A。沉没成本指由于过去的决策已经发生的，而不能由现在或将来的任何决策改变的成本。沉没成本是一种历史成本，对现有决策而言是不可控成本，会很大程度上影响人们的行为方式与决策，在投资决策时应该尽量排除沉没成本的干扰。

【考点 93】规划成本管理的输入、输出、工具与技术

◎ 考点精华

规划成本管理是确定如何估算、预算、管理、监督和控制项目成本的过程，本过程的主要作用是在整个项目期间为如何管理项目成本提供指南和方向。

1. 规划成本管理的输入主要有项目章程、项目管理计划、事业环境因素和组织过程资产 4 项。

（1）项目章程。项目章程规定了预先批准的财务资源，所以可以结合项目章程确定项目成本。

（2）项目管理计划。项目管理计划中的进度管理计划和风险管理计划可用来规划成本管理。

（3）事业环境因素。

（4）组织过程资产。

2. 规划成本管理的输出主要有成本管理计划 1 项。成本管理计划是项目管理计划的组成部分，描述将如何规划、安排和控制项目成本。成本管理计划包括：

（1）计量单位：每种资源的计量单位。

（2）精确度：成本估算向上或向下取整的范围程度。

（3）准确度：活动成本估算的可接受的区间，可包括一定数量的应急储备。

（4）控制临界值：偏差临界值是在采取某种措施前允许出现的最大差异，通常用偏离基准计划的百分数表示。

（5）绩效测量规则：规定用于绩效测量的挣值管理（EVM）规则。

（6）报告格式：规定成本报告的格式和编制频率。

（7）组织程序链接：控制账户（Control Account，CA）会和组织的财务系统及制度相联系。

（8）其他细节：成本管理活动的其他细节。

3. 规划成本管理的工具与技术主要有专家判断、数据分析和会议 3 项。

（1）专家判断。征求具备专业知识或接受过相关培训的个人或小组意见。

（2）数据分析。数据分析的备选方案分析技术描述了审查筹资的战略方法以及筹集项目资源的方法。

（3）会议。项目团队可以召开规划会议制订成本管理计划。

📢 备考点拨

本考点学习难度星级：★☆☆（简单），考试频度星级：★★☆（中频）。

本考点考查规划成本管理的输入、输出、工具与技术。想要规划成本管理，一方面需要参考项目章程（输入）中列出的预算信息，另一方面需要参考项目管理计划（输入）中的进度管理计划和风险管理计划，因为赶进度和灭风险是需要花费成本的。规划成本管理过程的输出是成本管理计划（输出），关于成本管理计划中包含的 8 项内容需要了解，比如其中控制临界值的概念。

🔗 考题精练

1. 成本管理计划中通常不会规定（　　）。

　　A．精确度　　　　B．准确度　　　　C．控制临界　　　D．薪酬结构

【解析】答案为 D。成本管理计划中一定会规定计量单位、精确度、准确度、组织程序链接、控制临界值、绩效测量规则、报告格式、其他细节。成本管理计划中不会涉及薪酬结构，这个是人力资源部门的工作。

【考点 94】估算成本的输入、输出、工具与技术

🔵 考点精华

估算成本是对完成项目工作所需资源成本进行近似估算的过程。本过程的主要作用是确定项目所需的资金。成本估算是对完成活动所需资源可能成本进行的量化评估，是在某个时点根据已知信息所做出的成本预测。本估算可在活动层级呈现，也可以通过汇总形式呈现。通常用某种货币单位进行成本估算，也可采用其他计量单位，比如人时数或人天数，能够消除通货膨胀的影响，

估算成本的工具与技术

便于成本比较。

1. 估算成本的输入主要有项目管理计划、项目文件、事业环境因素和组织过程资产 4 项。

（1）项目管理计划。项目管理计划中的成本管理计划、质量管理计划和范围基准可以用来估算成本。

（2）项目文件。项目文件中的风险登记册、经验教训登记册、资源需求、项目进度计划可作为估算成本过程的输入。

（3）事业环境因素。

（4）组织过程资产。

2. 估算成本的输出主要有成本估算、估算依据和项目文件（更新）3 项。

（1）成本估算。成本估算包括完成项目工作需要的成本和应对已识别风险的应急储备。成本估算应覆盖项目的全部资源，包括直接人工、材料、设备、服务、设施、信息技术以及特殊成本种类，如融资成本利息、通货膨胀补贴、汇率或成本应急储备。

（2）估算依据。估算依据作为支持性文件，应该清晰、完整地说明成本估算是如何得出的。

（3）项目文件（更新）。项目文件中的假设日志、经验教训登记册和风险登记册可能需要更新。

3. 估算成本的工具与技术主要有专家判断、类比估算、参数估算、自下而上估算、三点估算、数据分析、项目管理信息系统和决策 8 项。

（1）专家判断。征求具备专业知识或接受过相关培训的个人或小组的意见。

（2）类比估算。成本类比估算使用以往类似项目的参数值或属性来估算。

（3）参数估算。参数估算的准确性取决于参数模型的成熟度和基础数据的可靠性。

（4）自下而上估算。自下而上估算的准确性取决于单个活动或工作包的规模或其他属性。

（5）三点估算。使用三种估算值（最乐观成本 C_o、最可能成本 C_m、最悲观成本 C_p）来计算预期成本 C_e。如果三个估算值服从三角分布，则：$C_e=(C_o+C_m+C_p)/3$；如果三个估算值服从 β 分布，则：$C_e=(C_o+4C_m+C_p)/6$。

（6）数据分析。数据分析技术包括备选方案分析、储备分析和质量成本：①备选方案分析：备选方案分析对已识别的可选方案进行评估，决定选择哪种方案来执行项目工作；②储备分析：成本估算中的应急储备是为了应对成本的不确定性，应急储备是成本基准的一部分，也是项目整体资金需求的一部分；③质量成本：在估算时可能用到质量成本的各种假设，包括对不同情况进行评估。

（7）项目管理信息系统。项目管理信息系统的电子表单、模拟软件以及统计分析工具，用来辅助成本估算。

（8）决策。用于估算成本的决策技术是投票。

🧭 备考点拨

本考点学习难度星级：★★☆（适中），考试频度星级：★★★（高频）。

本考点考查估算成本的输入、输出、工具与技术。对成本的估算，离不开成本管理计划的指导，而估算的对象离不开范围基准，同时如果对质量要求更高，那么成本也会更高，所以需要参考质量管理计划，成本管理计划、质量管理计划和范围基准所属的项目管理计划（输入）就成为本过程的输入之一,另外,包含经验教训登记册、项目进度计划、资源需求和风险登记册的项目文件(输入)也是本过程的输入之一,因为经验教训有助于进行成本估算,进度、资源和风险都会影响到成本。估算成本过程的输出是成本估算(输出)以及具体描述如何估算的估算依据(输出)。

考题精练

1. 用于估算成本的项目管理计划组件不包括（　　）。
   A. 项目章程　　　B. 范围基准　　　C. 成本管理计划　　　D. 质量管理计划

【解析】答案为A。估算成本的输入之一是项目管理计划,具体用到了项目管理计划中的成本管理计划、质量管理计划和范围基准。其中并没有项目章程,何况项目章程也不是项目管理计划的组件。

2. 在估算成本过程中,（　　）是该过程的输入,（　　）是该过程的输出。
   A. 项目范围说明书　成本管理计划　　B. 工作分解结构WBS　资源需求
   C. 资源需求清单　估算依据　　　　D. 历史信息　项目预算

【解析】答案为C。估算成本过程的输入主要有项目管理计划(成本管理计划、质量管理计划和范围基准)、项目文件(风险登记册、经验教训登记册、资源需求、项目进度计划)、事业环境因素和组织过程资产;估算成本过程的输出有:成本估算、估算依据和项目文件(更新)。

【考点95】制定预算的输入、输出、工具与技术

考点精华

制定预算是汇总所有单个活动或工作包的估算成本,建立经批准的成本基准的过程。本过程的主要作用是确定可以用来监督和控制项目绩效的成本基准。项目预算包括经批准的用于执行项目的全部资金,成本基准是经批准按时间段分配的项目预算,包括应急储备,但不包括管理储备。「★案例记忆点★」

项目预算的组成

1. 制定预算的输入主要有项目管理计划、可行性研究文件、项目文件、协议、事业环境因素和组织过程资产6项。

（1）项目管理计划。项目管理计划中的成本管理计划、资源管理计划和范围基准用于制定预算的输入。

（2）可行性研究文件。可行性研究报告、项目评估报告可以作为制定预算过程的输入。

（3）项目文件。项目文件中的估算依据、成本估算、项目进度计划和风险登记册可作为制定预算过程的输入。

（4）协议。制定预算需要考虑采购产品、服务或成果的成本信息,这些可以在协议中找到。

（5）事业环境因素。影响制定预算的事业环境因素包括汇率等信息。

（6）组织过程资产。影响制定预算的组织过程资产包括:①政策、程序和指南;②历史信息和经验教训知识库;③成本预算工具;④报告方法等。

2. 制定预算的输出主要有成本基准、项目资金需求和项目文件(更新)3项。

（1）成本基准。成本基准是经过批准、按时间段分配的项目预算,不包括任何管理储备,用

作与实际结果进行比较的依据。只有通过正式的变更控制程序才能变更成本基准。

制定预算的步骤为：首先汇总各项目活动的成本估算及其应急储备，可以得到工作包的成本；其次汇总各工作包的成本估算及其应急储备，可以得到控制账户的成本；然后汇总各控制账户的成本，可以得到成本基准；最后，在成本基准之上增加管理储备，可以得到项目预算。「★案例记忆点★」

（2）项目资金需求。项目资金通常以增量、非均衡的方式投入，呈现阶梯状。如果有管理储备，则总资金需求等于成本基准加管理储备。

（3）项目文件（更新）。可能更新的项目文件包括成本估算、项目进度计划和风险登记册。

3. 制定预算的工具与技术主要有专家判断、成本汇总、数据分析、历史信息审核、资金限制平衡和融资 6 项。

（1）专家判断。可以征求具备专业知识或接受过相关培训的个人或小组的意见。

（2）成本汇总。先把成本估算汇总到 WBS 中的工作包，再由工作包汇总到 WBS 的控制账户，最终得出项目总成本。

（3）数据分析。可以使用数据分析技术的储备分析来制定预算，管理储备应对"未知-未知"风险。管理储备不包括在成本基准中，但属于项目总预算和资金需求。

（4）历史信息审核。历史信息包含项目特征及参数，可以用于建立数学模型预测项目总预算。

（5）资金限制平衡。根据对项目资金的限制来平衡资金支出，如果资金限制与计划支出间存在差异，则需要调整工作进度计划，平衡资金支出水平。

（6）融资。融资是指为项目获取资金。

🔊 备考点拨

本考点学习难度星级：★★☆（适中），考试频度星级：★★★（高频）。

本考点考查制定预算的输入、工具与技术。制定预算时要参考成本管理知识域的成本管理计划，除此之外预算和项目要做的范围息息相关，所以要参考范围基准，另外预算涉及差旅费、人工成本等信息，可以在资源管理计划中找到，所以成本管理计划、范围基准和资源管理计划所隶属的项目管理计划（输入）就成了制定预算过程的输入。另外项目文件（输入）中的成本估算、估算依据、项目进度计划和风险登记册也可以作为制定预算时的参考。

制定预算过程完结时，就可以拿到项目资金需求（输出），同时还可以形成成本基准（输出）。要注意成本基准的构成，不包括管理储备，但是项目预算包含管理储备。

✏️ 考题精练

1. 关于制定预算的描述，不正确的是（　　）。
   A. 项目预算包括经批准用于执行项目的全部资金
   B. 成本基准是经过批准且按时间段分配的项目预算
   C. 制定预算过程的主要作用是确定项目所需资金
   D. 制定预算是汇总所有单个活动或工作包的估算成本，建立一个经批准的成本基准的过程

【解析】答案为 C。确定项目所需资金是估算成本过程的作用，不是制定预算过程。制订预

算过程的主要作用是确定可以用来监督和控制项目绩效的成本基准。

2．（　　）属于成本基准。
①管理储备　②应急储备　③材料成本　④服务费
A．①③④　　　　B．①②③　　　　C．①②④　　　　D．②③④

【解析】答案为 D。管理储备不包括在成本基准中，但属于项目总预算和资金需求的一部分，使用前需要得到高层管理者审批，排除法可以把①排除掉。

3．关于制定预算的描述，不正确的是（　　）。
A．成本基准是经过批准且按时间段分配的项目预算
B．项目总资金需求是根据资金投入计算出的成本基准
C．成本基准中的成本估算与进度活动直接关联
D．项目资金通常以增量而非连续的方式投入

【解析】答案为 B。成本基准是经过批准的、按时间段分配的项目预算，不包括任何管理储备。项目资金通常以增量而非连续的方式投入，并且可能是非均衡的，呈现出阶梯状。如果有管理储备，则总资金需求等于成本基准加管理储备。

【考点 96】控制成本的输入、输出、工具与技术

◎ 考点精华

控制成本是监督项目状态，更新项目成本和管理成本基准变更的过程。本过程的主要作用是在整个项目期间保持对成本基准的维护。

1．控制成本的输入主要有项目管理计划、项目资金需求、项目文件、工作绩效数据和组织过程资产 5 项。

（1）**项目管理计划**。项目管理计划中的成本管理计划、成本基准和绩效测量基准可用于控制成本。

（2）**项目资金需求**。项目资金需求包含的预计支出及预计债务可用于控制成本。

（3）**项目文件**。项目文件中的经验教训登记册可用于控制成本。

（4）**工作绩效数据**。工作绩效数据包含的项目成本状态数据可用于控制成本。

（5）组织过程资产。

2．控制成本的输出主要有工作绩效信息、成本预测、变更请求、项目管理计划（更新）和项目文件（更新）5 项。

（1）**工作绩效信息**。工作绩效信息包括有关项目工作成本实施情况的信息，可以在工作包层级和控制账户层级上评估成本偏差。

（2）**成本预测**。成本预测的 EAC 值，需要记录并传达给干系人。

（3）**变更请求**。可能会针对成本基准、进度基准等项目管理计划的组件提出变更请求。

（4）项目管理计划（更新）。项目管理计划的成本管理计划、成本基准和绩效测量基准可能需要更新。

（5）项目文件（更新）。项目文件的假设日志、估算依据、成本估算、经验教训登记册和风

险登记册可能需要更新。

3. 控制成本的工具与技术主要有专家判断、数据分析、完工尚需绩效指数和项目管理信息系统 4 项。

（1）专家判断。可以征求具备专业知识或接受过相关培训的个人或小组意见。

（2）数据分析。数据分析技术包括挣值分析、偏差分析、趋势分析和储备分析 4 项，其相关概念关系如图 12-2 所示。

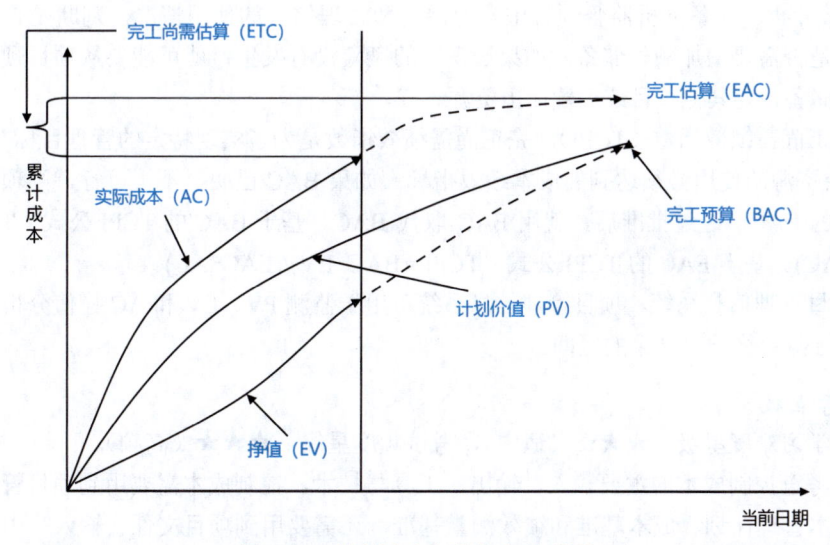

图 12-2 控制成本相关概念关系图

1）挣值分析（EVA）。挣值分析计算监测计划价值、挣值、实际成本三个关键指标：①计划价值（PV）是为计划工作分配的经批准预算，不包括管理储备。PV 的总和有时被称为绩效测量基准（PMB），项目的总计划价值又被称为完工预算（BAC）。②挣值（EV）是已完成工作的经批准预算，用该工作的批准预算来表示。③实际成本（AC）是执行某活动实际发生的成本，是为完成与 EV 对应的工作而发生的成本。

2）偏差分析。偏差分析计算监测进度偏差、成本偏差、进度绩效指数、成本绩效指数四个关键指标。①进度偏差（SV）计算公式：SV=EV-PV，进度偏差等于挣值减去计划价值。表明项目进度是落后还是提前进度基准，项目完工时的进度偏差等于零。②成本偏差（CV）计算公式：CV=EV-AC，成本偏差等于挣值减去实际成本，表明实际绩效与成本支出间的关系，项目结束时的成本偏差等于完工预算与实际成本之间的差值。CV 为负值一般都无法挽回。③进度绩效指数（SPI）计算公式：SPI=EV/PV，进度绩效指数表示为挣值与计划价值之比，反映项目团队完成工作的效率。当 SPI 小于 1.0 时，说明已完成的工作量未达到计划要求；当 SPI 大于 1.0 时，说明已完成的工作量超过计划要求。④成本绩效指数（CPI）计算公式：CPI=EV/AC，成本绩效指数表示为挣值与实际成本之比，用来测量已完成工作的成本效率。当 CPI 小于 1.0 时，说明已完成工作的成本超支；当 CPI 大于 1.0 时，说明到目前成本有节省。

3）趋势分析。趋势分析用来判断绩效正在改善还是正在恶化，趋势分析技术包括图表和预测：①图表：通过图表方式对计划价值、挣值和实际成本三个参数，既可以分阶段进行监督和报告，也可针对累计值进行监督和报告。②预测：如果完工预算（BAC）已明显不再可行，则项目经理应考虑对完工估算（EAC）进行预测。计算 EAC 时，用已完成工作的实际成本，加上剩余工作的完工尚需估算（ETC）。公式：EAC=AC+ 自下而上的 ETC。假设未来绩效将会改进时，公式：EAC=AC+(BAC-EV)；假设目前情况将继续进行时，公式：EAC=BAC/CPI。

4）储备分析。储备分析监督项目中应急储备和管理储备的使用情况，判断是否还需要这些储备，或者是否需要增加额外储备。如果已识别的风险没有发生，就可能要从项目预算中扣除未使用的应急储备，为其他项目或运营让出资源。

（3）完工尚需绩效指数（TCPI）。完工尚需绩效指数是为了实现特定的管理目标（如 BAC 或 EAC），剩余资源的使用必须达到的成本绩效指标。如果 BAC 已明显不再可行，则项目经理应考虑使用预测的 EAC。经过批准后，就用 EAC 取代 BAC。基于 BAC 的 TCPI 公式：TCPI=(BAC-EV)/(BAC-AC)。基于 EAC 的 TCPI 公式：TCPI=(BAC-EV)/(EAC-AC)。

（4）项目管理信息系统。项目管理信息系统可用于监测 PV、EV 和 AC 挣值分析指标、绘制趋势图，并预测最终项目结果的区间。

🔊 备考点拨

本考点学习难度星级：★★☆（适中），考试频度星级：★★★（高频）。

本考点考查控制成本的主要输入、输出、工具与技术。控制成本需要用到项目管理计划（输入）中的成本管理计划、成本基准和绩效测量基准，还需要用到项目文件（输入）中的经验教训登记册，由于是成本相关的过程，所以需要通过查看项目资金需求（输入）进行控制成本，通过查看工作绩效数据（输入）进行控制成本。

控制成本过程将工作绩效数据转化成了工作绩效信息（输出），而且提供了成本预测（输出）。控制成本可以使用四个分析、一个指数和一个系统，四个分析是挣值分析（技术）、偏差分析（技术）、趋势分析（技术）和储备分析（技术），一个指数是完工尚需绩效指数 TCPI（技术），一个系统是项目管理信息系统（技术），其中涉及的计算是重点考点，将在后续的计算专题重点讲解。

🔗 考题精练

1．某项目的项目经理在成本控制过程中，发现成本偏差（CV）呈现负值，为了采取有效的纠正措施，优先策略是（　　）。

　　A．降低项目质量要求，以实现更高的成本效益

　　B．识别并减少冗余活动的工作量，以降低成本

　　C．减少合同交付内容，以减少成本负担

　　D．增加项目范围，以提高收入来降低成本超支

【解析】答案为 B。成本偏差（CV）为负值，说明目前成本超支，项目经理应该采取的纠正措施应该是降低成本，选项 A 的降低质量，选项 C 的减少合同交付均不现实，选项 D 的措施不一定能够降低成本，所以综合看最优措施是选项 B。

第 13 章

项目质量管理考点精讲及考题实练

13.1 章节考情速览

项目质量管理的过程相对比较少,只有 3 个,分别是规划质量管理、管理质量和控制质量,质量管理涉及的专业术语比较多,备考的时候需要特别留意相关术语的名字以及定义,从过往的考试看,对质量管理中相关概念的理解和区别的考查较多,所以本章的备考重在理解。

项目质量管理按照往年的考试经验看,在综合知识科目一般会考查 3 分左右。

13.2 考点星级分布图

本章涉及的主要考点分布及难度与频度双星级如图 13-1 所示。

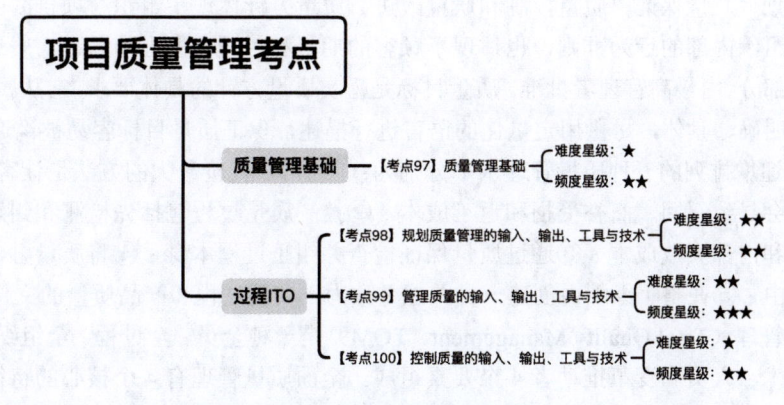

```
项目质量管理考点
├── 质量管理基础 ──【考点97】质量管理基础 ── 难度星级:★
│                                          频度星级:★★
└── 过程ITO ──┬──【考点98】规划质量管理的输入、输出、工具与技术 ── 难度星级:★★
              │                                                    频度星级:★★
              ├──【考点99】管理质量的输入、输出、工具与技术 ── 难度星级:★★
              │                                              频度星级:★★★
              └──【考点100】控制质量的输入、输出、工具与技术 ── 难度星级:★
                                                              频度星级:★★
```

图 13-1 本章考点及星级分布

13.3 核心考点精讲

【考点 97】质量管理基础

🔹 考点精华

现代质量管理新实践

项目质量管理包括把组织的质量政策应用于规划、管理、控制项目和产品质量要求，以满足干系人目标的各个过程。项目质量管理过程包括：①规划质量管理：识别项目及其可交付成果的质量要求、标准，并书面描述项目符合质量要求、标准的证明；②管理质量：把组织的质量政策用于项目，并将质量管理计划转化为可执行的质量活动；③控制质量：为了评估绩效，监督和记录质量管理活动的执行结果，确保项目输出完整、正确，且满足客户期望。

质量通常是指产品的质量，广义上的质量还包括工作质量。产品质量是指产品的使用价值及其属性；工作质量是产品质量的保证，它反映了与产品质量有关的工作对产品质量的保证程度。质量与等级是两个不同的概念，一个低等级（功能有限）、高质量（无明显缺陷，用户手册易读）的软件产品，适合一般情况下使用，也会被认可；一个高等级（功能繁多）、低质量（有许多缺陷，用户手册杂乱无章）的软件产品，该产品的功能会因质量低劣而无效或低效，不会被使用者接受。

项目团队需要具备统计控制过程方面的实用知识，以便评估控制质量的输出中所包含的数据。应了解的与统计相关的术语包括：①"预防"：保证过程中不出现错误；②"检查"：保证错误不落到客户手中；③"公差"：结果的可接受范围；④"控制界限"：在统计意义上稳定的过程或过程绩效的普通偏差的边界。

项目的质量是顺应顾客的要求进行的，不同的顾客有着不同的质量要求，其意图已反映在项目合同中。因此，项目合同通常是进行项目质量管理的主要依据。

质量管理是指为了实现质量目标而进行的所有质量性质的活动，一般包括质量方针和质量目标以及质量规划、质量保证、质量控制和质量改进。质量方针体现了组织（项目）的质量意识和质量追求，是组织内部的行为准则，也体现了顾客的期望和对顾客做出的承诺。质量方针是总方针的一个组成部分，由最高管理者批准。质量目标是落实质量方针的具体要求，它从属于质量方针。质量目标必须明确、具体，尽量用定量化的语言进行描述，保证质量目标容易被沟通和理解。

按有效性递增排列的五种质量管理水平分别为：①通常，代价最大的方法是让客户发现缺陷，这种方法可能会导致召回、商誉受损和返工成本；②控制质量过程包括先检测和纠正缺陷，该过程会评估成本和内部失败成本；③通过质量保证检查并纠正过程本身；④将质量融入项目和产品的规划和设计中；⑤在整个组织内创建一种关注并致力于实现过程和产品质量的文化。

全面质量管理（Total Quality Management，TQM）是一种全员、全过程、全组织的品质管理，它由结构、技术、人员和变革推动者 4 个要素组成。全面质量管理有 4 个核心的特征包括：①全员参加的质量管理：要求全部员工都要参与质量改进活动；②全过程的质量管理：必须在各个环节中都把好质量关,其中产品的设计过程是全面质量管理的起点,原料采购、生产、检验过程是实现产品质量的重要过程,而产品的质量最终在市场销售、使用、售后服务的过程中得到评判与认可;③<u>全面方法的质量管理</u>:采用科学的管理方法、数理统计的方法、现代电子技术、通信技术等方法进行全面质量管理;④<u>全面结果的质量管理</u>:全面结果的质量管理指对产品质量、工作质量、工程质量和服务质量等进行全面质量管理。

质量管理的新实践如下:①<u>客户满意</u>:在敏捷环境中,干系人与项目管理团队合作可确保在整个项目期间始终做到客户满意;②<u>持续改进</u>:"计划—实施—检查—行动(PDCA)"循环是质量改进的基础,另外,全面质量管理(TQM)、六西格玛和精益六西格玛等质量改进举措也可提高项目管理的质量以及最终产品、服务或成果的质量;③<u>管理层的责任</u>:管理层在其质量职责内,肩负着为项目提供具有足够能力的资源的相应责任;④<u>与供应商的互利合作关系</u>:组织应着眼于长期关系而不是短期利益。

备考点拨

本考点学习难度星级:★☆☆(简单),考试频度星级:★★☆(中频)。

本考点考查质量管理的基础概念,质量管理涉及的理论比较多,其中代表性的是全面质量管理,需要掌握其 4 个核心特征。另外,近些年也有新的质量管理实践层出不穷,可以对考点中的 4 点新实践有所了解。质量管理中的质量和等级的差异过去也曾经考过多次,这部分内容虽然有些枯燥,但是学习起来难度不大,主要是记忆。

考题精练

1. 关于质量的描述,正确的是(   )。
    A. 功能、性能、价格可作为衡量质量的指标
    B. 质量与等级相关,等级的高低决定了质量的好坏
    C. 预防错误的成本通常高于检查并纠正错误的成本
    D. 项目合同通常是进行项目质量管理的主要依据

【解析】答案为 D。项目的质量是顺应顾客的要求进行的,不同的顾客有着不同的质量要求,其意图已反映在项目合同中。因此,项目合同通常是进行项目质量管理的主要依据。质量与等级是两个不同的概念,等级与质量无关。预防胜于检查,最好将质量设计到可交付成果中,而不是在检查时发现质量问题。预防错误的成本通常远低于在检查或使用中发现并纠正错误的成本。

2. 关于项目质量管理的描述,不正确的是(   )。
    A. 质量管理由独立的质量保证团队在项目生命周期的特定阶段执行
    B. 质量目标是落实质量方针的具体要求,从属于质量方针
    C. 质量管理是为了实现质量目标而进行的所有质量性质的活动
    D. 质量方针是由组织最高管理者正式发布的该组织总的质量宗旨和方向

【解析】答案为 A。选项 A 的错误很明显,项目的全生命周期中都需要进行项目的质量管理,并非仅在特定阶段执行。

【考点98】规划质量管理的输入、输出、工具与技术

考点精华

规划质量管理是识别项目及其可交付成果的质量要求和标准,并书面描述项目将如何证明符合质量要求、标准的过程。本过程的主要作用是为在整个项目期间如何管理和核实质量提供指南和方向。

1. 规划质量管理的输入主要有项目章程、项目管理计划、项目文件、事业环境因素和组织过程资产5项。

(1) 项目章程。项目章程包含影响项目质量管理的项目审批要求、可测量的项目目标和相关的成功标准。

(2) 项目管理计划。项目管理计划中的需求管理计划、风险管理计划、干系人参与计划和范围基准可以用于规划质量管理的输入。

(3) 项目文件。项目文件中的假设日志、需求文件、需求跟踪矩阵、风险登记册和干系人登记册可以用于规划质量管理过程的输入。

(4) 事业环境因素。

(5) 组织过程资产。

2. 规划质量管理的输出主要有质量管理计划、质量测量指标、项目管理计划(更新)和项目文件(更新)4项。

(1) 质量管理计划。质量管理计划描述如何实施适用的政策、程序和指南以实现质量目标。应该在项目早期就对质量管理计划进行评审。

质量管理计划包括:①项目采用的质量标准;②项目的质量目标;③质量角色与职责;④需要质量审查的项目可交付成果和过程;⑤为项目规划的质量控制和质量管理活动;⑥项目使用的质量工具;⑦与项目有关的主要程序。「★案例记忆点★」

(2) 质量测量指标。质量测量指标用于验证质量的符合程度。

(3) 项目管理计划(更新)。可能需要更新风险管理计划和范围基准。

(4) 项目文件(更新)。可能更新的项目文件包括经验教训登记册、需求跟踪矩阵、风险登记册、干系人登记册。

3. 规划质量管理的工具与技术主要有专家判断、数据收集、数据分析、决策、数据表现、测试与检查的规划和会议7项。

(1) 专家判断。可以征求具备专业知识或接受过相关培训的个人或小组意见。

(2) 数据收集。数据收集技术包括标杆对照、头脑风暴和访谈3项:

1) 标杆对照:标杆可以来自组织内部或外部,可以来自同一应用领域或其他应用领域。

2) 头脑风暴:通过头脑风暴可以向团队成员或主题专家收集有助于规划质量管理的数据。

3) 访谈:访谈有助于了解对质量的隐性和显性需求,应在信任和保密的环境下开展访谈,以获得真实可信、不带偏见的反馈。

(3) 数据分析。数据分析技术包括成本效益分析和质量成本2项:

1）成本效益分析用来估算备选方案的优势和劣势，从而确定创造最佳效益的备选方案。满足质量要求的效益包括减少返工、提高生产率、降低成本、提升干系人满意度及提升赢利能力。

2）与项目有关的质量成本（Cost of Quality，COQ）分类如图 13-2 所示，包含以下成本：①预防成本：预防质量低劣带来的成本；②评估成本：评估、测量、审计和测试所带来的成本；③失败成本（内部/外部）：因产品、可交付成果或服务与干系人期望不一致导致的成本。「★案例记忆点★」

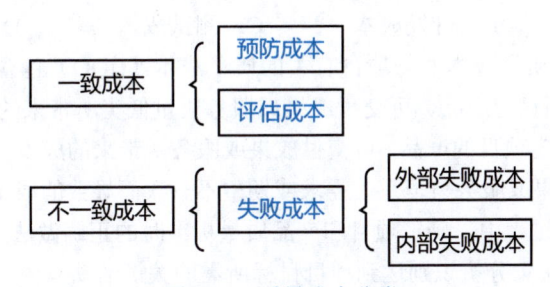

图 13-2　质量成本分类

（4）决策。类似优先矩阵这样的多标准决策分析工具可用于识别关键事项和合适的备选方案，并决策排列出备选方案的优先顺序。

（5）数据表现。数据表现技术包括流程图、逻辑数据模型、矩阵图和思维导图：①流程图有助于了解和估算过程的质量成本，通过工作流的逻辑分支及频率来估算质量成本，这些逻辑分支细分为需要开展的一致性工作和非一致性工作；②逻辑数据模型把组织数据可视化，用业务语言加以描述，不依赖任何特定技术；③矩阵图在行列交叉的位置展示因素、原因和目标之间的强弱关系，有助于识别对项目成功重要的质量测量指标；④思维导图：思维导图有助于快速收集项目质量要求、制约因素、依赖关系和联系。

（6）测试与检查的规划。在规划阶段，项目团队决定如何测试或检查产品、可交付成果或服务，以满足干系人的需求和期望。

（7）会议。项目团队可召开规划会议来制订质量管理计划。

🔊 备考点拨

本考点学习难度星级：★★☆（适中），考试频度星级：★★☆（中频）。

本考点考查规划质量管理的主要输入、输出、工具与技术。质量和具体的需求直接相关，而且干系人会对质量提出要求，风险也会影响质量，所以项目管理计划（输入）中的需求管理计划、风险管理计划、干系人参与计划和范围基准可以用于规划质量管理的参考。与此对应的项目文件（输入）中的需求文件、风险登记册、干系人登记册、需求跟踪矩阵和假设日志，也可以用于规划质量管理的参考。

规划质量管理的输出，除了明显的质量管理计划（输出）之外，还有质量测试指标，可以通过指标判断质量好坏以及相应的偏差。规划质量管理，首先需要通过标杆对照、头脑风暴、访谈等做好数据收集（技术）工作，数据收集到之后要分析质量成本、分析成本效益，这属于数据分析（技术），分析结果可以通过流程图、矩阵图、思维导图和逻辑数据模型的数据表现（技术）方式展现出来，另外，还要针对性地做测试与检查的规划（技术），最终针对规划质量管理做相关的决策（技术）。

考题精练

1. 与项目有关的质量成本（COQ）包含以下一种或多种成本：（　　）、评估成本、失败成本（内部/外部）。

　　A．纠错成本　　　　B．开发成本　　　　C．测试成本　　　　D．预防成本

【解析】答案为D。质量成本：与项目有关的质量成本（COQ）包含以下一种或多种成本：①预防成本：预防特定项目的产品、可交付成果或服务质量低劣所带来的成本。②评估成本：评估、测量、审计和测试特定项目的产品、可交付成果或服务所带来的成本。③失败成本（内部/外部）：因产品、可交付成果或服务与干系人需求或期望不一致而导致的成本。

2. 在规划质量管理过程中，确定项目和产品质量标准时的正确做法是（　　）。

　　A．使用多标准决策分析识别达到项目目标所需的关键活动
　　B．使用回归分析展示项目团队成员的技能分布
　　C．使用流程图分析评估项目成本与质量之间的关系
　　D．使用因果图监控项目过程中的质量和性能表现

【解析】答案为C。选项A提到的多标准决策分析，是规划质量管理过程用到的决策技术，用来识别备选方案并进行优先排序和加权，所以其作用是排定质量测量指标的优先顺序，故选项A错误；选项B无论是回归分析还是成员技能分布，都和规划质量管理无关，故选项B错误；选项D的因果图是管理质量过程的数据表现技术，用来找出根本原因，故选项D错误；选项C的流程图有助于了解和估算过程的质量成本，通过工作流的逻辑分支及其相对频率来估算质量成本。

【考点99】管理质量的输入、输出、工具与技术

考点精华

管理质量概念和输入

管理质量是把组织的质量政策用于项目，并将质量管理计划转化为可执行的质量活动的过程。本过程的主要作用：①提高实现质量目标的可能性；②识别无效过程和导致质量低劣的原因；③促进质量过程改进。

管理质量的定义比质量保证更广，管理质量可用于非项目工作。项目管理的质量保证着眼于项目使用的过程，管理质量包括所有的质量保证活动，还与产品设计和过程改进有关。

项目经理和项目团队可通过质量保证等部门执行管理质量活动，质量保证部门在质量工具与技术的使用方面拥有跨组织经验。

管理质量是所有人的共同职责，包括项目经理、项目团队、项目发起人、执行组织的管理层，甚至是客户。在敏捷型项目中，项目期间的质量管理由所有团队成员执行；在传统项目中，质量管理是特定团队成员的职责。

1. 管理质量的输入主要有项目管理计划、项目文件和组织过程资产3项。
（1）项目管理计划。项目管理计划中的质量管理计划可以用于管理质量的输入。
（2）项目文件。项目文件中的经验教训登记册、质量控制测量结果、质量测量指标和风险报告可作为管理质量过程的输入。
（3）组织过程资产。

2. 管理质量的输出主要有质量报告、测试与评估文件、变更请求、项目管理计划（更新）和项目文件（更新）5项。
（1）质量报告。质量报告可以是图形、数据或文件的形式。
（2）测试与评估文件。测试与评估文件用于评估质量目标的实现情况。
（3）变更请求。可能输出对项目管理计划、项目文件或项目/产品管理过程的变更。
（4）项目管理计划（更新）。可能要对质量管理计划、范围基准、进度基准、成本基准进行更新。
（5）项目文件（更新）。可能需要对项目文件中的问题日志、经验教训登记册和风险登记册进行更新。

3. 管理质量的工具与技术主要有数据收集、数据分析、决策、数据表现、审计、面向 X 的设计、问题解决和质量改进方法 8 项。
（1）数据收集。适用于管理质量过程的数据收集技术是核对单。核对单是结构化工具，用来核实所要求的步骤是否已得到执行或检查需求列表是否已得到满足。
（2）数据分析。适用于管理质量过程的数据分析技术主要包括：①备选方案分析：用于评估已识别的可选方案，以选择那些最合适的质量方案或方法；②文件分析：分析控制过程输出的不同文件，如质量报告、测试报告、绩效报告和偏差分析；③过程分析：分析过程改进的机会，发现最值得改进的环节；④根本原因分析：分析引起偏差、缺陷或风险的根本原因。
（3）决策。适用于本过程的决策技术主要是多标准决策分析，可以使用多标准决策评估多个标准。
（4）数据表现。适用于管理质量过程的数据表现技术包括亲和图、因果图、流程图、直方图、矩阵图和散点图。
1）亲和图对潜在缺陷成因进行分类，展示最应关注的领域，如图 13-3 所示。

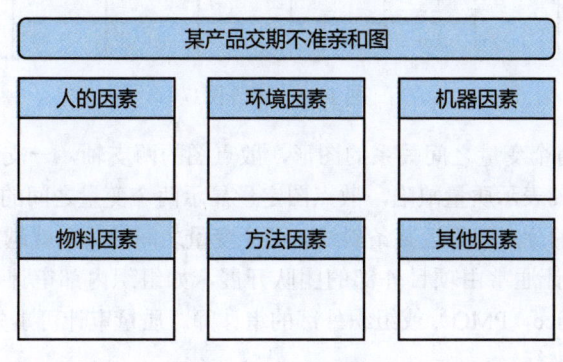

图 13-3 亲和图

2）**因果图**又称"鱼骨图""石川图",将问题陈述的原因分解为离散的分支,有助于识别问题的主要原因或根本原因,如图 13-4 所示。

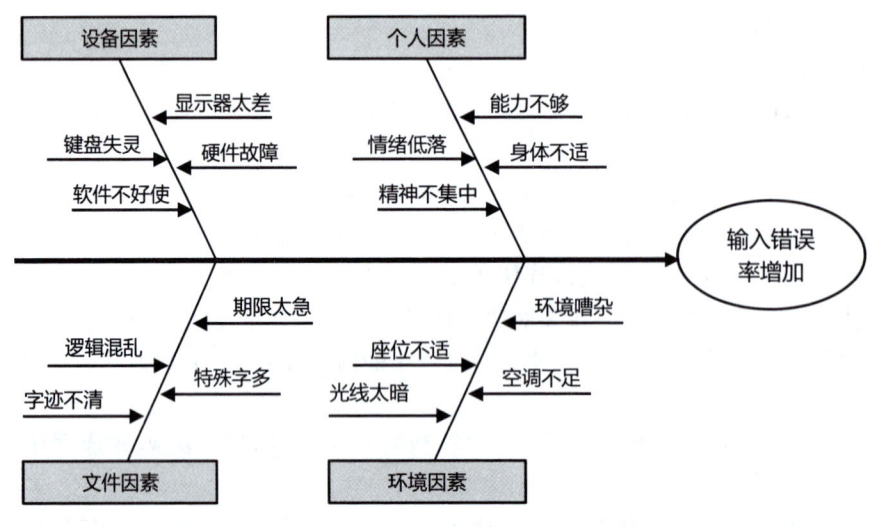

图 13-4 因果图

3）**流程图**展示引发缺陷的一系列步骤,用于分析质量问题产生的全过程。

4）**直方图**是展示各种问题分布情况的条形图,每一柱代表一个问题,柱的高度代表问题出现的次数。

5）**矩阵图**在行列交叉的位置展示因素、原因和目标之间的关系强弱,有屋顶形、L 形、T 形、X 形、Y 形和 C 形 6 种常用的矩阵图,如图 13-5 所示。

		R			
		R1	R2	R3	Rm
L	L1		○		
	L2			○	
	L3	△			
	Ln	△			

图 13-5 矩阵图

6）**散点图**是展示两个变量之间关系的图形,散点图的两支轴,一支轴表示过程、环境或活动的任何要素,另一支轴表示质量缺陷,散点图定量显示两个变量之间的关系,是最简单的回归分析工具,所有数据点的分布越靠近某条斜线,两个变量之间的关系就越密切。

（5）**审计**。质量审计通常由项目外部的团队开展,如组织内部审计部门、项目管理办公室（Project Management Office,PMO）或组织外部的审计师。质量审计可事先安排,也可随机进行,可由内部或外部审计师进行。

（6）面向 X 的设计。面向 X 的设计（Design for X，DfX）是产品设计期间可采用的一系列技术指南，旨在优化设计的特定方面，可以控制或提高产品最终特性。DfX 中的 X 可以是产品开发的不同方面，使用 DfX 可以降低成本、改进质量、提高绩效和客户满意度。

（7）问题解决。问题解决用结构化的方法从根本上解决在控制质量过程或质量审计中发现的质量管理问题。问题解决方法包括以下要素：定义问题，识别根本原因，生成可能的解决方案，选择最佳解决方案，执行解决方案，验证解决方案的有效性等。

（8）质量改进方法。计划—实施—检查—行动和六西格玛是最常用于分析和评估改进机会的两种质量改进工具。

备考点拨

本考点学习难度星级：★★☆（适中），考试频度星级：★★★（高频）。

本考点考查管理质量的输入、输出、工具与技术。想要管理质量，自然要用到项目管理计划（输入）中的质量管理计划。另外，想要有效管理质量，一定要有个参照标杆，这个参照标杆可以是质量测量指标，而且要拿到指标对应的质量控制测量结果，还可以翻看经验教训登记册中记载的和质量有关的信息以及风险报告中和质量有关的信息，前面讲到的质量测量指标、质量控制测量结果、经验教训登记册和风险报告，都属于项目文件（输入）的一部分，成了管理质量的输入。

管理质量的输出是一份质量报告（输出），还有一份测试与评估文件（输出），这份文件可以用于后续的控制质量过程。

管理质量可以使用的工具与技术比较多，一共有 8 种。这 8 种并没有明显的前后逻辑关系，为了方便记忆，我尝试把这 8 种串成一段有逻辑的话：想要管理好质量，首先要用核对单进行数据收集（技术），数据拿到手后开展数据分析（技术），数据分析的结果用于面向 X 的设计（技术），提出质量改进方法（技术）并以数据表现（技术）的方式呈现，最终经过决策（技术）和审计（技术）后，实现问题解决（技术）。上述的这段话仅仅是为了方便记忆，叙述中的逻辑先后关系均为虚构，以上请知悉。

考题精练

1. 关于"管理质量"过程的描述，不正确的是（　　）。
   A．管理质量是把组织的质量政策用于项目，并将质量管理计划转化为可执行的质量活动的过程
   B．管理质量是所有人的共同职责，包括项目经理、项目团队、项目发起人、执行组织的管理层
   C．管理质量包括所有质量保证活动，与产品设计和过程改进无关
   D．管理质量过程需要在整个项目期间开展

【解析】答案为 C。管理质量包括所有质量保证活动，同时也与产品设计和过程改进密切相关，而不是无关。良好的管理质量要求在设计阶段就充分考虑产品的质量特性、从一开始就将质量理念融入产品设计中；过程改进方面，比如优化项目审批流程、改进沟通流程等都有助于提升项目

质量，这些都和管理质量密切相关。

2．常用于分析和评估改进机会的两种质量改进工具是 PDCA 和（　　）。

A．流程图　　　　　　　　　　B．六西格玛

C．决策树分析　　　　　　　　D．蒙特卡罗模拟

【解析】答案为 B。本题考查管理质量过程的工具与技术：质量改进方法。质量改进方法中常用的两种质量改进工具分别是 PDCA 和六西格玛。

3．（　　）的作用是识别无效过程和导致质量低劣的原因。

A．规划质量　　　　　　　　　B．控制质量

C．评估质量　　　　　　　　　D．管理质量

【解析】答案为 D。管理质量是把组织的质量政策用于项目，并将质量管理计划转化为可执行的质量活动的过程。本过程的主要作用：①提高实现质量目标的可能性；②识别无效过程和导致质量低劣的原因；③使用控制质量过程的数据和结果向干系人展示项目的总体质量状态。

【考点 100】控制质量的输入、输出、工具与技术

考点精华

控制质量是为了评估绩效，确保项目输出完整、正确且满足客户期望，而监督和记录质量管理活动执行结果的过程。本过程的主要作用：①核实项目可交付成果是否已经达到干系人的质量要求，可供最终验收；②确定项目输出是否达到预期目的，这些输出需要满足所有适用标准、要求、法规和规范。

控制图

控制质量过程的目的是在用户验收和最终交付之前测量产品或服务的完整性、合规性和适用性。在敏捷或适应型项目中，控制质量活动由所有团队成员在整个项目生命周期中执行；在瀑布或预测型项目中，控制质量活动由特定团队成员在特定时间点或者项目或阶段快结束时执行。

1．控制质量的输入主要有项目管理计划、项目文件、可交付成果、工作绩效数据、批准的变更请求、事业环境因素和组织过程资产 7 项。

（1）项目管理计划。项目管理计划中的质量管理计划，定义了如何在项目中开展质量控制。

（2）项目文件。项目文件中的测试与评估文件、质量测量指标和经验教训登记册可用于控制质量的输入。

（3）可交付成果。可交付成果与验收标准进行对比，可用于控制质量的输入。

（4）工作绩效数据。工作绩效数据包括产品质量相关的状态数据，可用于控制质量的输入。

（5）批准的变更请求。批准的变更请求需要纳入控制质量的范畴。

（6）事业环境因素。

（7）组织过程资产。

2．控制质量的输出主要有工作绩效信息、控制质量测量结果、核实的可交付成果、变更请求、项目管理计划（更新）和项目文件（更新）6 项。

（1）工作绩效信息。工作绩效信息包含需求实现情况的信息、拒绝原因、要求的返工、纠正措施建议、核实的可交付成果列表、质量测量指标的状态以及过程调整需求。

（2）控制质量测量结果。控制质量的测量结果是对质量控制结果的书面记录。

（3）核实的可交付成果。核实的可交付成果是确认范围过程的输入，以便正式验收。

（4）变更请求。项目管理计划组件或项目文件有可能因为控制质量产生变更请求。

（5）项目管理计划（更新）。项目管理计划的质量管理计划有可能需要更新。

（6）项目文件（更新）。项目文件中的问题日志、经验教训登记册、风险登记册、测试与评估文件有可能需要更新。

3. 控制质量的工具与技术主要有数据收集、数据分析、检查、测试/产品评估、数据表现和会议6项。

（1）数据收集。数据收集技术包括核对单、核查表、统计抽样和问卷调查：①核对单有助于以结构化的方式管理控制质量活动；②核查表又称计数表，用于合理排列各种事项，以便有效收集关于潜在质量问题的数据；③统计抽样是从目标总体中选取部分样本用于检查；④问卷调查用于在部署产品或服务之后收集关于客户满意度的数据。

（2）数据分析。数据分析技术包括绩效审查和根本原因分析。绩效审查针对实际结果测量、比较和分析规划质量管理过程中定义的质量测量指标；根本原因分析用于识别缺陷成因。

（3）检查。检查是检验工作产品，以确定是否符合书面标准。可以检查单个活动成果或项目最终产品，检查也可用于确认缺陷补救。

（4）测试/产品评估。测试贯穿于整个项目，可以在项目组成部分变得可用时进行，也可以在项目结束时进行。

（5）数据表现。数据表现技术包括因果图、控制图、直方图和散点图。①因果图用于识别质量缺陷和错误可能造成的结果；②控制图用于确定一个过程是否稳定，或者是否具有可预测的绩效；③直方图可按来源或组成部分展示缺陷数量；④散点图可在一支轴上展示计划的绩效，在另一支轴上展示实际绩效。

（6）会议。可作为控制质量过程的一部分的会议有：①审查已批准的变更请求；②回顾/经验教训。

🔔 备考点拨

本考点学习难度星级：★☆☆（简单），考试频度星级：★★☆（中频）。

本考点考查控制质量的输入、输出、工具与技术。控制质量时需要用到项目管理计划（输入）中的质量管理计划，以及项目文件（输入）中的测试与评估文件、质量测量指标和经验教训登记册。除此之外，控制质量既要控制可交付成果（输入）的质量，也要控制批准的变更请求（输入）的质量，此时需要参考工作绩效数据（输入）。

控制质量过程的输出是质量控制测量结果（输出），控制质量过程把工作绩效数据转化为工作绩效信息（输出），把可交付成果转化为核实的可交付成果（输出）。

控制质量可以采用会议（技术）的方式进行，也可以采用检查（技术）和测试/产品评估（技术）等常见的方式进行，还可以通过数据收集（技术）、数据分析（技术）和数据表现（技术）的方式进行。3种数据常见的细分技术可以参考上面的考点精华，需要强调的是数据表现技术中的因果图、控制图、直方图和散点图，一定要掌握其特征，也是过往考试中的高频考点。

考题精练

1. 关于控制质量的描述，不正确的是（   ）。

    A. 控制质量的目的是在用户验收和最终交付之前，测量产品或服务的完整性、合规性和适用性

    B. 控制质量时，控制图可用于确定一个过程是否稳定

    C. 在瀑布模型或预测型项目中，控制质量活动通常由特定团队成员在整个项目生命周期中持续执行

    D. 质量检查既可以针对单个活动的成果，也可以针对项目的最终产品

【解析】答案为 C。控制质量过程的目的是在用户验收和最终交付之前测量产品或服务的完整性、合规性和适用性。在瀑布模型或预测型项目中，控制质量活动由特定团队成员在特定时间点或者项目或阶段快结束时执行。质量检查可以检查单个活动的成果，也可以检查项目的最终产品。控制图用于确定一个过程是否稳定，或者是否具有可预测的绩效。

2. 在执行质量管理相关过程时，质量经理对提交的成果进行了审查，将发现的问题记录并给出了纠正措施建议，该质量经理正在执行（   ）过程。

    A. 控制质量　　　B. 管理质量　　　C. 规划质量管理　　　D. 持续改进

【解析】答案为 A。本题考查对质量管理 3 个过程的理解，规划质量管理过程识别项目及其可交付成果的质量要求、标准，并书面描述项目符合质量要求、标准的证明；管理质量过程把组织的质量政策用于项目，并将质量管理计划转化为可执行的质量活动；控制质量过程是为了评估绩效，监督和记录质量管理活动的执行结果，确保项目输出完整、正确，且满足客户期望。题干的描述中提到了成果审查、记录问题并纠正，这些属于控制质量过程的内容，所以本题答案为选项 A。

3. 关于控制质量过程目的的描述，正确的是（   ）。

    A. 在用户验收和最终交付之前测试产品或服务的完整性、合规性、适用性

    B. 识别项目及其可交付成果的质量要求、标准，并描述将如何证明符合质量要求

    C. 评估项目团队成员的绩效，确保项目输出敏捷、高效且满足管理层期望

    D. 着眼于项目使用的过程，旨在高效地执行项目过程，包括遵守和满足标准

【解析】答案为 A。本题考查对质量管理 3 个过程概念的理解。规划质量管理是识别项目及其可交付成果的质量要求、标准，并书面描述项目符合质量要求、标准的证明，所以选项 B 错误；管理质量包含所有的质量保证活动，而质量保证着眼于项目使用的过程，旨在高效执行项目过程，所以选项 D 错误；控制质量是为了评估绩效，监督和记录质量管理活动的执行结果，确保项目输出完整、正确，且满足客户期望，所以选项 C 错误。

第 14 章 项目资源管理考点精讲及考题实练

14.1 章节考情速览

新版考纲中对项目资源管理进行了扩展，从原来仅仅包含人力资源管理，到增加了实物资源管理，丰富了项目资源管理的内涵，由此项目资源管理的过程也更新为 6 个，分别是规划资源管理、估算活动资源、获取资源、建设团队、管理团队和控制资源。项目资源管理的内容相对多一些，而且还有一些资源管理的方法论，比如激励理论、团队发展阶段等需要掌握，不过本章内容比较贴合日常工作，所以理解学习起来难度不大。

项目资源管理按照往年的考试经验看，在综合知识科目一般会考查 3 分左右。

14.2 考点星级分布图

本章涉及的主要考点分布及难度与频度双星级如图 14-1 所示。

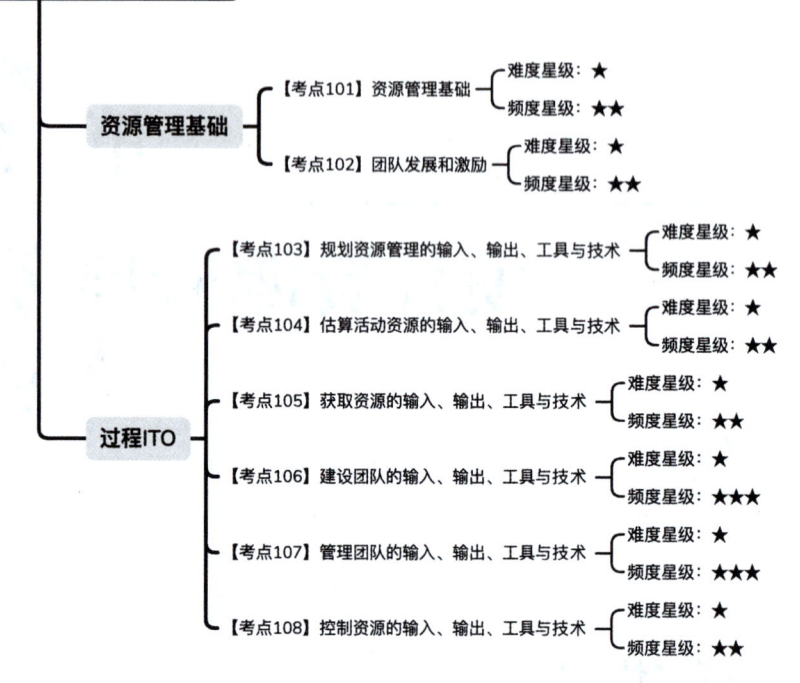

```
项目资源管理考点
├── 资源管理基础
│   ├── 【考点101】资源管理基础          难度星级：★   频度星级：★★
│   └── 【考点102】团队发展和激励        难度星级：★   频度星级：★★
└── 过程ITO
    ├── 【考点103】规划资源管理的输入、输出、工具与技术    难度星级：★   频度星级：★★
    ├── 【考点104】估算活动资源的输入、输出、工具与技术    难度星级：★   频度星级：★★
    ├── 【考点105】获取资源的输入、输出、工具与技术        难度星级：★   频度星级：★★
    ├── 【考点106】建设团队的输入、输出、工具与技术        难度星级：★   频度星级：★★★
    ├── 【考点107】管理团队的输入、输出、工具与技术        难度星级：★   频度星级：★★★
    └── 【考点108】控制资源的输入、输出、工具与技术        难度星级：★   频度星级：★★
```

图 14-1　本章考点及星级分布

14.3　核心考点精讲

【考点 101】资源管理基础

◎ 考点精华

项目资源包括实物资源和团队资源。实物资源管理着眼于以有效和高效的方式，分配和使用完成项目所需的实物资源，包括设备、材料、设施和基础设施。团队资源指的是人力资源，团队资源管理相对于实物资源管理，包含了技能和能力要求。项目人力资源管理的目的是根据项目需要规划并组建项目团队，对团队进行有效地指导和管理，以保证他们可以完成项目任务，实现项目目标。

项目资源管理过程包括：①规划资源管理：定义如何估算、获取、管理和利用实物以及团队项目资源；②估算活动资源：估算执行项目所需的团队资源，材料、设备和用品的类型和数量；③获取资源：获取项目所需的团队成员、设施、设备、材料、用品和其他资源；④建设团队：提高工作能力，促进团队成员互动，改善团队整体氛围，提高绩效；⑤管理团队：跟踪团队成员工作表现，提供反馈，解决问题并管理团队变更，以优化项目绩效；⑥控制资源：确保按计划为项目分配实物资源，以及根据资源使用计划监督资源实际使用情况，并采取必要纠正措施。

项目经理既是项目团队的领导者又是项目团队的管理者。作为领导者，项目经理负责积极培养团队的技能和能力，同时提高并保持团队的满意度和积极性。项目管理团队是直接参与项目管理活动的项目团队成员，负责项目管理和领导活动，对于小型项目，项目管理职责可由整个项目团队分担，或者由项目经理独自承担。尽管项目团队成员被分派了特定的角色和职责，但让他们全员参与项目规划和决策仍是有益的。团队成员在规划阶段就参与进来，既可使他们对项目规划工作贡献专业技能，又可以增强他们对项目的责任感。

领导者设定目标，管理者率众实现目标。领导者的工作主要涉及3个方面：①确定方向：为团队设定目标，描绘愿景，制定战略；②统一思想：协调人员，团结尽可能多的力量来实现愿景和项目目标；③激励和鼓舞：领导者要激励和鼓舞大家克服困难奋勇前进。管理者被组织赋予职位和权力，负责某件事情的管理或实现某个目标。管理者主要负责持续不断地为干系人创造他们所期望的成果。

领导力是让一个群体为了一个共同的目标而努力的能力。尊重和信任，而非畏惧和顺从，是有效领导力的关键要素。领导力是一种影响力，是对人们施加影响，从而使人们心甘情愿地为实现组织的目标而努力的艺术过程。尽管在项目的每个阶段都需要有效的领导力，但在项目的开始阶段特别需要，因为这个阶段的工作重点是与项目参与者沟通愿景和目标，并激励和鼓舞他们取得优秀业绩。项目经理具有领导者和管理者的双重身份。对项目经理而言，管理能力和领导能力二者均不可或缺。对于大型复杂项目，领导能力尤为重要。

项目经理的权力有5种来源：①职位权力。来源于管理者在组织中的职位和职权。②惩罚权力。使用降职、扣薪、惩罚、批评、威胁等负面手段的能力。惩罚权力很有力，但会对团队气氛造成破坏。滥用惩罚权力会导致项目失败，应谨慎使用。③奖励权力。给予下属奖励的能力。奖励包括加薪、升职、福利、休假、礼物、口头表扬、认可度、特殊的任务以及其他的奖励员工的手段。④专家权力。来源于个人的专业技能。如果项目经理让员工感到他是某些领域的专业权威，那么员工就会在这些领域内遵从项目经理的意见。来自一线的中层管理者经常具有很大的专家权力。⑤参照权力。由于成为别人学习和参照榜样所拥有的力量，这是一种个人魅力。具有优秀品质的领导者的参照权力会很大。这些优秀品质包括诚实、正直、自信、自律、坚毅、刚强、宽容和专注等。职位权力、惩罚权力、奖励权力来自于组织的授权，专家权力和参照权力来自于管理者自身。项目经理更注重运用奖励权力、专家权力和参照权力，尽量避免使用惩罚权力。

冲突是指两个或两个以上的社会单元在目标上互不相容或互相排斥，从而产生心理上或行为上的矛盾。竞争的双方具有同一个目标，不需要发生势不两立的争夺。冲突并不一定是有害的，"一团和气"的集体不一定是一个高效率的集体，在许多情况下，确实需要有一定程度的冲突存在。

备考点拨

本考点学习难度星级：★☆☆（简单），考试频度星级：★★☆（中频）。

本考点考查项目资源管理的基础考点，资源管理和我们的日常工作结合紧密，大部分考生都可以从中找到一些共鸣，所以本考点的关键不在理解，而在记忆，除了要记住资源管理的过程之外，领导者的 3 方面工作、项目经理的 5 种权力来源都是需要掌握记忆的要点。

考题精练

1. 由于每个项目都是独特的，项目经理可以根据需要对项目资源管理过程进行裁剪。裁剪时考虑的因素不包括（　　）。

　　A．物理位置　　　B．团队管理　　　C．沟通技术　　　D．生命周期方法

【解析】答案为 C。由于每个项目都是独特的，项目经理可以根据需要对项目资源管理过程进行裁剪，裁剪时考虑的因素包括多元化、物理位置、行业特定资源、团队成员的获得、团队管理和生命周期方法。沟通技术和项目资源管理过程的裁剪无关。

2. （　　）是有效领导力的关键要素。

　　A．尊重和信任　　　B．畏惧和顺从　　　C．独立和创新　　　D．果断和勇敢

【解析】答案为 A。尊重和信任，而非畏惧和顺从，是有效领导力的关键要素。领导力是一种影响力，是对人们施加影响，从而使人们心甘情愿地为实现组织目标而努力的艺术过程。

【考点 102】团队发展和激励

考点精华

双因素理论

优秀团队的建设不是一蹴而就的，一般要依次经历以下 5 个阶段。

1. 形成阶段。在本阶段，团队成员倾向于相互独立，不怎么开诚布公，团队往往对未来有美好的期待。

2. 震荡阶段。团队成员开始执行分配的任务，一般会遇到超出预想的困难，希望被现实打破。个体之间开始争执，互相指责，并且怀疑项目经理的能力。

3. 规范阶段。经过一定时间的磨合，团队成员开始协同工作，并调整各自的工作习惯和行为来支持团队，团队成员开始相互信任，项目经理能得到团队的认可。

4. 发挥阶段。随着相互之间的默契配合和对项目经理的信任加强，团队就像一个组织有序的单位那样工作，团队成员的集体荣誉感非常强，常以第一称谓称呼团队。

5. 解散阶段。所有工作完成后，项目结束，团队解散。

项目管理激励理论包括马斯洛需求层次理论、赫茨伯格的双因素理论、麦格雷戈的 X 理论和 Y 理论、期望理论，分别如下：

1. 马斯洛需求层次理论是一个 5 层的金字塔结构：①生理需求：常见的激励措施有员工宿舍、工作餐、工作服、班车、工资、补贴、奖金等；②安全需求：常见的激励措施有养老保险、医疗保障、长期劳动合同、意外保险、失业保险等；③社会交往的需求：常见的激励措施有定期开展的员工活动、聚会、比赛、俱乐部等；④受尊重的需求：常见的激励措施有荣誉性的奖励、形象、地位提升、颁发奖章、作为导师培训别人等；⑤自我实现的需求：常见的激励措施有给他更多的空间让他负责、让他成为智囊团、参与决策、参与组织的管理会议等。

在马斯洛需求层次中，底层的 4 种需求即生理、安全、社会交往、受尊重被认为是基本的需求，

而自我实现是最高层次的需求。项目团队的建设过程中，项目经理要注意到不同的人有不同的需求层次和需求种类，需要了解项目团队的每一个成员的需求等级，并据此制订相关的激励措施。

2．赫茨伯格双因素理论认为有两种完全不同的因素影响着人们的工作行为：

（1）保健因素：与工作环境或条件有关的，能防止人们产生不满意感的一类因素，包括工作环境、工资薪水、组织政策、个人生活、管理监督、人际关系等。当保健因素不健全时，人们就会对工作产生不满意感。但即使保健因素很好时，也仅仅可以消除工作中的不满意感，却无法增加人们对工作的满意感，所以这些因素是无法起到激励作用的。

（2）激励因素：与员工的工作本身或工作内容有关的，能促使人们产生工作满意感的一类因素，是高层次的需要，包括成就、承认、工作本身、责任、发展机会等。当激励因素缺乏时，人们就会缺乏进取心，对工作无所谓，但一旦具备了激励因素，员工则会感觉到强大的激励力量从而产生对工作的满意感，所以只有这类因素才能真正激励员工。

管理者在管理中不应忽视保健因素，如果保健性的管理措施做得很差，就会导致员工产生不满情绪，影响劳动效率的提高。另一方面，也没有必要过分地改善保健因素，因为这样做只能消除员工对工作的不满情绪，而不能直接提高工作积极性和工作效率。管理者若想持久而高效地激励员工，必须改进员工的工作内容，进行工作任务再设计，注意对人进行精神激励，给予表扬和认可，注意给人以成长、发展、晋升的机会。用这些内在因素来调动人的积极性，才能起更大的激励作用并维持更长的时间。

3．麦格雷戈X理论和Y理论。X理论对人性有如下假设：①人天性好逸恶劳，只要有可能就会逃避工作；②人生来就以自我为中心，漠视组织的要求；③人缺乏进取心，逃避责任，甘愿听从指挥，安于现状，没有创造性；④人们通常容易受骗，易受人煽动；⑤人们天生反对改革；⑥人的工作动机就是为了获得经济报酬。

Y理论对人性的假设与X理论完全相反，其主要观点如下：①人天性并不是好逸恶劳，他们热爱工作，从工作得到满足感和成就感；②外来的控制和处罚对人们实现组织的目标不是一个有效的办法，下属能够自我确定目标、自我指挥和自我控制；③在适当的条件下，人们愿意主动承担责任；④大多数人具有一定的想象力和创造力；⑤在现代社会中，人们的智慧和潜能只是部分地得到了发挥，如果给予机会，人们喜欢工作，并渴望发挥其才能。

X理论注重满足员工的生理需求和安全需求，激励仅在生理和安全层次起作用，同时很注重惩罚，认为惩罚是有效的管理工具。

崇尚X理论的领导者认为，在领导工作中必须对员工采取强制、惩罚和解雇等手段，强迫员工努力工作，对员工应当严格监督、控制和管理；在领导行为上应当实行高度控制和集中管理。

Y理论认为激励在需求的各个层次上都起作用，常用的激励办法是将员工个人目标与组织目标融合，扩大员工的工作范围，尽可能把员工的工作安排得富有意义并具有挑战性，使其工作之后感到自豪，满足其自尊和自我实现的需要，使员工达到自我激励。

崇尚Y理论的管理者对员工采取以人为中心的、宽容的及放权的领导方式，使下属目标和组织目标很好地结合起来，为员工的智慧和能力的发挥创造有利的条件。

X理论和Y理论各有自己的长处和不足。用X理论可以加强管理，但项目团队成员通常是比较被动地工作。用 Y 理论可以激发员工主动性，但对于员工把握工作而言可能又放任过度。

4. 期望理论认为，一个目标对人的激励程度受两个因素影响。①目标效价：指实现该目标对个人有多大价值的主观判断。如果实现该目标对个人来说很有价值，个人的积极性就高；反之，积极性就低。②期望值：指个人对实现该目标可能性大小的主观估计。只有个人认为实现该目标的可能性很大，才会去努力争取实现，从而在较高程度上发挥目标的激励作用；如果个人认为实现该目标的可能性很小，甚至完全没有可能，目标激励作用则小，以至完全没有。期望理论认为，激励水平等于目标效价和期望值的乘积；激励水平 = 目标效价 × 期望值。

期望理论在实践中的基本原则：①管理者不要泛泛地抓一般的激励措施，而应当抓多数被组织成员认为效价最大的激励措施；②设置某一激励目标时应尽可能加大其效价的综合值，如果每月的奖金多少不仅意味着当月的收入状况，而且与年终分配、工资调级和获得先进工作称号挂钩，则将大大增加效价的综合值；③适当加大不同人实际所得效价的差值，加大组织希望行为和非希望行为之间的效价差值，如只奖不罚与奖罚分明，其激励效果大不一样；④适当控制期望概率和实际概率。期望概率关键要适当。

5. 项目资源管理的趋势和新实践包括：①资源管理方法。过去几年，由于关键资源稀缺，在某些行业中出现了很多新的方法，比如精益管理、准时制（JIT）生产、持续改善（Kaizen）、全员生产维护（TPM）、约束理论等。②情商（EI）。项目经理应提升内在（如自我管理和自我意识）和外在（如关系管理）能力，从而提高个人情商。③自组织团队。对于拥有自组织团队的项目，"项目经理"这一角色主要是为团队创造环境，支持并信任团队可以完成工作。成功的自组织团队通常由通用的专业人才而不是主题专家组成，他们能够不断适应变化的环境并采纳建设性反馈。④虚拟团队/分布式团队。虚拟团队管理有独特的优势，例如能够利用不在同一地理区域的专家的专业技术；将在家办公的员工纳入团队；将行动不便者或残疾人纳入团队。虚拟团队管理面临的挑战主要在于沟通，包括团队成员可能产生孤立。

🔊 备考点拨

本考点学习难度星级：★☆☆（简单），考试频度星级：★★☆（中频）。

本考点考查团队发展和激励的一系列理论，团队发展的 5 个阶段以及先后顺序需要记住。项目管理的 4 种激励理论的关键构成需要记住，比如你需要掌握马斯洛需求层次的 5 层名字，需要知道双因素理论的特点等，这个考点的学习建议联系实际去理解，理解其含义和特征。

🔗 考题精练

1. 关于团队管理的描述，不正确的是（　　）。

　　A．滥用惩罚权力可能会导致项目失败，应谨慎使用

　　B．在赫茨伯格双因素理论中，保健因素的满足可以消除不满，激励因素的满足可以产生满意感

　　C．奖励权利来自于组织的授权，参照权利来自于管理者自身

　　D．X 理论可以激发员工主动性，Y 理论注重加强管理与惩罚

【解析】答案为 D。X 理论注重满足员工的生理需求和安全需求，激励仅在生理和安全层次

起作用，同时很注重惩罚，认为惩罚是有效的管理工具。Y 理论认为激励在需求的各个层次上都起作用，常用的激励办法是将员工个人目标与组织目标融合，扩大员工的工作范围，尽可能把员工的工作安排得富有意义并具有挑战性，使其在工作之后感到自豪，满足其自尊和自我实现的需要，使员工达到自我激励。

2．根据赫茨伯格双因素理论，属于保健因素的是（　　）。

　　A．工资薪水　　　　B．升职机会　　　　C．领导表扬　　　　D．先进激励

【解析】答案为 A。第一类是保健因素，这些因素是与工作环境或条件有关的，能防止人们产生不满意感的一类因素，包括工作环境、工资薪水、公司政策、个人生活、管理监督、人际关系等。当保健因素不健全时，人们就会对工作产生不满意感。但即使保健因素很好时，也仅仅可以消除工作中的不满意，却无法增加人们对工作的满意感，所以这些因素是无法起到激励作用的。第二类是激励因素，这些因素是与员工的工作本身或工作内容有关的、能促使人们产生工作满意感的一类因素，是高层次的需要，包括成就、承认、工作本身、责任、发展机会等。当激励因素缺乏时，人们就会缺乏进取心，对工作无所谓，但一旦具备了激励因素，员工则会感觉到强大的激励力量而产生对工作的满意感，所以只有这类因素才能真正激励员工。

3．关于人力资源管理的描述，不正确的是（　　）。

　　A．项目经理具有领导者和管理者的双重身份
　　B．冲突不一定是有害的，"一团和气"不一定是高效的集体
　　C．马斯洛需求层次理论中，受尊重是第三层的需求
　　D．在团队建设的五个阶段中，可以跳过某些阶段

【解析】答案为 C。马斯洛需求层次理论中，受尊重是第四层的需求。

【考点 103】规划资源管理的输入、输出、工具与技术

◉ 考点精华

规划资源管理是定义如何估算、获取、管理和利用团队以及实物资源的过程。本过程的主要作用是根据项目类型和复杂程度确定适合项目资源的管理方法和程度。

1．规划资源管理的输入主要有项目章程、项目管理计划、项目文件、事业环境因素和组织过程资产 5 项。

（1）项目章程。项目章程提供项目的高层级描述和要求、影响项目资源管理的关键干系人名单、里程碑概况以及预先批准的财务资源。

（2）项目管理计划。项目管理计划中的质量管理计划和范围基准可作为规划资源管理的输入。

（3）项目文件。项目文件中的需求文件、项目进度计划、风险登记册、干系人登记册可作为规划资源管理的输入。

（4）事业环境因素。

（5）组织过程资产。

2．规划资源管理的输出主要有资源管理计划、团队章程和项目文件（更新）3 项。

资源管理层级型数据表现

（1）资源管理计划。资源管理计划提供了关于如何分类、分配、管理和释放项目资源的指南。资源管理计划分为团队管理计划和实物资源管理计划。

资源管理计划的内容主要包括：①识别资源：识别和量化项目所需的团队和实物资源的方法；②获取资源：如何获取所需的团队和实物资源的指南；③角色与职责：角色是项目中承担或分配的职务，职权是使用资源、做出决策、签字批准、验收可交付成果的权力，职责是必须履行的职责和工作，能力是须具备的技能和才干；④项目组织图：以图形方式展示项目团队成员及其报告关系；⑤项目团队资源管理：如何定义、配备、管理和遣散团队资源的指南；⑥培训：项目成员的培训策略；⑦团队建设：建设项目团队的方法；⑧资源控制：确保实物资源充足及优化实物资源采购的方法；⑨认可计划：给予哪些以及何时给予团队成员认可和奖励。「★案例记忆点★」

（2）团队章程。团队章程包括团队价值观、沟通指南、决策标准和过程、冲突处理过程、会议指南和团队共识。团队章程确定了成员的可接受行为，有助于减少误解，提高生产力；由团队参与制定的团队章程可发挥最佳效果。

（3）项目文件（更新）。需要更新的项目文件包括假设日志和风险登记册。

3．规划资源管理的工具与技术主要有专家判断、数据表现、组织理论和会议4项。

（1）专家判断。可以征求具备专业知识或接受过相关培训的个人或小组意见。

（2）数据表现。层级型可用于表示高层级角色，文本型适合记录详细职责。「★案例记忆点★」

1）层级型。层级型使用组织结构图，自上而下地显示各种职位及其关系。一共有WBS、OBS、RBS三种层级类型，分别是：①工作分解结构（WBS）用来显示如何把项目可交付成果分解为工作包；②组织分解结构（OBS）是按照组织现有的部门、单元或团队排列，并在每个部门下列出项目活动或工作包；③资源分解结构（RBS）是按资源类别和类型，对团队和实物资源的层级列表。

2）矩阵型。矩阵型展示项目资源在各个工作包中的任务分配。职责分配矩阵（RAM）就是矩阵型图表的代表，RAM的例子是RACI（执行、负责、咨询和知情）矩阵，用于说明工作包或活动与成员之间的关系。

3）文本型。可以使用文本型详细描述团队成员的职责，文本型文件提供了诸如职责、职权、能力和资格等方面的信息。

（3）组织理论。有效利用组织理论中的常用技术，可以节约规划资源管理过程的时间、成本及人力投入，提高规划工作效率。

（4）会议。项目团队通过召开会议来规划项目资源管理。

💡备考点拨

本考点学习难度星级：★☆☆（简单），考试频度星级：★★☆（中频）。

本考点考查规划资源管理的主要输入、输出、工具与技术。对质量的高低要求会影响资源的选择，而资源的投入是为了实现范围要求，所以规划资源管理过程可以参考项目管理计划（输出）中的质量管理计划和范围基准。另外，可以查看进度计划获取需要特定资源的时间，查看需求文件获取不同需求需要的资源种类及数量，查看风险登记册获取应对风险的资源规划信息，查看干系人登记册获取可能的资源信息，这些资料均在项目文件（输出）中呈现。

规划资源管理的输出，除了资源管理计划之外，还有团队章程。要留意团队章程是在规划资源管理过程中输出的，而不是在后续的管理或建设团队输出。

资源管理的规划，可以通过层级型、矩阵型或文本型的数据表现（技术）来最终呈现。

考题精练

1. （　　）不属于团队章程的内容。
   A．团队价值观　　　　　　　　B．资源日历
   C．沟通指南　　　　　　　　　D．冲突处理过程

【解析】答案为B。团队章程包括团队价值观、沟通指南、决策标准和过程、冲突处理过程、会议指南和团队共识。

2. （　　）用于展示团队成员的职责分配和角色。
   A．干系人参与度评估矩阵　　　B．职责分配矩阵
   C．组织分解结构　　　　　　　D．工作分解结构

【解析】答案为B。职责分配矩阵（RAM）显示分配给每个工作包的项目资源，用于明确划分角色职责。

【考点104】估算活动资源的输入、输出、工具与技术

考点精华

估算活动资源是估算项目所需团队资源，以及材料、设备和用品的类型和数量的过程。本过程的主要作用是明确完成项目所需的资源种类、数量和特性。

1. 估算活动资源的输入主要有项目管理计划、项目文件、事业环境因素和组织过程资产4项。
（1）项目管理计划。项目管理计划中的范围基准、资源管理计划可作为估算活动资源输入。
（2）项目文件。项目文件中的假设日志、风险登记册、活动属性、活动清单、成本估算、资源日历可作为估算活动资源的输入。
（3）事业环境因素。
（4）组织过程资产。

2. 估算活动资源的输出主要有资源需求、估算依据、资源分解结构和项目文件（更新）4项。
（1）资源需求。资源需求识别各个工作包或工作包中活动所需的资源类型和数量，通过汇总活动需求，可以得到工作包、WBS分支及项目所需的资源。
（2）估算依据。估算依据应清晰完整说明资源估算是如何得出的。
（3）资源分解结构。资源分解结构是资源按照类别和类型进行的层级展现。
（4）项目文件（更新）。项目文件中的假设日志、活动属性、经验教训登记册可能需要更新。

3. 估算活动资源的工具与技术主要有专家判断、自下而上估算、类比估算、参数估算、数据分析、项目管理信息系统和会议7项。
（1）专家判断。可以征求具备相关专业知识或接受过相关培训的个人或小组意见。
（2）自下而上估算。自下而上估算首先对团队和实物资源在活动级别上进行估算，然后汇总

成工作包、控制账户和总体项目层级上的估算。

（3）**类比估算**。类比估算将以往类似项目的资源相关信息作为估算未来项目的基础。

（4）**参数估算**。参数估算基于历史数据和项目参数，使用某种算法或历史数据与其他变量之间的统计关系，来计算活动所需的资源数量。

（5）**数据分析**。数据分析用的是备选方案分析。备选方案分析对可选方案进行评估，用来决定选择哪种方案来执行项目工作。

（6）**项目管理信息系统**。项目管理信息系统的资源管理软件有助于规划、组织与管理资源库，以及编制资源估算。

（7）**会议**。项目经理和职能经理举行规划会议，估算每项活动所需的资源。

备考点拨

本考点学习难度星级：★☆☆（简单），考试频度星级：★★☆（中频）。

本考点考查估算活动资源的主要输入、输出、工具与技术。估算活动资源时需要参考资源管理计划和范围基准，因为范围决定了具体的资源需求，这两者都可以在项目管理计划（输入）中找到。另外项目文件（输入）中的活动属性、活动清单、假设日志、成本估算、资源日历和风险登记册都会影响到具体的活动资源估算。估算活动资源完成时，可以拿到资源需求（输出），对资源的需求可以形成资源分解结构（输出），同时还需要有配套的估算依据（输出）。

考题精练

1. 关于估算活动资源过程的描述，不正确的是（   ）。
    A．资源管理计划是估算活动资源过程的输入，定义了识别项目所需不同资源的方法，还定义了量化各活动所需的方法
    B．资源日历是估算活动资源过程的输出，识别了每种具体资源可用时间和时长
    C．资源需求清单详细列出了为完成项目活动所需的各种资源，包括人力资源和物资等
    D．历史信息提供以往项目中资源使用的数据和经验教训

【解析】答案为 B。资源日历是估算活动资源过程的输入，属于项目文件的一部分，并不是输出。估算活动资源过程的输出是资源需求、估算依据、资源分解结构和项目文件（更新）。

2. （   ）估算方法将以往类似项目的相关信息作为估算未来项目的基础，是一种快速估算方法，适用于项目经理只能识别 WBS 的几个高层级的情况。
    A．类比   B．基线
    C．自下而上   D．参数

【解析】答案为 A。类比估算将以往类似项目的资源相关信息作为估算未来项目的基础。这是一种快速估算方法，适用于项目经理只能识别 WBS 的几个高层级的情况。自下而上估算是首先对团队和实物资源在活动级别上进行估算，然后汇总成工作包、控制账户和总体项目层级上的估算。参数估算基于历史数据和项目参数，使用某种算法或历史数据与其他变量之间的统计关系，来计算活动所需的资源数量。

【考点 105】获取资源的输入、输出、工具与技术

考点精华

获取资源是获取项目所需的团队成员、设施、设备、材料、用品和其他资源的过程。本过程的主要作用：①概述和指导资源的选择；②将选择的资源分配给相应的活动。

项目所需资源可能来自项目执行组织的内部或外部。内部资源由职能经理或资源经理负责获取（分配），外部资源则通过采购过程获得。

因为集体劳资协议或其他原因，项目管理团队有可能没有对资源选择的直接控制权。因此，在获取项目资源过程中应注意如下事项：①项目经理或项目团队应该进行有效谈判，并影响那些能为项目提供所需团队和实物资源的人员；②不能获得项目所需的资源时，可能会降低项目成功的概率，最坏情况下可能导致项目被取消；③因制约因素而无法获得所需团队资源时，项目经理可能不得不使用能力和成本不同的替代资源。

1. 获取资源的输入主要有项目管理计划、项目文件、事业环境因素和组织过程资产 4 项。

（1）项目管理计划。项目管理计划中的资源管理计划、成本基准和采购管理计划可作为获取资源过程的输入。

（2）项目文件。项目文件中的项目进度计划、资源需求和干系人登记册可作为获取资源过程的输入。

（3）事业环境因素。

（4）组织过程资产。

2. 获取资源的输出主要有物质资源分配单、项目团队派工单、资源日历、变更请求、项目管理计划（更新）、项目文件（更新）、事业环境因素（更新）和组织过程资产（更新）8 项。

（1）物质资源分配单。物质资源分配单记录项目将使用的材料、设备、用品、地点和其他实物资源。

（2）项目团队派工单。项目团队派工单记录团队成员目录及其在项目中的角色和职责。

（3）资源日历。资源日历识别每种具体资源可用的工作日、班次、上下班时间、假期等。

（4）变更请求。通过实施整体变更控制过程对变更请求进行审查和处理。

（5）项目管理计划（更新）。项目管理计划中的资源管理计划和成本基准有可能需要更新。

（6）项目文件（更新）。项目文件中的经验教训登记册、项目进度计划、资源分解结构、资源需求、风险登记册、干系人登记册有可能需要更新。

（7）事业环境因素（更新）。需要更新的事业环境因素包括组织内资源的可用性、组织已使用的消耗资源数量。

（8）组织过程资产（更新）。需要更新的组织过程资产包括有关采购、配置和分配资源的文件。

3. 获取资源的工具与技术主要有决策、人际关系与团队技能、预分派和虚拟团队 4 项。

（1）决策。决策技术用到的是多标准决策分析，可使用的选择标准有：①可用性：资源能否在需要的时候为项目所用；②成本：资源成本是否在规定预算内；③能力：成员是否具备项目所需的能力；④经验：成员是否具备项目所需的经验；⑤知识：成员是否掌握类似项目的相关知识；

⑥技能：成员是否拥有相关技能；⑦态度：成员是否能与他人协同工作；⑧其他因素：团队成员的位置、时区和沟通能力。

（2）人际关系与团队技能。谈判是用得最多的人际关系与团队技能，在资源分配谈判中，项目管理团队影响他人的能力很重要。项目管理团队需要与职能经理、执行组织中的其他项目管理团队、外部供应商谈判。

（3）预分派。预分派是事先确定项目的实物或团队资源，采用预分派的场景有3个，分别是：①在竞标过程中承诺分派特定人员进行项目工作；②项目取决于特定人员的专有技能；③制定项目章程过程或其他过程已经提前指定了某些团队成员的工作。

（4）虚拟团队。虚拟团队是具有共同目标，在完成任务过程中很少或没有时间面对面工作的一群人，在虚拟团队的环境中，沟通规划变得日益重要。虚拟团队使人们有可能：①在地处不同地理位置的员工间组建团队；②为项目团队增加特殊技能，即使专家不在同一地理区域；③将在家办公的员工纳入团队；④在工作班次或工作日不同的员工之间组建团队；⑤将行动不便者或残疾人纳入团队；⑥执行原本会因差旅费用过高而被搁置或取消的项目；⑦节省员工办公室和实物设备开支。

备考点拨

本考点学习难度星级：★☆☆（简单），考试频度星级：★★☆（中频）。

本考点考查获取资源的主要输入、输出、工具与技术。获取资源同样要在项目管理计划（输入）中的资源管理计划指导下开展，另外，资源的获取不仅可以来自组织内部，也完全可以来自组织外部，所以项目管理计划中的采购管理计划同样可以成为获取资源过程的参考。世界上有贵的资源，也有便宜的资源，在获取资源时需要考虑价格与项目能够承受的成本预算，所以项目管理计划中的成本基准也需要作为参考。项目文件（输入）中的项目进度计划、资源需求和干系人登记册，能够让项目拿到希望获取资源的时间、可用资源的日历限制、需要获取的资源种类数量、干系人对特定资源的要求等关键信息。

获取资源完成后，就可以拿到两个单子和一本日历。两个单子分别是物质资源分配单（输出）和项目团队派工单（输出），一本日历是资源日历（输出）。

项目能够获取的资源，一部分来自预分派（技术），最典型的场景是投标时的承诺，另外，项目想要尽可能多地争取优质资源，必然离不开项目经理的人际关系与团队技能（技术），必要时还需要考虑通过虚拟团队（技术）的方式来获取资源，最终留哪些资源进团队，需要进行多标准的决策（技术）。

考题精练

1. 关于获取资源的描述，不正确的是（　　）。

   A．项目经理对团队成员的选择具有直接控制权
   B．项目所需资源可能来自项目执行组织的内部或外部
   C．外部资源则通过采购过程获得
   D．内部资源由职能经理或资源经理负责获取（分配）

【解析】答案为 A。因为集体劳资协议、分包商人员使用、短阵型项目环境、内外部报告关系或其他原因，项目管理团队有可能没有对资源选择的直接控制权。

2．（　　）不是虚拟团队的优势。
　　A．更好地利用不在同一地理区域的专家的专业技术
　　B．提高沟通效率，便于分享知识和经验
　　C．将在家办公的员工纳入团队
　　D．节约差旅费用和办公场地费用

【解析】答案为 B。虚拟团队的沟通效率并不高，因为彼此不能面对面，所以团队成员之间难以分享知识和经验。

3．在获取资源过程中，（　　）情况下不需要采用预分派。
　　A．项目需要采购外部资源
　　B．在竞标过程中承诺分派特定人员进行项目工作
　　C．在完成资源管理计划的前期工作之前，制定项目章程过程或其他过程已经制定了某些团队成员的工作
　　D．项目取决于特定人员的专有技能

【解析】答案为 A。预分派指事先确定项目的实物或团队资源，在如下情况时可采用预分派：①在竞标过程中承诺分派特定人员进行项目工作；②项目取决于特定人员的专有技能；③在完成资源管理计划的前期工作之前，制定项目章程过程或其他过程已经指定了某些团队成员的工作。

【考点 106】建设团队的输入、输出、工具与技术

考点精华

实现团队高效运行的行为

建设团队是提高工作能力，促进团队成员互动，改善团队整体氛围，以提高项目绩效的过程。本过程的主要作用是，改进团队协作、增强人际关系技能、激励员工、减少摩擦以及提升整体项目绩效。

建设项目团队的目标有：①提高团队成员的知识和技能；②提高团队成员之间的信任和认同感；③创建富有生气、凝聚力和协作性的团队文化；④提高团队参与决策的能力。

塔克曼阶梯理论提供了团队发展的模型，将团队建设分成了形成、震荡、规范、成熟和解散 5 个阶段：①形成阶段：典型特征是团队刚刚组建，成员由于陌生而选择保持独立的距离感，不会开诚布公；②震荡阶段：典型特征是开始出现矛盾和冲突，缺乏合作和开放的态度；③规范阶段：典型特征是团队成员开始能够彼此协同，逐渐开始互相信任并支持团队；④成熟阶段：典型特征是成员间互相依靠，高效解决遇到的问题；⑤解散阶段：完成所有工作后，团队成员离开项目。

「★案例记忆点★」

1．建设团队的输入主要有项目管理计划、项目文件、事业环境因素和组织过程资产 4 项。
（1）项目管理计划。项目管理计划中的资源管理计划包括团队绩效评价标准，所以可作为建设团队过程的输入。
（2）项目文件。项目文件中的团队章程、项目进度计划、项目团队派工单、资源日历、经验

209

教训登记册可作为建设团队过程的输入。

（3）事业环境因素。

（4）组织过程资产。

2. 建设团队的输出主要有团队绩效评价、变更请求、项目管理计划（更新）、项目文件（更新）、事业环境因素（更新）和组织过程资产（更新）。

（1）团队绩效评价。随着项目团队建设工作的开展，项目管理团队应该对项目团队的有效性进行正式或非正式的评价。评价团队有效性的指标包括：①个人技能的改进，使成员更有效地完成工作任务；②团队能力的改进，使团队成员更好地开展工作；③团队成员离职率的降低；④团队凝聚力的加强，团队成员愿意公开分享信息和经验，互相帮助，提高项目绩效。

（2）变更请求。如果影响了项目管理计划或项目文件，就需要提交变更请求。

（3）项目管理计划（更新）。项目管理计划中的资源管理计划可能需要更新。

（4）项目文件（更新）。项目文件中的项目进度计划、项目团队派工单、资源日历、经验教训登记册、团队章程可能需要更新。

（5）事业环境因素（更新）。可能需要更新的事业环境因素包括员工发展计划记录、技能评估等。

（6）组织过程资产（更新）。可能需要更新的组织过程资产包括培训需求和人事评测等。

3. 建设团队的工具与技术主要有集中办公、虚拟团队、沟通技术、人际关系与团队技能、认可与奖励、培训、个人和团队评估和会议 8 项。

1）集中办公。集中办公是把团队成员安排在同一个地点工作，集中办公既可以是临时的，也可以贯穿整个项目。

2）虚拟团队。虚拟团队可以使用更多技术熟练的资源、降低成本、减少出差及搬迁费用，以及拉近团队成员与供应商和客户等重要干系人的距离。

3）沟通技术。沟通技术有助于为集中办公团队营造融洽的环境，促进虚拟团队更好地相互理解，可采用的沟通技术包括共享门户、视频会议、音频会议、电子邮件/聊天软件。

4）人际关系与团队技能。人际关系与团队技能主要包括：①冲突管理；②影响力；③激励；④谈判；⑤团队建设。

5）认可与奖励。只有满足被奖励者的重要需求的奖励，才是有效奖励，认可与奖励应考虑文化差异。项目经理应该在项目生命周期中尽可能给予表彰，而不是等到项目完成时才表彰。

6）培训。培训成本应该包括在项目预算中，如果增加的技能有利于未来的项目，则由执行组织承担。

7）个人和团队评估。个人和团队评估工具能让项目经理和项目团队洞察成员的优势和劣势。

8）会议。可以通过会议讨论和解决团队建设的问题。

备考点拨

本考点学习难度星级：★☆☆（简单），考试频度星级：★★★（高频）。

本考点考查建设团队的输入、输出、工具与技术。关于建设团队需要掌握塔克曼阶梯理论，掌握 5 个阶段的特点，达到考题中提供一段阶段描述就能够选出属于哪个阶段的程度。

建设团队同样需要属于项目管理计划的资源管理计划（输入）提供指导，除此之外，还可以使用项目文件（输入）中的经验教训登记册、项目进度计划、项目团队派工单、资源日历和团队章程来为建设团队提供支持。其中经验教训登记册的作用是吃一堑长一智；进度计划和资源日历可以用来参考安排培训时间；项目团队派工单有助于了解团队成员角色职责，知己知彼做好团建；团队章程是指导团队建设的文件。

建设团队过程的输出是团队绩效评价（输出），包含了一系列的评价指标，用于改进团队和个人技能，增强团队凝聚力。

考题精练

1. 建设项目团队的目标不包括（　　）。
   A．提高团队成员的知识和技能　　B．减少团队成员间的文化差异
   C．创建富有凝聚力的团队文化　　D．提高团队成员之间的认同感。

【解析】答案为B。建设项目团队的目标包括：①提高团队成员的知识和技能，以提高他们完成项目可交付成果的能力，并降低成本、缩短工期和提高质量；②提高团队成员之间的信任和认同感，以提高士气，减少冲突和增进团队协作；③创建富有生气、凝聚力和协作性的团队文化，一是可帮助提高个人和团队生产率，振奋团队精神，促进团队合作；二是促进团队成员之间的交叉培训和辅导，以分享知识和经验；④提高团队参与决策的能力，使他们承担起对解决方案的责任，从而提高团队的生产效率，获得更有效和高效的成果等。

2. 项目经理为了使团队高效运行并达成项目目标，可采用的方式不包括（　　）。
   A．提高项目要求并增加每日工作时长，刺激成员创新
   B．每周组织一次知识分享，提高团队成员的知识和技能
   C．每日组织站会，及时收集成员遇到的问题，协作解决
   D．不定期组织聚餐和团建活动，增加团队凝聚力

【解析】答案为A。增加每日工作时长容易造成团队成员疲乏，加班会产生负面影响，不利于团队高效运行和提高凝聚力。

【考点107】管理团队的输入、输出、工具与技术

考点精华

冲突管理的应对方式

管理团队是跟踪团队成员工作表现、提供反馈、解决问题并管理团队变更以优化项目绩效的过程。本过程的主要作用是影响团队行为、管理冲突以及解决问题。

1. 管理团队的输入主要有项目管理计划、项目文件、工作绩效报告、团队绩效评价、事业环境因素和组织过程资产6项。

（1）项目管理计划。项目管理计划中的资源管理计划，为管理和遣散项目团队资源提供了指南，所以可作为管理团队的输入。

（2）项目文件。项目文件中的团队章程、问题日志、项目团队派工单和经验教训登记册可作为管理团队过程的输入。

（3）工作绩效报告。工作绩效报告是为制定决策、采取行动或引起关注的实物或电子工作绩效信息，包括从进度控制、成本控制、质量控制和确认范围中得到的结果。

（4）团队绩效评价。项目团队绩效评价有助于采取措施解决问题、调整沟通方式、解决冲突和改进团队互动。

（5）事业环境因素。事业环境因素中的人力资源管理政策能够影响管理团队过程。

（6）组织过程资产。组织过程资产中的嘉奖证书、品牌物品、额外待遇等能够影响管理团队过程。

2．管理团队的输出主要有变更请求、项目管理计划（更新）、项目文件（更新）和事业环境因素（更新）4项。

（1）变更请求。管理团队过程中有可能需要提出变更请求。

（2）项目管理计划（更新）。项目管理计划中的资源管理计划、进度基准、成本基准可能需要更新。

（3）项目文件（更新）。项目文件中的问题日志、经验教训登记册和项目团队派工单有可能需要更新。

（4）事业环境因素（更新）。事业环境因素中的组织绩效评价有可能需要更新。

3．管理团队的工具与技术主要有人际关系与团队技能和项目管理信息系统2项。

（1）人际关系与团队技能。包括冲突管理、制定决策、情商、影响力和领导力5项。

1）冲突管理。冲突不可避免，冲突的来源包括资源稀缺、进度优先级排序和个人工作风格差异等。冲突的发展分为5个阶段：①潜伏阶段；②感知阶段；③感受阶段；④呈现阶段；⑤结束阶段。冲突解决方法分为5种：①撤退/回避：从实际或潜在冲突中退出，将问题推迟到时机成熟时或者他人解决；②缓和/包容：强调一致而非差异，为维持和谐关系而退让一步；③妥协/调解：寻找能让各方都在一定程度上满意的方案，有时会导致"双输"；④强迫/命令：以牺牲其他方为代价，推行某一方的观点，通常是用权力来强行解决，导致"赢—输"局面；⑤合作/解决问题：综合考虑不同的观点和意见，采用合作态度和开放式对话引导各方达成共识，可以带来双赢局面。「★案例记忆点★」

2）制定决策。进行有效决策需要：①着眼于所要达到的目标；②遵循决策流程；③研究环境因素；④分析可用信息；⑤激发团队创造力；⑥理解风险等。

3）情商。情商是识别、评估和管理个人情绪、他人情绪及团体情绪的能力。

4）影响力。在矩阵环境中，项目经理对团队成员通常没有或仅有很小的命令职权，所以影响干系人的能力对保证项目成功非常关键。

5）领导力。领导力是领导团队、激励团队做好本职工作的能力。

（2）项目管理信息系统。项目管理信息系统的资源管理或进度计划软件，用于在项目活动中管理和协调团队成员。

📖 备考点拨

本考点学习难度星级：★☆☆（简单），考试频度星级：★★★（高频）。

本考点考查管理团队的输入、输出、工具与技术。对团队进行有效管理，自然离不开项目管理计划（输入）中的资源管理计划指导，除此之外，管理好团队，一离不开有效沟通，二离不开内外部干系人的协调支持。同时还需要经常查阅项目文件（输入）中的问题日志和经验教训登记册等内容。对团队进行管理，项目经理还需要依据两份重要的文件，一份是工作绩效报告（输入），根据绩效进行有效管理，另一份是建设团队过程的输出——团队绩效评价（输入）。

管理团队的工具与技术有人际关系与团队技能（技术）和项目管理信息系统（技术），其中最重要的是人际关系与团队技能，一共有冲突管理、制定决策、情商、影响力和领导力5项，其中最重要的是冲突管理，需要熟练掌握冲突解决的5种方法。

考题精练

1. 管理项目团队所获得的主要作用体现在（　　）。
①增强人际关系技能　②管理冲突　③解决问题　④改进团队协作
⑤影响团队行为　⑥优化项目绩效
A．①③⑤⑥　　　　B．②③④⑥　　　　C．①③④⑥　　　　D．②③⑤⑥

【解析】答案为D。管理团队是跟踪团队成员工作表现、提供反馈、解决问题并管理团队变更以优化项目绩效的过程。本过程的主要作用是，影响团队行为、管理冲突以及解决问题。

2. 为了暂时或部分解决冲突，寻找能让各方在一定程度上都满意的方案。这种冲突解决方法称为（　　）。
A．妥协/调解　　　B．缓和/包容　　　C．撤退/回避　　　D．合作/解决问题

【解析】答案为A。妥协/调解是为了暂时或部分解决冲突，寻找能让各方都在一定程度上满意的方案，但这种方法有时会导致"双输"局面。

【考点108】控制资源的输入、输出、工具与技术

考点精华

控制资源是确保按计划为项目分配实物资源，以及根据资源使用计划监督资源实际使用情况，并采取必要纠正措施的过程。本过程的主要作用：①确保所分配的资源适时、适地可用于项目；②资源在不再需要时被释放。

1. 控制资源的输入主要有项目管理计划、项目文件、工作绩效数据、协议和组织过程资产5项。

（1）项目管理计划。项目管理计划中的资源管理计划，为如何使用、控制和释放资源提供了指南。

（2）项目文件。项目文件中的项目进度计划、问题日志、资源需求、资源分解结构、经验教训登记册、物质资源分配单和风险登记册可用于控制资源。

（3）工作绩效数据。工作绩效数据包含项目资源使用情况的状态数据，可用于控制资源。

（4）协议。协议通常用于获取组织外部资源，可作为控制资源过程的输入。

（5）组织过程资产。

2. 控制资源的输出主要有工作绩效信息、变更请求、项目管理计划（更新）和项目文件（更新）4项。

（1）工作绩效信息。工作绩效信息包括项目资源使用情况的进展信息。

（2）变更请求。控制资源过程中有可能出现变更请求。

（3）项目管理计划（更新）。项目管理计划的资源管理计划、进度基准和成本基准可能需要更新。

（4）项目文件（更新）。项目文件中的假设日志、问题日志、经验教训登记册、物质资源分配单、资源分解结构和风险登记册可能需要更新。

3．控制资源的工具与技术主要有数据分析、问题解决、人际关系与团队技能和项目管理信息系统4项。

（1）数据分析。用于控制资源的数据分析技术包括备选方案分析、成本效益分析和绩效审查趋势分析。

（2）问题解决。问题解决的步骤如下：①识别和明确问题；②定义和分解问题；③调查收集数据；④分析找出问题的根本原因；⑤解决问题；⑥检查确认问题是否解决。

（3）人际关系与团队技能。人际关系与团队技能包括谈判和影响力。

（4）项目管理信息系统。项目管理信息系统的资源管理或进度计划软件用于监督资源使用。

备考点拨

本考点学习难度星级：★☆☆（简单），考试频度星级：★★☆（中频）。

本考点考查控制资源的输入、输出、工具与技术。控制资源除了使用项目管理计划（输入）中的资源管理计划，项目文件（输入）中的问题日志、经验教训登记册、物质资源分配单、项目进度计划、资源分解结构、资源需求和风险登记册之外，还需要参考工作绩效数据（输入）中的资源使用情况信息，另外资源可能会涉及外采，所以需要用到协议（输入）。

考题精练

1．（　　）过程的主要作用是确保所分配的资源可适时、适地用于项目。

  A．规划资源 B．获取资源 C．估算活动资源 D．控制资源

【解析】答案为D。规划资源管理过程定义如何估算、获取、管理和利用实物以及团队项目资源；估算活动资源过程是估算执行项目所需的团队资源，材料、设备和用品的类型和数量；获取资源是获取项目所需的团队成员、设施、设备、材料、用品和其他资源；控制资源是确保按计划为项目分配实物资源，以及根据资源使用计划监督资源实际使用情况，并采取必要纠正措施。

2．项目管理信息系统包括（　　）软件，用于监督资源的使用情况，协助确保合适的资源适时、适地用于合适的活动。

  A．资源管理或进度计划   B．CRM系统

  C．采购系统或智能分析   D．BOM系统

【解析】答案为A。项目管理信息系统可包括资源管理或进度计划软件，用于监督资源的使用情况，协助确保合适的资源适时、适地用于合适的活动。

第 15 章 项目沟通管理考点精讲及考题实练

15.1 章节考情速览

项目沟通管理在日常工作中是项目经理的核心技能，毕竟项目经理绝大多数时间都在使用沟通技能进行资源协调整合，推动项目目标达成，在考试中，项目沟通管理也是 3 个科目的考查重点之一，项目沟通管理共有 3 个过程需要掌握，分别是规划沟通管理、管理沟通和监督沟通。除此之外，沟通相关的模型、分类和技巧也需要掌握。

项目沟通管理按照往年的考试经验看，在综合知识科目一般会考查 3 分左右。

15.2 考点星级分布图

本章涉及的主要考点分布及难度与频度双星级如图 15-1 所示。

```
项目沟通管理考点
├── 沟通管理基础 ──【考点109】沟通管理基础
│                                  难度星级：★
│                                  频度星级：★
└── 过程ITO ──【考点110】规划沟通管理的输入、输出、工具与技术
            │                     难度星级：★
            │                     频度星级：★★
            ├──【考点111】管理沟通的输入、输出、工具与技术
            │                     难度星级：★
            │                     频度星级：★★
            └──【考点112】监督沟通的输入、输出、工具与技术
                                  难度星级：★
                                  频度星级：★★
```

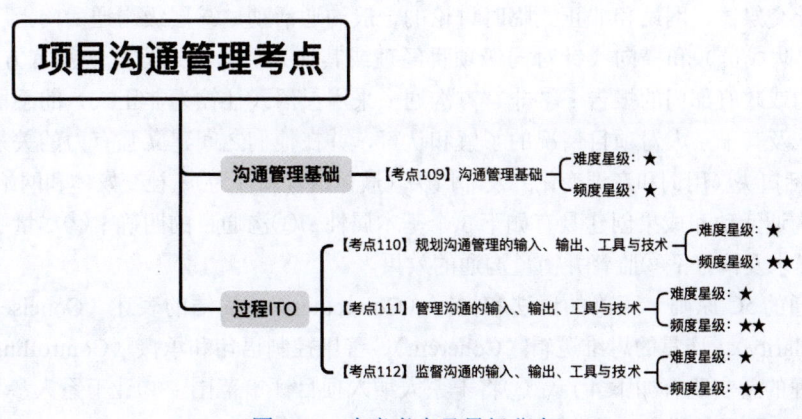

图 15-1 本章考点及星级分布

15.3 核心考点精讲

【考点 109】沟通管理基础

考点精华

与 IT 项目成功有关的最重要的四个因素是主管层的支持、用户参与、有经验的项目经理和清晰的业务目标。这些因素都依赖于项目经理和团队具有良好的沟通能力,特别是与非 IT 人员的沟通,项目经理的大多数时间用于与团队成员和其他项目干系人沟通。

项目沟通管理过程包括:①规划沟通管理:基于每个干系人或干系人群体的信息需求、可用的组织资产以及具体项目的需求,为项目沟通活动制订恰当的方法和计划;②管理沟通:确保项目信息及时且恰当地收集、生成、发布、存储、检索、管理、监督和最终处置;③监督沟通:确保满足项目及其干系人的信息需求。

沟通的具体形式包括书面形式、口头形式、正式或非正式形式、手势动作、媒体形式、遣词造句。

沟通模型的关键要素包括:①编码:把思想或想法转化为他人能理解的语言;②信息和反馈信息:编码过程所得到的结果;③媒介:用来传递信息的方法;④噪声:干扰信息传输和理解的一切因素(如距离、新技术、缺乏背景信息等);⑤解码:把信息还原成有意义的思想或想法。

沟通模型包含 5 种状态:①已发送:信息已发送,当你传送信息给他人,这并不表示对方已经读取或听到了;②已收到:对方信息已收到,但这并不表示对方有意图去读取、理解或解决信息;③已理解:理解需要一定的上下文背景知识;④已认可:理解了传达的信息并不代表对方已同意这个观点;⑤已转化为积极的行动:这是整个过程中最难的一环。

沟通活动可按多种维度进行分类:①内部沟通:针对项目内部或组织内部的干系人;②外部沟通:针对外部干系人,如客户、供应商、其他项目、组织、政府、公众和环保倡导者;③正式沟通:报告、正式会议(定期或临时)、会议议程记录、干系人简报和演示;④非正式沟通:采用电子邮件、社交媒体、网站和非正式临时讨论的一般沟通活动;⑤层级沟通:向上(针对高层)、向下(针对团队成员)和横向(针对同级项目经理或其他人员)沟通方式;⑥官方沟通:年报、呈交监管机构或政府部门的报告;⑦非官方沟通:采用灵活(往往为非正式)的手段,来建立和维护项目团队及其干系人对项目情况的了解和认可,并在他们之间建立强有力的关系;⑧书面与口头沟通:包括口头(用词和音调变化)及非口头(肢体语言和行为)、社交媒体和网站、媒体发布。

有效的沟通活动和成果创建具有如下 3 个基本属性:①沟通目的明确;②尽量了解沟通接收方,满足其需求及偏好;③监督并衡量沟通的效果。

书面沟通的 5C 原则:正确的语法和拼写(Correctness)、简洁的表述(Concise)、清晰的目的和表述(Clarity)、连贯的思维逻辑(Coherent)、善用控制语句和承接(Controlling)。

沟通管理的新实践有如下 4 点:①将干系人纳入项目评审范围;②让干系人参加项目会议;③社交工具的使用日益增生;④多面性沟通方法。

备考点拨

本考点学习难度星级：★☆☆（简单），考试频度星级：★☆☆（低频）。

本考点考查沟通管理的基础，沟通管理属于十大知识域中比较简单易懂的领域，距离工作生活很近，本考点以理解为主即可。

考题精练

1．（　　）不属于书面沟通的5C原则。

A．简洁的表述（Concise） B．可以证明的结论（Certification）
C．连贯的思维逻辑（Coherent） D．清晰的目的和表述（Clarity）

【解析】答案为B。在编制书面或口头信息的时候，应使用书面沟通的5C原则，以减轻理解错误，分别为：正确的语法和拼写（Correctness）、简洁的表述（Concise）、清晰的目的和表述（Clarity）、连贯的思维逻辑（Coherent）、善用控制语句和承接（Controlling）。

2．有效沟通活动具备的基本属性不包含（　　）。

A．沟通目的明确

B．监督并衡量沟通的效果

C．尽量了解沟通接收方，满足其需求和偏好

D．频繁沟通，与沟通方进行全方位接触

【解析】答案为D。项目沟通过程通过沟通计划，为不同沟通人员和沟通内容选择合适的沟通方法，来预防理解和沟通错误。一般来说，有效的沟通活动和成果创建具有如下3个基本属性：①沟通目的明确；②尽量了解沟通接收方，满足其需求及偏好；③监督并衡量沟通的效果。

【考点110】规划沟通管理的输入、输出、工具与技术

考点精华

规划沟通管理是基于干系人的信息需求、可用的组织资产，以及项目需求，为项目沟通活动制订恰当的方法和计划的过程。规划沟通管理过程的作用有3点，分别是：①及时向干系人提供相关信息；②引导干系人有效参与项目；③编制书面沟通计划。

沟通方法

1．规划沟通管理的输入主要有项目章程、项目管理计划、项目文件、事业环境因素和组织过程资产5项。

（1）项目章程。项目章程中的主要干系人清单，包含与干系人角色及职责有关的信息。

（2）项目管理计划。项目管理计划中的资源管理计划和干系人参与计划可用于规划沟通管理的输入。

（3）项目文件。项目文件中的需求文件和干系人登记册可作为规划沟通管理的输入。

（4）事业环境因素。

（5）组织过程资产。

2．规划沟通管理的输出主要有沟通管理计划、项目管理计划（更新）和项目文件（更新）3项。

（1）沟通管理计划。沟通管理计划描述如何规划、结构化、执行与监督项目沟通，以提高沟通的有效性。

沟通管理计划包括：①干系人的沟通需求；②需沟通的信息；③上报步骤；④发布信息的原因；⑤发布所需信息、确认已收到或做出回应的时限和频率；⑥负责沟通相关信息的人员；⑦负责授权保密信息发布的人员；⑧接收信息的人员或群体，包括他们的需求和期望；⑨用于传递信息的方法或技术；⑩为沟通活动分配的资源；⑪随项目进展更新与优化沟通管理计划的方法；⑫通用术语表；⑬项目信息流向图、工作流程、报告清单和会议计划；⑭来自法律法规、技术、组织政策等的制约因素。「★案例记忆点★」

（2）项目管理计划（更新）。项目管理计划中的干系人参与计划可能需要更新。

（3）项目文件（更新）。项目文件中的干系人登记册和项目进度计划可能需要更新。

3．规划沟通管理的工具与技术主要有专家判断、沟通需求分析、沟通技术、沟通模型、沟通方法、人际关系与团队技能、数据表现和会议8项。

（1）专家判断。可以征求具备专业知识或接受过相关培训的个人或小组的意见。

（2）沟通需求分析。分析干系人的信息沟通需求，包括信息类型、格式和价值。

（3）沟通技术。影响沟通技术选择的因素包括信息需求紧迫性、技术可用性与可靠性、易用性、项目环境、信息敏感性和保密性。

（4）沟通模型。沟通模型可以是基本的线性沟通，也可以是增加反馈元素的互动沟通，甚至是融合人性因素的复杂沟通模型。

（5）沟通方法。沟通方法包括互动沟通、推式沟通和拉式沟通3种：「★案例记忆点★」

1）互动沟通是指通过会议、电话、即时信息、社交媒体和视频会议的沟通。

2）推式沟通是向特定接收方发送或发布信息，比如信件、备忘录、报告、电子邮件、传真、语音邮件、博客和新闻稿等。

3）拉式沟通要求接收方自行访问相关内容，适用大量复杂信息或大量信息受众的情况，比如门户网站、组织内网、电子在线课程、经验教训数据库或知识库。

可以采用5种方法实现沟通需求，分别是人际沟通、小组沟通、公众沟通、大众传播、网络和社交工具沟通。

（6）人际关系与团队技能。人际关系与团队技能主要包括沟通风格评估、政策意识和文化意识。

（7）数据表现。用到的数据表现技术是干系人参与度评估矩阵。

（8）会议。会议可包括虚拟（网络）或面对面会议，还可以用文档协同技术进行辅助。

🔵备考点拨

本考点学习难度星级：★☆☆（简单），考试频度星级：★★☆（中频）。

本考点考查规划沟通管理的主要输入、输出、工具与技术。规划沟通管理，离不开人，所以可以参考干系人参与计划，离不开资源的话题，所以可以参考资源管理计划，两份计划都属于项目管理计划（输入）范畴。项目中的沟通，常见的场景是和干系人沟通各种需求，所以也可以参考项目文件（输入）中的需求文件和干系人登记册来规划沟通管理。

规划沟通管理的输出是沟通管理计划（输出），关于沟通管理计划中的内容可以做简要的了解。

沟通需要讲求方法，好的方法能够让沟通更加顺畅，所以可以灵活采用互动、推式和拉式等沟通方法（技术）来进行规划沟通管理，这个过程中还可以借鉴使用沟通模型（技术）。

考题精练

1. 项目经理需在项目生命周期的（　　），针对项目干系人多样性的信息需求，制订有效的沟通管理、计划。应该在（　　），定期审查本过程的成果并做必要修改，以确保其持续适用。

   A. 中期　项目后期
   B. 前期　项目后期
   C. 整个周期　项目中期
   D. 早期　整个项目期间

   【解析】答案为 D。项目经理需在项目生命周期的早期，针对项目干系人多样性的信息需求，制订有效的沟通管理计划。应该在整个项目期间，定期审查本过程的成果并做必要修改，以确保其持续适用。例如，在干系人发生变化或每个新项目阶段开始时。

2. 关于规划沟通的描述，正确的是（　　）。

   A. 应根据需要在整个项目期间定期开展，持续保持其成果适用性
   B. 确保所有沟通参与者之间的信息流动的最优化
   C. 应尽量采用小组沟通方法来实现沟通管理计划所规定的沟通需求
   D. 沟通管理计划基于项目范围管理计划制订和更新，与其同等重要

   【解析】答案为 A。规划沟通管理是基于每个干系人或干系人群体的信息需求、可用的组织资产，以及具体项目的需求，为项目沟通活动制订恰当的方法和计划的过程。本过程的主要作用：①及时向干系人提供相关信息；②引导干系人有效参与项目；③编制书面沟通计划。本过程应根据需要在整个项目期间定期开展。

3. 在管理沟通过程中，某项目经理认为所谓激烈的权力游戏、控制战术和冲突管理与自己的工作毫无关联，则他缺少人际关系交往中的（　　）。

   A. 文化意识
   B. 积极倾听
   C. 政策意识
   D. 人际交往

   【解析】答案为 D。适用于管理沟通过程的人际关系与团队技能主要包括：①积极倾听：包括告知已收到、澄清与确认信息、理解，以及消除妨碍理解的障碍；②冲突管理：采用特定方式对冲突进行管理；③文化意识：理解个人、群体和组织之间的差异，并据此调整项目的沟通策略；④会议管理：采取步骤确保会议有效并高效地达到预期目标；⑤人际交往：通过与他人互动交流信息，建立联系，人际交往有利于项目经理及其团队通过非正式组织解决问题，影响干系人的行动，以及提高干系人对项目工作和成果的支持，从而改善绩效；⑥政策意识：有助于项目经理在项目期间引导干系人参与，以保持干系人的支持文化意识，主要考虑的是文化差异。

4. 不能用于规划沟通管理过程的人际关系与团队技能是（　　）。

   A. 冲突管理
   B. 政策意识
   C. 文化意识
   D. 沟通风格评估

   【解析】答案为 A。用于规划沟通管理过程的人际关系与团队技能包括沟通风格评估、政策意识和文化意识。选项 A 的冲突管理是用于管理沟通过程的人际关系与团队技能。

【考点 111】管理沟通的输入、输出、工具与技术

考点精华

管理沟通是确保项目信息及时且恰当地收集、生成、发布、存储、检索、管理、监督和最终处置的过程。本过程的主要作用是促成项目团队与干系人之间的有效信息流动。

1. 管理沟通的输入主要有项目管理计划、项目文件、工作绩效报告、事业环境因素和组织过程资产 5 项。

（1）项目管理计划。项目管理计划中的资源管理计划、沟通管理计划和干系人参与计划可用于管理沟通。

（2）项目文件。项目文件中的变更日志、问题日志、经验教训登记册、质量报告、风险报告和干系人登记册可用于管理沟通。

（3）工作绩效报告。工作绩效报告的形式包括状态报告和进展报告。工作绩效报告的内容包含挣值图表信息、趋势和预测、燃尽图、缺陷直方图、合同绩效信息以及风险概述信息。

（4）事业环境因素。

（5）组织过程资产。

2. 管理沟通的输出主要有项目沟通记录、项目管理计划（更新）、项目文件（更新）和组织过程资产（更新）4 项。

（1）项目沟通记录。项目沟通记录包括绩效报告、可交付成果状态、进度进展、成本、演示，以及其他信息。

（2）项目管理计划（更新）。项目管理计划中的沟通管理计划和干系人参与计划可能需要更新。

（3）项目文件（更新）。项目文件中的问题日志、经验教训登记册、项目进度计划、风险登记册和干系人登记册可能需要更新。

（4）组织过程资产（更新）。组织过程资产中的项目记录、项目报告和演示等可能需要更新。

3. 管理沟通的工具与技术主要有沟通技术、沟通方法、沟通技能、项目管理信息系统、项目报告、人际关系与团队技能、会议 7 项。

（1）沟通技术。影响沟通技术选用的因素有：是否集中办公、信息分享是否保密、成员的可用资源，以及组织文化对会议讨论正常开展的影响。

（2）沟通方法。沟通方法的选择需要灵活应对干系人的成员变化、需求和期望的变化。

（3）沟通技能。沟通技能包括沟通胜任力、反馈、非口头技能、演示等。

（4）项目管理信息系统。项目管理信息系统能确保干系人及时便利获取所需信息。

（5）项目报告。项目报告是收集和发布项目信息的行为。

（6）人际关系与团队技能。人际关系与团队技能主要包括积极倾听、冲突管理、文化意识、会议管理、人际交往、政策意识。

（7）会议。通过召开会议来支持沟通策略和沟通计划所定义的行动。

备考点拨

本考点学习难度星级：★☆☆（简单），考试频度星级：★★☆（中频）。

本考点考查管理沟通的主要输入、输出、工具与技术。管理沟通需要依据项目管理计划（输入）中的沟通管理计划，沟通是和干系人进行的沟通，所以需要依据项目管理计划中的干系人参与计划，沟通通常是围绕资源的沟通，所以需要依据项目管理计划中的资源管理计划。另外管理沟通同样需要查阅变更日志、问题日志、经验教训登记册、质量报告、风险报告和干系人登记册等项目文件（输入）中的内容。

在管理沟通的过程中会持续产生项目沟通记录（输出），好记性不如烂笔头，沟通中关于项目的各种信息都需要记录下来。

因为沟通是软技能，所以管理沟通可以使用的技术也比较多，共有7项，用到的也都是诸如沟通技术（技术）、沟通方法（技术）、沟通技能（技术）、人际关系与团队技能（技术）等软技能，也可以采用会议（技术）和项目管理信息系统（技术）的形式来辅助管理沟通，采用项目报告（技术）的方式来总结和发送项目信息。

考题精练

1. 关于项目报告的描述，不正确的是（　　）。
   A. 项目报告发布是收集和发布项目信息的行为
   B. 项目报告应尽量详尽，让所有干系人全面了解项目情况
   C. 项目信息应发布给众多干系人
   D. 可以定期或临时准备项目信息并编制项目报告

【解析】答案为B。项目报告发布是收集和发布项目信息的行为。项目信息应发布给众多干系人群体。应针对每种干系人来调整项目信息发布的适当层次、形式和细节。从简单的沟通到详尽的定制报告和演示，报告的形式各不相同，可以定期准备信息或基于例外情况准备，虽然工作绩效报告是监控项目工作过程的输出，但是本过程会编制临时报告、项目演示、博客，以及其他类型的信息。

2. 关于管理沟通过程中工作绩效报告的描述，不正确的是（　　）。
   A. 工作绩效报告通过分析绩效测量结果得出，能够提供关于项目工作绩效的信息
   B. 工作绩效报告的典型示例包括状态报告、进度报告，是管理沟通过程的输出
   C. 工作绩效报告可以包含挣值图表、缺陷直方图、合同绩效以及风险概述信息
   D. 工作绩效报告可以表现为有助于制定决策和采取行的仪表指示图

【解析】答案为B。工作绩效报告是管理沟通的输入，而不是输出，管理沟通的输出之一是项目沟通记录。

3. 适用于管理沟通过程的沟通技能不包括（　　）。
   A. 数据挖掘　　　　　　　　　　B. 沟通胜任力
   C. 反馈　　　　　　　　　　　　D. 演示

【解析】答案为A。管理沟通过程的沟通技能包括沟通胜任力、反馈、非口头技能和演示。

【考点 112】监督沟通的输入、输出、工具与技术

考点精华

监督沟通是确保满足项目及其干系人的信息需求的过程。本过程的主要作用是按沟通管理计划和干系人参与计划的要求优化信息传递流程。

1. 监督沟通的输入主要有项目管理计划、项目文件、工作绩效数据、事业环境因素和组织过程资产 5 项。

（1）项目管理计划。项目管理计划的资源管理计划、沟通管理计划和干系人参与计划可用于监督沟通。

（2）项目文件。项目文件中的问题日志、经验教训登记册和项目沟通记录可用于监督沟通。

（3）工作绩效数据。工作绩效数据包含关于已开展的沟通类型和数量。

（4）事业环境因素。

（5）组织过程资产。

2. 监督沟通的输出主要有工作绩效信息、变更请求、项目管理计划（更新）和项目文件（更新）4 项。

（1）工作绩效信息。工作绩效信息包括计划沟通的实际开展情况和沟通反馈。

（2）变更请求。有可能针对沟通活动提出变更申请。

（3）项目管理计划（更新）。项目管理计划中的沟通管理计划和干系人参与计划可能需要更新。

（4）项目文件（更新）。项目文件中的问题日志、经验教训登记册和干系人登记册可能需要更新。

3. 监督沟通的工具与技术主要有专家判断、项目管理信息系统、数据表现、人际关系与团队技能和会议 5 项。

（1）专家判断。可以征求具备专业知识或接受过相关培训的个人或小组意见。

（2）项目管理信息系统。项目管理信息系统为项目经理提供一系列沟通相关的工具。

（3）数据表现。用到的数据表现技术是干系人参与度评估矩阵。

（4）人际关系与团队技能。用到的人际关系与团队技能是观察和交谈。

（5）会议。可以通过面对面会议或虚拟会议方式和干系人沟通讨论。

备考点拨

本考点学习难度星级：★☆☆（简单），考试频度星级：★★☆（中频）。

本考点考查监督沟通的主要输入、输出、工具与技术。监督沟通用到了项目管理计划（输入）中的资源管理计划、沟通管理计划和干系人参与计划，还用到了项目文件（输入）中的问题日志、经验教训登记册和项目沟通记录。除此之外，和其他大部分的监控过程类似，用到了工作绩效数据（输入）。

考题精练

1. 监督沟通过程采用的措施不包括（　　）。
   A. 整理经验教训、开展团队观察　　B. 审查问题日志、评估变更
   C. 开展客户满意度调查　　　　　　D. 识别和确定沟通需求

【解析】答案为 D。监督沟通可能需要采取的方法包括：开展客户满意度调查、整理经验教训、开展团队观察、审查问题日志和评估变更。选项 D 属于规划沟通管理过程的工具与技术中的沟通需求分析。

2. 在一个大型信息系统项目中，项目经理发现尽管已经建立了沟通机制，但团队间的沟通依然不顺畅，项目风险不断上升。项目经理应优先采取的措施是（　　）。
   A. 监督沟通活动执行情况，审查并优化现有沟通机制
   B. 引入新的沟通工具，提高信息传递效率
   C. 增加每周的团队会议次数，强制团队成员交流
   D. 对团队成员进行沟通技巧培训，提升沟通质量

【解析】答案为 A。项目经理已经发现建立了沟通机制但沟通依然不顺畅，风险不断上升，此时应该先监督沟通活动的执行情况，审查现有沟通机制看是否存在执行不到位或者机制本身不合理的地方，并进行优化，这是从根本上解决问题的优先措施。因为如果现有机制本身存在问题或者执行不好，引入新工具、增加会议次数或进行沟通技巧培训可能也无法有效改善沟通情况。

第 16 章
项目风险管理考点精讲及考题实练

16.1 章节考情速览

项目风险管理的章节内容相对较多，这也和项目风险重重的特点相匹配，风险管理一共多达 7 个过程，分别是规划风险管理、识别风险、实施定性风险分析、实施定量风险分析、规划风险应对、实施风险应对和监督风险。虽然过程比较多，但是彼此间的逻辑先后顺序还是很明显的，所以记忆起来的难度不大，不过各个过程相关的输入、输出、工具与技术比较多，备考的时候需要注意区分，比如过去曾经考过定性风险分析和定量风险分析工具的差异。

项目风险管理按照往年的考试经验看，在综合知识科目一般会考查 3 分左右。

16.2 考点星级分布图

本章涉及的主要考点分布及难度与频度双星级如图 16-1 所示。

项目风险管理考点

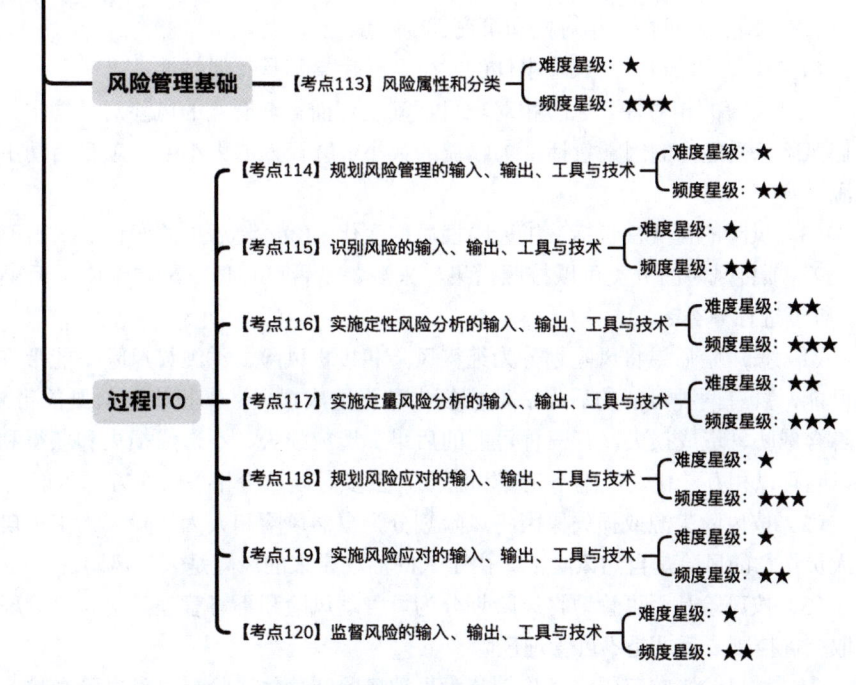

- 风险管理基础 ——【考点113】风险属性和分类 — 难度星级：★ / 频度星级：★★★
- 过程ITO
  - 【考点114】规划风险管理的输入、输出、工具与技术 — 难度星级：★ / 频度星级：★★
  - 【考点115】识别风险的输入、输出、工具与技术 — 难度星级：★ / 频度星级：★★
  - 【考点116】实施定性风险分析的输入、输出、工具与技术 — 难度星级：★★ / 频度星级：★★★
  - 【考点117】实施定量风险分析的输入、输出、工具与技术 — 难度星级：★★ / 频度星级：★★★
  - 【考点118】规划风险应对的输入、输出、工具与技术 — 难度星级：★ / 频度星级：★★★
  - 【考点119】实施风险应对的输入、输出、工具与技术 — 难度星级：★ / 频度星级：★★
  - 【考点120】监督风险的输入、输出、工具与技术 — 难度星级：★ / 频度星级：★★

图 16-1　本章考点及星级分布

16.3　核心考点精讲

【考点113】风险属性和分类

考点精华

项目风险管理过程包括：①规划风险管理：定义如何实施项目风险管理活动；②识别风险：识别单个项目风险，以及整体项目风险的来源，并记录风险特征；③实施定性风险分析：通过评估单个项目风险发生的概率和影响以及特征，对风险进行优先级排序，从而为后续分析或行动提供基础；④实施定量风险分析：就已识别的单个项目风险和其他不确定性的来源对整体项目目标的综合影响进行定量分析；⑤规划风险应对：为处理整体项目风险以及应对单个项目风险而制定可选方案，选择应对策略并商定应对行为；⑥实施风险应对：执行商定的风险应对计划；⑦监督风险：在整个项目期间，监督风险以应对计划的实施、跟踪已识别风险、识别和分析新风险，以及评估风险管理的有效性。

项目存在两个层面上的风险：一是影响项目达成目标的单个风险；二是由单个风险和其他不

确定性来源联合导致的整体项目风险。项目风险是一种不确定的事件或条件，一旦发生，会对项目目标产生某种正面或负面的影响。已知风险是经过识别和分析的风险，已知风险可以管理，但是未知风险无法管理。

1. 风险有随机性、相对性和可变性 3 个属性。

（1）风险的随机性。风险事件的发生及其后果都具有偶然性。

（2）风险的相对性。风险相对项目活动主体而言，同样的风险对不同主体有不同影响。影响人们风险承受能力的因素包括：①收益的大小；②投入的大小；③项目活动主体的地位和拥有的资源。

（3）风险的可变性包括：①风险性质的变化；②风险后果的变化；③出现新风险。

2. 项目风险的分类可以按照后果、来源、是否可管理、影响范围、后果承担者、可预测性 6 个维度进行分类：

（1）按风险后果将风险划分为纯粹风险和投机风险。①纯粹风险不能带来机会、无获得利益的可能，只有两种可能的后果：造成损失和不造成损失；②投机风险既能带来机会、获得利益，又隐含威胁、造成损失，有三种可能的后果：造成损失、不造成损失和获得利益。纯粹风险和投机风险可以相互转化，风险不是零和游戏，很多时候风险相关的各方都可能会遭受损失。

（2）按风险来源或损失原因将风险划分为自然风险和人为风险。①由于自然力造成财产毁损或人员伤亡的风险是自然风险；②由于人的活动带来的风险是人为风险。

（3）按风险是否可管理将风险划分为可管理风险和不可管理风险。可管理风险可以预测，可采取措施控制；反之是不可管理风险。

（4）按风险影响范围将风险划分为局部风险和总体风险。局部风险影响范围小，总体风险影响范围大。

（5）按风险后果承担者将风险划分为业主风险、政府风险、承包商风险、投资方风险、设计单位风险、监理单位风险、供应商风险、担保方风险和保险公司风险等。

（6）按风险的可预测性将风险划分为：①已知风险，发生概率高，但后果不严重；②可预测风险，可以预见发生，但不可预见后果；③不可预测风险，有可能发生，但发生的可能性没有人能预见，不可预测风险也称未知风险或未识别风险。

风险造成的损失以及防范风险花费的费用构成了风险成本。风险成本包括有形成本、无形成本以及预防与控制风险的成本。有形成本包括：①直接损失：财产毁损或人员伤亡；②间接损失：直接损失以外的其他损失、责任损失以及未来收益的减少。无形成本包括：①减少的机会；②阻碍生产率的提高；③造成资源分配不当。预防与控制风险的成本包括为预防与控制风险损失，需要采取的各种措施的成本。风险成本不仅要由项目主体负担，有时候与项目有关的其他方也要负担部分风险成本。项目主体负担的部分是个体负担成本，其他有关方负担的部分是社会负担成本。

项目风险管理的发展趋势和新兴实践主要包括如下：

1. 非事件类风险。非事件类风险包括：①变异性风险：目标、活动或决策的某些方面存在不确定性，可通过蒙特卡罗分析处理；②模糊性风险：未来可能发生什么存在不确定性，模糊性风险需要先定义认知或理解的不足，然后借助外部专家或最佳实践来补齐短板。也可以采用增量开发、原型搭建或模拟等方法来处理模糊性风险。

2. **项目韧性**。突发性风险只有在发生后才能被发现，可以通过加强项目韧性来应对**突发性风险**。加强项目韧性的举措如下：①为突发性风险预留合理应急预算和时间；②采用灵活的项目过程、强有力的变更管理来应对；③授权目标明确且值得信赖的项目团队完成工作；④留意早期预警信号，尽早识别突发性风险；⑤征求干系人意见，为应对突发性风险调整项目范围或策略。

3. **整合式风险管理**。利用组织级的风险管理方法，确保所有层面的风险管理一致性和连贯性，提升项目集和项目组合的风控效率，创造最大的整体价值。

备考点拨

本考点学习难度星级：★☆☆（简单），考试频度星级：★★★（高频）。

本考点考查风险的属性和分类。风险的三个属性为随机性、相对性和可变性，不仅需要掌握名字，还需要理解其含义。风险的随机性代表随心所欲，也就是偶然性，可能发生也可能不发生，正因为随机性存在，风险才具有不确定性，才要额外重视；风险的相对性是指同样的风险对有些人是天大的风险，对有些人可能就是小风险，甚至对有些人不仅不是危害，反而是获益机会；风险的可变性是指风险可能会发生变化。

风险的分类需要掌握纯粹风险和投机风险的区别，已知风险、可预测风险和不可预测风险的区别。风险成本的概念需要有所了解，应对可能出现的选择题，不过好在理解起来并不难。

考题精练

1. 关于风险的描述，不正确的是（　　）。
   A. 已知风险为其后果可以预见的风险
   B. 随机性、相对性、可变性都是风险的属性
   C. 按可预测性划分为可预测风险和不可预测风险两种
   D. 项目管理员必须避免投机风险转化为纯粹风险

【解析】答案为 C。按风险的可预测性划分，风险可以分为已知风险、可预测风险和不可预测风险。

2. 关于风险的描述不正确的是（　　）。
   A. 项目风险管理过程是个持续的不断迭代的过程
   B. 风险包括对目标的威胁，也包括促进目标的机会
   C. 项目投入越大，可接受的风险越小
   D. 因灭火扑救、停工引发的成本属于直接损失

【解析】答案为 D。风险损失的有形成本包括风险事件造成的直接损失和间接损失。直接损失指财产损毁和人员伤亡的价值，如压缩空气机房在施工过程中失火，直接损失包括空压机的重置成本、受伤人员的医疗费、休养费、工资等；间接损失指直接损失以外的其他损失、责任损失以及因此而造成的收益的减少，包括因灭火扑救、停工等发生的成本。所以，因灭火扑救、停工引发的成本属于间接损失。

【考点 114】规划风险管理的输入、输出、工具与技术

考点精华

规划风险管理是定义如何实施项目风险管理活动的过程。本过程的主要作用是确保风险管理的水平、方法和可见度与项目风险程度相匹配,与对组织和其他干系人的重要程度相匹配。

1. 规划风险管理的输入主要有项目章程、项目管理计划、项目文件、事业环境因素和组织过程资产 5 项。

（1）项目章程。项目章程记录了项目的总体风险。

（2）项目管理计划。规划项目风险管理时,应考虑风险管理计划与所有项目管理子计划的协调。

（3）项目文件。项目文件中的干系人登记册需要作为规划风险管理的输入。

（4）事业环境因素。

（5）组织过程资产。

2. 规划风险管理的输出主要有风险管理计划 1 项。风险管理计划描述如何安排与实施风险管理活动,主要内容包括:「★案例记忆点★」

（1）风险管理策略:描述管理项目风险的方法。

（2）方法论:开展项目风险管理的具体方法、工具及数据来源。

（3）角色与职责:确定风险管理活动的领导者、支持者和团队成员以及对应职责。

（4）资金:确定开展项目风险管理活动所需资金,确定应急储备和管理储备使用方案。

（5）时间安排:确定实施风险管理的时间和频率,并将风险管理活动纳入进度计划。

（6）风险类别:确定风险分类方式,借助风险分解结构（Risk Breakdown Structure,RBS）构建风险类别。

（7）干系人风险偏好:记录关键干系人的风险偏好。

（8）风险概率和影响:根据环境、组织和干系人风险偏好制定风险概率影响。

（9）概率和影响矩阵:在概率和影响矩阵中列出机会和威胁。

（10）报告格式:描述风险登记册、风险报告等输出的内容和格式。

（11）跟踪:确定如何记录风险活动及如何审计风险的过程。

3. 规划风险管理的工具与技术主要有专家判断、数据分析和会议 3 项。

（1）专家判断。可以征求具备专业知识或接受相关培训的个人或小组意见。

（2）数据分析。使用的数据分析技术是干系人分析法,通过干系人分析确定干系人风险偏好。

（3）会议。既可以在项目开工会议上,也可以举办专门规划会议来编制风险管理计划。

备考点拨

本考点学习难度星级:★☆☆（简单）,考试频度星级:★★☆（中频）。

本考点考查规划风险管理的输入、输出、工具与技术。风险无处不在,所以规划风险管理时,需要参考所有的项目管理计划（输入）,另外项目文件（输入）中的干系人登记册会记录干系人

的风险偏好，也会成为规划风险管理的参考。规划风险管理的输出就是风险管理计划，风险管理计划中包含的内容需要了解，比如风险概率和影响矩阵就属于风险管理计划。

考题精练

1. 关于规划风险管理过程的描述，不正确的是（　　）。
   A．规划风险管理在项目实施阶段开始，并在项目执行期间持续进行
   B．规划风险管理是定义如何实施项目风险管理活动的过程
   C．规划风险管理的主要作用是确保风险管理的水平、方法和可见度与项目风险程度相匹配
   D．干系人分析法可用于规划风险管理过程

【解析】答案为 A。本题选项中的错误相对比较容易找出，规划风险管理过程在项目立项阶段就应开始，并在项目早期完成。在项目生命周期的后期，可能有必要重新开展本过程。

2. 关于项目风险管理过程的描述，不正确的是（　　）。
   A．实施风险应对是执行商定的风险应对计划的过程，需要在整个项目期间开展
   B．在项目实际进展中，项目风险管理过程中的各个过程会相互交叠，相互作用
   C．敏捷或适应型方法管理的项目，在每个迭代期间应该识别、分析和管理风险
   D．影响风险规划管理过程的组织过程资产是组织或关键干系人设定的整体风险的临界值

【解析】答案为 D。本题考查的是组织过程资产和事业环境因素在规划风险管理过程包含的内容。组织或关键干系人设定的整体风险的临界值属于事业环境因素，所以选项 D 错误。

【考点115】识别风险的输入、输出、工具与技术

考点精华

识别风险是识别单个项目风险以及整体项目风险来源，并记录风险特征的过程。本过程的主要作用：①记录现有的单个项目风险，以及整体项目风险来源；②汇总相关信息，以便项目团队能恰当应对已识别风险。

1. 识别风险的输入主要有项目管理计划、项目文件、采购文档、协议、事业环境因素和组织过程资产 6 项。

   （1）项目管理计划。项目管理计划中的需求管理计划、进度管理计划、成本管理计划、质量管理计划、资源管理计划、风险管理计划、范围基准、进度基准、成本基准可用于识别风险过程。

   （2）项目文件。项目文件中的假设日志、干系人登记册、需求文件、持续时间估算、成本估算、资源需求、问题日志、经验教训登记册可用于识别风险过程。

   （3）采购文档。如果项目需要从外部采购，就需要审查采购文档识别风险。

   （4）协议。如果项目需要从外部采购，那么协议中的里程碑日期、合同类型、验收标准和奖罚条款等，都可能是风险来源。

   （5）事业环境因素。

   （6）组织过程资产。

2. 识别风险的输出主要有风险登记册、风险报告、项目文件（更新）3 项。

（1）风险登记册。风险登记册记录已识别风险的详细信息。完成识别风险过程时的风险登记册内容包括：①已识别风险的清单；②潜在风险责任人；③潜在风险应对措施清单。

（2）风险报告。风险报告记录整体项目风险信息和已识别的单个项目风险信息。完成识别风险过程时的风险报告内容包括：①整体项目风险来源；②已识别单个项目风险的概述信息；③其他信息。

（3）项目文件（更新）。可能需要更新的项目文件包括假设日志、问题日志和经验教训登记册。

3. 识别风险的工具与技术主要有专家判断、数据收集、数据分析、人际关系与团队技能、提示清单和会议 6 项。

（1）专家判断。可以听取相关风险专家的意见，但是也应该意识到专家可能持有的偏见。

（2）数据收集。数据收集技术主要有头脑风暴、核查单和访谈，具体如下：①可以使用风险分解结构作为识别风险的框架开展头脑风暴；②核查单是参考类似项目和其他历史信息编制的，核查单简单易用，但不可能识别所有风险，所以不能用核查单取代其他风险识别工作；③可通过对相关干系人和主题专家的访谈，来识别项目风险。

（3）数据分析。数据分析技术包括根本原因分析、假设条件和制约因素分析、SWOT 分析和文件分析 4 项，具体如下：①根本原因分析用于发现导致问题的深层原因并制定预防措施；②开展假设条件和制约因素分析可以探索假设条件和制约因素的有效性，确定哪些会引发项目风险；③SWOT 分析对项目的优势、劣势、机会和威胁进行检查，拓宽识别风险的范围；④文件分析通过对项目文件的结构化审查识别风险。

（4）人际关系与团队技能。在会议上使用人际关系与团队技能，可以帮助参会者专注风险识别并克服偏见和解决分歧。

（5）提示清单。可以使用风险分解结构底层的风险类别作为提示清单，识别单个项目风险。

（6）会议。项目团队可以召开专门的风险研讨会来识别风险。

备考点拨

本考点学习难度星级：★☆☆（简单），考试频度星级：★★☆（中频）。

本考点考查识别风险的主要输入、输出、工具与技术。风险无处不在，可能隐藏在各个角落里，为了有效识别风险，需要从项目管理计划（输入）与项目文件（输入）中进行风险的识别，另外还可以从协议（输入）和采购文档（输入）中，识别和采购有关的风险。

识别风险后，可以把识别到的风险记录在风险登记册（输出）中，同时需要编制风险报告（输出）。

想要尽可能多地识别风险，就要用好数据收集（技术），具体方式是组织头脑风暴活动、进行访谈或者审查核查单，收集之后可以开展数据分析（技术）工作，分析根本原因、分析假设条件和制约因素、分析 SWOT、分析文件等。

考题精练

1. 关于识别风险的描述，不正确的是（　　）。

A．可使用类似项目信息的核查单替代所需的风险识别
B．在风险管理计划中应规定识别风险的迭代频率和迭代参与程度
C．从组织外部采购商品和服务可能引发新的项目风险
D．使用 SWOT 分析法可以拓宽项目识别风险的范围

【解析】答案为 A。核查单包括需要考虑的项目、行动或要点的清单，它常被用作提醒。基于类似项目和其他信息来源积累的历史信息和知识来编制核查单。编制核查单时，可列出过去曾出现且可能与当前项目相关的具体项目风险，这是吸取已完成的类似项目的经验教训的有效方式。可基于已完成的项目来编制核查单，也可采用特定行业的通用风险核查单。虽然核查单简单易用，但它不可能穷尽所有风险，所以必须确保不要用核查单来取代所需的风险识别工作；同时，项目团队也应该注意考查未在核查单中列出的事项。此外，还应该不时地审查核查单，增加新信息，删除或存档过时信息。

2．适用于识别风险过程的数据分析技术是（　　）。
A．核查单　　　　B．头脑风暴　　　　C．访谈　　　　D．SWOT 技术

【解析】答案为 D。识别风险过程用到的数据分析技术一共有 4 种，分别是根本原因分析、假设条件和制约因素分析、SWOT 分析、文件分析。选项 A、B、C 属于数据收集技术。

【考点 116】实施定性风险分析的输入、输出、工具与技术

考点精华

实施定性风险分析是通过评估单个项目风险发生的概率和影响及其他特征，对风险进行优先级排序，从而为后续分析或行动提供基础的过程。本过程的主要作用是重点关注高优先级的风险。

定性风险分析层级图工具

1．实施定性风险分析的输入主要有项目管理计划、项目文件、事业环境因素和组织过程资产 4 项。

（1）项目管理计划。项目管理计划中的风险管理计划可用于实施定性风险分析。

（2）项目文件。项目文件中的假设日志、风险登记册、干系人登记册可用于实施定性风险分析。

（3）事业环境因素。

（4）组织过程资产。

2．实施定性风险分析的输出主要有项目文件（更新）1 项。

可能需要更新的项目文件主要有假设日志、问题日志、风险登记册和风险报告。

3．实施定性风险分析的工具与技术主要有专家判断、数据收集、数据分析、人际关系与团队技能、风险分类、数据表现和会议 7 项。

（1）专家判断。可以听取具备专业知识或接受过相关培训的个人或小组意见。

（2）数据收集。用到的数据收集技术是访谈，通过结构化或半结构化的访谈来评估单个项目风险概率和影响。

（3）数据分析。用到的数据分析技术主要有如下 3 种：

1）风险数据质量评估。风险数据质量评估用于评价单个项目风险数据的准确性和可靠性。低质量的风险数据会导致定性风险分析无用。

2）风险概率和影响评估。风险概率评估考虑风险发生的可能性，风险影响评估考虑风险的潜在影响。

3）其他风险参数评估。对单个项目风险进行优先级排序时，项目团队需要考虑除概率和影响以外的其他风险：①紧迫性：采取应对措施的时间段，时间短则紧迫性高；②邻近性：风险多久后会影响项目目标，时间短则邻近性高；③潜伏期：从风险发生到影响出现之间的时长，时间短则潜伏期短；④可管理性：管理风险发生或影响的难易程度，容易管理则可管理性高；⑤可控性：控制风险后果的程度，后果容易控制则可控性高；⑥可监测性：风险监测的难易程度，风险容易监测则可监测性高；⑦连通性：当前风险与其他风险关联程度的大小，如果风险与多个其他风险关联，则连通性高；⑧战略影响力：风险对战略目标影响程度的大小，对战略目标影响大，则战略影响力大；⑨密切度：干系人认为风险的要紧程度，风险很要紧，则密切度高。

（4）人际关系与团队技能。可以使用的人际关系与团队技能是引导。

（5）风险分类。依据风险来源、受影响的项目领域、共同根本原因以及其他类别对风险分类，确定哪些项目领域最容易受不确定性影响。

（6）数据表现。可以使用的数据表现技术主要有概率和影响矩阵、层级图两项，具体如下：①概率和影响矩阵是把风险发生的概率和影响映射起来的表格，如图16-2所示；②概率和影响矩阵只能对两个参数进行分类，层级图可以对两个以上的参数进行风险分类，比如气泡图可以显示三维数据。气泡图中的每个风险都绘制成一个气泡，并用 X（横）轴值、Y（纵）轴值和气泡大小来表示风险的 3 个参数，X 轴代表可监测性，Y 轴代表邻近性，气泡大小代表影响值。

概率和影响矩阵										
概率	威胁					机会				
0.90	0.05	0.09	0.18	0.36	0.72	0.72	0.36	0.18	0.09	0.05
0.70	0.04	0.07	0.14	0.28	0.56	0.56	0.28	0.14	0.07	0.04
0.50	0.03	0.05	0.10	0.20	0.40	0.40	0.20	0.10	0.05	0.03
0.30	0.02	0.03	0.06	0.12	0.24	0.24	0.12	0.06	0.03	0.02
0.10	0.01	0.01	0.20	0.04	0.08	0.08	0.04	0.20	0.01	0.01
	0.05	0.10	0.20	0.40	0.80	0.80	0.40	0.20	0.10	0.05
对目标的影响（比率标度）（如费用、时间或范围）									

图 16-2　概率和影响矩阵

（7）会议。可以通过召开会议，审查已识别的风险、评估概率影响、对风险进行分类和优先级排序。

备考点拨

本考点学习难度星级：★★☆（适中），考试频度星级：★★★（高频）。

本考点考查实施定性风险的主要输入、输出、工具与技术。实施定性风险分析需要在项目管理计划（输入）中的风险管理计划的指导下开展，同时要参考项目文件（输入）中的假设日志、风险登记册和干系人登记册。

实施定性风险分析的输出没有新内容，就是对识别风险输出的风险登记册和风险报告进行更新（输出）。

本过程名字中有"分析"，所以实施定性风险分析可以使用数据分析（技术）对风险数据质量做评估，对风险概率和影响做评估，依据分析的结果对风险分类（技术），并通过数据表现（技术）展现出来，具体展现的方式可以使用概率影响矩阵、层级图之类的方式。

考题精练

1. 关于风险分析的技术，不正确的是（　　）。
   A. 概率影响矩阵适用于两个以上的参数对风险进行分类的情况
   B. 蒙特卡罗分析，是使用模型模拟大量单个项目风险和其他不确定性来源的综合影响，以评估它们对项目目标的潜在影响
   C. 敏感性分析，是将项目结果变化与定量风险分析模型中的要素变化之间建立联系的方法
   D. 影响图是不确定条件下进行决策的图形辅助工具

【解析】答案为 A。如果使用了两个以上的参数对风险进行分类，那就不能使用概率和影响矩阵，而需要使用其他图形。例如，气泡图能显示三维数据。

2. （　　）不属于定性风险分析的技术。
   A. 风险数据质量评估　　　　　　B. 概率和影响矩阵
   C. 风险紧迫性评估　　　　　　　D. 预期货币价值分析

【解析】答案为 D。定性风险分析的工具与技术：专家判断、数据收集、数据分析（风险数据质量评估、风险概率和影响评估，其他风险参数评估）、人际关系与团队技能、风险分类、数据表现（概率和影响矩阵、层级图）、会议。

【考点 117】实施定量风险分析的输入、输出、工具与技术

考点精华

定量风险分析的模拟技术

实施定量风险分析是就已识别的单个风险对项目目标的影响进行定量分析的过程。本过程的主要作用：①量化整体项目风险；②提供额外的定量风险信息支持风险应对规划。并非所有项目都需要实施定量风险分析，在项目风险管理计划中会规定是否需使用定量风险分析。

1. 实施定量风险分析的输入主要有项目管理计划、项目文件、事业环境因素和组织过程资产 4 项。

（1）项目管理计划。项目管理计划中的风险管理计划、范围基准、进度基准和成本基准可用

于实施定量风险分析。

（2）项目文件。项目文件中的假设日志、里程碑清单、估算依据、持续时间估算、成本估算、资源需求、成本预测、风险登记册、风险报告、进度预测可用于实施定量风险分析。

（3）事业环境因素。

（4）组织过程资产。

2．实施定量风险分析的输出主要有项目文件（更新）1项。

项目文件中的风险报告可能要更新，增加定量风险分析的结果，具体内容如下：

（1）整体项目风险最大可能性的评估结果。整体项目风险有两种测量方式，分别是项目成功的可能性和项目固有的变化性。

（2）项目详细概率分析的结果。定量风险分析的详细结果包括：所需的应急储备、对项目关键路径有最大影响的单个项目风险清单、整体项目风险主要驱动因素。

（3）单个项目风险优先级清单。

（4）定量风险分析结果的趋势。

（5）风险应对建议。

3．实施定量风险分析的工具与技术主要有专家判断、数据收集、人际关系与团队技能、不确定性表现方式和数据分析5项。

（1）专家判断。可以征求具备专业知识或接受过相关培训的个人或小组意见。

（2）数据收集。可以使用数据收集中的访谈，针对单个项目风险生成定量风险分析的输入。

（3）人际关系与团队技能。可以使用人际关系与团队技能中的引导技术来做定量风险分析。

（4）不确定性表现方式。开展定量风险分析需要建立反映单个项目风险的定量风险分析模型，单个项目风险可以用概率分布图表示，也可以作为定量分析模型中的概率分支，在概率分支上添加风险发生的时间和成本影响。

（5）数据分析。可以使用的数据分析技术主要有模拟、敏感性分析、决策树分析和影响图4项。①模拟：可以使用蒙特卡罗分析进行模拟，从而可以得到S曲线；②敏感性分析：敏感性分析结果用龙卷风图表示，可以确定哪些单项目风险对项目结果有最大的潜在影响；③决策树分析：决策树分析计算每条分支的预期货币价值，从中选出最优路径和最佳方案；④影响图：影响图将项目或其中的情境表现为一系列实体、结果和影响，以及彼此间的关系影响。

备考点拨

本考点学习难度星级：★★☆（适中），考试频度星级：★★★（高频）。

本考点考查实施定量风险分析的主要输入、输出、工具与技术。对风险的定量分析，一方面可以参考项目管理计划（输入）中风险管理计划的具体要求，另一方面需要参考项目管理计划中的基准铁三角：范围基准、进度基准和成本基准，围绕3个基准对可能出现的范围、进度和成本风险进行定量分析。另外项目文件（输入）中的假设日志、里程碑清单、估算依据、持续时间估算、成本估算、资源需求、成本预测、风险登记册、风险报告、进度预测等也可以用来做参考。

对风险做完定量分析之后，需要做的是更新风险报告（输出），在其中增加定量风险分析的结果。

风险的定量分析，需要建立不确定性表现方式（技术）的定量风险分析模型，之后进行诸如模拟、敏感性分析、决策树分析、影响图之类的数据分析（技术）。

考题精练

1. 在一个大型项目实施过程中，项目经理发现项目风险已经发生，并且对项目进度和成本产生了显著影响。为了准确评估风险对项目目标的影响程度，项目经理应该采取的定量风险分析技术是（　　）。

　　A．风险分类　　　　　　　　　　B．风险数据质量评估
　　C．风险概率和影响评估　　　　　D．敏感性分析

【解析】答案为 D。4 个选项中，只有选项 D 敏感性分析属于实施定量风险分析的工具与技术的数据分析技术，数据分析技术一共有 4 个，分别是模拟、敏感性分析、决策树分析和影响图。其他 3 个选项都是实施定性风险分析的工具与技术。

【考点 118】规划风险应对的输入、输出、工具与技术

考点精华

规划风险应对是为应对项目风险而制定可选方案、选择应对策略并商定应对行动的过程。本过程的主要作用：①制定应对整体项目风险和单个项目风险的方法；②分配资源，并根据需要将相关活动添加进项目文件和项目管理计划中。

1. 规划风险应对的输入主要有项目管理计划、项目文件、事业环境因素和组织过程资产 4 项。

（1）项目管理计划。项目管理计划中的资源管理计划、风险管理计划和成本基准可用于规划风险应对。

（2）项目文件。项目文件中的干系人登记册、风险登记册、风险报告、资源日历、项目团队派工单、项目进度计划、经验教训登记册可用于规划风险应对。

（3）事业环境因素。

（4）组织过程资产。

2. 规划风险应对的输出主要有变更请求、项目管理计划（更新）和项目文件（更新）3 项。

（1）变更请求。成本基准、进度基准或项目管理计划中的其他组件有可能需要变更。

（2）项目管理计划（更新）。项目管理计划中的进度管理计划、成本管理计划、质量管理计划、资源管理计划、采购管理计划、范围基准、进度基准、成本基准可能需要更新。

（3）项目文件（更新）。项目文件中的假设日志、成本预测、经验教训登记册、项目进度计划、项目团队派工单、风险登记册、风险报告可能需要更新。

3. 规划风险应对的工具与技术主要有专家判断、数据收集、人际关系与团队技能、威胁应对策略、机会应对策略、应急应对策略、整体项目风险应对策略、数据分析和决策 9 种。

（1）专家判断。可以征求具备专业知识或接受相关培训的个人或小组意见。

（2）数据收集。可以使用的数据收集技术是访谈。需要营造信任和保密的访谈环境，鼓励被访者提出诚实和无偏见意见。

（3）**人际关系与团队技能**。适用于规划风险应对过程的人际关系与团队技能是引导。

（4）**威胁应对策略**。针对威胁可以考虑 5 种应对策略：「★案例记忆点★」

1）**上报**。如果项目团队或项目发起人认为威胁不在项目范围内，或应对措施超出了项目经理权限，可以采用上报策略。威胁一旦上报，就不再由项目团队监督，但是仍然可以在风险登记册中保留参考。

2）**规避**。规避是指采取行动消除威胁，保护项目免受威胁影响。可以用于发生概率高，且具有严重负面影响的高优先级威胁。

3）**转移**。转移是将应对威胁的责任转移给第三方，让第三方管理风险并承担威胁发生的影响。采用转移策略需要向承担威胁的一方支付风险转移费用。常见的有购买保险、使用履约保函、使用担保书和使用保证书等。

4）**减轻**。风险减轻指采取措施来降低威胁发生的概率和影响，比如改用较简单流程、进行更多次测试和选用更可靠的卖方，还可以增加原型开发用来降低风险。

5）**接受**。风险接受是指承认威胁的存在，接受策略分为主动接受和被动接受，主动接受策略是建立应急储备，被动接受策略不采取主动行为，仅仅做定期审查。接受策略可用于低优先级威胁，也用于无法有效应对的风险。

（5）**机会应对策略**。机会的 5 种备选策略包括：①上报；②开拓；③分享；④提高；⑤接受。「★案例记忆点★」

（6）**应急应对策略**。对于某些风险，如果项目团队相信风险发生会有充分的预警信号，那么应该制订仅在某些预定条件出现时才执行的应对计划。

（7）**整体项目风险应对策略**。风险应对策略不仅要针对单个项目风险，还要针对整体项目风险，用于应对单个项目风险的策略也适用于整体项目风险，主要包括：①规避；②开拓；③转移或分享；④减轻或提高；⑤接受。「★案例记忆点★」

（8）**数据分析**。可以使用的数据分析技术包括：①备选方案分析；②成本收益分析。

（9）**决策**。可以使用的决策技术是多标准决策分析。

📢 备考点拨

本考点学习难度星级：★☆☆（简单），考试频度星级：★★★（高频）。

本考点考查规划风险应对的主要输入、输出、工具与技术。规划风险应对除了参考风险管理计划之外，由于风险应对既需要钱，也需要资源，所以项目管理计划（输入）中的成本基准和资源管理计划也是规划风险应对过程的输入。

规划风险应对之后，有可能需要对之前的风险登记册进行更新（输出），对风险报告进行更新（输出），把选定的风险应对措施更新进去。

对风险应对的规划，重点需要掌握威胁应对策略（技术）、机会应对策略（技术）和整体项目风险应对策略（技术）3 种，各种应对策略的分类需要牢牢理解和掌握，过去曾经多次考查过。

🔗 考题精练

1. 整体项目风险应对策略不包括（　　）。

　　A．开拓　　　　　　B．接受　　　　　　C．上报　　　　　　D．转移或分享

【解析】答案为 C。风险应对措施的规划和实施不应只针对单个项目风险，还应针对整体的项目风险。用于应对单个项目风险的策略也适用于整体项目风险：规避、开拓、转移或分享、减轻或提高、接受。选项 C 的上报属于威胁应对策略。

2. 关于规划风险应对过程的概述，不正确的是（　　）。

　A．如果选定的策略并不完全有效，需要制订应急计划，识别采取风险应对措施后仍然存在的未被完全消除的次生风险

　B．风险应对方案可以用结构化的决策技术来选择最适当的应对策略，为每个风险选择最可能有效的策略或策略组合

　C．对于大型或复杂的项目，可能需要以数学优化模型或实际方案分析为基础，进行备选风险应对策略经济分析

　D．风险应对方案应在当前项目背景下现实可行，获得全体干系人同意，并由一名责任人具体负责

【解析】答案为 A。选项 A 的前半句正确，如果选定的策略并不完全有效，或者发生了已接收的风险，就需要制订应急计划；但是选项 A 的后半句错误，次生风险是实施风险应对措施直接导致的风险，并不是采取风险应对措施后仍然存在的未被完全消除的风险。

【考点 119】实施风险应对的输入、输出、工具与技术

◎ 考点精华

实施风险应对的输入

实施风险应对是执行既定的风险应对计划的过程。本过程的主要作用：①确保按计划执行既定的风险应对措施；②管理整体项目风险入口、最小化单个项目威胁，以及最大化单个项目机会。

1. 实施风险应对的输入主要有项目管理计划、项目文件和组织过程资产 3 项。

（1）项目管理计划。项目管理计划中的风险管理计划，列明了与风险管理相关的项目团队成员和其他干系人的角色和职责，可用于实施风险应对。

（2）项目文件。项目文件中的经验教训登记册、风险登记册和风险报告，可用于实施风险应对。

（3）组织过程资产。组织过程资产中的经验教训知识库，可用于实施风险应对。

2. 实施风险应对的输出主要有变更请求和项目文件（更新）2 项。

（1）变更请求。项目管理计划中的成本基准和进度基准等组件有可能产生变更请求。

（2）项目文件（更新）。项目文件中的经验教训登记册、问题日志、项目团队派工单、风险登记册和风险报告有可能需要更新。

3. 实施风险应对的工具与技术主要有专家判断、人际关系与团队技能和项目管理信息系统 3 项。

（1）专家判断。可以征求具备相应专业知识的个人或小组的意见。

（2）人际关系与团队技能。可以使用的人际关系与团队技能是影响力。通过影响力鼓励风险责任人采取行动。

（3）项目管理信息系统。项目管理信息系统把风险应对计划及其相关活动纳入项目。

备考点拨

本考点学习难度星级：★☆☆（简单），考试频度星级：★★☆（中频）。

本考点考查实施风险应对的输入、输出、工具与技术。既然是风险相关的过程，自然会用到项目管理计划（输入）中的风险管理计划，除此之外，还可以翻看经验教训登记册中关于风险的经验教训，翻看风险登记册和风险报告中关于风险的详细信息，这些资料都可以在项目文件（输入）中找到。

考题精练

1. 组织过程资产中的（   ）在实施风险应对过程中发挥作用。

　　A．商业数据库　　　　　　　　　B．合同管理程序
　　C．经验教训知识库　　　　　　　D．组织的工作授权系统

【解析】答案为 C。在组织过程资产中，经验教训知识库可用于实施风险应对。商业数据库主要用于商业信息查询等，合同管理程序侧重于合同方面的管理，组织的工作授权系统主要用于工作授权流程。

2. 在实施风险应对后，（   ）可能导致项目管理计划中的成本基准产生变更请求。

　　A．执行风险应对措施的资源消耗　　B．风险责任人的沟通成本
　　C．风险应对计划的文档更新成本　　D．对风险监控设备的采购成本

【解析】答案为 A。实施风险应对过程中，执行风险应对措施的资源消耗等情况可能会导致成本基准产生变更请求。风险责任人的沟通成本通常不会直接影响成本基准，风险应对计划的文档更新成本一般不在成本基准考虑范围内，对风险监控设备的采购成本如果不是因为风险应对措施本身所需，也不会直接导致成本基准变更。

【考点 120】监督风险的输入、输出、工具与技术

考点精华

监督风险是在项目期间监督风险应对计划实施，跟踪已识别风险、识别和分析新风险，以及评估风险管理有效性的过程。本过程的主要作用是保证项目决策是在整体项目风险和单个项目风险当前信息基础上进行的。

1. 监督风险的输入主要有项目管理计划、项目文件、工作绩效数据和工作绩效报告 4 项。

（1）项目管理计划。项目管理计划的风险管理计划可作为监督风险的输入。

（2）项目文件。项目文件中的问题日志、经验教训登记册、风险登记册和风险报告可作为监督风险的输入。

（3）工作绩效数据。工作绩效数据中包含项目风险状态的信息，可作为监督风险的输入。

（4）工作绩效报告。工作绩效报告提供了关于项目工作绩效的信息，可作为监督风险的输入。

2. 监督风险的输出主要有工作绩效信息、变更请求、项目管理计划（更新）、项目文件（更新）和组织过程资产（更新）5 项。

（1）工作绩效信息。工作绩效信息通过对比单个风险的实际发生情况和预计发生情况，得到

项目风险管理执行绩效信息。

（2）变更请求。成本基准、进度基准等项目管理计划的组件可能产生相应的变更请求。

（3）项目管理计划（更新）。项目管理计划的任何组件都可能受到影响而更新。

（4）项目文件（更新）。项目文件中的假设日志、问题日志、经验教训登记册、风险登记册和风险报告可能需要更新。

（5）组织过程资产（更新）。组织过程资产中的风险管理计划、风险登记册和风险报告模板、风险分解结构可能需要更新。

3. 监督风险的工具与技术主要有数据分析、审计和会议 3 项。

（1）数据分析。数据分析技术包括技术绩效分析和储备分析。技术绩效分析是把项目期间所取得的实际技术成果与计划技术成果进行对比分析；储备分析是指在项目任一时点比较剩余应急储备与剩余风险量，从而确定剩余储备是否仍然合理。

（2）审计。风险审计用于评估风险管理过程的有效性，可以在日常会议上开展，也可以召开专门的风险审计会。

（3）会议。可以通过专门的风险审查会，也可以将风险审查作为定期例会中的一项议程。

📣 备考点拨

本考点学习难度星级：★☆☆（简单），考试频度星级：★★☆（中频）。

本考点考查监督风险的主要输入、输出、工具与技术。监督风险用到了项目管理计划（输入）中的风险管理计划，用到了项目文件（输入）中的问题日志、经验教训登记册、风险登记册和风险报告等。除此之外还用到了两份与绩效有关的文档，一份是工作绩效数据（输入），另一份是工作绩效报告（输入）。

监督风险过程把工作绩效数据转化成了工作绩效信息（输出）。

可以使用技术绩效分析和储备分析等数据分析（技术）工具来监督风险，还可以召开风险审查会的会议（技术）方式来监督风险，以及采用风险审计（技术）方式监督风险。

🔗 考题精练

1. 在项目执行过程中，项目经理发现项目进展顺利，但某些潜在风险因素仍然存在。为了确保项目能够顺利完成，项目经理应采取（　　）措施，有效地监督这些风险。

　　A．增加项目预算，以应对可能出现的风险

　　B．定期进行风险审查会议，并更新风险登记册

　　C．减少项目开支，以降低潜在风险的影响

　　D．分析风险因素对项目的潜在影响，并调整项目计划

【解析】答案为 B。题干中的关键词"监督这些风险"说明本题考查的是监督风险的工具与技术。监督风险的工具与技术有 3 个，分别是数据分析、审计和会议。其中的会议就是风险审查会，通过定期召开风险审查会，可以检查和记录风险应对有效性，由此本题的正确答案是选项 B。其他的 3 个选项均是具体的风险应对措施。

第 17 章

项目采购管理考点精讲及考题实练

17.1 章节考情速览

项目采购管理章节包含了两部分内容,一部分是常规的过程,一共有 3 个过程,分别是规划采购管理、实施采购和控制采购,这部分内容的学习和其他知识域一样,不再赘述;另一部分是合同管理,其中涉及合同的分类、合同内容和合同管理过程 3 个子考点,这部分内容备考起来以记忆为主,特别需要关注不同合同类型之间的区别和适用场合。

项目采购管理按照往年的考试经验看,在综合知识科目一般会考查 3 分左右。

17.2 考点星级分布图

本章涉及的主要考点分布及难度与频度双星级如图 17-1 所示。

项目采购管理考点

- **过程ITO**
  - 【考点121】规划采购管理的输入、输出、工具与技术
    - 难度星级：★
    - 频度星级：★★
  - 【考点122】实施采购的输入、输出、工具与技术
    - 难度星级：★
    - 频度星级：★★
  - 【考点123】控制采购的输入、输出、工具与技术
    - 难度星级：★
    - 频度星级：★★★
- **合同管理**
  - 【考点124】合同的分类及内容
    - 难度星级：★★
    - 频度星级：★★★
  - 【考点125】合同管理过程
    - 难度星级：★
    - 频度星级：★★

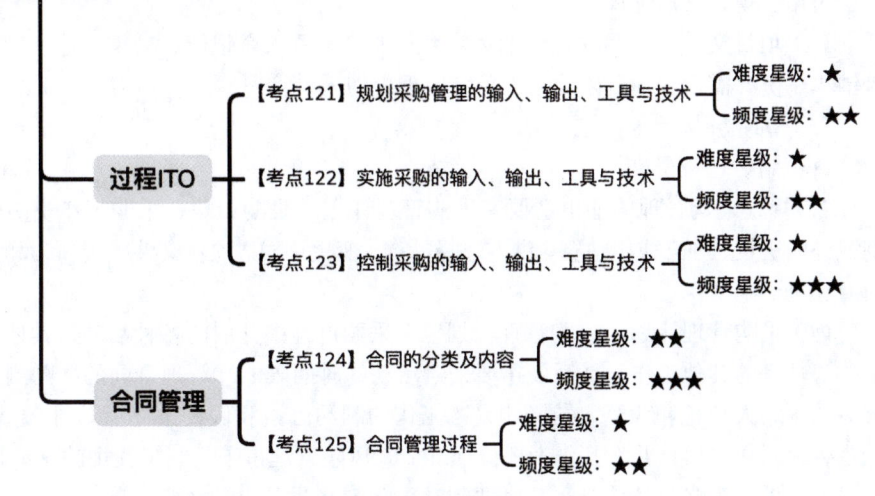

图 17-1　本章考点及星级分布

17.3　核心考点精讲

【考点 121】规划采购管理的输入、输出、工具与技术

> 规划采购的步骤

🔹 **考点精华**

项目采购管理包括从项目团队外部采购或获取所需产品、服务或成果的各个过程，项目采购管理过程包括：①规划采购管理：记录项目采购决策、明确采购方法及识别潜在卖方；②实施采购：获取卖方应答、选择卖方并授予合同；③控制采购：管理采购关系、监督合同绩效、实施必要变更和纠偏，以及关闭合同。

规划采购管理是记录项目采购决策、明确采购方法及识别潜在卖方的过程。本过程的主要作用是确定是否从项目外部获取货物和服务，如果绝对外采，还要确定在什么时间、以什么方式获取什么货物和服务。货物和服务可从执行组织的其他部门采购，也可以从外部渠道采购。

采购步骤一共 10 步：①准备采购工作说明书（SOW）或工作大纲（TOR）；②准备高层级的成本估算，制定预算；③发布招标广告；④确定合格的卖方名单；⑤准备并发布招标文件；⑥由卖方准备并提交建议书；⑦对建议书开展技术和质量评估；⑧对建议书开展成本评估；⑨准备最终的综合评估报告，选出中标建议书；⑩结束谈判，买方和卖方签署合同。「★案例记忆点★」

1. 规划采购管理的输入主要有立项管理文件、项目章程、项目管理计划、项目文件、事业环境因素和组织过程资产 6 项。

241

（1）**立项管理文件**。立项管理文件从业务视角描述必要信息，包含商业需求和成本效益分析。

（2）**项目章程**。项目章程包括目标、项目描述、总体里程碑，以及预先批准的财务资源。

（3）**项目管理计划**。项目管理计划中的范围管理计划、质量管理计划、资源管理计划和范围基准可用于规划采购管理。

（4）**项目文件**。项目文件中的风险登记册、干系人登记册、需求文件、需求跟踪矩阵、里程碑清单、资源需求和项目团队派工单可用于规划采购管理。

（5）事业环境因素。

（6）组织过程资产。

2. 规划采购管理的输出主要有采购管理计划、采购策略、采购工作说明书、招标文件、自制或外购决策、独立成本估算、供方选择标准、变更请求、项目文件（更新）和组织过程资产（更新）10项。

（1）**采购管理计划**。采购管理计划包含采购过程中开展的各种活动，具体如下：①如何协调采购与项目的其他工作；②开展重要采购活动的时间表；③管理合同的采购测量指标；④与采购有关的干系人角色和职责；⑤影响采购工作的制约因素和假设条件；⑥司法管辖权和付款货币；⑦是否编制独立估算并将其作为评价标准；⑧风险管理事项；⑨拟使用的预审合格的卖方。

（2）**采购策略**。决定外采后需要制定采购策略，采购策略涉及交付方法、合同支付类型和采购阶段的相关信息，具体如下：①不同的行业可能需要采用不同的交付方法；②合同支付类型需要与财务系统相协调，与项目交付方法无关；③采购策略也包括与采购阶段有关的信息。

（3）**采购工作说明书**。采购工作说明书（SOW）仅对包含在合同中的项目范围部分进行定义，工作说明书详细描述拟采购的产品、服务或成果，以便潜在卖方确定是否有能力提供。服务采购可以使用工作大纲（TOR）代替采购工作说明书。

（4）**招标文件**。招标文件用于向潜在卖方征求建议书，如果依据价格选择卖方，则使用标书、投标或报价等术语；如果其他因素同等重要，可以使用建议书之类的术语。①**信息邀请书**（RFI）：如果需要卖方提供更多关于采购货物和服务的信息，使用信息邀请书；②**报价邀请书**（RFQ）：如果需要供应商提供关于成本更多的信息，可以使用报价邀请书；③**建议邀请书**（RFP）：如果希望回应项目中出现的问题，可以使用建议邀请书。建议邀请书是最正式的邀请书文件。「★案例记忆点★」

（5）**自制或外购决策**。自制或外购分析用来做出某项特定工作由项目团队完成还是从外部渠道采购的决策。

（6）**独立成本估算**。采购组织可针对大型采购准备独立估算，或聘用外部专业估算师做出成本估算。

（7）**供方选择标准**。供应方选择标准包括能力和潜能、产品成本和生命周期成本、交付日期、技术专长和方法、具体的相关经验、工作方法和工作计划、关键员工的资质与可用性、组织的财务稳定性、管理经验、知识转移计划。

（8）**变更请求**。采购货物、服务或资源的决策可能导致变更请求。

（9）项目文件（更新）。项目文件中的经验教训登记册、里程碑清单、需求文件、需求跟踪矩阵、风险登记册和干系人登记册可能会更新。

（10）组织过程资产（更新）。组织过程资产中合格卖方的信息可能会更新。

3. 规划采购管理的工具与技术主要有专家判断、数据收集、数据分析、供方选择分析和会议 5 项。

（1）专家判断。可以征求具备专业知识或接受相关培训的个人或小组意见。

（2）数据收集。数据收集技术用到的是市场调研。市场调研考查行业和具体卖方的能力。

（3）数据分析。数据分析技术用到的是自制或外购分析。

（4）供方选择分析。常用的选择方法包括最低成本、仅凭资质、基于质量或技术方案得分、基于质量和成本、唯一来源和固定预算。

（5）会议。会议可用于确定管理和监督采购的策略。

备考点拨

本考点学习难度星级：★☆☆（简单），考试频度星级：★★☆（中频）。

本考点考查规划采购管理的输入、输出、工具与技术。规划采购管理时，需要考虑采购范围、采购质量要求、对哪些资源进行采购，所以就需要参考项目管理计划（输入）中的范围管理计划、质量管理计划、资源管理计划和范围基准，还需要参考项目文件（输入）中的风险登记册、干系人登记册、需求文件、需求跟踪矩阵、里程碑清单、资源需求、项目团队派工单等信息。

规划采购管理的输出，首先能够想到的当然是采购管理计划（输出），除此之外，具体的采购策略（输出），以及在采购策略指引下的采购工作说明书（输出）和招标文件（输出），也是这个过程的输出物。

考题精练

1. 某公司准备采购一批设备，附加技术服务。在供方选择时应优先选择（　　）。
   ①相同预算技术得分最高的　　②设备成本和服务成本最低的
   ③能够在预算范围内完成相关工作的　　④服务人员资质最强的
   　　A. ①②　　　　B. ③④　　　　C. ①③　　　　D. ②④

【解析】答案为 C。固定预算是在建议邀请书中向受邀的卖方披露的可用预算，然后在此预算内选择技术建议书得分最高的卖方。因为有成本限制，所以卖方会在建议书中调整工作的范围和质量，以适应该预算。买方应该确保固定预算与工作说明书相符，且卖方能够在该预算内完成相关任务。

2. 关于项目采购管理的描述，不正确的是（　　）。
   A. 对于项目非标准化的采购需求，应使用最低成本法
   B. 选择供方，在选择供方时应有适当理由才使用唯一来源法，且应将其视为特殊情况
   C. 项目进度计划会影响规划采购管理过程中采购策略的制定
   D. 项目章程是规划采购管理过程的输入文件

【解析】答案为 A。本题考查规划采购管理过程的供方选择分析技术。供方选择方法一共有最低成本、仅凭资质、基于质量或技术方案得分、基于质量和成本、唯一来源、固定预算 6 种，

其中最低成本适用于标准化或常规采购。此类采购有成熟的实践与标准，有具体明确的预期成果，可以用不同的成本来取得。

【考点122】实施采购的输入、输出、工具与技术

> 考点精华

实施采购是获取卖方应答、选择卖方并授予合同的过程。本过程的主要作用是选定合格卖方并签署关于货物或服务交付的协议。

实施采购过程包括招标、投标、评标和授标 4 个环节。其中评标工作通常由专门的评标委员会进行。常用的评标方法有加权打分法、筛选系统和独立估算 3 种。

1. 实施采购的输入主要有项目管理计划、项目文件、采购文档、卖方建议书、事业环境因素和组织过程资产 6 项。

（1）项目管理计划。项目管理计划中的范围管理计划、需求管理计划、沟通管理计划、风险管理计划、采购管理计划、配置管理计划和成本基准可用于实施采购。

（2）项目文件。项目文件中的需求文件、项目进度计划、风险登记册和经验教训登记册可用于实施采购。

（3）采购文档。采购文档中的招标文件、采购工作说明书、独立成本估算和供方选择标准可用于实施采购。

（4）卖方建议书。卖方建议书中包含的信息可以被评估团队用于选择投标人（卖方）。

（5）事业环境因素。

（6）组织过程资产。

2. 实施采购的输出主要有选定的卖方、协议、变更请求、项目管理计划（更新）、项目文件（更新）和组织过程资产（更新）6 项。

（1）选定的卖方。对于较复杂、高价值和高风险的采购，在授予合同前，要把选定卖方报给组织高级管理人员审批。

（2）协议。合同是对双方有约束力的协议。协议的主要内容包括：①采购工作说明书或主要的可交付成果；②进度计划、里程碑或进度计划中规定的日期；③绩效报告；④定价和支付条款；⑤检查、质量和验收标准；⑥担保和后续产品支持；⑦激励和惩罚；⑧保险和履约保函；⑨下属分包商批准；⑩一般条款和条件；⑪变更请求处理；⑫终止条款和替代争议解决方法。

（3）变更请求。项目管理计划及其组件可能会产生变更请求。

（4）项目管理计划（更新）。项目管理计划组件中的需求管理计划、质量管理计划、沟通管理计划、风险管理计划、采购管理计划、范围基准、进度基准和成本基准可能需要更新。

（5）项目文件（更新）。项目文件中的经验教训登记册、需求跟踪矩阵、资源日历、风险登记册和干系人登记册可能需要更新。

（6）组织过程资产（更新）。组织过程资产中的潜在和预审合格的卖方清单、与卖方合作的相关经验可能需要更新。

3. 实施采购的工具与技术主要有专家判断、广告、投标人会议、数据分析、人际关系与团队技能 5 项。

(1) 专家判断。可以征求具备专业知识或接受过相关培训的个人或小组的意见。

(2) 广告。在大众出版物或专门行业出版物上刊登广告，可以扩充现有的潜在卖方名单。

(3) 投标人会议。投标人会议又称承包商会议、供应商会议或投标前会议，是在卖方提交建议书之前，在买方和潜在卖方之间召开的会议，目的是确保所有潜在投标人对采购要求都有清楚且一致的理解，并确保没有任何投标人会得到特别优待。

(4) 数据分析。可以使用的数据分析技术是建议书评估。建议书评估的目的是确定是否对招标文件包中的文件，都做出了完整且充分的响应。

(5) 人际关系与团队技能。可以使用的人际关系与团队技能是谈判。谈判由采购团队中拥有合同签署职权的成员主导。项目经理和项目管理团队的其他成员可以参加谈判并提供必要协助。

备考点拨

本考点学习难度星级：★☆☆（简单），考试频度星级：★★☆（中频）。

本考点考查实施采购的输入、输出、工具与技术。采购工作是一件综合性工作，在实施采购时，要和供应商沟通范围及需求，要管理供应商风险，要处理配置和采购相关的事项，还要控制好采购的成本，所以会需要用到项目管理计划（输入）中的范围管理计划、需求管理计划、沟通管理计划、风险管理计划、采购管理计划、配置管理计划和成本基准，还需要用到项目文件（输入）中的经验教训登记册、项目进度计划、需求文件和风险登记册等信息。除了项目管理计划和项目文件这两份常见的输入之外，实施采购还需要参考采购文档（输入），因为采购文档中包含采购工作说明书、招标文件等有用的文档，还可以参考与招标文件对应的卖方建议书（输入）。

管理采购结束时，就可以确定选定的卖方（输出），以及和卖方签订的协议（输出）。

考题精练

1. 关于实施采购的描述，正确的是（　　）。
   A．复杂且高风险的采购在授予卖方合同前要由组织授权管理者审批
   B．采购管理计划中应包含清晰且详细的采购目标、需求及成果
   C．实施采购过程主要作用是确保买卖双方履行法律协议，满足项目
   D．实施采购过程的输出包括卖方履行的工作绩效达成情况

【解析】答案为 A。对于较复杂、高价值和高风险的采购，在授予合同前，要把选定卖方报给组织高级管理人员审批。工作说明书会充分详细地描述拟采购的产品、服务或成果，以便潜在卖方确定是否有能力提供此类产品、服务或成果。采购管理计划不需要详细描述采购的东西。确保买卖双方履行法律协议，满足项目需求是控制采购的内容。卖方履行的工作绩效达成情况属于控制采购的内容。

2. （　　）不属于实施采购的工具与技术。
   A．自制外购分析　　　　　　　　B．数据分析
   C．人际关系与团队技能　　　　　D．广告

【解析】答案为 A。实施采购过程中会用到的工具与技术包括专家判断、广告、投标人会议、数据分析、人际关系与团队技能。

3．采购文档是采购时用于达成法律协议的各种书面文书，不包括（　　）。

A．供方选择标准　　　　　　　　　　B．资金筹措方案

C．采购工作说明书　　　　　　　　　D．招标文件

【解析】答案为 B。采购文档是实施采购过程的输入之一，包含招标文件、采购工作说明书、独立成本估算和供方选择标准 4 项。

【考点 123】控制采购的输入、输出、工具与技术

考点精华

控制采购的索赔管理技术

控制采购是管理采购关系、监督合同绩效、实施必要的变更和纠偏，以及关闭合同的过程。本过程的主要作用是，确保买卖双方履行法律协议，满足项目需求。

1．控制采购的输入主要有项目管理计划、项目文件、采购文档、协议、工作绩效数据、批准的变更请求、事业环境因素和组织过程资产 8 项。

（1）项目管理计划。项目管理计划中的需求管理计划、风险管理计划、采购管理计划、变更管理计划和进度基准可用于控制采购的输入。

（2）项目文件。项目文件中的假设日志、需求文件、需求跟踪短阵、里程碑清单、风险登记册、干系人登记册、质量报告和经验教训登记册可用于控制采购的输入。

（3）采购文档。采购文档包含用于管理采购过程的工作说明书、支付信息、承包商工作绩效信息、计划、往来邮件等信息可用于控制采购的输入。

（4）协议。对照相关协议的条款和条件的执行情况可用于控制采购的输入。

（5）工作绩效数据。工作绩效数据包含相关卖方的绩效数据及卖方付款情况可用于控制采购的输入。

（6）批准的变更请求。批准的变更请求可能包括对合同条款的修改可用于控制采购的输入。

（7）事业环境因素。

（8）组织过程资产。

2．控制采购的输出主要有采购关闭、工作绩效信息、采购文档（更新）、变更请求、项目管理计划（更新）、项目文件（更新）和组织过程资产（更新）7 项。

（1）采购关闭。通常由买方的采购管理员，向卖方发出合同完成的正式书面通知。

（2）工作绩效信息。工作绩效信息是卖方的工作绩效情况，包括可交付成果完成情况和技术绩效达成情况以及成本情况。

（3）采购文档（更新）。可能需要对采购文档进行相关的更新。

（4）变更请求。可能提出对项目管理计划相关组件的变更请求。

（5）项目管理计划（更新）。项目管理计划的风险管理计划、采购管理计划、进度基准和成本基准可能需要更新。

（6）项目文件（更新）。项目文件的经验教训登记册、资源需求、需求跟踪矩阵、风险登记册和干系人登记册可能需要更新。

（7）组织过程资产（更新）。组织过程资产的支付计划和请求、卖方绩效评估文件、预审合格卖方清单、经验教训知识库和采购档案可能需要更新。

3. 控制采购的工具与技术主要有专家判断、索赔管理、数据分析、检查和审计5项。

（1）专家判断。可以征求具备专业知识或接受过相关培训的个人或小组意见。

（2）索赔管理。有争议的变更称为索赔，谈判是解决所有索赔和争议的首选方法。

（3）数据分析。数据分析技术主要包括绩效审查、挣值分析和趋势分析。绩效审查对质量、资源、进度和成本绩效进行测量分析，用来审查合同工作绩效；挣值分析（EVA）用来计算进度和成本偏差，以及进度和成本绩效指数，确定偏离目标程度；趋势分析用于编制成本绩效的完工估算（EAC），以确定绩效正在改善还是正在恶化。

（4）检查。检查是对承包商正在执行的工作进行结构化审查，包括对可交付成果的简单审查和对工作本身的实地审查。

（5）审计。审计是对采购过程的结构化审查。

📣 备考点拨

本考点学习难度星级：★☆☆（简单），考试频度星级：★★★（高频）。

本考点考查控制采购的主要输入、输出、工具与技术。既然是控制采购相关，必然会用到和供应商签订的协议（输入），也会用到采购文档（输入），除此之外，工作绩效数据（输入）、项目管理计划（输入）中的需求管理计划、风险管理计划、采购管理计划、变更管理计划和进度基准也是过程输入，项目文件（输入）中的假设日志、经验教训登记册、里程碑清单、质量报告、需求文件、需求跟踪矩阵、风险登记册和干系人登记册等也将作为控制采购的输入。

控制采购过程将工作绩效数据转化成了工作绩效信息（输出），控制采购过程的结束也标志着采购关闭（输出）。

可以借助专家判断（技术）来执行控制采购，毕竟项目团队中鲜有法务相关的专家；控制采购过程中一旦出现了争议，就可能需要用到索赔管理（技术）；控制采购还可以使用检查（技术）或者数据分析（技术）来对绩效、挣值或者趋势进行控制，另外还可以借助内外部的力量做采购审计（技术）。

🔗 考题精练

1. （　　）是解决所有索赔和争议的首选方法。
   A. 申诉　　　　　　　　　　B. 谈判
   C. 起诉　　　　　　　　　　D. 替代争议解决方法（ADR）

【解析】答案为B。不能就变更补偿达成一致意见时，被请求的变更就成为有争议的变更，有争议的变更又称索赔，通常会按照合同条款对索赔进行记录、处理、监督和管理。如果合同双方无法自行解决索赔问题，则可能不得不按合同中规定的程序，用替代争议解决方法（ADR）去处理，谈判是解决所有索赔和争议的首选方法。

2. 在控制采购过程中，项目经理发现某些供应商提供的产品存在质量问题，并且这些问题可能导致项目延期。项目经理应（   ）。

  A．立即终止与存在问题的供应商合作，并寻找新的供应商
  B．自行决定采取补救措施，如增加项目预算或延长项目工期，以弥补供应商的问题
  C．首先与供应商沟通，了解问题的原因，并尝试解决或减轻其对项目的影响
  D．通知高层领导，并等待高层领导的决策后再采取行动

【解析】答案为C。控制采购过程中发现供应商产品存在质量问题且可能导致项目延期时，首先应该与供应商沟通，所以选项C正确。因为直接终止合作可能会带来更多的风险和不确定性，比如寻找新供应商需要时间，可能会进一步延误项目，所以选项A错误。自行决定采取补救措施，如增加预算或延长工期并不合适，项目经理通常没有这样的权限且未经充分评估可能带来更多问题，所以选项B错误。通知高层领导并等待决策会浪费时间，可能使问题恶化，所以选项D错误。

【考点124】合同的分类及内容

🔍 考点精华

合同可以从范围和付款方式进行分类，具体如下。

1. 按项目范围划分为项目总承包合同、项目单项承包合同和项目分包合同3类。

（1）**项目总承包合同**。买方将项目全过程作为整体发包给同一个卖方的合同。总承包合同要求只与同一个卖方订立承包合同，但是可以订立多个合同。

（2）**项目单项承包合同**。买方分别与不同的卖方订立项目单项承包合同。单项承包合同有利于吸引更多卖方参与投标竞争，但是对买方的管理协调能力要求较高。

（3）**项目分包合同**。经合同约定和买方认可，卖方将其承包项目的某一部分或几部分（非项目的主体结构）再发包给具有相应资质条件的分包方，与分包方订立的合同称为项目分包合同。如果分包项目出现问题，买方既可以要求卖方承担责任，也可以直接要求分包方承担责任。

订立项目**分包合同必须同时满足5个条件**：①经过买方认可；②分包的部分是非主体工作；③只能分包部分项目，不能转包整个项目；④分包方必须具备相应的资质条件；⑤分包方不能再次分包。

2. 按项目付款方式分为总价合同和成本补偿合同2类。

（1）**总价合同**。总价合同为产品或服务的采购设定总价。从付款类型上总价合同又可以分为固定总价合同、总价加激励费用合同、总价加经济价格调整合同、订购单4类。

1）**固定总价合同**：固定总价合同的采购价格一开始就被确定，除非工作范围发生变更，否则不允许改变。

2）**总价加激励费用合同**：总价加激励费用合同为买方和卖方提供了灵活性，允许有一定的绩效偏差，并对实现既定目标给予财务奖励。

3）**总价加经济价格调整合同**：如果卖方履约要跨越相当长的周期，可以使用总价加经济价格调整合同，如果买卖双方要维持多种长期关系，也可以采用这种合同类型。

4）订购单：如果不是大量采购标准化产品时，可以由买方直接填写订购单，卖方照此供货。订购单不需要谈判，又称单边合同。

（2）成本补偿合同。成本补偿合同向卖方支付为完成工作发生的全部合法实际成本（可报销成本），外加一笔费用作为卖方利润。成本补偿合同也可为卖方超过或低于预定目标而规定财务奖励条款。

1）成本加固定费用合同：卖方成本实报实销，并向卖方支付一笔固定费用作为利润，该费用以项目初始估算成本（目标成本）的某一百分比计算。

2）成本加激励费用合同：卖方成本实报实销，并在卖方达到合同规定的绩效目标时，向卖方支付预先确定的激励费用。如果卖方的实际成本低于目标成本，节余部分由双方按一定比例分享；如果卖方的实际成本高于目标成本，超过目标成本的部分由双方按比例分担。

3）成本加奖励费用合同：卖方成本实报实销，买方再凭主观感觉给卖方支付一笔利润，这笔利润完全由买方的主观判断来决定，卖方通常无权申诉。

（3）工料合同。工料合同是按项目工作所花费的实际工时数和材料数，按事先确定的单位工时费用标准和单位材料费用标准付款。工料合同适用于工作性质清楚、工作范围明确，但具体工作量无法确定的项目。金额小、工期短、不复杂的项目适合工料合同，金额大、工期长的复杂项目不适合工料合同。

3．合同类型的选择。可以根据项目实际情况和外界条件约束选择合同类型：「★案例记忆点★」

（1）如果工作范围很明确，且项目设计已具备详细细节，可以使用总价合同。

（2）如果工作性质清楚，但范围不清楚，同时工作不复杂，又需要快速签订合同，可以使用工料合同。

（3）如果工作范围不清楚，可以使用成本补偿合同。

（4）从风险角度看，如果双方分担风险，可以使用工料合同；如果买方承担成本风险可以使用成本补偿合同；如果卖方承担成本风险，可以使用总价合同。

（5）如果购买数量不大的标准产品，可以使用单边合同。

4．合同的内容包括：①项目名称；②标的内容和范围；③项目的质量要求；④项目的计划、进度、地点、地域和方式；⑤项目建设过程中的各种期限；⑥技术情报和资料的保密；⑦风险责任的承担；⑧技术成果的归属，买方支付开发费用之后，产品所有权转给买方，但产品知识产权仍然属于卖方；⑨验收的标准和方法；⑩价款、报酬（或使用费）及其支付方式；⑪违约金或者损失赔偿的计算方法；⑫解决争议的方法；⑬名词术语解释。「★案例记忆点★」

🕮 备考点拨

本考点学习难度星级：★★☆（适中），考试频度星级：★★★（高频）。

本考点考查合同的分类和内容。这部分考点内容比较多，而且大部分都比较重要，需要认真学习和记忆。按范围划分的3类合同理解起来比较容易，签订分包合同的5个条件需要掌握，过去曾经考过。按付款方式划分的合同分类中，成本加激励费用合同和成本加奖励费用合同，仅一字之差，很容易混淆，成本加激励费用合同中的"激励"，起到的就是激励效果，也就是有福同享、有难同当，省钱了大家一起分，超支了大家一起扛。成本加奖励费用合同中的"奖励"完全是最后买方凭主观印象给一笔奖金作为利润，至于奖金的数额，完全由买方说了算。

合同类型的选择分 5 种情况，这 5 种情况也是选择题的出题来源，需要掌握，至于合同包括的内容，想必大部分都比较熟悉而且容易理解，了解即可。

考题精练

1. 订立项目分包合同需满足以下（　　）条件。
   ①经过买方认可　②分包方不能与买方有隶属或连带关系
   ③分包部分必须是项目非主体工作　④分包方必须满足相应的资质条件
   ⑤不能转包整个项目　⑥分包方再次分包需经买方同意
   A．①②③⑥　　　B．①②④⑥　　　C．②③⑤⑥　　　D．①③④⑤

【解析】答案为 D。订立项目分包合同必须同时满足 5 个条件：①经过买方认可；②分包的部分必须是项目非主体工作；③只能分包部分项目，而不能转包整个项目；④分包方必须具备相应的资质条件；⑤分包方不能再次分包。

2. 买方为卖方报销履行合同工作所发生的一切合法成本，买方再凭自己的主观感觉给卖方支付一笔利润。完全由买方根据自己对卖方绩效的主观绩效的主观判断来决定奖励费用，则双方签订的是（　　）。
   A．成本加奖励费用合同　　　　B．成本加固定费用合同
   C．成本加激励费用合同　　　　D．总价加激励费用合同

【解析】答案为 A。成本加奖励费用合同为卖方报销履行合同工作所发生的一切合法成本（即成本实报实销），买方再凭自己的主观感觉给卖方支付一笔利润，完全由买方根据自己对卖方绩效的主观判断来决定奖励费用，并且卖方通常无权申诉。

【考点 125】合同管理过程

考点精华

合同索赔起因和原则

合同管理包括合同的签订管理、合同的履行管理、合同的变更管理、合同的档案管理和合同违约索赔管理。

1. **合同的签订管理**。在合同签订之前，应当做好以下 3 项工作：①市场调查；②进行潜在合作伙伴或者竞争对手的资信调查；③了解相关环境，做出正确的风险分析判断。

2. **合同的履行管理**。如果合同当事人之间无法就某一事项协商达成一致意见，该事项就成为一个争议事项。解决争议的方法主要有替代争议解决方法（包括调解、仲裁等）和诉讼。替代争议解决方法是由双方共同聘请的第三方提出解决方案；诉讼是向执法机关提出控告、申诉，要求评判曲直是非。按照惯例，这两种解决方法通常是相互排斥的，即如果约定了仲裁且约定了仲裁裁决的终局性，就不能向法院诉讼。仲裁是当事人自愿约定的，通常也会约定仲裁裁决具有终局的约束力。在解决合同争议的方法中，其优先顺序为谈判（协商）、调解、仲裁、诉讼。

3. **合同的变更管理**。合同变更指由于一定的法律事实而改变合同内容的法律行为，具体特

征如下：①项目合同的双方当事人必须协商一致；②改变了合同的内容；③变更的法律后果是将产生新的债权和债务关系。

4. 合同的档案管理。合同档案管理（文本管理）是整个合同管理的基础。项目管理团队使用合同档案管理系统对合同文件和记录进行管理。合同档案管理还包括正本和副本管理、合同文件格式等内容。在文本格式上，为了限制执行人员随意修改合同，一般要求采用计算机打印文本，手写的旁注和修改等不具有法律效力。

5. 合同违约索赔管理。

（1）合同索赔是指在项目合同的履行过程中，由于当事人一方未能履行合同所规定的义务而导致另一方遭受损失时，受损失方向过失方提出赔偿的权利要求。索赔的分类包含：①按索赔的目的分类，可分为工期索赔和费用索赔；②按索赔的依据分类，可分为合同规定的索赔和非合同规定的索赔；③按索赔的业务性质分类，可分为工程索赔和商务索赔；④按索赔的处理方式分类，可分为单项索赔和总索赔。

（2）对提出的合同索赔，凡属于客观原因造成的延期、属于买方也无法预见到的情况，例如，特殊反常天气达到合同中特殊反常天气的约定条件，卖方可能得到延长工期，但得不到费用补偿。对于属于买方的原因造成拖延工期，不仅应给卖方延长工期，还应给予费用补偿。

索赔是合同管理的重要环节，应按以下原则进行索赔：①索赔必须以合同为依据；②必须注意资料的积累；③及时、合理地处理索赔；④加强索赔的前瞻性。

（3）项目发生索赔事件后，一般先由监理工程师调解，若调解不成，由政府建设主管机构进行调解，若仍调解不成，由经济合同仲裁委员会进行调解或仲裁。索赔具体流程如下：①提出索赔要求：当出现索赔事项时，索赔方以书面的索赔通知书形式，在索赔事项发生后的28天以内，向监理工程师正式提出索赔意向通知；②报送索赔资料：在索赔通知书发出后的28天内，向监理工程师提出延长工期和（或）补偿经济损失的索赔报告及有关资料；③监理工程师答复：监理工程师在收到送交的索赔报告有关资料后，于28天内给予答复，或要求索赔方进一步补充索赔理由和证据；④监理工程师逾期答复后果：监理工程师在收到承包人送交的索赔报告的有关资料后28天未予答复，视为该项索赔已经认可；⑤持续索赔：当索赔事件持续进行时，索赔方应当阶段性向监理工程师发出索赔意向，在索赔事件终了后28天内，向监理工程师送交索赔的有关资料和最终索赔报告，监理工程师应在28天内给予答复或要求索赔方进一步补充索赔理由和证据。逾期未答复，视为该项索赔成立；⑥仲裁与诉讼：监理工程师对索赔的答复，索赔方或发包人不能接受，即进入仲裁或诉讼程序。

🔊 备考点拨

本考点学习难度星级：★☆☆（简单），考试频度星级：★★☆（中频）。

本考点考查合同管理的5个过程，备考重点在最后一个过程"合同违约索赔管理"，合同违约索赔管理的备考重点在索赔流程，索赔流程中一方面需要掌握各个流程名字，另一方面需要记住里面神奇的数字"28"。其他几个过程都是小考点，比如合同履行管理中的合同争议解决办法，其中谈判为首选。

考题精练

1. 合同管理包括（　　）、合同履约管理、合同变更管理、（　　）。
   A．合同签订管理　　合同补充管理
   B．合同规划管理　　合同补充管理
   C．合同签订管理　　合同档案管理
   D．合同规划管理　　合同档案管理

   【解析】答案为C。合同管理包括合同签订管理、合同履行管理、合同变更管理、合同档案管理、合同违约索赔管理。

第 18 章 项目干系人管理考点精讲及考题实练

18.1 章节考情速览

项目干系人管理章节的内容不多，从过程看一共有 4 个过程，分别是识别干系人、规划干系人参与、管理干系人参与和监督干系人参与。这个章节的学习门槛不高，内容也不多，重点是熟练掌握权力/利益方格、干系人参与度评估矩阵等工具。

项目干系人管理按照往年的考试经验看，在综合知识科目一般会考查 3 分左右。

18.2 考点星级分布图

本章涉及的主要考点分布及难度与频度双星级如图 18-1 所示。

【考点126】识别干系人的输入、输出、工具与技术 —— 难度星级：★★　频度星级：★★★

【考点127】规划干系人参与的输入、输出、工具与技术 —— 难度星级：★　频度星级：★★

【考点128】管理干系人参与的输入、输出、工具与技术 —— 难度星级：★　频度星级：★★

【考点129】监督干系人参与的输入、输出、工具与技术 —— 难度星级：★　频度星级：★★

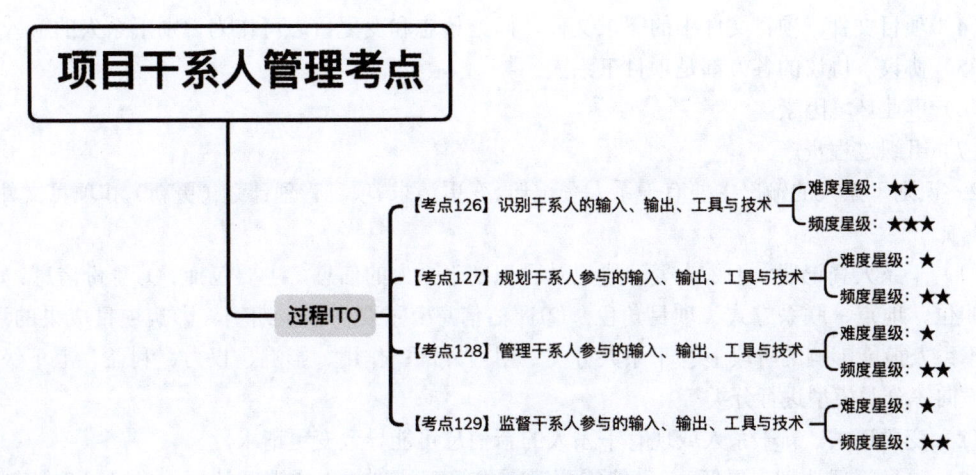

图 18-1　本章考点及星级分布

18.3 核心考点精讲

【考点 126】识别干系人的输入、输出、工具与技术

🔵 **考点精华**

权力/利益方格

项目干系人管理包括识别能够影响项目或会受项目影响的人员、团体或组织，分析干系人对项目的期望和影响，制定管理策略有效调动干系人参与项目决策和执行。项目干系人管理的过程包括：①识别干系人：定期识别干系人，分析和记录他们的利益、参与度、相互依赖性、影响力和对项目潜在的影响；②规划干系人参与：根据干系人的需求、期望、利益和对项目的潜在影响，制订项目干系人参与项目的方法；③管理干系人参与：与干系人进行沟通和协作，以满足其需求与期望，并处理问题，以促进干系人合理参与；④监督干系人参与：监督项目干系人关系，并通过修订参与策略和计划来引导干系人合理参与项目。

识别干系人是定期识别项目干系人，分析和记录他们的利益、参与度、相互依赖性、影响力和对项目成功的潜在影响的过程。识别干系人过程的主要作用是使项目团队能够建立对每个干系人或干系人群体的适度关注。

识别干系人通常在编制和批准项目章程之前或同时首次开展，之后在过程中必要时重复开展，至少应在每个阶段开始时，以及项目或组织出现重大变化时重复开展。

1. 识别干系人的输入主要有立项管理文件、项目章程、项目管理计划、项目文件、协议、事业环境因素和组织过程资产 7 项。

（1）立项管理文件。立项管理阶段的成果（立项管理文件）可作为识别干系人的依据。

（2）项目章程。项目章程会列出关键干系人清单，以及与干系人职责有关的信息。

（3）项目管理计划。沟通管理计划和干系人参与计划可作为识别干系人的输入。

（4）项目文件。项目文件中的需求文件、问题日志和变更日志可作为识别干系人的输入。

（5）协议。协议的各方都是项目干系人。

（6）事业环境因素。

（7）组织过程资产。

2. 识别干系人的输出主要有干系人登记册、变更请求、项目管理计划（更新）和项目文件（更新）4 项。

（1）干系人登记册。干系人登记册记录已识别干系人的信息，主要包括：①身份信息：姓名、组织职位、地点、联系方式、项目角色；②评估信息：主要需求、期望、影响项目成果的潜力，以及干系人最能影响的阶段；③干系人分类：用内外部、作用、影响、权力、利益、上下级、外围或横向等分类模型进行分类等。

（2）变更请求。新干系人或现有干系人的新信息可能导致变更请求。

（3）项目管理计划（更新）。可能需要对需求管理计划、沟通管理计划、风险管理计划、干

系人参与计划等进行更新。

（4）项目文件（更新）。可能需要对假设日志、问题日志和风险登记册等进行更新。

3. 识别干系人的工具与技术主要有专家判断、数据收集、数据分析、数据表现和会议 5 项。

（1）专家判断。识别干系人时，可以征求具备专业知识或接受过相关培训的个人或小组意见。

（2）数据收集。数据收集技术主要包括：①问卷和调查：包括一对一调查、焦点小组讨论，或其他大规模信息收集技术；②头脑风暴：包括头脑风暴和头脑写作。头脑写作是头脑风暴的改良形式，让个人参与者有时间在讨论开始前单独思考问题。信息可通过面对面小组会议收集，或在虚拟环境中收集。

（3）数据分析。数据分析技术主要包括：①干系人分析：会产生干系人清单和干系人的各种信息。干系人利害关系组合主要包括：兴趣、权利、所有权、知识和贡献。②文件分析：对现有项目文件及以往项目经验教训进行分析评估，从中识别干系人。

（4）数据表现。数据表现技术是干系人映射分析和表现。干系人映射分析和表现利用不同方法对干系人进行分类。常见的分类方法包括：①权力/利益方格、权力/影响方格或作用/影响方格：基于干系人的职权级别（权力）、对项目成果的关心程度（利益）、对项目成果的影响能力（影响），或改变项目计划或执行的能力，对干系人进行分类；「★案例记忆点★」②干系人立方体：立方体把方格中的要素组合成三维模型；③凸显模型：通过评估干系人的权力、紧迫性和合法性，对干系人可分为，也可以在凸显模型中用邻近性取代合法性；④影响方向：根据干系人对项目的影响方向进行分类：向上、向下、向外和横向；⑤优先级排序：如果项目大量干系人频繁变化或者关系复杂，可以对干系人进行优先级排序。「★案例记忆点★」其中，权力/利益方格和凸显模型如图 18-2 所示。

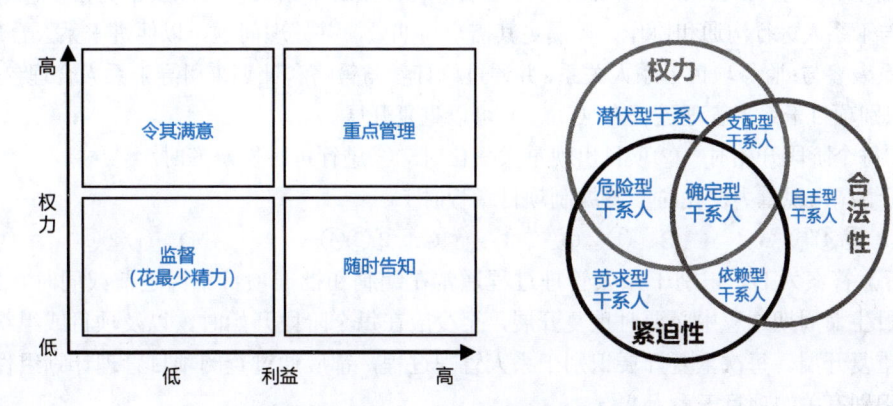

图 18-2 权力/利益方格和凸显模型

（5）会议。会议用于在重要项目干系人之间达成谅解。

🔹备考点拨

本考点学习难度星级：★★☆（适中），考试频度星级：★★★（高频）。

本考点考查识别干系人的输入、输出、工具与技术。可以用来识别干系人的依据很多，毕竟干系人无处不在，能够从很多资料文件中找到干系人的蛛丝马迹，可以从立项管理文件（输入）中识别高层干系人，可以从项目章程（输入）中识别发起人等关键干系人，可以从项目管理计划（输入）中识别，因为其中的沟通管理计划和干系人参与计划非常明显包含着大量的干系人信息，可以从项目文件（输入）中的问题日志和变更日志找出负责处理问题和变更的干系人，可以从协议（输入）中找出和供应商有关的干系人，同样还有事业环境因素（输入）和组织过程资产（输入）可以借鉴参考。

识别干系人的输出自然是干系人登记册（输出），在识别干系人的过程中，需要和潜在干系人交谈，很可能会出现变更请求（输出），进而去更新项目管理计划（输出）和更新项目文件（输出）。

识别干系人同样可以借助专家判断（技术）的力量，还可以发调查问卷、做头脑风暴、引导式研讨会等会议（技术）方式来找出更多的干系人，进行数据收集（技术），另外查看项目以及类似项目的文件，从里面找出干系人并做干系人分析（技术），识别和分析完成之后，还需要把数据表现（技术）出来，通常是通过作用/影响方格、干系人立方体和凸显模型等方式展现。

考题精练

1. "通过与干系人进行沟通协作以满足其需求与期望，处理问题促进其合理参与"属于（　　）过程的工作。

   A．识别干系人　　　　　　　　B．规划干系人参与
   C．管理干系人参与　　　　　　D．监督干系人参与

   【解析】答案为C。项目干系人管理的过程包括：①识别干系人：定期识别干系人，分析和记录他们的利益、参与度、相互依赖性、影响力和对项目潜在的影响；②规划干系人参与：根据干系人的需求、期望、利益和对项目的潜在影响，制订项目干系人参与项目的方法；③管理干系人参与：与干系人进行沟通和协作，以满足其需求与期望，并处理问题，以促进干系人合理参与；④监督干系人参与：监督项目干系人关系，并通过修订参与策略和计划来引导干系人合理参与项目。

2. 识别项目干系人管理过程在（　　）可以重复开展。

   ①每个阶段开始时　②项目出现重大变化时　③进行可行性研究时
   ④组织出现重大变化时　⑤编制项目章程时

   A．③④⑤　　　　B．①②③　　　　C．②③④　　　　D．①②④

   【解析】答案为D。识别干系人管理过程通常在编制和批准项目章程之前或同时首次开展，之后在项目生命周期过程中必要时重复开展，至少应在每个阶段开始时，以及项目或组织出现重大变化时重复开展。每次重复开展识别干系人管理过程，都应通过查阅项目管理计划组件及项目文件，来识别有关的项目干系人。

3. 关于项目干系人管理的描述，正确的是（　　）。

   A．识别干系人过程的输出文件包括干系人登记册、工作绩效信息、变更请求
   B．监管机构、环保人士、媒体与项目关联程度低，不需要纳入干系人管理
   C．识别干系人参与的过程需要在整个项目期间定期开展
   D．干系人参与计划是规划干系人参与过程的输入文件

   【解析】答案为C。识别干系人过程的输出包括干系人登记册、变更请求、项目管理计划（更

新)和项目文件(更新),所以选项 A 错误;选项 B 明显是错误的;干系人参与计划很明显是规划干系人参与过程的输出,所以选项 D 错误。

4. 关于识别干系人过程的描述,不正确的是( )。
   A. 干系人登记册是识别干系人过程的主要输出,记录已识别干系人的信息
   B. 变更日志、问题日志、需求文件可以作为识别干系人过程的输入
   C. 对干系人进行分类的方法,包括权力/利益方格、因果图、回归分析、凸显模型等
   D. 识别干系人的主要作用是使项目团队能够建立对每个干系人或干系人群体的适度关注

【解析】答案为 C。本题考查识别干系人过程的数据表现技术——干系人映射分析和表现,这是一种利用不同方法对干系人进行分类的方法,主要包括:权力/利益方格等多种方格、干系人立方体、凸显模型、影响方向和优先级排序。选项 C 中提到的因果图和回归分析明显不属于对干系人进行分类的方法。

【考点 127】规划干系人参与的输入、输出、工具与技术

考点精华

规划干系人参与是根据干系人的需求、期望、利益和对项目的潜在影响,制订项目干系人参与项目方法的过程。本过程的主要作用是提供与干系人进行有效互动的可行计划。

1. 规划干系人参与的输入主要有项目章程、项目管理计划、项目文件、协议、事业环境因素和组织过程资产 6 项。

(1) 项目章程。项目章程包含与项目目的、目标和成功标准有关的信息。

(2) 项目管理计划。项目管理计划中的资源管理计划、沟通管理计划和风险管理计划可用于规划干系人参与。

(3) 项目文件。项目文件中的假设日志、风险登记册、干系人登记册、项目进度计划、问题日志、变更日志可用作规划干系人参与过程。

(4) 协议。在规划供应商参与时,可以通过查看协议确定。

(5) 事业环境因素。

(6) 组织过程资产。

2. 规划干系人参与的输出主要有干系人参与计划 1 项。

干系人参与计划是项目管理计划的组成部分,该计划制定了干系人有效参与和执行项目决策的策略和行动。

3. 规划干系人参与的工具与技术主要有专家判断、数据收集、数据分析、决策、数据表现和会议 6 项。

(1) 专家判断。可以征求具备专业知识或接受过相关培训的个人或小组的意见。

(2) 数据收集。数据收集技术的标杆对照可以用来规划干系人参与。

(3) 数据分析。数据分析技术主要包括:假设条件和制约因素分析、根本原因分析。

(4) 决策。相关的决策技术包括优先级排序或分级。

（5）数据表现。数据表现技术包括思维导图和干系人参与度评估矩阵。其中干系人参与度评估矩阵中干系人参与水平分为 5 种，见表 18-1：①不知晓型：不知道项目及其潜在影响；②抵制型：知道项目及其潜在影响，但抵制项目工作或项目成果；③中立型：了解项目，但既不支持，也不反对；④支持型：了解项目及其潜在影响，支持项目工作及其成果；⑤领导型：了解项目及其潜在影响，积极参与以确保项目取得成功。「★案例记忆点★」

表 18-1 干系人参与度评估矩阵

干系人	不知晓	抵制	中立	支持	领导
干系人 1	C			D	
干系人 2			C	D	
干系人 3				DC	

注：C 代表干系人当前实际的参与水平，D 代表团队期望的干系人参与水平。

（6）会议。可以通过会议讨论规划干系人参与过程所需信息。

📣 备考点拨

本考点学习难度星级：★☆☆（简单），考试频度星级：★★☆（中频）。

本考点考查规划干系人参与的主要输入、输出、工具与技术。干系人属于项目资源的一种，所以规划干系人参与需要参考项目管理计划（输入）中的资源管理计划，还需要参考沟通管理计划和风险管理计划，风险管理计划中有风险临界值的相关信息，这样就可以和资源管理计划结合来规划干系人的参与。另外项目文件（输入）中的假设日志、变更日志、问题日志、项目进度计划、风险登记册和干系人登记册也会成为规划干系人参与的输入。

规划干系人参与完成之后，就得到了干系人参与计划（输出），描述干系人参与的策略和行动。

可以使用干系人参与度评估矩阵（技术）来规划干系人参与，通过干系人参与度评估矩阵，能够很清晰地看到希望每个干系人参与的水平以及实际参与的水平，找到差异之后就可以制定具体对策去改变参与度。

🔗 考题精练

1. 在以下干系人参与度矩阵中，需要授权管理职责并引导其积极参与项目执行的干系人是（　　）。

干系人	不知晓	抵制	中立	支持	领导
干系人 1			⊙ ☺		
干系人 2			☺	⊙	
干系人 3			☺		⊙

注：⊙表示期望参与水平，☺表示实际参与水平。

A．干系人 1　　　　　　　　　　B．干系人 2
C．干系人 3　　　　　　　　　　D．干系人 2 和干系人 3

【解析】答案为 C。中立型：了解项目，但既不支持，也不反对；支持型：了解项目及其潜在影响，支持项目工作及其成果；领导型：了解项目及其潜在影响，积极参与以确保项目取得成功。

2. 关于干系人参与计划的描述，不正确的是（　　）。

A．干系人参与计划是项目管理计划的组成部分
B．干系人参与计划基于项目的需要和干系人的期望而制订
C．干系人参与计划是识别干系人过程的输出
D．干系人参与计划制订了干系人有效参与和执行项目决策的策略和行动

【解析】答案为 C。干系人参与计划是规划干系人参与过程的输出，并非识别干系人过程的输出。

3. 项目经理根据干系人的需求、期望、利益和对项目的潜在影响，制订项目干系人参与项目的方法，则该项目经理正在执行（　　）过程。

A．规划干系人参与　　　　　　B．识别干系人
C．管理干系人参与　　　　　　D．监督干系人参与

【解析】答案为 A。本题考查项目干系人管理各个过程的概念：识别干系人过程定期识别干系人，分析和记录他们的利益、参与度、相互依赖性、影响力和对项目潜在的影响；规划干系人参与过程根据干系人的需求、期望、利益和对项目的潜在影响，制订项目干系人参与项目的方法；管理干系人参与是与干系人进行沟通和协作，以满足其需求与期望，并处理问题，以促进干系人合理参与；监督干系人参与是监督项目干系人关系，并通过修订参与策略和计划来引导干系人合理参与项目。

【考点 128】管理干系人参与的输入、输出、工具与技术

考点精华

人际关系与团队技能技术

管理干系人参与是通过与干系人进行沟通协作，以满足其需求与期望、处理问题，并促进干系人合理参与的过程。本过程的主要作用是尽可能提高干系人的支持度，并降低干系人的抵制程度。

1. 管理干系人参与的输入主要有项目管理计划、项目文件、事业环境因素和组织过程资产 4 项。

（1）项目管理计划。项目管理计划中的沟通管理计划、风险管理计划、干系人参与计划和变更管理计划可用于管理干系人参与。

（2）项目文件。项目文件中的问题日志、干系人登记册、变更日志和经验教训登记册可用于管理干系人参与。

（3）事业环境因素。

（4）组织过程资产。

2. 管理干系人参与的输出主要有变更请求、项目管理计划（更新）和项目文件（更新）3 项。

259

（1）变更请求。变更请求是管理干系人参与的结果。

（2）项目管理计划（更新）。项目管理计划中的沟通管理计划和干系人参与计划可能需要更新。

（3）项目文件（更新）。项目文件中的变更日志、问题日志、经验教训登记册和干系人登记册可能需要更新。

3. 管理干系人参与的工具与技术主要有专家判断、沟通技能、人际关系与团队技能、基本规则和会议5项。

（1）专家判断。可以征求具备专业知识或接受过相关培训的个人或小组意见。

（2）沟通技能。可以根据沟通管理计划，针对每个干系人采取相应的沟通方法。

（3）人际关系与团队技能。人际关系与团队技能包括：①冲突管理；②文化意识；③谈判；④观察和交谈；⑤政策意识。

（4）基本规则。团队章程中的基本规则，能够明确引导干系人参与的行为。

（5）会议。可以通过会议方式，讨论和处理与干系人参与有关的问题。

备考点拨

本考点学习难度星级：★☆☆（简单），考试频度星级：★★☆（中频）。

本考点考查管理干系人参与的输入、输出、工具与技术。管理干系人参与时，首先需要查看项目管理计划（输入）中的干系人参与计划，其次需要根据项目管理计划中的沟通管理计划确定干系人沟通方式，还要查看项目管理计划中的风险管理计划和变更管理计划，找出和干系人有关的风险和变更。和计划对应的项目文件（输入）中的变更日志、问题日志、经验教训登记册和干系人登记册都是管理干系人参与时可以用到的文件。

考题精练

1. 关于管理干系人参与过程，正确的是（　　）。

　　A．干系人参与计划必须是正式的、详细的项目文件，以确保满足项目的需要

　　B．规划干系人参与过程是管理干系人参与过程的前置流程，不受管理干系人参与过程的影响

　　C．管理干系人参与过程的输出包括变更请求、组织过程资产、事业环境因素

　　D．管理干系人参与过程的主要作用是尽可能提高干系人的支持度、降低抵制程度

【解析】答案为D。干系人参与计划是规划干系人参与过程的输出，根据项目的需要和干系人的期望，干系人参与计划可以是正式的或非正式的，非常详细的或高度概括的，由此选项A错误；项目干系人管理的所有过程都会相互交叠和相互作用，由此选项B错误；管理干系人参与过程的输出包括变更请求、项目管理计划（更新）和项目文件（更新），由此选项C错误。

【考点129】监督干系人参与的输入、输出、工具与技术

考点精华

监督干系人参与是监督项目干系人关系，并通过修订参与策

监督干系人参与数据分析

略和计划来引导干系人合理参与项目的过程。本过程的主要作用是随着项目进展和环境变化，维持或提升干系人参与活动的效率和效果。

1. 监督干系人参与的输入主要有项目管理计划、项目文件、工作绩效数据、事业环境因素和组织过程资产 5 项。

（1）项目管理计划。项目管理计划的资源管理计划、沟通管理计划和干系人参与计划可用于监督干系人参与的输入。

（2）项目文件。项目文件的风险登记册、问题日志、项目沟通记录、经验教训登记册和干系人登记册可用于监督干系人参与的输入。

（3）工作绩效数据。工作绩效数据中的项目状态数据，描述了支持项目的干系人及其参与水平和类型。

（4）事业环境因素。

（5）组织过程资产。

2. 监督干系人参与的输出主要有工作绩效信息、变更请求、项目管理计划（更新）和项目文件（更新）4 项。

（1）工作绩效信息。工作绩效信息包括与干系人参与状态有关的信息。

（2）变更请求。变更请求包括用于改善当前干系人参与水平的纠正及预防措施。

（3）项目管理计划（更新）。项目管理计划中的资源管理计划、沟通管理计划、干系人参与计划可能需要更新。

（4）项目文件（更新）。项目文件中的问题日志、经验教训登记册、风险登记册、干系人登记册可能需要更新。

3. 监督干系人参与的工具与技术主要有数据分析、决策、数据表现、沟通技能、人际关系与团队技能和会议 6 项。

（1）数据分析。数据分析技术包括备选方案分析、根本原因分析和干系人分析。备选方案分析用于评估应对干系人期望偏差的各种备选方案；根本原因分析用于确定干系人参与未达预期效果的根本原因；干系人分析用于确定干系人群体和个人在项目任何特定时间的状态。

（2）决策。决策技术包括多标准决策分析和投票。多标准决策分析用于考查干系人成功参与项目的标准，并进行优先级排序加权，识别最适当的选项；投票是为了选出应对干系人参与水平偏差的最佳方案。

（3）数据表现。使用数据表现技术的干系人参与度评估矩阵，跟踪干系人参与水平变化并加以监督。

（4）沟通技能。沟通技能包括反馈和演示。反馈用于确保发送给干系人的信息被接收理解；演示是为干系人提供清晰信息。

（5）人际关系与团队技能。人际关系与团队技能包括积极倾听、文化意识、领导力、人际交往和政策意识。

（6）会议。通过召开状态会议、站会、回顾会以及其他会议，监督和评估干系人的参与水平。

261

备考点拨

本考点学习难度星级：★☆☆（简单），考试频度星级：★★☆（中频）。

本考点考查监督干系人参与的主要输入、输出、工具与技术。监督干系人参与需要用到工作绩效数据（输入），通过查看绩效能够了解干系人参与程度，另外监督干系人参与用到了项目管理计划（输入）中的资源管理计划、沟通管理计划和干系人参与计划，还用到了项目文件（输入）中的问题日志、经验教训登记册、项目沟通记录、风险登记册和干系人登记册。

监督干系人参与将工作绩效数据转化成了工作绩效信息（输出）。

和监督干系人参与有关的工具与技术大部分都是软技能相关的，所以要用到人际关系与团队技能（技术），用到沟通技能（技术），可以通过会议（技术）、数据分析（技术）、数据表现（技术）的方式来监督干系人参与，这个过程中不可避免会涉及各种相关的决策（技术）。

考题精练

1. 适用于监督干系人参与过程的数据表现技术是（　　）。

   A．沟通技能　　　　　　　　　B．根本原因分析
   C．干系人参与度评估矩阵　　　D．干系人分析技术

【解析】答案为C。适用于监督干系人参与过程的数据表现技术主要是干系人参与度评估矩阵。使用干系人参与度评估矩阵来跟踪每个干系人参与水平的变化，对干系人参与加以监督。适用于监督干系人参与过程的数据分析技术包括备选方案分析、根本原因分析和干系人分析。

2. 监督干系人参与时，（　　）用于确定干系人群体和个人在项目任何特定时间的状态。

   A．根本原因分析　　　　　　　B．优先级排序
   C．职责分配矩阵　　　　　　　D．干系人分析

【解析】答案为D。本题考查监督干系人参与过程的工具与技术，选项D干系人分析属于其中的数据分析技术，干系人分析确定干系人群体和个人在项目任何特定时间的状态。除了干系人分析之外，数据分析技术还包括备选方案分析和根本原因分析。

第 19 章

项目绩效域考点精讲及考题实练

19.1 章节考情速览

项目绩效域是考纲新增章节,而且过去也曾经作为论文题目考查过,本章一共有 8 个绩效域,8 个绩效域的学习,可以和前面的十大知识域结合起来,两者有千丝万缕的联系。这章的结构非常整齐划一,每个绩效域分成三部分,分别是绩效目标、执行效果检查和绩效要点。本章的学习节奏,建议也按照这三个组成部分针对每个绩效域展开,绩效域的学习,可以把绩效域目标和执行效果检查放在一起,之后再学习绩效要点。这样调整后更加符合认知习惯。先学目标,之后学习目标如何实现,也就是执行效果检查,最后如何达成目标,是绩效要点展示的内容,绩效要点是本章学习重点。

项目绩效域按照往年的考试经验看,在综合知识科目一般会考查 3 分左右。

19.2 考点星级分布图

本章涉及的主要考点分布及难度与频度双星级如图 19-1 所示。

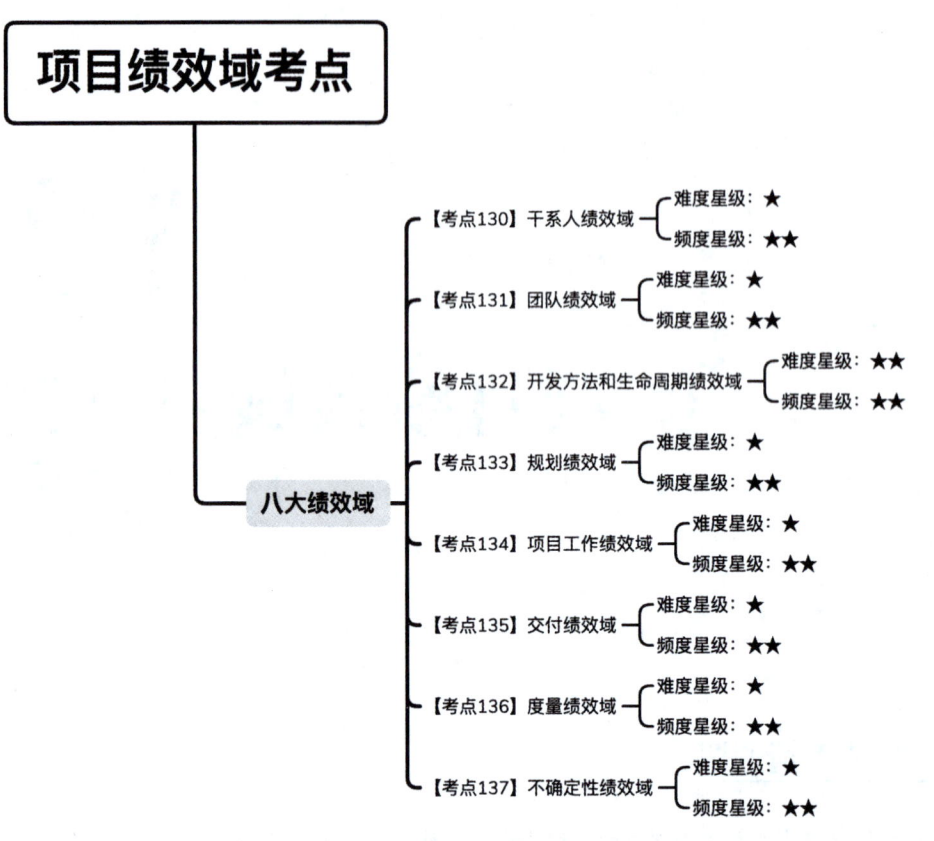

```
项目绩效域考点
                    ┌─【考点130】干系人绩效域 ─ 难度星级：★ / 频度星级：★★
                    ├─【考点131】团队绩效域 ─ 难度星级：★ / 频度星级：★★
                    ├─【考点132】开发方法和生命周期绩效域 ─ 难度星级：★★ / 频度星级：★★
      八大绩效域 ───┼─【考点133】规划绩效域 ─ 难度星级：★ / 频度星级：★★
                    ├─【考点134】项目工作绩效域 ─ 难度星级：★ / 频度星级：★★
                    ├─【考点135】交付绩效域 ─ 难度星级：★ / 频度星级：★★
                    ├─【考点136】度量绩效域 ─ 难度星级：★ / 频度星级：★★
                    └─【考点137】不确定性绩效域 ─ 难度星级：★ / 频度星级：★★
```

图 19-1 本章考点及星级分布

19.3 核心考点精讲

【考点 130】干系人绩效域

◎ 考点精华

干系人绩效域目标和检查

干系人绩效域关注和干系人有关的内容，其预期目标和对应的检查方法分别如下：

1. 预期目标是<u>建立高效的工作关系</u>；检查方法是<u>干系人参与的连续性</u>，通过观察和记录，对干系人参与的连续性进行衡量。

2. 预期目标是<u>干系人认同项目目标</u>；检查方法是<u>变更频率</u>，如果变更频率过高，对范围和需求提出了大量变更，直接说明要么干系人没有参与，要么干系人的目标和项目不一致。

3. 预期目标是<u>支持项目的干系人提高了满意度并从中收益，反对项目的干系人没有对项目产生负面影响</u>；检查方法有 3 种，分别是：①<u>干系人行为</u>：不要看他说的，而是要看他做的，干系人的行为能够表明是否支持项目并感到满意；②<u>干系人满意度</u>：通过调研、访谈和焦点小组方式，确定干系人的满意程度，判断其是否满意、是否反对；③干系人相关问题和风险：可以审查问题日志和风险登记册，找出与单个干系人有关的问题风险。

为了有效执行干系人绩效域，项目经理需要重点促进干系人参与，5个绩效要点如下：

1. 识别。组建项目团队之前，先识别高层级干系人，再逐步逐层识别其他的详细干系人。

2. 理解和分析。理解和分析干系人是持续进行的工作，识别干系人之后，项目团队需要尽力了解干系人的感受、情绪、信念和价值观，分析干系人的立场和观点。实际项目中干系人通常会结成联盟，因此除了对干系人进行独立分析外，项目团队还需要分析干系人间的互动关系。

3. 优先级排序。项目团队需要对干系人进行优先级排序，将焦点聚焦于权力大、利益大的干系人。如果执行期间干系人发生了变化，项目团队需要重新做优先级排序。

4. 参与。促进干系人参与项目是关键所在，这期间可以使用软技能，如积极倾听、人际关系技能和冲突管理，以及创建愿景和批判性思维等领导技能。

5. 监督。干系人满意度，可以通过与干系人的对话来确定，也可以通过迭代审查会、产品审查会获得定期反馈，还可以使用问卷调查来评估大量干系人的满意度。

干系人绩效域自然要关心干系人的工作，干系人主要参与的项目工作包括：①为项目团队定义需求和范围，并对其进行优先级排序；②参与并制订规划；③确定项目可交付物（项目成果）的验收和质量标准；④客户、高层管理人员、项目管理办公室领导或项目集经理等干系人重点关注项目及其可交付物绩效的测量。

📖 备考点拨

本考点学习难度星级：★☆☆（简单），考试频度星级：★★☆（中频）。

本考点考查干系人绩效域，项目绩效域一共有8个，目前也是论文考查的范围之一。八大绩效域之间没有先后顺序，而且每个绩效域的考查点非常整齐划一，均考查预期目标、检查方法和绩效要点。干系人绩效域的关键在于推动干系人积极参与项目，做了再多的工作，如果干系人参与度低，那么项目很难完成。由此可以引出干系人绩效域的目标、检查方法和绩效要点，这些最终都是服务于干系人的积极参与，并且使其获得高满意度。

📖 考题精练

1. 促进干系人参与的步骤包括识别、理解、（　　）、优先级排序、参与和（　　）。

    A．分析　变更　　　　　　　　B．分析　监督

    C．效果评价　监督　　　　　　D．效果评价　变更

【解析】答案为B。促进干系人参与的步骤包括识别、理解、分析、优先级排序、参与和监督。

【考点131】团队绩效域

📖 考点精华

团队绩效域关注和团队人员有关的内容，其预期目标和对应的检查方法分别如下：

1. 预期目标是共享责任；检查方法是目标和责任心，项目团队成员都了解愿景和目标，对

可交付物和项目成果承担责任。

2. 预期目标是建立高绩效团队，检查方法有3种，分别是：①信任与协作程度：团队成员彼此信任、相互协作；②适应变化的能力：团队能够很好地适应变化，面对挑战时保持韧性；③彼此赋能：团队成员既被赋能，也能够赋能他人。

3. 预期目标是所有团队成员都展现出领导力和人际关系技能；检查方法是管理和领导力风格的适宜性：团队成员展现的领导力风格适合当前的项目环境，而且善于使用批判性思维和人际关系技能。

为了有效执行团队绩效域，项目经理需要重点关注的绩效要点如下：

1. 项目团队文化。团队文化可以有意识地创建，比如通过制订团队规范的方式，也可以非正式地创建，比如通过团队成员的行为，项目经理可以使用：①透明；②诚信；③尊重；④积极的讨论；⑤支持；⑥勇气；⑦庆祝成功等方法打造项目的团队文化。

2. 高绩效项目团队。项目经理可以通过以下方式打造高绩效项目团队：①开诚布公的沟通；②共识；③共享责任；④信任；⑤协作；⑥适应性；⑦韧性；⑧赋能；⑨认可。

3. 领导力技能。与领导力有关的活动包括：

（1）建立和维护愿景。共同的愿景有助于让大家朝着相同的方向努力。

（2）批判性思维。批判性思维需要团队成员具有开放思维和客观分析问题的能力。

（3）激励。激励可以是内在的，也可以是外在的。想要有效激励团队成员，需要了解每位成员的首要激励因素，根据首要激励因素和偏好选取合适的激励方法。

（4）人际关系技能。人际关系技能包括：①情商：情商集中在自我意识、自我管理、社交意识、社交技能4个层次；②决策：决策通常采用先发散、后汇聚的方式，首先由干系人参与制定备选解决方案，然后项目团队将方案进行汇聚，确定首选解决方案，发散/汇聚的模式能够发挥单方面决策和整体决策优势，既可以快速做出决策，又可以吸收多样化知识；③冲突管理：解决冲突的方法包括开诚布公地沟通、聚焦问题、聚焦当前和未来、共同寻找备选方案。

> 📣 **备考点拨**

本考点学习难度星级：★☆☆（简单），考试频度星级：★★☆（中频）。

本考点考查团队绩效域，团队绩效域的核心在于打造高绩效项目团队，所以在绩效要点中会用到非常多的软技能，比如项目团队文化建设、领导力技能，最终建成高绩效项目团队。高绩效团队既是绩效要点，又是预期目标。一个团队是否是高绩效团队，看的是该团队对责任能不能一肩承担、彼此共担（共享责任），看的是能不能彼此信任协作、彼此赋能、适应变化（高绩效团队），看的是成员的表现（展现出领导力和人际关系技能）。

> 📝 **考题精练**

1. 有效执行团队绩效域可以实现的预期目标，不包括（　　）。

　　A．共享责任

　　B．建立高绩效团队

C．所有团队成员都展现出相应的领导力和人际关系技能

D．项目以有条理、协调一致的方式推进

【解析】答案为 D。有效执行团队绩效域可以实现预期目标，主要包含：①共享责任；②建立高绩效团队；③所有团队成员都展现出相应的领导力和人际关系技能。

2．（　　）决策速度快，但容易出错，也会因为未考虑受决策影响的人的感受而降低他们的积极性。（　　）决策具有包容性的特点，可增加对决策的承诺，促使人们参与决策。

A．单方面　群体　　　　　　　　B．群体　专家判断

C．单方面　集中　　　　　　　　D．群体　集中

【解析】答案为 A。单方面决策速度快，但容易出错，也会因为未考虑受决策影响的人的感受而降低他们的积极性。群体决策具有包容性的特点，包容性可增加对决策的承诺，可以利用群体广泛的知识，让人们参与决策，使他们对成果更加认同。

3．下列关于建设团队的说法，不正确的是（　　）。

A．团队成员对成果的主人翁意识越强，表现就越好

B．出现问题或故障时能够快速定位责任，体现了团队绩效高，韧性强

C．所有团队成员都应展现出相应的领导力和人际关系技能

D．团队成员相互协作与合作，有助于产生多样化的想法，获得更好成果

【解析】答案为 B。出现问题或者故障时，首先做的并不是定位是谁的责任，而是要快速恢复，这个体现了高绩效项目团队的韧性。

【考点 132】开发方法和生命周期绩效域

考点精华

开发方法和生命周期绩效域关注和开发方法、节奏、生命周期有关的内容，其预期目标和对应的检查方法分别如下：

1．预期目标是 开发方法与项目可交付物相符合；检查方法是 产品质量和变更成本，如果交付物的产品质量高、变更成本小，自然可以说明预期目标达成。

2．预期目标是 将项目交付与干系人价值紧密联系；检查方法是 价值导向型项目阶段，按照价值导向将项目工作分为多个阶段，每个阶段都可以给干系人交付价值。

3．预期目标是 项目生命周期由促进交付节奏的项目阶段和产生项目交付物所需的开发方法组成；检查方法是 适宜的交付节奏和开发方法，其中交付节奏其实对应的就是目标中的项目阶段。

为了有效执行开发方法和生命周期绩效域，项目经理需要重点关注的绩效要点如下：

1．交付节奏。交付节奏包括：①一次性交付：也就是只在项目结束时交付；②多次交付：是指项目中的多个组件在不同时间点进行交付，有些项目的多次交付是单独进行的，没有固定的顺序，只需要在项目最终完成之前交付完毕就好；③定期交付：定期交付是按固定的交付计划进行的，比如每月或每季度交付一次；④持续交付：持续交付适合于人员稳定的项目团队，项目特性增量通过小批量工作和自动化技术完成持续交付。

2．开发方法。开发方法包括：①预测型方法。预测型方法又称瀑布型方法，在项目生命周

期的早期就明确定义，所以相对稳定。②适应型方法。适应型方法的典型代表是敏捷方法，在项目早期明确了愿景和最初需求，在执行过程中按照用户反馈、环境或意外事件不断完善修改。③混合型方法。混合型方法是适应型方法和预测型方法的结合，通常使用迭代型方法或增量型方法。迭代型方法适合澄清需求和调查可选项，在最后一个迭代之前，迭代型方法可以完成可接受的全部功能；增量型方法用于在一系列迭代中生成可交付物，每个迭代都会在预先确定的时间期限内增加功能，可交付物包含的功能只有在最后一个迭代结束后才被完成。

3. 开发方法的选择。影响开发方法选择的因素包含如下3种：

（1）产品、服务或成果。相关因素包括：①创新程度；②需求确定性；③范围稳定性；④变更的难易程度；⑤交付物的性质；⑥风险；⑦法规。

（2）项目。相关因素包括：①干系人；②进度制约因素；③资金可用情况。

（3）组织。相关因素包括：①组织结构；②文化；③组织能力；④项目团队的规模和所处位置。

开发方法和生命周期绩效域与干系人绩效域、规划绩效域、不确定性绩效域、交付绩效域、项目工作绩效域和团队绩效域之间的相互作用：①如果交付物存在与干系人验收相关的大量风险，则会选择迭代方法；②预测型生命周期会提前进行大部分的规划工作，进展中使用渐进明细来重新规划，计划也会得到更新；③如果交付物存在与监管有关的大量风险，则会选择预测型方法；④交付节奏是确保实际交付和可行性规划一致的主要因素之一，所以开发方法和生命周期绩效域与交付绩效域的关注点会有很多重叠；⑤预测型方法需要更加重视预先规划、测量和控制，适应型方法需要更多的服务型领导风格，形成自我管理的项目团队。

📢备考点拨

本考点学习难度星级：★★☆（适中），考试频度星级：★★☆（中频）。

本考点考查开发方法和生命周期绩效域，这个是八大绩效域中相对偏技术的绩效域，不过技术非常浅，需要掌握4种交付节奏、3种开发方法和3种影响开发方法选择的因素。常规的预期目标、检查方法和绩效要点依然要掌握，特别是绩效要点，可以说是论文中的框架主线。

🔖考题精练

1. 高风险的产品需要大量的前期规划和严格的流程来降低风险，可采用（　　）开发方法，新药开发项目可能会进行（　　），临床前建议、第1阶段临床试验结果、第2阶段临床试验结果、第3阶段临床试验结果、注册和上市，按照顺序进行交付。

  A．混合型　多次交付　　　　　　　B．混合型　定期交付
  C．预测型　多次交付　　　　　　　D．适应型　持续交付

【解析】答案为C。某些高风险产品需要大量的前期规划和严格的流程来降低风险，可适当采用预测型方法，通过模块化构建、调整设计和开发，从而降低风险。一个项目可能包含多个组件，这些组件会在整个项目期间的不同时间交付，因此有些项目会进行多次交付。例如，新药开发项目可能会进行多次交付：临床前建议、第1阶段临床试验结果、第2阶段临床试验结果、第3阶段临床试验结果、注册和上市，在此示例中，交付是按顺序进行的。

【考点 133】规划绩效域

考点精华

规划绩效域关注和规划有关的内容,其预期目标和对应的检查方法分别如下:

1. 预期目标是项目以有条理、协调一致的方式推进;检查方法是绩效偏差,如果绩效偏差处于临界值范围,说明项目正在按计划进行。

2. 预期目标是应用系统的方法交付项目成果;检查方法是规划的整体性,对交付进度、资金提供、资源可用性、采购等进行整体审视,以此探明规划的整体性。

3. 预期目标是对演变情况进行详细说明;检查方法是规划的详尽程度,信息是适当的、详尽的,而且当前信息能够证明项目可以产出预期的可交付物和成果。

4. 预期目标是规划投入的时间成本是适当的;检查方法是规划适宜性,通过项目计划和文件来证明规划水平适合项目。

5. 预期目标是规划的内容对管理干系人的需求而言是充分的;检查方法是规划的充分性,通过沟通管理计划和干系人信息证明沟通能够满足干系人期望。

6. 预期目标是可以根据新出现的和不断变化的需求进行调整;检查方法是可适应变化,通过待办事项列表、变更日志等文档和变更控制委员会机制的运转,能够表明变更控制过程的正确应用。

为了有效执行规划绩效域,在项目生命周期过程中,项目经理需要重点关注的绩效要点如下:

1. 规划的影响因素。影响项目规划的因素包括:①开发方法;②项目可交付物;③组织需求;④市场条件;⑤法律或法规限制。

2. 项目估算。影响估算的因素包括:①区间;②准确度;③精确度;④信心。可以使用的估算方法包括:①确定性估算和概率估算;②绝对估算和相对估算;③基于工作流的估算;④对不确定性的调整估算。

3. 项目团队组成和结构规划。规划团队组成结构时,首先要确定完成项目所需的技能组合,包括技能、熟练程度和类似经验,其次还需要考虑项目团队集中办公的优势和必要性,项目团队成员位于不同地点的工作方式,需要通过虚拟团队方式开展,此时需要借助技术手段并需要花更多时间,如果需要外聘人员,项目经理还需要对比收益和成本。

4. 沟通规划。沟通是争取干系人有效参与的最重要因素,沟通规划需要与干系人绩效域关联,包括干系人识别、分析、优先级排序和参与。

5. 实物资源规划。实物资源指人力资源以外的资源,包括材料、设备、软件、测试环境、许可证等。实物资源的规划,需要从战略视角规划实物资源从订单到交付再到使用的全过程时间安排,还需要考虑批量订购的存储成本、全球物流和可持续性。

6. 采购规划。采购可以在任何时候进行,不过预先规划能够有助于明确目标,确保采购顺利进行。

7. 变更规划。项目团队应对变更进行规划,并制订变更管理流程。

8. 度量指标和一致性。①度量指标：主要工作是确定度量指标、基准和临界值，以及确定测试评估方法及流程；②一致性：项目生命周期过程中要保证规划和实际的一致性。

规划绩效域与其他绩效域的相互作用有如下 3 点：①项目开始时会确定预期成果，并制订对应的高层级计划；②规划如何应对不确定性和风险时，不确定性绩效域和规划绩效域会相互作用；③在项目执行过程中，规划将指导项目工作、成果和价值的交付。

📢 备考点拨

本考点学习难度星级：★☆☆（简单），考试频度星级：★★☆（中频）。

本考点考查规划绩效域，规划绩效域就是关注各类规划，比如团队、沟通、实物资源、采购、变更方面的规划，在做这些规划之前，首先需要了解规划的影响因素，另外估算的准确度会直接影响规划的科学性，最后还需要有建立规划相关的度量指标，保证规划和实际的一致性，以上说的是规划绩效域涉及的 8 个绩效要点，相对较多，需要尽量去理解其绩效要点存在的必要性，而非死记硬背。死记硬背可以应对选择题和案例题，但是面对论文写作的时候会显得力不从心。

🔗 考题精练

1．评价项目以有条理、协调一致的方式推进，可以通过对照（　　）和其他度量指标，对项目结果进行绩效审查来判断。

A．项目需求　　　B．项目目标　　　C．项目计划　　　D．项目基准

【解析】答案为 D。绩效偏差：对照项目基准和其他度量指标对项目结果进行绩效审查表明项目正在按计划进行，绩效偏差处于临界值范围内。

2．（　　）不属于规划绩效域的预期目标。

A．项目以有条理、协调一致的方式推进

B．对项目状况充分了解，支持决策

C．应用系统的方法交付项目成果

D．可以根据新出现的和不断变化的需求进行调整

【解析】答案为 B。规划绩效域涉及整个项目期间组织与协调相关的活动与职能，这些活动和职能是最终交付项目和成果所必需的。在项目整个生命周期过程中，有效执行本绩效域可以实现预期目标，主要包含：①项目以有条理、协调一致的方式推进；②应用系统的方法交付项目成果；③对演变情况进行详细说明；④规划投入的时间成本是适当的；⑤规划的内容对管理干系人的需求而言是充分的；⑥可以根据新出现的和不断变化的需求进行调整。

3．规划绩效域中，可以应用（　　）检查项目是否以有条理、协调一致的方式推进。

A．绩效偏差　　　　　　　　　　B．规划的详尽程度

C．规划的充分性　　　　　　　　D．规划的整体性

【解析】答案为 A。规划绩效域的预期目标之一是"项目以有条理、协调一致的方式推进"，对应的指标及检查方法是：对照项目基准和其他度量指标对项目结果进行绩效审查表明项目正在按计划进行，绩效偏差处于临界值范围内。其他 5 条也应尽量一并掌握。选择题的好处在于不需要掌握得非常精确，有了大概了解基本上就能够选对答案。

4. 有效执行规划绩效域，能够达到的目标不包括（　　）。
   A．项目以有条理、协调一致的方式推进
   B．可以根据新出现的和不断变化的需求进行调整
   C．对实物资源进行了有效管理
   D．以系统的方法交付项目成果

【解析】答案为 C。规划绩效域有 6 个目标，分别是：①项目以有条理、协调一致的方式推进；②应用系统的方法交付项目成果；③对演变情况进行详细说明；④规划投入的时间成本是适当的；⑤规划的内容对管理干系人的需求而言是充分的；⑥可以根据新出现的和不断变化的需求进行调整。选项 C 对实物资源进行了有效管理是项目工作绩效域的目标之一。

【考点 134】项目工作绩效域

考点精华

项目过程

项目工作绩效域关注和项目工作有关的内容，其预期目标和对应的检查方法分别如下：

1. 预期目标是高效且有效的项目绩效；检查方法是状态报告，状态报告可以表明工作有没有效率和效果。

2. 预期目标是适合项目和环境的项目过程；检查方法有两种，分别是：①过程的适宜性：检查裁剪后的项目过程能否满足项目环境的需要；②过程相关性和有效性：通过过程审计和质量保证活动，检查过程的相关性和有效性。

3. 预期目标是干系人适当的沟通和参与；检查方法是沟通有效性，通过沟通管理计划和沟通文件进行确认，误解的出现一定程度上代表干系人的沟通参与不到位。

4. 预期目标是对实物资源进行了有效管理；检查方法是资源利用率，可以通过材料数量、抛弃废料和返工量来确认。

5. 预期目标是对采购进行了有效管理；检查方法是采购过程适宜，可以通过采购审计的方式进行确认。

6. 预期目标是有效处理了变更；检查方法是变更处理情况，采用预测型方法的项目，可以通过变更日志来确认，查看变更日志是否对变更做出全面评估，而且考虑了范围、进度、预算、资源、干系人和风险的影响；采用适应型方法的项目，可以通过待办事项列表来确认，查看列表中完成范围的比例和增加的新范围比例。

7. 预期目标是通过持续学习和过程改进提高了团队能力；检查方法是团队绩效，可以通过团队状态报告来确认，是否实现了返工减少和效率提升。

为了有效执行项目工作绩效域，项目经理需要重点关注的绩效要点如下：

1. 项目过程。需要建立项目过程并对过程进行定期审查，审查过程的效率和效果。优化过程的方法有如下 3 种：①精益生产法：通过价值流图测量增值活动和非增值活动之间的比例，进而识别出非增值的冗余活动；②召开回顾会议：召开回顾会议可以使团队自我审查工作方式，提出改进流程效率的建议；③价值导向审查：以价值为导向，审查确定是否继续执行当前任务，还是进入下一项活动。

2. 项目制约因素。制约因素可能随着项目的进展而发生变化，比如最后交付日期、法律法规、固定预算和质量政策等。

3. 专注于工作过程和能力。聚焦在工作过程（交付价值）和保护团队工作能力（项目团队的高效性和满意度）两方面，推动项目交付和干系人价值最大化。

4. 管理沟通和参与。如有大量的新沟通请求在项目进展中被提出，说明沟通规划难以满足干系人需要，此时应该对沟通计划进行变更。

5. 管理实物资源。管理实物资源的目标包括：①减少或消除现场的材料搬运和储存；②消除材料等待时间；③最小化报废和浪费；④促进安全的工作环境。

6. 处理采购事宜。大多数组织中，项目经理没有签订合同的权限，所以项目经理需要和合同签约负责人协同开展工作。

7. 监督新工作和变更。敏捷或适应型项目中的新工作会不断加到待办事项列表中，项目经理需要保持对待办事项列表的优先级排序更新，确保始终完成高优先级工作。

8. 学习和持续改进。项目团队需要定期召开会议，复盘经验教训、优化工作方式并持续改进过程。

项目工作绩效域与其他绩效域的相互作用体现在：①项目工作能够促进有效率有效果的规划、交付和度量；②项目工作为团队互动和干系人参与提供有效的环境；③项目工作为驾驭不确定性、模糊性和复杂性提供支持，平衡其他项目制约因素。

📢 备考点拨

本考点学习难度星级：★☆☆（简单），考试频度星级：★★☆（中频）。

本考点考查项目工作绩效域，项目工作绩效域的目标和绩效要点较多，细心的同学可能已经发现了，目标和绩效要点存在对应关系，记忆的时候可以比照记忆。

🔗 考题精练

1. 关于项目工作绩效域目标和工作内容的描述，不正确的是（　　）。
   A．使干系人接受项目可交付物和成果，并对其满意
   B．使项目团队保持专注，并使项目活动顺利进行
   C．通过持续学习和过程改进，提高团队能力
   D．涉及大量的沟通工作，与干系人绩效域关联

【解析】答案为 A。使干系人接受项目可交付物和成果，并对其满意是交付绩效域的目标。

2. 在项目工作绩效域，管理实物资源的主要目标不包括（　　）。
   A．促进安全的工作环境　　　　　　B．杜绝报废和浪费
   C．消除材料等待时间　　　　　　　D．减少现场的材料搬运和存储

【解析】答案为 B。管理实物资源是项目工作绩效域的绩效要点之一，管理实物资源的主要目标包括：①减少或消除现场的材料搬运和存储；②消除材料等待时间；③最小化报废和浪费；④促进安全的工作环境。报废和浪费很难杜绝，能够做到的是最小化。

【考点 135】交付绩效域

👉 考点精华

交付绩效域关注和交付项目有关的内容，其预期目标和对应的检查方法分别如下：

1. 预期目标是项目有助于实现业务目标和战略；检查方法是目标一致性，通过战略计划、可行性研究报告和项目授权文件确认可交付物和业务目标是否一致。

2. 预期目标是项目实现了预期成果；检查方法是项目完成度，通过基础数据确认项目是否处于正轨且能够实现预期成果。

3. 预期目标是在预定时间内实现了项目收益；检查方法是项目收益，通过进度确认财务指标和交付正在按计划实现。

4. 预期目标是项目团队对需求有清晰的理解；检查方法是需求稳定性，预测型项目的需求变更如果很少，则说明需求理解清晰到位。适应型项目的需求虽然在持续演变，但是仍然可以通过阶段性需求确认来衡量干系人的需求理解程度。

5. 预期目标是干系人接受项目可交付物和成果，并对其满意；检查方法有两种，分别是①干系人满意度：可以通过访谈、观察和终端用户反馈等方式获取干系人满意度。②质量问题：投诉或退货等质量问题也能够体现满意度。

为了有效执行交付绩效域，在项目生命周期过程中，项目经理需要重点关注的绩效要点如下：

1. 价值的交付。不同项目的价值交付时间点会有所不同，只要所使用的开发方法支持，有些项目可以在项目进展中持续交付价值，而有些项目只能在项目完成后才能交付价值，比如那些只能在项目结束时才发布可交付物的项目，还有些项目可以在项目结束后的一段时间内，仍然可以继续交付价值。

2. 可交付物。对可交付物的关注可以从需求入手，需求包括：①需求启发；②不断演变和发现的需求；③管理需求；④定义范围和管理变更。

3. 质量。交付除了范围和需求之外，还有质量。范围和需求聚焦交付的内容，质量聚焦需要达到的绩效水平，而质量是有成本的，所以需要在质量和质量成本间寻找最佳平衡点。

🐾 备考点拨

本考点学习难度星级：★☆☆（简单），考试频度星级：★★☆（中频）。

本考点考查交付绩效域，交付绩效域比较简单，作为项目经理，交付需要在保证质量的前提下，提供有价值的可交付物，这就是交付绩效域的 3 个绩效要点。预期目标方面，容易漏掉的是第 4 点：项目团队对需求有清晰的理解，要知道需求是项目之源，是交付之源，所以看"终点"的交付，一定要回看"起点"的需求，这是第 4 点成为交付绩效域预期目标的原因之一。

📝 考题精练

1. 在交付绩效域，为了有效执行项目交付工作，项目经理需要重点关注的内容包括（　　）。
①可交付物　②价值的交付　③质量　④规划　⑤预算

A. ②③④　　　　B. ①②③　　　　C. ①②③④⑤　　D. ①②④

【解析】答案为 B。这道题可以使用排除法。请注意题干说的是交付绩效域，关注交付，可交付物和价值的交付都和交付有关，这样就可以排除选项 A。在交付的时候，通常不会过多关注规划和预算，但是会关注质量，因为质量决定了能不能通过验收，这样可以排除选项 C 和选项 D。在项目整个生命周期过程中，为了有效执行交付绩效域，项目经理需要重点关注价值的交付、可交付物、质量。

2. 交付绩效域的绩效要点包括（　　）。
①质量　②成本　③风险　④可交付物　⑤价值的交付
A. ①②③　　　　B. ②③④　　　　C. ①④⑤　　　　D. ②④⑤

【解析】答案为 C。交付绩效域的绩效要点包含 3 部分，分别是价值的交付、可交付物和质量。风险是不确定性绩效域的绩效要点之一。

【考点 136】度量绩效域

考点精华

制定有效的度量指标

度量绩效域关注和项目绩效有关的内容，其预期目标和对应的检查方法分别如下：

1. 预期目标是对项目状况充分理解；检查方法是度量结果和报告，通过审计度量结果和报告，来确认数据是否可靠。

2. 预期目标是数据充分，可支持决策；检查方法是度量结果，通过查看度量结果确认项目是否存在偏差。

3. 预期目标是及时采取行动，确保项目最佳绩效；检查方法是度量结果，度量结果包含提前指标和当前状态，可用于决策行动。

4. 预期目标是能够基于预测和评估做出决策，实现目标并产生价值；检查方法是工作绩效数据，通过将当前的工作绩效数据和过去的预测进行对比，可以了解到预测的准确性和预期价值实现的可能性。

为了有效执行度量绩效域，在项目生命周期过程中，项目经理需要重点关注的绩效要点如下：

1. 制定有效的度量指标。

（1）关键绩效指标。项目关键绩效指标（KPI）有提前指标和滞后指标两种类型：①提前指标用于预测项目趋势，对趋势不利的现象进行根本原因分析并采取扭转措施，从而降低绩效风险；②滞后指标在事后提供信息，反映过去的绩效，所以比提前指标更容易测量，经常用在测量项目可交付物或重大事件时。

（2）有效度量指标。考虑到度量需要时间精力成本，所以项目团队应该只测量必要内容，确保度量指标有用且满足 SMART 要求。

2. 度量内容及相应指标。

（1）可交付物的度量指标。可交付物的度量指标包括：①有关错误或缺陷的信息；②绩效度量指标；③技术绩效度量指标。

（2）**交付的度量指标**。适应型方法项目中常见的度量指标包括：①在制品；②提前期；③周期时间；④队列大小；⑤批量大小；⑥过程效率。

（3）**基准绩效的度量指标**。进度基准常见的度量指标包括：①开始日期和完成日期；②人力投入和持续时间；③进度偏差（SV）；④进度绩效指数（SPI）。成本基准常见的度量指标包括：①与计划成本相比的实际成本；②成本偏差（CV）；③成本绩效指数（CPI）。

（4）**资源的度量指标**。资源常见的度量指标包括：①与实际资源利用率相比的计划资源利用率；②与实际资源成本相比的计划资源成本。

（5）**价值的度量指标**。价值常见的度量指标包括：①成本效益比；②计划收益交付与实际收益交付的对比；③投资回报率（ROI）；④净现值（NPV）。

（6）**干系人的度量指标**。干系人常见的度量指标包括：①净推荐值（NPS）；②情绪图；③士气；④离职率。

（7）**预测型度量指标**。预测型常见的度量指标包括：①完工尚需估算（ETC）；②完工估算（EAC）；③完工偏差（VAC）；④完工尚需绩效指数（TCPI）；⑤回归分析；⑥产量分析。

3. **展示度量信息和结果**。度量信息如果不能零门槛被看见，那么就一无是处，可以使用图表方式可视化展示度量信息或结果，常用的图表类型包括：①仪表盘；②大型可见图表；③任务板；④燃烧图。

4. **度量陷阱**。需要规避常见的度量陷阱包括：①**霍桑效应**：霍桑效应是指对某一事物进行度量时，会对其行为产生影响，所以制定度量指标时需谨慎；②**虚荣指标**：对决策没有帮助的度量指标就是虚荣指标；③**士气低落**：如果度量指标无法实现，则会降低团队的士气；④**误用度量指标**：尽量避免度量指标的误用；⑤**确认偏见**：度量时应尽量避免偏见；⑥**相关性与因果关系混淆**：指将两个变量之间的相关性，与一个变量导致另一个变量的因果性产生了混淆。

5. **基于度量进行诊断**。首先需要对度量指标制定临界值，对超出临界值的度量制订诊断计划，并且基于度量数据进行故障诊断。项目团队最好能主动、提前解决可能的临界值突破风险，而不是等到突破临界值后才行动。

6. **持续改进**。度量以及度量信息的展示，目的是持续改进和项目绩效效率优化。

度量绩效域与规划绩效域、项目工作绩效域和交付绩效域相互作用：①规划构成了交付和规划进行对比的基础；②度量绩效域能够提供最新信息，进而支持规划绩效域；③在团队成员制计划并创建可度量的可交付物时，团队绩效域和干系人绩效域会相互作用；④不可预测事件的发生会影响项目绩效，从而影响度量指标；⑤需要与项目团队和其他干系人合作，以便制定度量指标、收集数据、分析数据、做出决策并报告项目状态。

备考点拨

本考点学习难度星级：★☆☆（简单），考试频度星级：★★☆（中频）。

本考点考查度量绩效域，度量绩效域包含的内容比较多、细节考点也比较杂，需要认真备考学习，除了目标、检查方法和绩效要点之外，度量绩效域提到的 7 类度量指标以及举例需要掌握，常见的度量陷阱也需要掌握。

考题精练

1. 对某一事物进行度量会对其行为产生影响，因此需要谨慎制定度量指标，表明了度量具有（　　）。

  A．霍桑效应　　　　　　　　B．蝴蝶效应
  C．木桶效应　　　　　　　　D．青蛙效应

【解析】答案为 A。霍桑效应指出，对某一事物进行度量时会对其行为产生影响，因此需要谨慎制定度量指标。例如，仅度量项目团队可交付物的输出，会鼓励项目团队专注于创建更多数量的可交付物，而不是仅专注于度量客户更满意的那些可交付物。

2. （　　）可以度量项目的生产率，可以对照计划跟踪已完成的工作量，显示剩余工作的数量或已减少的风险的数量。

  A．仪表盘　　　　　　　　　B．燃烧图
  C．气泡图　　　　　　　　　D．任务板

【解析】答案为 B。燃烧图（包括燃起图或燃尽图）用于显示项目团队的"速度"，此"速度"可度量项目的生产率。燃起图可以对照计划，跟踪已完成的工作量，燃尽图可以显示剩余工作（例如采用适应型方法的项目中的故事点）的数量或已减少的风险数量。

3. 在一个信息化系统开发项目中，（　　）属于有效的项目绩效度量指标。

  A．系统可用性百分比　　　　　B．项目文档的总页数
  C．开发进度报告更新频率　　　D．项目经理加班工时

【解析】答案为 A。绩效度量指标描述与系统运行相关的物理或功能属性，结合日常工作常识，选项 B、C、D 均不可能会是项目绩效度量指标。

【考点137】不确定性绩效域

考点精华

模糊性

不确定性绩效域关注和不确定性有关的内容，其预期目标和对应的检查方法分别如下：

1. 预期目标是<u>了解项目的运行环境，包括技术、社会、政治、市场和经济环境等</u>；检查方法是<u>环境因素</u>，也就是检查团队在面对不确定性时是否考虑了相关的环境因素。

2. 预期目标是<u>积极识别、分析和应对不确定性</u>；检查方法是<u>风险应对措施</u>，也就是检查应对措施是否和项目的制约因素优先级保持一致。

3. 预期目标是<u>了解项目中多个因素之间的相互依赖关系</u>；检查方法是<u>应对措施适宜性</u>，也就是检查应对措施是否适合项目。

4. 预期目标是<u>能够对威胁和机会进行预测，了解问题的后果</u>；检查方法是<u>风险管理机制或系统</u>，也就是检查用于识别、分析和应对风险的系统是否足够强大。

5. 预期目标是<u>最小化不确定性对项目交付的负面影响</u>；检查方法是<u>项目绩效处于临界值内</u>，也就是检查交付日期、预算执行等是否处于偏差临界值内。

6. 预期目标是<u>能够利用机会改进项目的绩效和成果</u>；检查方法是<u>利用机会的机制</u>，也就是检查团队是否能够利用既定的机制识别和利用机会。

7. 预期目标是<u>有效利用成本和进度储备，与项目目标保持一致</u>；检查方法是<u>储备使用</u>，也就是检查团队是否主动预防威胁，并有效使用成本或进度储备。

为了有效执行不确定性绩效域，在项目生命周期过程中，项目经理需要重点关注的绩效要点如下：

1. <u>风险</u>。风险是不确定性的一个方面，项目团队需要确定风险临界值，并在项目风险影响级别中明确定义，同时在项目期间保持和干系人的沟通。

2. <u>模糊性</u>。模糊性包含概念模糊性和情景模糊性。概念模糊性是缺乏有效的理解，通过正式确立共同的规则并定义术语，可以减少概念模糊性；情景模糊性是可能出现多个结果，通过①渐进明细；②实验；③原型法，可以解决情景模糊性。

3. <u>复杂性</u>。处理复杂性的方法包括：①处理基于系统的复杂性的方法包括解耦和模拟；②处理需要重新构建的复杂性的方法包括多样性和平衡；③处理基于过程的复杂性的方法包括迭代、参与和故障保护。

4. <u>不确定性的应对方法</u>。不确定性的应对方法主要包括：①收集信息；②为多种结果做好准备；③集合设计；④增加韧性。

不确定性绩效域与其他 7 个绩效域都相互作用：①可将减少不确定性的活动纳入计划，这些活动在交付绩效域中执行，度量可以表明风险级别是否有所变化；②项目团队成员和其他干系人是不确定性的主要信息来源，他们可以提供与不确定性有关的信息、建议和协助；③生命周期和开发方法的选择将影响不确定性的应对方式。在预测型项目中，可以使用进度和预算储备应对风险，在适应型项目中，项目团队可以通过计划调整或者储备使用来应对不确定性影响。

备考点拨

本考点学习难度星级：★☆☆（简单），考试频度星级：★★☆（中频）。

本考点考查不确定性绩效域，不确定性绩效域可以和风险管理结合起来备考，预期目标、检查方法和绩效要点同样是常规的备考点，除此之外，解耦、模拟等细节上的概念也需要了解，不确定性的 4 种应对方法需要掌握。

考题精练

1. 项目不确定性的应对方法包括（　　）。
①听取专家分析和专项市场分析　　②提高组织和团队的适应性能力
③建立项目关键绩效指标　　　　　　④权衡项目多种因素选择最佳方案
⑤应用系统的方法交付项目成果　　⑥对潜在的不确定性估算发生概率
A. ①②③⑤
B. ①③④⑤
C. ①③⑤⑥
D. ①②④⑥

【解析】答案为 D。项目中必然存在不确定性，任何活动的影响都无法准确预测，而且可能会产生一系列的不确定性。针对不确定性的应对方法主要包括：①收集信息；②为多种结果做好准备；③集合设计；④增加韧性。

2. 探索各种选项，权衡包括时间与成本、质量与成本、风险与进度、进度与质量等多种因素，在整个过程中，舍弃无效或次优的替代方案，这种不确定性应对方法是（　　）。

　　A．集合设计　　　　　　　　　　B．坚韧性
　　C．多种结果　　　　　　　　　　D．收集信息

【解析】答案为 A。集合设计是不确定性绩效域的绩效要点"不确定性的应对方法"中的一种，集合设计是探索各种选项，权衡包括时间与成本、质量与成本、风险与进度、进度与质量等多种因素，在整个过程中，舍弃无效或次优的替代方案，以便项目团队能够从各种备选方案中选择最佳方案。选项 B、C、D 是"不确定性的应对方法"中的另外 3 种。

第 20 章

配置与变更管理考点精讲及考题实练

20.1 章节考情速览

配置与变更管理章节包含 3 部分，分别为配置管理、变更管理和项目文档管理，从历年的考试数据分析看，项目文档管理知识块偶尔会在综合知识科目出现，配置管理会在案例分析科目出现，配置管理属于考试的重难点，因为配置管理中专业术语较多，而且日常工作中仅有少数人会深入接触，大部分人会对此感觉陌生。变更管理在综合知识科目和案例分析科目都可能考到，通常会结合项目管理十大知识域考查对考点的掌握程度。

配置与变更管理按照往年的考试经验看，在综合知识科目一般会考查 3 分左右。

20.2 考点星级分布图

本章涉及的主要考点分布及难度与频度双星级如图 20-1 所示。

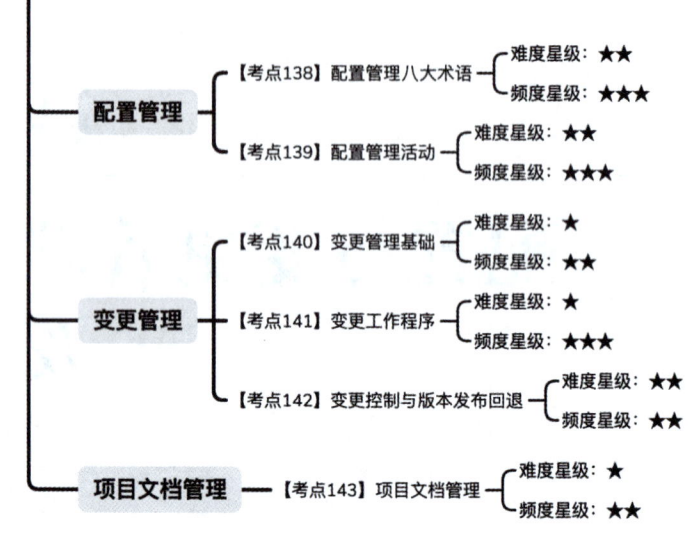

图 20-1　本章考点及星级分布

20.3　核心考点精讲

【考点 138】配置管理八大术语

> **考点精华**

配置管理包含配置库的建立和配置管理数据库（Configuration Management Database，CMDB）准确性的维护，其中和配置管理有关的 8 个术语如下：

1. 配置项（Configuration Item，CI）。配置项是为配置管理设计的硬件、软件或二者的集合，是信息系统组件或与其有关的项目，包括软件、硬件和各种文档，如变更请求、服务、服务器、环境、设备、网络设施、台式机、移动设备、应用系统、协议和电信服务等。「★案例记忆点★」在配置管理中配置项作为单个实体对待。配置项按照规定统一编号，并以一定的目录结构保存在 CMDB 中。需要控制的配置项分为基线配置项和非基线配置项，基线配置项包括所有的设计文档和源程序等，非基线配置项包括项目的各类计划和报告等。「★案例记忆点★」基线配置项向开发人员开放读取权限；非基线配置项向项目经理、CCB 及相关人员开放读取权限。

2. 配置项状态。配置项状态分"草稿""正式"和"修改"三种。「★案例记忆点★」配置项刚建立时的状态为"草稿"。配置项通过评审后的状态为"正式"。更改配置项时的状态为"修改"，配置项修改完毕并重新通过评审时，状态又变回"正式"。

3．配置项版本号。配置项的版本号与配置项状态有关。

（1）处于"草稿"状态的配置项版本号为 0.YZ，数字 YZ 的取值范围为 01～99。对草稿的持续修改会导致 YZ 取值的不断增加，YZ 初值和增加幅度由用户把握。

（2）处于"正式"状态的配置项版本号为 X.Y，X 为主版本号，取值范围为 1～9，Y 为次版本号，取值范围为 0～9。配置项第 1 次成为"正式"文件时，版本号为 1.0。

（3）处于"修改"状态的配置项版本号为 X.YZ。配置项正在修改时，XY 值保持不变，只增加 Z 值。当配置项修改完毕成为"正式"时，将 Z 的值设为 0，增加 X.Y 的值。

4．配置项版本管理。版本管理是按一定的规则保存配置项的所有版本，避免发生版本丢失或混淆，而且可以快速找到配置项的任何版本。

5．配置基线。交付给用户使用的基线称为发行基线，内部使用的基线称为构造基线。

6．配置管理数据库。配置管理数据库是包含每个配置项及配置项间关系的数据库，配置管理数据库用来管理配置项。

7．配置库。配置库分为开发库、受控库和产品库 3 种类型。「★案例记忆点★」

（1）开发库也称动态库、程序员库或工作库，用来保存开发人员当前开发的配置实体。开发库是开发人员的个人工作区，无须进行配置控制，而是由开发人员自行控制。

（2）受控库也称主库，包含当前基线以及对基线的变更。受控库中的配置项处于完全的配置管理中。在开发工作结束时，需要将当前的工作产品存入受控库。

（3）产品库也称静态库、发行库、软件仓库，包含已发布使用的各种基线存档，产品库中的配置项处于完全的配置管理中。在产品完成系统测试后，将作为最终产品存入产品库，等待交付用户或现场安装。

8．配置库的建库模式有两种，分别是按配置项类型建库和按开发任务建库。「★案例记忆点★」

（1）按配置项类型建库的模式适合通用软件的开发组织，优点是有利于对配置项的统一管理和控制，提高编译和发布效率，缺点是开发人员的工作目录结构过于复杂。

（2）按开发任务建库的模式适合专业软件的开发组织，优点是设置策略比较灵活。

9．角色与职责。

配置管理相关的角色包括 4 种，分别是配置管理负责人、配置管理员、配置项负责人和配置控制委员会（Change Control Board，CCB）。

（1）配置管理负责人也称配置经理，负责管理和决策项目生命周期中的配置活动。

（2）配置管理员负责在项目生命周期中进行配置管理的实施活动。

（3）配置项负责人确保所负责的配置项的准确和真实。

（4）配置控制委员会也称变更控制委员会，CCB 不仅负责控制变更，也负责其他的配置管理任务，如配置管理策略、配置管理计划的决策。

备考点拨

本考点学习难度星级：★★☆（适中），考试频度星级：★★★（高频）。

本考点考查配置管理八大术语。配置管理的术语较多，如果没有做过配置管理员，或者没有做过相关的运维服务管理，可能会比较陌生，其中相对高频的子考点是配置项的 3 种状态、配置项版本号的详细规则、配置库 3 种分类和配置库 2 种建库模式，都需要认真记住和掌握。

考题精练

1. 关于项目配置管理的描述，不正确的是（   ）。
   A．配置项负责人需要定期开展项目所有配置的审计
   B．配置管理相关角色包括变更控制委员会，配置管理员，配置项负责人
   C．配置经理负责管理和决策整个项目生命周期中的配置活动
   D．建立和维护，配置管理系统是配置管理员的职责之一

【解析】答案为 A。配置审计是配置管理员的职责之一，而不是配置项负责人的。配置管理员负责在项目生命周期中进行配置管理的主要实施活动，具体有：①建立和维护配置管理系统；②建立和维护配置库或配置管理数据库；③配置项识别；④建立和管理基线；⑤版本管理和配置控制；⑥配置状态报告；⑦配置审计；⑧发布管理和交付。

2. 若对配置项进行更改，配置项状态为（   ），当配置项修改完毕并重新通过评审时，其状态变为（   ）。
   A．修改 正式   B．草稿 正式
   C．草稿 修改   D．正式 草稿

【解析】答案为 A。配置项刚建立时，其状态为"草稿"。配置项通过评审后，其状态变为"正式"。此后若更改配置项，则其状态变为"修改"。当配置项修改完毕并重新通过评审时，其状态又变为"正式"。

【考点 139】配置管理活动

考点精华

配置管理的日常管理活动包括制订配置管理计划、配置项识别、配置项控制、配置状态报告、配置审计、配置管理回顾与改进。「★案例记忆点★」

1. 制订配置管理计划。配置管理计划的主要内容为：①配置管理目标和范围；②配置管理活动，包括配置项标识、配置项控制、配置状态报告、配置审计、发布管理与交付等；③配置管理角色和责任安排；④配置管理活动的规范和流程；⑤配置管理活动的进度安排；⑥与其他管理之间的接口控制；⑦负责实施活动的人员或团队，以及和其他团队间的关系；⑧配置管理信息系统的规划；⑨配置管理的日常事务；⑩计划的配置基准线、重大发布、里程碑，以及每个期间的工作量和资源计划。

2. 配置项识别。配置项识别是识别信息系统组件的关键配置，以及各配置项间的关系和配置文档等结构识别。配置项识别包括为配置项分配标识和版本号。配置项识别的 7 个步骤：①识别需要受控的配置项；②为每个配置项指定唯一的标识号；③定义每个配置项的重要特征；④确定每个配置项的所有者及责任；⑤确定配置项进入配置管理的时间和条件；⑥建立和控制基线；⑦维护文档和组件的修订与产品版本间的关系。

3. 配置项控制。配置项控制是对配置项和基线的变更控制，包括：①变更申请；②变更评

估；③通告评估结果；④变更实施；⑤变更验证与确认；⑥变更发布；⑦基于配置库的变更控制。

基于配置库的变更控制过程分 4 步，如图 20-2 所示。

（1）将待升级的基线从产品库中取出，放入受控库。

（2）开发人员将要修改的代码段从受控库中检出（Check out），放入自己的开发库中修改。代码被检出后马上被"锁定"，这样同一段代码只能同时被一名人员修改。

（3）修改完毕后，开发人员将自己开发库中的代码检入（Check in）受控库，此时代码的"锁定"状态被解除，其他开发人员就可以自由检出该段代码。

（4）产品的升级修改工作全部完成后，将受控库中的新基线存入产品库。

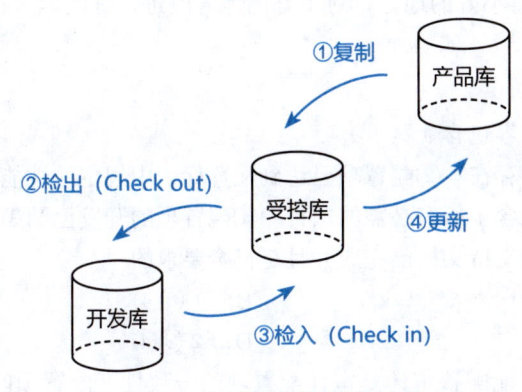

图 20-2 配置库变更控制过程

4. 配置状态报告。配置状态报告有效地记录和报告管理配置所需的信息，能够及时、准确地给出配置项的当前状况。

配置状态报告包含：①受控配置项的标识和状态；②变更申请的状态和已批准修改的实施状态；③基线当前和过去版本的状态以及各版本的比较；④其他配置管理活动的记录。

5. 配置审计。配置审计包括功能配置审计和物理配置审计，用以验证当前配置项的一致性和完整性。功能配置审计是审计配置项的一致性，也就是配置项的实际功能是否和需求一致；物理配置审计是审计配置项的完整性，也就是配置项的物理存在是否与预期一致。「★案例记忆点★」

6. 配置管理回顾与改进。配置管理回顾与改进活动包括：①对本次配置管理回顾进行准备；②召开配置管理回顾会议；③根据会议结论制订并提交服务改进计划；④根据过程改进计划，协调和落实改进。

📢 备考点拨

本考点学习难度星级：★★☆（适中），考试频度星级：★★★（高频）。

本考点考查配置管理活动。配置管理活动共有 6 个。这 6 个配置管理活动是配置管理知识块的重点。

（1）做计划。项目管理各知识领域只要开始做，肯定先做计划，不会不做计划直接开工。配置管理计划做完之后不能直接用，要提交给 CCB 审批，审批完成后计划才生效。

（2）配置项识别。要做配置管理，肯定先要找到配置项，没有配置项的配置管理就是"光杆司令"。配置项识别是识别所有的关键配置项，以及它们之间的关系和配置文档。

（3）配置项控制。配置项控制是对配置项和基线的变更控制，一定要掌握基于配置库的变更控制过程4步，属于过去多次考到的考点。

（4）配置状态报告。配置状态报告记录配置管理相关的信息，配置项当前状态会放在配置状态报告里。配置状态报告看名字就知道，这是当前时间点的快照、一张照片，代表当前的配置状态。

（5）配置审计。配置审计最核心的目的是确保配置管理的有效性。

（6）配置管理回顾与改进。定期回顾是非常好的习惯，无论是个人、项目还是组织，通过回顾找出做得好的地方与做得不好的地方，对不好的地方改进，好的地方存入经验教训知识库，成为组织的最佳实践之一。

考题精练

1. 功能配置审计的内容包含（　　）。
   ①交付配置项是否存在　②配置项已达到配置标识中规定的性能和功能特征
   ③配置项中是否包含了所有必需的项目　④配置项的开发已圆满完成
   ⑤配置项的操作和支持文档已完成并且是符合要求的
   A．②④⑤　　　　　　　　　　　　B．①③④
   C．①②④⑤　　　　　　　　　　　D．②③④

   【解析】答案为A。功能配置审计是审计配置项的一致性（配置项的实际功能是否与其需求一致），具体验证主要包括：①配置项的开发已圆满完成；②配置项已达到配置标识中规定的性能和功能特征；③配置项的操作和支持文档已完成并且是符合要求的。

2. 在配置审计的工作中，（　　）不属于功能配置审计验证的内容。
   A．要交付的配置项是否存在
   B．配置项的开发已圆满完成
   C．配置项已达到配置标识中规定的性能和功能特征
   D．配置项的操作和支持文档已完成并且是符合要求的

   【解析】答案为A。功能配置审计是审计配置项的一致性（配置项的实际功能是否与其需求一致），具体验证主要包括：①配置项的开发已圆满完成；②配置项已达到配置标识中规定的性能和功能特征；③配置项的操作和支持文档已完成并且是符合要求的。物理配置审计是审计配置项的完整性（配置项的物理存在是否与预期一致），具体验证主要包括：①要交付的配置项是否存在；②配置项中是否包含了所有必需的项目。

3. 关于配置审计的描述，不正确的是（　　）。
   A．审计软件即使发现不一致的情况，也不允许自动更新配置库或配置管理数据库，必须由有关负责人调查后再进行更新
   B．配置审计也称配置审核或配置评价，包括功能配置审计和物理配置审计
   C．功能配置审计是审计配置项的完整性，物理配置审计是审计配置项的一致性
   D．验证配置项的开发已圆满完成属于功能配置审计

【解析】 答案为 C。功能配置审计和物理配置审计同属于配置审计。功能配置审计是审计配置项的一致性，也就是配置项的实际功能是否与其需求一致；物理配置审计是审计配置项的完整性，也就是配置项的物理存在是否与预期一致，选项 C 正好说反了。

【考点 140】变更管理基础

🔵 考点精华

变更产生的原因有如下 6 点：①产品范围定义的过失或者疏忽；②项目范围定义的过失或者疏忽；③增值变更；④应对风险的紧急计划或回避计划；⑤项目执行过程与基准要求不一致带来的被动调整；⑥外部事件等。

根据变更性质可以将变更分为重大变更、重要变更和一般变更，根据变更的迫切性可以将变更分为紧急变更和非紧急变更，不同的分类走不同的审批权限控制。「★案例记忆点★」

变更管理的原则是项目基准化和变更管理过程规范化。主要原则包括：①基准管理；②变更控制流程化；③明确组织分工；④与干系人充分沟通；⑤变更的及时性；⑥评估变更的可能影响；⑦妥善保存变更产生的相关文档。

项目变更管理中涉及多种角色，不同角色在变更管理中担任不同的职责：「★案例记忆点★」

1. 项目经理在变更中的职责是：①响应变更提出者的需求；②评估变更对项目的影响及应对方案；③将需求由技术需求转化为资源需求，供授权人决策；④依据变更结果调整基准，同时监控变更的正确实施。

2. 变更管理负责人。变更管理负责人也称变更经理，是变更管理过程解决方案的负责人。

3. 变更请求者。变更请求者负责记录与提交变更请求单，给变更请求设定类型。

4. 变更实施者。变更实施者负责按照变更计划实施变更任务。

5. 变更控制委员会。作为决策机构，CCB 在变更管理过程中负责对提交的变更申请进行审查，并对变更申请做出批准、否决或其他决定。

6. 变更顾问委员会。变更顾问委员会在紧急变更时可以行使审判权限，听取变更经理汇报并提供专业建议。

🔊 备考点拨

本考点学习难度星级：★☆☆（简单），考试频度星级：★★☆（中频）。

本考点考查变更管理基础。变更管理产生的原因简单了解即可；变更有很多分类方式，需要理解紧急变更的流程非常快，因为已经火烧眉毛，如果再走 3 天流程，耗费更多时间，所以紧急变更是个快速的紧急通道，但是需要控制紧急通道的使用，如果所有变更都走紧急通道，也就失去了意义；变更管理原则最重要的是两个，一个是项目基准化，另一个是变更管理过程规范化，抓住这两点，变更就能做得很好；变更管理的角色关注变更顾问委员会和控制委员会的区别，变更顾问委员会有点像专家组定位，提供专业意见，有时候也会做辅助审批，而变更控制委员会是决策机构，负责审批。

考题精练

1. 关于项目变更管理的描述，不正确的是（   ）。
   A. 项目范围（工作）和产品范围（工作）定义的过失或者疏忽不属于变更的原因
   B. 项目规模小、与其他项目的关联度越小时，变更的提出和处理过程可在操作上力求简便、高效
   C. 变更管理的实质是根据项目情况不断调整项目方向和资源配置，最大程度满足项目需求
   D. 在项目变更过程控制中，需要对进度变更控制、成本变更控制和合同变更控制等进行重点关注

【解析】答案为 A。变更的常见原因包括：①产品范围（成果）定义的过失或者疏忽；②项目范围（工作）定义的过失或者疏忽；③增值变更；④应对风险的紧急计划或回避计划；⑤项目执行过程与基准要求不一致带来的被动调整；⑥外部事件等。

2. 监控变更管理过程是（   ）的职责。
   A. 质量经理   B. 变更经理
   C. 变更请求者   D. 变更实施者

【解析】答案为 B。选项 B 的变更经理也称变更管理负责人，其主要职责包括：①负责变更过程方案的结果；②负责变更管理过程的监控；③负责协调相关的资源，保障所有变更按照预定过程顺利运作；④确定变更类型，组织变更计划和日程安排；⑤管理变更的日程安排；⑥变更实施完成之后的回顾和关闭；⑦承担变更相关责任，并且具有相应权限；⑧以逐级审批或团队会议形式参与变更的风险评估和审批。

【考点 141】变更工作程序

考点精华

变更的工作流程共有 8 步，分别如下：「★案例记忆点★」

1. 变更申请。变更的提出可以是各种形式，但是在评估之前要以书面形式提出。
2. 对变更的初审。变更初审的方式为变更申请文档的审核流转，变更初审的目的包括：①对变更提出方施加影响；②格式校验和完整性校验；③在干系人间就变更信息达成共识。
3. 变更方案论证。变更方案的作用是对变更请求是否可实现进行论证，方案内容可包括技术评估和经济与社会效益评估，技术评估是对需求如何转化为成果进行评估，经济与社会效益评估是对变更方面的经济与社会价值和潜在风险进行评估。
4. 变更审查。变更审查是根据变更申请及评估方案，决定是否变更。审查可以采用文档或会签的形式，重大的变更审查可以采用正式会议形式。
5. 发出通知并实施。变更通知的内容包括：①项目实施基准的调整；②变更及项目的交付日期；③成果对相关干系人的影响。如果变更造成交付日期调整，需要在变更确认时发布，不要拖到交付前发布。

变更初审

6. 实施监控。变更实施的过程监控通常由项目经理负责，CCB 监控变更的主要成果和进度里程碑等。

7. 效果评估。变更效果评估的依据是项目基准，需要结合变更目标，评估变更要达到的目的是否达成，同时还需要评估变更方案中的技术、经济论证内容与实施过程的差距并妥善解决。

8. 变更收尾。变更收尾判断发生变更后的项目是否已回归正常轨道。

备考点拨

本考点学习难度星级：★☆☆（简单），考试频度星级：★★★（高频）。

本考点考查变更工作程序。变更工作程序需要考生牢牢掌握，也是过往考试考查的热点之一，掌握的技巧是多多结合工作中的情况进行理解式记忆。

考题精练

1. 变更管理组织机构的工作程序按时间先后顺序，排列正确的是（   ）。
①变更效果评估 ②项目工程师提出变更申请 ③项目经理审批变更申请
④发出变更通知并组织实施 ⑤变更申请文档审核流转 ⑥变更方案论证
⑦项目管理委员会审查 ⑧项目经理和监管单位监控实施
A．②⑤③④⑥⑧⑦①
B．②⑤④③⑦①⑥⑧
C．②③⑤⑦⑥④①⑧
D．②③⑤⑥⑦④⑧①

【解析】答案为D。变更的流程：①变更申请；②对变更的初审；③变更方案论证；④变更审查；⑤发出通知并实施；⑥实施监控；⑦效果评估；⑧变更收尾。

【考点 142】变更控制与版本发布回退

考点精华

项目的变更控制主要关注变更申请的控制、变更内容的控制、变更类型的控制和变更输入/输出的控制。

1. 变更申请的控制。变更申请是变更管理流程的起点，需要严格控制变更申请，严格控制指变更管理体系能够确保项目基准反映项目实施情况。

2. 变更内容的控制。对变更内容的控制，重点关注对进度变更的控制、对成本变更的控制和对合同变更的控制。

（1）对进度变更的控制包括：①判断项目进度当前状态；②对造成进度变化的因素施加影响；③查明进度是否已改变；④在变化出现时进行管理。

（2）对成本变更的控制包括：①对造成成本基准变更的因素施加影响；②确保变更请求获得同意；③当变更发生时管理变更；④保证潜在的成本超支不超过项目阶段资金和总体资金；⑤监督成本绩效，找出成本基准偏差；⑥准确记录成本基准偏差；⑦防止错误的、不恰当的或未批准的变更被纳入成本或资源使用报告中；⑧将审定的变更通知相关干系人；⑨采取措施将预期的成本超支控制在可接受范围内；⑩项目成本控制，查找正负偏差原因。

（3）对合同变更的控制。合同变更控制需要规定合同的修改过程，另外合同变更控制需要和整体变更控制相结合。

3．变更类型的控制。

（1）标准变更的控制：标准变更通常是低风险、预先授权的变更。风险评估不需要在每次实施标准变更时重复执行。

（2）正常变更的控制：正常变更通常是常规的、较低风险的变更，通过已确定的变更授权角色和变更管理流程进行管理。可通过自动化来提高变更效率，如连续集成和连续部署的自动化管道。

（3）紧急变更的控制：紧急变更通常不包括在变更计划中，必须快速响应、尽快实施。紧急变更处理流程必要时可以精简，紧急时可以临时调整。

4．变更输入/输出的控制。

（1）变更输入的控制包括：①控制变更的基准、项目计划、配置管理计划、项目文件和组织过程资产；②变更前的项目工作绩效报告；③提出的变更请求和变更方案。

（2）变更输出的控制包括：①批准的变更请求；②更新的项目基准，更新的项目计划、配置管理计划、项目文件和变更日志；③变更后的项目工作绩效报告；④经验教训。

版本发布前的准备工作一共包含6项，分别是：①进行回退分析；②备份涉及的存储过程、函数等数据存储；③备份配置数据；④备份在线生产平台接口、应用、工作流等版本；⑤启动回退机制的触发条件；⑥对变更回退的机制职责进行说明。

版本的回退步骤一共包含8步，分别是：①通知用户系统开始回退；②通知关联系统进行版本回退；③回退存储过程等数据对象；④配置数据回退；⑤应用程序、接口程序、工作流等版本回退；⑥回退完成通知周边关联系统；⑦回退后进行相关测试，保证回退系统正常运行；⑧通知用户回退完成。

备考点拨

本考点学习难度星级：★★☆（适中），考试频度星级：★★☆（中频）。

本考点考查变更控制与版本发布回退。变更控制分4块，分别是变更申请的控制，变更内容的控制，变更类型的控制，变更输入/输出的控制。变更完成后很可能就会版本发布，版本发布有可能失败，失败就要回退，所以项目变更必须要版本发布才能真正生效，而且要应急回退。

考题精练

1．以下不属于变更输入控制内容的是（　　）。
    A．变更前的项目工作绩效报告
    B．提出的变更请求和变更方案
    C．变更后的项目工作绩效报告
    D．项目计划、配置管理计划等

【解析】答案为C。变更输入的控制包括控制变更的基准、项目计划、配置管理计划、项目文件和组织过程资产；变更前的项目工作绩效报告；提出的变更请求和变更方案。变更后的项目工作绩效报告属于变更输出的控制内容。

【考点143】项目文档管理

考点精华

信息系统开发项目的文档一般分为开发文档、产品文档和管理文档三类。「★案例记忆点★」

1. 开发文档是对开发过程进行的描述，常见的开发文档包括：可行性研究报告和项目任务书、需求规格说明、功能规格说明、设计规格说明、程序和数据规格说明、开发计划、软件集成和测试计划、质量保证计划、安全和测试信息等。

2. 产品文档是对开发过程产物的描述，常见的产品文档包括：培训手册、参考手册、用户指南、软件支持手册、产品手册和信息广告等。

3. 管理文档是对项目管理信息的描述，常见的管理文档包括：每个阶段的进度及进度变更记录、软件变更情况记录、开发团队职责定义、项目计划、项目阶段报告、配置管理计划等。

项目文档的质量一共可以分为4类，分别如下：

1. 1级文档是最低限度文档，适合开发工作量低于一个人月的开发者自用程序，1级文档包含程序清单、开发记录、测试数据和程序简介。

2. 2级文档是内部文档，可用于不与其他用户共享资源的专用程序。除1级文档包含的信息外，2级文档还包含充分的程序注释。

3. 3级文档是工作文档，适合同一单位若干人联合开发的程序或可被其他单位使用的程序。

4. 4级文档是正式文档，适合正式发行供普遍使用的软件产品。关键性程序或具有重复管理应用性质的程序需要使用4级文档。

文档规范化管理体现在文档书写规范、图表编号规则、文档目录编写标准和文档管理制度4个方面。

1. 文档书写规范。文档资料涉及文本、图形和表格等多种类型，无论哪种类型的文档都应该遵循统一的书写规范。

2. 图表编号规则。图表编号采用分类结构，根据生命周期法5个阶段，可以通过图表编号判断图表属于系统开发周期的哪个阶段、哪个文档、文档的哪个部分以及第几张图表。推荐的图表编号规则为：图表编号的第1位代表生命周期法各阶段，第2位代表各阶段的文档，第3位和第4位代表文档内容，第5位和第6位代表流水码。

3. 文档目录编写标准。为了存档及未来使用方便，应该编写文档目录。

4. 文档管理制度。文档借阅应该详细记录，并且需要考虑借阅人是否有使用权限。如果文档中存在商业或技术秘密，还需要注意保密。项目干系人签字确认的文档要与关联的电子文档一一对应，电子文档应设置为只读。

备考点拨

本考点学习难度星级：★☆☆（简单），考试频度星级：★★☆（中频）。

本考点考查项目文档管理，项目文档的3种分类是重点，需要掌握每种分类对应的具体文档，至于文档质量的分类，了解即可。对4个文档规范化管理的体现，关注点可以放在图表编号规则和文档管理制度上，需要知道图表编号各位数字代表的含义。

考题精练

1．在开发人员编写程序时，程序的开始要用统一的格式，包含程序名称、程序功能、调用和被调用的程序、程序设计人等信息，体现了信息系统文档管理的（　　）。

　　A．文档书写规范　　　　　　　　B．图表编号规则
　　C．文档目录编写标准　　　　　　D．文档管理制度

【解析】答案为A。文档书写规范是指无论是哪种类型的文档都应该遵循统一的书写规范。例如，在程序的开始要用统一的格式包含程序名称、程序功能、调用和被调用的程序、程序设计人等信息。

2．文档的规范化管理主要体现在（　　）方面。
　　①文档书写规范　②文档质量级别　③图表编号规则
　　④文档目录编写标准　⑤文档管理制度　⑥文档安全标准
　　A．①②③④　　　　　　　　　　B．②③④⑤
　　C．③④⑤⑥　　　　　　　　　　D．①③④⑤

【解析】答案为D。文档的规范化管理主要体现在文档书写规范、图表编号规则、文档目录编写标准和文档管理制度等几个方面。

3．对于信息系统开发项目来说，其文档一般分开发文档、产品文档和管理文档。下列不属于开发文档的是（　　）。

　　A．软件集成计划　　　　　　　　B．安全和测试信息
　　C．配置管理计划　　　　　　　　D．可行性研究报告

【解析】答案为C。项目文档一共分为开发文档、产品文档和管理文档，配置管理计划属于管理文档。

第 21 章 高级项目管理考点精讲及考题实练

21.1 章节考情速览

高级项目管理主要涉及项目集管理、项目组合管理、组织级项目管理、量化项目管理、项目管理实践模型等，内容比较多，相对也比较抽象、比较高级。首先是项目集管理，项目集管理会讲到项目集管理标准、角色、职责以及绩效域。绩效域是项目集管理重点，项目集管理之后是项目组合管理，它的结构和项目集一样，也分为标准、角色、职责还有绩效域。之后是组织级项目管理，提到了 OPM 框架要素和成熟度模型，接下来是量化项目管理。最后是项目管理实践，提到了 CMMI 模型和 PRINCE2 模型。

高级项目管理按照往年的考试经验看，一般会在综合知识科目考查 3 分左右。

21.2 考点星级分布图

本章涉及的主要考点分布及难度与频度双星级如图 21-1 所示。

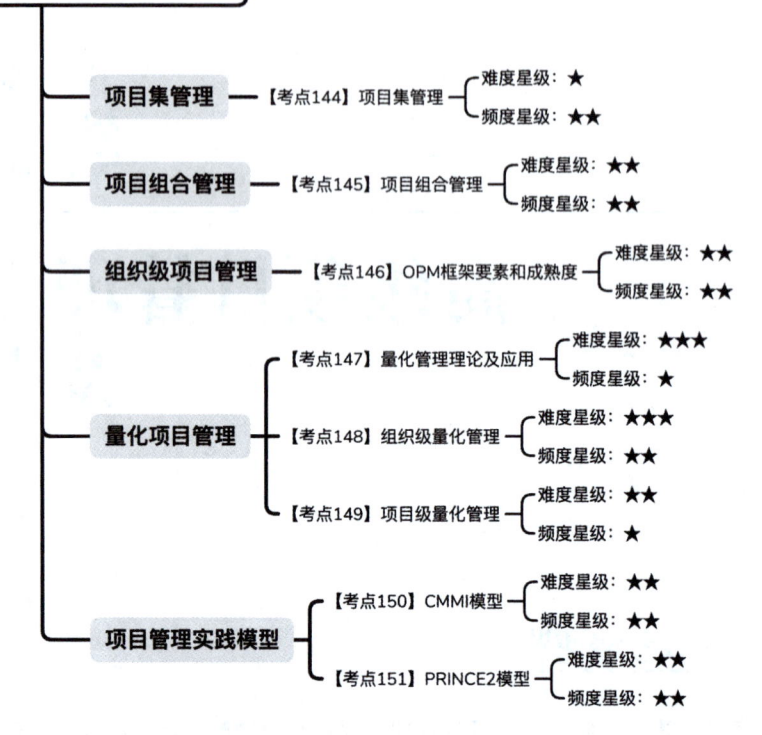

```
高级项目管理考点
├── 项目集管理 ──【考点144】项目集管理 ── 难度星级：★
│                                         频度星级：★★
├── 项目组合管理 ──【考点145】项目组合管理 ── 难度星级：★★
│                                           频度星级：★★
├── 组织级项目管理 ──【考点146】OPM框架要素和成熟度 ── 难度星级：★★
│                                                     频度星级：★★
├── 量化项目管理 ──【考点147】量化管理理论及应用 ── 难度星级：★★★
│                                                 频度星级：★
│                 【考点148】组织级量化管理 ── 难度星级：★★★
│                                             频度星级：★★
│                 【考点149】项目级量化管理 ── 难度星级：★★
│                                             频度星级：★
└── 项目管理实践模型 ──【考点150】CMMI模型 ── 难度星级：★★
                                               频度星级：★★
                      【考点151】PRINCE2模型 ── 难度星级：★★
                                                 频度星级：★★
```

图 21-1　本章考点及星级分布

21.3　核心考点精讲

【考点 144】项目集管理

项目集战略一致性绩效域

考点精华

项目集管理中涉及的主要角色有 4 种，分别是：①项目集发起人：其职责包括为项目集提供资金，确保项目集目标与战略愿景一致；使效益实现交付；消除项目集管理与交付的困难和障碍；②项目集指导委员会：负责定义和实施项目集治理实践，项目集指导委员会通常由高层管理者组成；③项目集经理：负责项目集的管理、实施和绩效，项目集经理由执行组织授权，组建并带领团队实现项目集目标；④其他影响项目集的干系人：可能来自项目内部，也可能来自项目外部，比如客户、用户、供应商等。

项目集管理绩效域共有 5 个，分别是：

1. 项目集战略一致性。项目集战略一致性通过识别项目集的输出成果，确保与组织目标保持一致。从项目集立项开始，通过可行性研究和项目集评估，验证项目集的交付效益，并以此作为项目集章程和项目集路线图的输入。项目集章程用来衡量项目集是否成功，项目集路线图是在规划项目集时由项目集经理制订的。

2. 项目集效益管理。项目集效益管理用来定义、创建，并且最大化交付项目集所提供的效益。项目集初期的项目集效益管理为自上而下形式，后期则为自下而上的形式。项目集效益管理包含如下活动：①效益识别：用来识别和审核项目集干系人期望实现的效益；②效益分析和规划：制订项目集效益管理计划，定义项目集组件及其相互依赖关系、明确优先级，制定项目集绩效基准并达成共识；③效益交付：确保项目集按照效益管理计划交付预期效益，并向项目集指导委员会、项目集发起人、其他项目集干系人报告项目集的整体健康状况；④效益移交：确保项目集效益移交至运营并持续维持；⑤效益维持：项目集结束后由接收组织持续维护，确保生成项目集交付的改进和成果。

3. 项目集干系人参与。项目集干系人参与绩效域识别和分析干系人的需求，并通过沟通管理期望，从而促进干系人的认同和支持。主要活动包括项目集干系人识别、分析、参与规划、参与沟通4项。

4. 项目集治理。项目集治理是实现和执行项目集决策、制定实践并维护项目集监督的绩效域。项目集治理提供支持的方式包括：①明确项目集治理目标和结构，明确项目集被授权的范围程度以及关键决策点的监控方法和频次；②批准、支持和启动项目集获得资金；③设立与关键治理干系人交互的期望，促进项目集干系人参与；④提供项目集监管环境，建立处理项目集风险的沟通渠道及流程；⑤提供与项目组合和组织治理政策一致的框架，以确保项目集符合要求；⑥规划质量保证流程，确定项目集的质量标准和质量方法，建立质量计划；⑦使组织能够评估组织战略计划的可行性和实现该计划所需的支持水平；⑧项目集治理授权变更的范围，并对项目集的变更管控提供治理；⑨选择、支持和促成项目集组件，包括项目、子项目集和其他项目集活动；⑩针对项目集各阶段的移交、项目集的终止或收尾做出决定。

5. 项目集生命周期管理。项目集生命周期分为3个主要阶段，分别是：①项目集定义阶段：在这个阶段，主要完成项目集线路图的制定，项目评估和项目集章程的制定，上述内容批准后完成项目集管理计划的制订；②项目集交付阶段：在这个阶段，将会产生项目集管理计划中各个组件的预期成果，具体包含组件授权与规划、组件监督与整合、组件移交与收尾3个子阶段；③项目集收尾阶段：在这个阶段，项目集效益将会移交给维护组织，并以可控的方式正式结束项目集活动。

备考点拨

本考点学习难度星级：★☆☆（简单），考试频度星级：★★☆（中频）。

本考点考查项目集管理的4种角色和5个绩效域。项目集管理的角色相对简单，主要记住角色的名字以及对应的职责就好，项目集管理的5个绩效域分别和战略、效益、干系人、治理和生命周期相关，连起来一句话就是：通过全"生命周期"的"治理"，为"干系人"提供"效益"，实现"战略"目标。

考题精练

1. 关于项目集管理的理解，不正确的是（　　）。
   A. 项目集经理是承诺将组织的资源应用于项目集，并致力于使项目集取得成功的人
   B. 组件项目或项目集不能促进共同目标或互补目标的实现时，则使用项目组合管理的效果更好
   C. 项目集管理绩效域包括项目集战略一致性、项目集效益管理、项目集干系人参与、项目集治理、项目集生命周期管理
   D. 项目集效益管理的主要活动包括效益识别、效益分析和规划、效益交付、效益移交、效益维持

   【解析】答案为 A。项目集发起人和收益人是负责承诺将组织的资源应用于项目集，并致力于使项目集取得成功的人。

2. 项目集效益管理的主要活动包括（　　）。
   ①效益识别　②效益分析和规划　③效益交付　④效益移交　⑤效益维持　⑥效益改进
   A. ①②③④⑥　　　　　　　　　B. ②③④⑤⑥
   C. ①②④⑤⑥　　　　　　　　　D. ①②③④⑤

   【解析】答案为 D。项目集效益管理是定义、创建、最大化和交付项目集所提供效益的绩效域。主要活动包括效益识别、效益分析和规划、效益交付、效益移交和效益维持。

3. 项目集发起人的主要职责不包括（　　）。
   A. 消除项目集管理与交付的困难和障碍
   B. 与项目组合经理进行交互，确保提供适当的资源和优先级
   C. 确保项目集目标与战略愿景一致
   D. 提供资金

   【解析】答案为 B。项目集发起人的职责包括：①为项目集提供资金，确保项目集目标和战略愿景一致；②使效益实现交付；③消除项目集管理与交付的困难和障碍。选项 B 与项目组合经理进行交互，确保提供适当的资源和优先级，属于项目集经理的职责之一。

【考点 145】项目组合管理

考点精华

项目组合管理

项目集管理中涉及的主要角色有 8 种，分别是：①项目组合管理经理：项目组合管理经理应该具备 PMI 人才三角模型能力（技术项目管理技能、领导力，以及战略和商务业务管理专业知识），能够形成和带领专家团队，建立和实施项目组合管理；②发起人：为项目组合提供资源和支持，并捍卫项目组合利益，对资源分配和项目组合的成功负责；③项目组合治理机构：由一个或多个具有必要权限、知识和经验的人员组成，指导监督项目组合管理活动，评估项目组合绩效并做出决策，确保项目组合管理过程可控；④项目组合、项目集和项目管理办公室（PMO）：负责提供多种能力和流程，支持项目组合管理，集中管理和协调其控制下的项目、项目集或项目组合；

⑤项目组合分析师：负责识别、分析和追踪项目组合组件间的依赖关系是否被解决和管理，针对项目组合管理过程的差距，推荐改进方案并帮助实施；⑥项目集经理：负责确保项目集的结构和管理过程与项目组合管理一致；⑦项目经理：负责有效管理项目组合内的指定项目，并直接或间接地向项目组合经理、PMO 或治理机构提供项目绩效指标；⑧变更控制委员会：负责审查变更请求，并做出批准、否决或其他决定。

项目组合管理计划通过项目组合绩效域实现组织战略支持，项目组合管理绩效域一共有 7 个，分别是：

1. 项目组合生命周期。项目组合生命周期由启动、规划、执行与优化 4 个阶段组成，其中启动阶段主要活动是验证业务运营战略、识别项目组合组件、定义长期路线图以及持续管理计划；规划阶段制订并评审新项目组合管理计划并与干系人达成共识；执行阶段实施项目组合组件的运营、管理并评审变更；优化阶段推动组合尽可能高效。

2. 项目组合战略管理。项目组合战略管理是一个双向的过程，确保项目组合与整体战略一致，符合高级管理层和干系人的期望。

3. 项目组合治理。治理与管理不同，管理在治理框架所设定的界限内工作，以达成组织目标，而治理与决策制定职能、监管职能、控制职能和整合职能有关。决策制定职能提供整体的治理结构，为项目组合及其组件授予管理权力；监管职能通过治理过程活动支持项目组合及其组件的决策与导向；控制职能对项目组合及其组件进行监控、测量和报告；整合职能支持项目组合及其组件的战略一致性。

4. 项目组合产能与能力管理。产能与能力管理涉及人员、资金、技术、设备等所有资源。①产能管理：产能涉及人力资本、财务成本、资产和智力资本 4 个类别，产能管理强调项目组合及其组件的整体资源需求，主要涉及产能规划、供应与需求管理、供应与需求优化；②能力管理：能力是组织为交付产品或服务，通过人员、过程和系统等形成整合执行的水平，能力管理提供新能力构建、能力评估、能力保持和发展等过程活动，支持组织持续提升能力；③平衡产能与能力：平衡并不意味要达到组织理论产能的最大值，也不是要最小化能力差距而不顾及其他因素，而是为了实现产能和能力之间的平衡，高效执行与优化项目组合，实现战略目的并交付价值。

5. 项目组合干系人参与。项目组合层级和项目组合组件层级的干系人有明显差异，彼此间的差异既和干系人层级有关，也和干系人利益有关。项目组合干系人主要解决交付策略和分配资源，项目集干系人主要涉及收益管理，项目干系人需要处理质量、时间、成本等交付范围。干系人参与和沟通的关键迭代步骤包括：①干系人的定义和识别；②项目组合干系人分析；③规划干系人参与；④识别沟通管理方法；⑤管理项目组合沟通。

6. 项目组合价值管理。高效的项目组合价值管理的关键活动包括：①协商期望的价值；②最大化价值；③实现价值；④测量价值；⑤报告价值。

7. 项目组合风险管理。项目组合风险管理平衡积极机会和消极威胁，项目组合层面未解决的风险可以通过战略层面的治理过程解决。项目组合风险管理中的 4 个关键要素分别为：风险管理规划、风险识别、风险评估和风险应对。

📣 备考点拨

本考点学习难度星级：★★☆（适中），考试频度星级：★★☆（中频）。

本考点考查项目组合管理的 8 种角色和 7 个绩效域。对项目组合管理角色的理解相对简单，备考重心依然要放到 7 个绩效域上面，其中细节的概念比较多，几乎每个绩效域都可以找出能够出题的考点，本书篇幅受限无法一一展开，只能把关键要点点出，进一步理解领悟建议参考考纲。

✏️ 考题精练

1. 在项目组合管理生命周期中，（　　）属于启动阶段的活动。

   A．确定项目组合组建范围

   B．项目组合组建的优先排列顺序

   C．为项目组合及其组件定义长期路线图

   D．治理机构，发起人和干系人责任的确认

   【解析】答案为 C。启动阶段拉开了项目组合的序幕。此阶段的主要活动是验证业务和运营战略，识别项目组合组件，为项目组合及其组件定义长期路线图，包括财务目标、绩效标准、沟通治理、干系人的定义与角色，以及持续管理计划。

2. （　　）不属于项目组合规划阶段的活动。

   A．识别项目组合组件

   B．识别项目组合及组件间的依赖关系

   C．确定衡量成功的项目组合标准

   D．项目组合组件的优先排列顺序

   【解析】答案为 A。项目组合规划阶段的主要活动包括：①项目组合组件范围和管理；②执行组件所需的预算；③项目组合及组件间的依赖关系识别；④风险和问题的识别与应对计划；⑤资源需求；⑥项目组合组件的优先排列顺序；⑦治理机构、发起人和干系人责任的确认；⑧用来衡量成功的项目组合标准；⑨产品或服务的需求与规范。

3. 项目组合生命周期由（　　）4 个阶段组成。

   A．规划、执行、监控、收尾

   B．规划、执行、监控、改进

   C．启动、规划、执行、收尾

   D．启动、规划、执行、优化

   【解析】答案为 D。项目组合生命周期由启动、规划、执行与优化 4 个阶段组成，需要注意和项目的区别，项目组合生命周期并没有收尾阶段，这是因为项目组合存在的价值是服务战略，持续为组织创造价值，只要组织的战略还在不断发展中，项目组合就需要不断优化管理。

4. 为实现高效的项目组合价值，需要执行的关键活动不包括（　　）。

   A．测量和报告价值　　　　　　　　B．最大化价值

   C．协商期望的价值　　　　　　　　D．输出正确价值观

   【解析】答案为 D。高效的项目组合价值管理需要的关键活动主要包括协商期望的价值、最大化价值、实现价值、测量价值和报告价值。

【考点 146】OPM 框架要素和成熟度

考点精华

组织级项目管理（Organizational Project Management，OPM）通过整合项目组合、项目集和项目管理，连接其与组织驱动因素和组织流程来提升组织能力和实现战略目标。OPM 框架的关键要素包括 OPM 方法论、知识管理、人才管理和 OPM 治理。OPM 治理的管辖范围包含 OPM 方法论，但可能不包含人才管理和知识管理。

1. OPM 方法论。OPM 方法帮助组织建立了共同的工作方式，可以通过公共领域和业务领域素材、组织资产、成功项目经验等方式构建 OPM 方法论。所有的 OPM 方法论都需要裁剪，可以在初始建立过程、维护过程和增强过程中进行裁剪，确保以最匹配的方式应用 OPM 方法论。

2. 知识管理。知识管理需要涵盖从开始到成功应用、实现收益的完整知识管理生命周期，OPM 知识管理需要关注：增加 OPM 知识文档、获取知识资源、增强个人知识。

3. 人才管理。OPM 的人才管理，跟踪项目管理群体的职业化发展，晋升评审流程与工作角色及级别的要求保持同步，与项目组合、项目集和项目经理的职业化发展保持一致。

4. OPM 治理。OPM 治理使组织能够持续管理项目并最大化项目成果的价值，不同的组织可能会有不同的治理层次，基于组织成熟度的治理实体包括：①高管治理实体：由高级管理人员或董事会成员组成，通过开放的沟通渠道，向 OPM 治理机构传达战略变化或优先级调整；② OPM 治理实体：确保 OPM 的基础架构与组织战略一致并可实施，在较小的组织中，该实体可能与高管治理实体是同一实体；③项目组合和项目集治理实体：类似于 OPM 治理主体的模式，项目组合和项目集经理报告收益实现和问题冲突；④项目管理治理实体：从战略层面传递所有的变更，可以由 OPM 来执行，也可以由项目组合或项目集负责人来执行。

OPM 成熟度级别特征包含 5 个级别，分别如下：①级别 1。初始或临时的 OPM。项目管理极不稳定，项目绩效无法可靠预测，高度依赖执行人员的经验和能力。②级别 2。项目层级采用 OPM。根据行业最佳实践，在项目或职能层级上计划、执行、监督和控制项目，但是没有从组织角度统一应用或管理 OPM 流程实践，并且存在项目差异。③级别 3。组织定义的 OPM。项目团队遵循组织建立的 OPM 流程，OPM 流程在组织上是标准化的、可测量的、可控制的，项目管理具有主动性，项目绩效可预测。④级别 4。量化管理的 OPM。项目管理决策和流程管理由数据驱动，OPM 流程绩效的管理方式能够实现量化改进目标。⑤级别 5。持续优化的 OPM。组织稳定且专注于持续改进。OPM 与组织战略的一致性，以及可测量的价值贡献为关注点 OPM 流程，促进了组织的敏捷和创新。

备考点拨

本考点学习难度星级：★★☆（适中），考试频度星级：★★☆（中频）。

本考点考查 OPM 框架的关键要素和成熟度级别。关键要素有 4 个，分别是 OPM 治理、OPM 方法论、知识管理和人才管理，OPM 治理是本考点的相对重点，其包含的 4 个层级的治理实体的概念需要掌握；OPM 的 5 个成熟度级别可以在对比中理解记忆，从初始到项目，从项目到组织，从组织到量化，最后到持续优化，沿着这个脉络循序渐进就构成了 OPM 的成熟度级别。

📎 **考题精练**

1. 关于组织级项目管理（OPM）框架的描述，正确的是（   ）。
    A．OPM 框架的关键要素包括 OPM 方法论、人才管理、知识管理三个方面
    B．组织通过建立和整合被认为最有可能提供预期收益的项目组合、项目集合项目方法论的要素来开发和改进 OPM 方法论
    C．人才管理侧重于实现绩效改进、创新、经验教训分享、记录最佳实践、流程整合和组织持续改进的组织目标
    D．知识管理应与项目组合、项目集和项目经理的职业化发展保持一致

【解析】答案为 B。OPM 框架的关键要素包括 OPM 治理、OPM 方法论、知识管理和人才管理。为了确保与组织背景和环境保持一致，更适用于不同类型项目需求，应允许项目组合、项目集和项目在各自的边界范围内，以最匹配项目特定需求的方式应用 OPM 方法论。在 OPM 框架内，知识管理通常侧重于实现绩效改进、创新、经验教训分享、记录最佳实践、流程整合和组织持续改进的组织目标。大多数组织都有评估和提供个人绩效反馈的流程，由集中化的职能部门执行。在 OPM 框架下的人才管理，这个职能部门跟踪项目管理群体的职业化发展，晋升评审流程应与已定义的工作角色和工作级别的要求保持同步，与项目组合、项目集和项目经理的职业化发展保持一致。

2. OPM 方法论是针对在特定组织内从事项目管理人员使用的实践、技术、（   ）所构成的体系。
    A．程序和规则   B．技术和规范   C．流程和管理   D．过程和定义

【解析】答案为 A。OPM 方法论是针对在特定组织内从事项目管理人员使用的实践、技术、程序和规则所构成的体系。

3. OPM 框架的关键要素包括（   ）。
    A．OPM 战略、OPM 方法论、知识管理和人才管理
    B．OPM 战略、OPM 方法论、风险管理和人才管理
    C．OPM 治理、OPM 方法论、知识管理和风险管理
    D．OPM 治理、OPM 方法论、知识管理和人才管理

【解析】答案为 D。OPM 框架的关键要素包括 OPM 治理、OPM 方法论、知识管理和人才管理，这个是需要记忆的基础考点。

【考点 147】量化管理理论及应用

🔵 **考点精华**

量化管理是以数据为基础，通过统计量化的方法进行管理监控的模式，目前量化管理理论可以分为如下几个方面。

1. 科学管理理论。量化管理的基础之一是科学管理理论，科学管理理论有 5 大原则：①工时定额化；②分工合理化；③程序标准化；④薪酬差额化；⑤管理职能化。量化管理理论吸收了

科学管理理论的如下理念：①任务定额化；②程序标准化；③薪酬差额化。

2. 统计过程控制。统计过程控制（Statistical Process Control，SPC）使用统计技术对各阶段进行分析、监控和评估，建立并确保工作过程处于可接受的稳定水平，最终保证产品与服务符合规格要求。可以看出，统计过程控制是预防性方法，重点在过程，强调整个过程，强调全员参与。

SPC 中的过程能力存在波动性：一种波动是正常波动，任何组织或个人的执行过程能力都会存在正常的波动性；另一种波动是异常波动，异常波动需要识别并及时管理，往往是因为某种特殊原则造成了能力的异常波动。根据统计学规则，小于 5% 的概率称为小概率事件，小概率事件意味着过程出现了异常情况，可以通过正态分布原理，从控制图上分清波动是正常成因还是异常成因。

3. 六西格玛管理体系。六西格玛认为业务流程改进遵循 DMAIC 模式 5 步循环改进法，如下所示：①定义：识别需要改进的产品或过程，进而确定改进所需的资源；②度量：定义缺陷，以产品或过程的表现为工作基准建立改进目标；③分析：分析度量阶段收集到的数据，确定影响过程和产品质量的变量，并按照重要程度进行排列；④改进：优化业务流程，从而促进改进方案能够满足或超过质量改进目标；⑤控制：通过有效的控制手段，确保过程改进在完成后继续保持，不会回到改进前状态。

4. CMMI。能力成熟度模型集成（Capability Maturity Model Integration，CMMI）将组织的管理成熟度划分 5 个级别，成熟度级别越高，量化管理的要求也就越高，当达到 CMMI 模型的 4 级（量化管理级）和 5 级（优化级）时，组织需要能够针对过程管理进行量化分析和量化预测，以此提升管理能力和精细化程度。组织管理在达到高成熟度时，需要能够运用统计思维管理组织和项目，高成熟度组织的特征包括：①建立量化的目标管理机制；②建立过程能力量化监控机制；③建立目标的量化预测能力；④建立基于量化的持续优化机制。

🔊 **备考点拨**

本考点学习难度星级：★★★（困难），考试频度星级：★☆☆（低频）。

本考点考查量化管理理论，其中提到了科学管理理论、统计过程控制（SPC）、六西格玛管理体系、CMMI，其中备考的重点可以放在 SPC、六西格玛管理体系和 CMMI 上面。本考点学习起来可能有些难度，毕竟这里讲到的理论都是一整本书的知识含量，不理解没关系，记住关键语句就可以应对考试，比如 CMMI 需要掌握高成熟组织的 4 个特征，掌握 5 个级别的递进关系和差异点。

🔗 **考题精练**

1. 关于统计过程控制方法的描述，不正确的是（　　）。
   A. 统计过程控制是一种预防性方法，强调全员参与
   B. 统计过程控制技术可以判定工作过程运行的状态是否稳定，也可以判断过程能力是否满足规格要求
   C. 统计过程控制方法认为任何组织或个人执行过程的能力都会有一定的波动性，这是正常的

D．统计过程控制方法认为项目团队或人员的能力应该是恒定的，不应发生波动

【解析】答案为 D。统计过程控制理论认为，过程的能力是存在波动性的：一种波动是正常的波动，任何组织或个人执行过程的能力都会有一定的波动性，这是正常的；另一种波动是异常的波动，可能有特殊成因造成了能力的异常波动，这是异常情况，需要识别并管理。

【考点 148】组织级量化管理

考点精华

组织级量化管理基于 CMMI 模型和六西格玛理论展开，建立组织级量化管理体系的内容包括定义组织量化过程性能目标、识别关键过程、建立度量体系及数据收集、建立过程性能基线和建立过程性能模型。

1. 定义组织量化过程性能目标。组织项目管理的量化性能目标在 CMMI 模型中称为质量与过程性能目标，包括质量方面和过程性能方面。组织的质量与过程性能目标需要组织管理层以及相关干系人评审确认后，才可以正式作为组织管理能力量化目标发布。

制定组织质量与过程性能目标时，需要根据历史能力基线数据分析目标达成情况，确保目标的合理度和可达成性。过程能力基线是一个范围区间，组织可以使用过程能力指数（Process Capability Index，CPK）来判定目标的可达成性：①CPK 大于或等于 1.33，代表组织过程能力良好且状态稳定，当前的过程能力现状能够满足目标能力要求；②CPK 介于 1.00～1.33 之间时，代表组织过程能力状态一般，当前的过程能力现状也能够满足目标能力要求；③CPK 介于 0.67～1.00 之间时，代表组织达成目标存在风险，必须实施改进活动提升能力，才能够达成目标，当前的过程能力现状对满足目标能力要求存在不稳定性；④CPK 低于 0.67 时，代表组织当前的过程能力不能满足目标能力要求。

2. 识别关键过程。目标确定后，接下来需要选择目标达成的关键过程或因素，关键过程的选择准则包括：①过程或子过程是质量与过程性能目标的主要贡献者；②过程或子过程是质量与过程性能目标的重要预测器；③过程或子过程对了解达成质量与过程性能目标的关联风险是重要的因素；④过程和子过程与关键业务目标是强相关的；⑤过程或子过程在过去已证明是稳定的；⑥过程或子过程相关的有效历史数据是当前可使用的；⑦过程或子过程将具有足够频率产生数据以便统计管理；⑧过程或子过程关联的度量方法与度量数据的质量足够好。

在项目过程中，技术过程分为两类：开发性活动和验证性活动。需求开发、软件设计、编码实现和产品集成属于开发性活动，开发性活动在项目中的工作量占比相对较大，对生产率或项目工期影响较大；技术评审、代码走查和测试类活动属于验证性活动，验证性活动重点关注缺陷移除，对交付质量的影响相对较大。

3. 建立度量体系及数据收集。建立度量属性过程中，除了关注过程能力的"结果数据"外，还需要重点识别对过程能力结果产生潜在影响的"过程数据"。可以使用思维导图识别过程数据，组织需要针对项目管理流程和工具使用，识别潜在的影响因子并纳入度量分析体系。

4. 建立过程性能基线。建立过程性能基线的步骤包括：获取所需数据、分析数据特征、建立过程性能基线、发布和维护过程性能基线，分别如下：①获取所需数据：依据度量体系收集项

目过程能力数据，并建立组织度量数据库，从组织度量数据库中获取所需数据，从而建立能力基线；②<u>分析数据特征</u>：对获取的样本数据，验证过程能力的数据特征，并判断是否需要分组，如果判断结果为能力存在分层情况，则必须对数据进行分组，并分别建立能力基线，从而避免后续数据结果出现偏差；③<u>建立过程性能基线</u>：使用控制图的方式建立过程性能基线，具体而言，是以历史能力均值作为能力中心线，中心线以上 3 个标准差是过程能力控制上限，中心线以下 3 个标准差是过程能力控制下限；④<u>发布和维护过程性能基线</u>：建立或者调整过程性能基线后，需要经过管理层、改进团队、各过程负责人的评审，在达成共识后对过程性能基线进行正式发布。

5. <u>建立过程性能模型</u>。建立过程性能模型的步骤包括识别建模因子、建立过程性能模型、检验过程性能模型以及评审和发布过程性能模型，分别如下：

（1）<u>识别建模因子</u>。识别建模因子的步骤是：首先识别组织的质量与过程性能目标作为模型输出，然后使用鱼骨图、德尔菲法或者头脑风暴，识别与模型输出有关的过程能力因子，过程能力因子中必须包含可控因子，包含可控因子也是过程性能模型最显著的特征。

识别因子与目标结果的相关性关系：①当 $0.8 ≤ 相关性系数 ≤ 1$ 时，识别因子与目标结果存在强相关关系；②当 $0.5 ≤ 相关性系数 < 0.8$ 时，识别因子与目标结果存在中度相关关系；③当 $0.3 ≤ 相关性系数 < 0.5$ 时，识别因子与目标结果存在弱相关关系；④当 $0 ≤ 相关性系数 < 0.3$ 时，识别因子与目标结果基本不相关。建立过程性能模型的各个因子之间<u>不能存在较高相关性，否则会引起多重共线问题</u>，导致建立的回归模型逻辑出现混乱甚至失败。

（2）<u>建立过程性能模型</u>。过程性能模型可以根据建模因子，通过回归的方式建立。在这个过程中，加建模因子是自变量，而质量与过程性能目标是因变量。对自变量建模因子的识别，通常通过相关性分析获得，过多的因子会造成模型的不易使用，所以通常采用<u>多层级模型</u>分而治之，<u>第一层级</u>面向最终的质量与过程性能目标建立过程性能模型，而且最终的质量与过程性能目标可预测并能有效分解，<u>第二层级</u>面向各个过程建立过程性能模型，如面向需求、开发、设计、编码、测试和评审等过程，从而实现过程性能目标向过程可控因子的分解。

（3）<u>验证过程性能模型</u>。使用多元回归方式建立的过程性能模型，需要通过关键参数判定模型可靠性程度，从逻辑上验证模型的正确性，接下来还需要通过对残差值建立散点图判断残差的正态性，对残差建立直方图判断残差的趋势情况，建立趋势图判断残差是否随时间准确性发生变化，通过残差验证模型的正确性或可靠性趋势。

（4）<u>评审和发布过程性能模型</u>。建立或调整过程性能模型之后，需要管理层、改进团队及各过程负责人等的评审，确保模型得到相关干系人的共识。

🕮 备考点拨

本考点学习难度星级：★★★（困难），考试频度星级：★★☆（中频）。

本考点考查组织级量化管理，本考点绝对是理解上的难点，充斥着较多的专业术语和晦涩的语句，不过幸运的是，本考点更多考查的是选择题，选择题的拿分不需要深入的理解，所以备考本考点建议以记忆为主，但是需要熟读字里行间，读熟即使没有理解，也可以根据选择题上下文的语义从选项中选出正确的答案。

考题精练

1. 关于量化项目管理的描述，不正确的是（　　）。

    A. 六西格玛和 CMMI 模型高成熟度均提供了量化管理的方法和实践

    B. 组织建立的过程性能基线是通过历史数据刻画组织当前的过程能力，为管理决策提供数据化支持

    C. 识别模型因子时，如两个因子相关性系数为 0.8，代表可同时使用这两个因子建立模型

    D. 项目量化目标的定义通常需参考组织的目标要求，客户或服务对象的管理要求，还需结合项目团队自身过程能力数据

【解析】答案为 C。因子相关性系数为 0.8，则两个因子存在强相关关系。根据相关性分析的结果，通常选择相关性相对较大的因子参与过程性能模型的建立。同时，考虑到多元回归分析建模的需要，各个因子之间不可存在较高相关性，否则会引起多重共线问题，导致所建立回归模型的逻辑混乱甚至失败。

2. 组织开展量化管理工作的前提在于该组织已经（　　）。

    A. 定义了组织量化过程性能目标并识别了关键过程

    B. 建立了组织度量体系及数据收集体系

    C. 建立了过程性能基线及过程性能模型

    D. 定义了产品或项目管理的组织级标准过程

【解析】答案为 D。组织开展量化管理工作的前提在于组织已经定义了产品或项目管理的组织级标准过程，各个产品或项目团队能够遵循组织统一的管理流程、规程和产出要求开展工作，组织收集的度量数据才具备统计意义，可供开展量化管理建设。

【考点 149】项目级量化管理

考点精华

项目级的量化管理包含以下 4 个要点：

1. 项目过程性能目标定义。项目启动时，项目团队可以结合自身项目的过程能力数据，设定项目质量与过程性能目标。目标设定后使用过程性能基线和过程性能模型，采用蒙特卡罗模拟的方式预测项目质量与过程性能目标达成的概率。

2. 过程优化组合。项目通常会有多个质量与过程性能目标，所以项目各过程的执行方案组合，需要同时对多个目标达成进行权衡，满足相关干系人的需求、期望和限制。

3. 过程性能监控。过程性能的量化监控包含两方面：①监控过程性能是否稳定，根据控制图的稳定性判定准则，通过小概率事件判定来识别异常情况并解决；②监控过程性能是否满足规格要求。

4. 项目性能预测。项目各过程性能稳定性及符合性满足后，在各个阶段或里程碑处，对项目最终质量与过程性能目标的达成性进行量化预测，从而了解当前进展是否可达成最终的项目质量与过程性能目标。

备考点拨

本考点学习难度星级：★★☆（适中），考试频度星级：★☆☆（低频）。

本考点考查项目级量化管理，本考点的内容比之前的组织级量化管理少很多，虽然同样也抽象，但是难度低于组织级量化管理，本考点对 4 个要点达到理解的程度即可，掌握过程性能 2 个方面的量化监控。

考题精练

1. 以下不属于项目级量化管理要点的是（　　）。
   A. 项目过程性能目标定义　　　　B. 项目成本预算控制
   C. 过程优化组合　　　　　　　　D. 过程性能监控

【解析】答案为 B。项目级的量化管理包含项目过程性能目标定义、过程优化组合、过程性能监控、项目性能预测 4 个要点，项目成本预算控制不属于项目级量化管理要点内容。

【考点 150】CMMI 模型

考点精华

能力成熟度模型集成（CMMI）模型用于指导组织项目管理过程的改进，以及进行项目管理能力成熟度的评估，CMMI 将最佳实践归为四大能力域类别：①行动：用于生产和提供优秀解决方案的能力域，包含确保质量、设计和开发产品、选择和管理供应商能力域；②管理：用于策划和管理解决方案实施的能力域，包含规划和管理工作、管理业务弹性、管理员工能力域；③使能：用于支持解决方案实施和交付的能力域，包含支持实施能力域；④提高：用于维持和提高效率效能的能力域，包含维持习惯性和持久性、提高效率效能能力域。

CMMI 一共有 5 个成熟度级别，其中第 4 级和第 5 级称为高成熟度等级，能够通过量化方式关注管理效率效能的提升改进，分别如下：

1. 第 1 级 初始级：各实践域的活动能够在组织中得到基本执行。级别特征包括：①初步方法能够得到基本实现；②缺乏满足实践域的完整实践；③开始专注能力问题。

2. 第 2 级 管理级：第 1 级的要求都已达到，另外，项目实施能够遵循团队既定的工作计划与流程，对需求、任务、产出物、度量数据、实施人员能够进行管理，对流程能够进行监测控制。级别特征包括：①拥有简单完整的实践，能够满足实践域的目的；②不需要使用组织资产或标准；③对项目各方面都实现了管理；④实践意图可以以各种方式得到满足。

3. 第 3 级 定义级：第 2 级的要求都已达到，另外，能够根据自身情况定义适合的标准过程并制度化。同时组织能够建立可复用的过程资产，提高项目成功率。级别特征包括：①采用组织标准流程开展工作；②能够根据项目特征裁剪组织的标准流程；③项目能够使用并贡献组织过程资产。

4. 第 4 级 量化管理级：第 3 级的要求都已达到，另外，组织管理实现了量化、可预测和精细化，通过统计等量化技术实现过程性能的稳定性监控和复合型监控，通过历史数据构建可预测模型，降低项目在过程能力和质量上的波动。级别特征包括：①使用统计等量化技术监测、完善

303

或预测关键过程领域，实现质量与过程性能目标；②通过统计和量化管理方式了解效能变化，并管理效率效能。

5. 第 5 级 优化级：第 4 级的要求都已达到，另外，组织能充分利用管理数据和量化方法对可能出现的不符合策划的内容进行预防，并且主动改进标准过程，运用新技术和方法实现流程持续优化。级别特征包括：①使用统计和其他量化技术优化效率效能并改善组织目标的实现；②通过基于量化的持续优化来支持业务目标达成。

组织基于 CMMI 的改进工作主要包括：①定义改进目标：首先明确改进目标，确保改进与组织战略规划或业务目标一致；②建立改进团队：过程改进团队由各部门关键岗位角色构成；③开展差距分析：识别组织当前过程差距，明确关键改进点及优先级；④导入培训和过程定义：依据差距分析结果制订导入培训方案，开展 CMMI 模型培训工作，确保改进团队了解行业最佳实践；⑤过程部署：由改进团队开展标准过程的宣贯部署，全面实施组织的标准管理过程；⑥CMMI 评估。可以使用基准评估、维持性评估和评价评估 3 种评估方法，其中基准评估和维持性评估可以产生评级，评价评估是基准评估的裁剪实施，不产生评级。

备考点拨

本考点学习难度星级：★★☆（适中），考试频度星级：★★☆（中频）。

本考点考查 CMMI 模型，CMMI 有 4 大能力域类别、5 大成熟度级别和 6 大改进工作。4 大能力域类别需要掌握，其下细分的能力域尽量熟知和理解，考到的时候能够知道属于哪个能力域类别就好；5 大成熟度级别以及特点需要掌握，成熟度级别的级别特征需要理解；6 大改进工作的标题需要掌握。

考题精练

1.（　　）用于生产和提供优秀解决方案的能力域。
　　A．行动　　　　　B．提高　　　　　C．管理　　　　　D．使能

【解析】答案为 A。本题考查 CMMI 的模型实践。CMMI 将最佳实践按逻辑归为 4 大能力域类别，分别是行动、管理、使能和提高，其中行动能力域用于生产和提供优秀的解决方案；管理能力域用于策划和管理解决方案实施；使能能力域用于支持解决方案实施和交付；提高能力域用于维持和提高效率效能。

【考点 151】PRINCE2 模型

考点精华

PRINCE2 的主题

PRINCE2 是受控环境下的项目管理，主要特征包括以下 6 项：①建立在既定和被证实的最佳实践及治理基础上，用于项目管理指南；②可量身剪裁，以满足组织需要；③可以应用于任何类型的项目，并且可以结合专家以及行业模型进行融合应用；④被广泛认知理解，且提供了统一的词汇表；⑤确保参与者关注与立项评估目标相关的项目可行性，而不是简单地将项目"完成"定义为竣工；⑥促进学习项目经验。

PRINCE2 的结构包括原则、主题、流程和项目环境，分别如下：

1. PRINCE2 原则：是指导性原则和最佳实践。PRINCE2 的原则具有 3 个特点：①通用性，可应用于每个项目；②自我验证性，已在多年实践中得到验证；③自主性，原则赋予从业人员方法论，提高从业人员信心和能力，从而可以更加有效地管理项目。PRINCE2 的原则可以用来判断项目是否真正应用了 PRINCE2 进行管理，只有 7 个原则全部得到应用，才算是"PRINCE 项目"。PRINCE2 的 7 个原则分别为：①持续的业务验证；②吸取经验教训；③明确定义的角色和职责；④按阶段管理；⑤例外管理；⑥关注产品；⑦根据项目剪裁。

2. PRINCE2 主题：PRINCE2 的 7 个主题分别是：①立项评估；②组织；③质量；④计划；⑤风险；⑥变更；⑦进展。这 7 个主题分别解释了针对不同的项目管理学科，PRINCE2 要求实施的具体处理手段及必要性。

3. PRINCE2 流程：PRINCE2 的 7 个流程分别是：①项目准备流程；②项目指导流程；③项目启动流程；④阶段控制流程；⑤产品交付管理流程；⑥阶段边界管控流程；⑦项目收尾流程。这 7 个流程描述了项目从前期的准备活动，历经生命周期的各个阶段，最后到项目收尾。

4. 项目环境：组织可以对 PRINCE2 进行个性化剪裁，从而创建专属的、一致的项目管理方法。

备考点拨

本考点学习难度星级：★★☆（适中），考试频度星级：★★☆（中频）。

本考点考查 PRINCE2 理论，PRINCE2 本身就是一套项目管理的方法论，也有专门的资格认证，如果你没有系统化学习过 PRINCE2 也没关系，因为本考点考查得比较浅，掌握 PRINCE2 的原则、主题、流程和项目环境即可。

考题精练

1. 以下不属于 PRINCE2 原则特点的是（　　）。
   A．通用性   B．自我验证性
   C．独特性   D．自主性

【解析】答案为 C。PRINCE2 的原则具有 3 个特点：通用性，可应用于每个项目；自我验证性，已在多年实践中得到验证；自主性，原则赋予从业人员方法论，提高从业人员信心和能力，从而可以更加有效地管理项目。独特性不属于 PRINCE2 原则特点。

第 22 章
项目管理科学基础考点精讲及考题实练

22.1 章节考情速览

项目管理科学基础包含两部分内容,第一部分是工程经济学,第二部分是运筹学。工程经济学其实讲得比较简单,主要是资金的时间价值以及项目经济评价。项目经济评价分两类,一是静态评价,一类是动态评价。静态评价典型的是静态投资回收期计算,动态评价是动态投资回收期计算。运筹学讲的内容比较多,从线性规划、运输问题到指派问题,再到动态规划、图与网络、博弈论、决策分析,这里的运输问题和指派问题相对会比较难,博弈论和决策分析会容易些。

按照往年考试经验看,项目管理科学中的工程经济学会考查 1 分左右,运筹学会考查 4 分左右,本书建议工程经济学的计算需要掌握,因为简单易懂,而运筹学的知识做到完全掌握既有难度,考试时又较花时间,所以能够通过选择题的技巧来选对答案是上策。本书不会对运筹学的内容展开详细讲述,仅作条目列示,建议学有余力的同学参考考纲学习。

22.2 考点星级分布图

本章涉及的主要考点分布及难度与频度双星级如图 22-1 所示。

项目管理科学基础考点精讲及考题实练 第22章

```
项目管理科学基础
考点
├─ 工程经济学
│   ├─【考点152】资金的时间价值与静态评价法  难度星级：★      频度星级：★★★
│   └─【考点153】动态评价法                难度星级：★★    频度星级：★★★
└─ 运筹学
    ├─【考点154】运筹学                    难度星级：★★★  频度星级：★★
    └─【考点155】决策分析                  难度星级：★      频度星级：★★
```

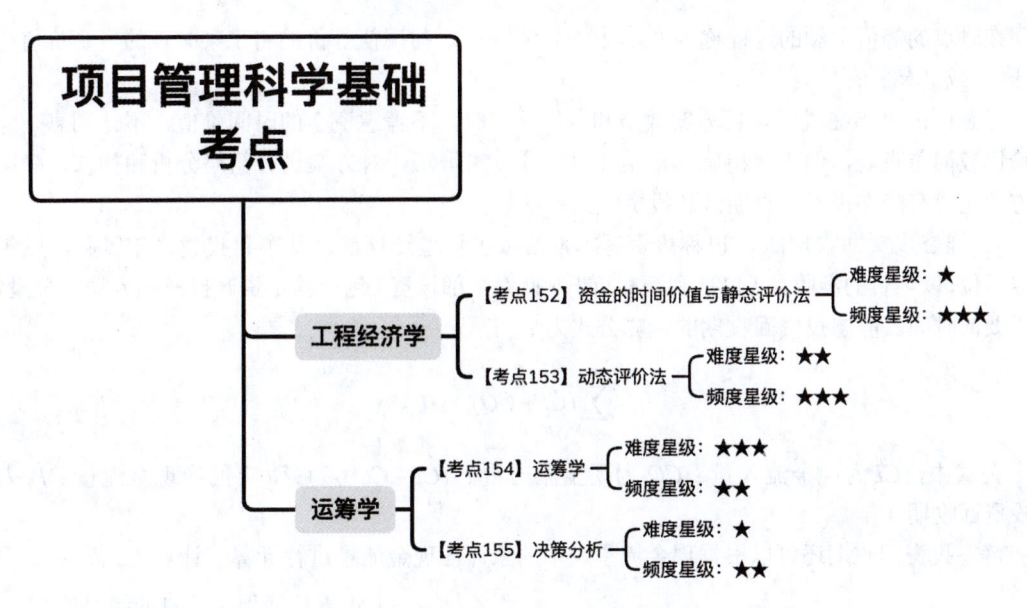

图 22-1　本章考点及星级分布

22.3　核心考点精讲

【考点 152】资金的时间价值与静态评价法

> **考点精华**

资金是有时间价值的，资金用于投资后可以产生增值。资金的时间价值是不同时间发生的等额资金在价值上的差别。资金时间价值的两种表现形式是盈利和利息，是衡量资金时间价值的绝对尺度。资金时间价值的大小从投资视角来看，取决于投资收益率、通货膨胀率和项目投资风险。对项目方案的比较，本质是对方案各项投资收益的比较，由于投资收益往往发生在不同时期，再加上资金存在时间价值，所以必须将其按照一定的利率折算至某一相同时点（等值计算），使方案具备可比性。

利息的计算方法分为单利法和复利法两种：①单利法是每期均按原始本金计息，利息不生利息，也就是每经过一期，都按照原始本金计息 1 次。单利法利息的计算公式为：$I_n = P \times n \times i$，式中 P 为本金，n 为计息期数，i 为利率，I_n 为 n 个计息期的总利息；单利法本利和的计算公式为：$F_n = P(1 + n \times i)$，式中 F_n 为本利和。②复利法是按照上一期的本金和利息进行计息，除本金计息外，利息也生利息，也就是每一个计息周期的利息都要并入下一期的本金，再计利息。复利法本利和的计算公式为：$F_n = P(1+i)^n$，式中因子定义同单利法，不再赘述。

资金的等值计算以资金时间价值原理为依据，以利率为杠杆，结合资金的使用时间及增值能力，对项目方案的现金流进行折算，以找出共同时点上的等值资金额。未来某一时点的金额换算

307

成现在时点的等值金额的过程称为"折现"或"贴现"。与现值等价的将来某时点的资金价值称为"终值"或"未来值"。

静态评价是指在进行项目方案效益和费用计算时，不考虑资金的时间价值，不计利息。静态评价比较简单直观，但不够精确，常用在初步可行性研究，对方案进行粗略分析和初选，静态评价方法主要有静态投资回收期法和投资收益率法。

1. 静态投资回收期法，也称投资返本期法或投资偿还期法，从项目投建之年算起，以年为计算单位，以项目的净收益（包括利润和折旧）抵偿全部投资（包括固定资产投资和流动资金投资）所需要的时间。静态投资回收期的计算公式为：

$$\sum_{t=0}^{P_t}(CI-CO)_t = 0$$

公式中，CI 为现金流入量；CO 为现金流出量；$(CI-CO)_t$ 为第 t 年的净现金流量；P_t 为静态投资回收期（年）。

静态投资回收期还可以根据现金流量表中的累计净现金流量进行计算，计算公式为：

$$P_t = (累计净现金流量开始出现正值或零的年份数 - 1) + \frac{上年累计净现金流量的绝对值}{当年净现金流量}$$

静态投资回收期指标的优点包括：①清晰直观，计算简单；②不仅能反映项目经济性，也能反映项目风险大小。静态投资回收期指标的缺点包括：①没有反映资金的时间价值；②回收期以后的收入与支出被舍弃，无法全面反映项目全周期的真实状态。

2. 投资收益率法，指项目达到设计生产能力后的一个正常年份，年息税前利润与项目总投资的比率。投资收益率指标同样不考虑资金的时间价值，也不考虑项目建设期、寿命期等经济数据，一般仅用于项目初步可行性研究阶段，适用于项目处在初期阶段或者投资不大、生产稳定的财务营利分析。总投资收益率（Return on Investment，ROI）的计算公式为：$ROI = \frac{EBIT}{TI} \times 100\%$，公式中 TI 为投资总额，包括固定资产和流动资产投资；$EBIT$ 为项目达产后正常年份的年息税前利润或平均年息税前利润，包括组织的利润总额和利息支出。

📢 备考点拨

本考点学习难度星级：★☆☆（简单），考试频度星级：★★★（高频）。

本考点考查资金的时间价值特性，以及对应的静态投资回收期法和投资收益率法。资金的时间价值较好理解，日常生活中都能感受到钱会越来越不值钱，本质上就是钱有其时间价值。本考点需要理解折现/贴现、单利法、复利法等术语概念。关于静态投资回收期法和投资收益率法，需要会结合公式进行计算。

🔗 考题精练

1. 某公司进行项目投资，项目初始固定资产投资 20000 万元，随后 5 年的投入分别是 1000 万元、1500 万元、2000 万元、1000 万元和 2000 万元。各年度收益分别是 10000 万元、12000 万元、16000 万元、20000 万元、21000 万元，则该项目的静态投资回收期为（　　）。

A．2.299　　　　B．2.083　　　　C．2.179　　　　D．2.036

【解析】答案为 D。首先需要根据题干中的数据，绘制用于计算净现值和累计净现值的表格如下：

单位：万元

年	初始投资	1	2	3	4	5
投入	20000	1000	1500	2000	1000	2000
收益		10000	12000	16000	20000	21000
净现值	-20000	9000	10500	14000	19000	19000
累计净现值	-20000	-11000	-500	13500	32500	51500

然后根据静态投资回收期的公式进行计算，（累计净现金流量现值出现正值或零的年数 -1）+ 上一年累计净现金流量现值的绝对值 / 当年净现金流量 =3-1+500/14000=2.036。

【考点 153】动态评价法

考点精华

动态评价在进行项目方案效益和费用计算时，考虑了资金的时间价值，通过复利计算把不同时点的效益和费用折算为同一时点的等值价值，为项目方案比较确立相同的时间基础。动态评价主要用于项目详细可行性研究阶段，是项目经济评价的主要方法。

1．净现值法。净现值指标考虑项目寿命期内每年发生的现金流量。净现值按给定的折现率（也称基准收益率），将各年的净现金流量折现到同一时点的现值累加值，计算公式如下：

$$NPV = \sum_{t=0}^{P_t}(CI-CO)_t(1+i_0)^{-t}$$

公式中，NPV 为净现值；n 为计算期；i_0 为基准折现率；CI 为现金流入量；CO 为现金流出量；$(CI-CO)_t$ 为第 t 年的净现金流量。如果计算出的 $NPV \geqslant 0$，代表项目收益率不小于基准收益率，项目方案可以被接受，NPV 越大则证明方案越好；如果计算出的 $NPV<0$，代表项目收益率没有达到基准收益率，项目方案应该被拒绝。

净现值法的优点是反映了投资项目在项目寿命期的收益，而且考虑了项目在寿命期内更新或追加的投资。净现值法的缺点包括：①需要预先确定基准折现率，基准折现率的科学合理非常重要，但有难度；②没有考虑各方案投资额的大小，不能反映资金的利用效率。

2．净现值率法。净现值率和净现值都是反映建设项目在计算期内获利能力的动态评价指标，不过净现值不能直接反映资金的利用效率，为了弥补这个不足，可以采用净现值率作为净现值的补充指标。净现值率法主要用于多方案的比较。净现值率的计算公式为：$NPVR = \dfrac{NPV}{K_p}$，公式中 $NPVR$ 为净现值率；K_p 为项目总投资现值。当 $NPVR \geqslant 0$ 时，方案可行；当 $NPVR<0$ 时，方案不可行，$NPVR$ 越大则证明方案越好。

3. 费用现值法。在对比多个方案时，如果各方案产出价值相同，或者均能满足需要，但产出效益很难用货币等价值形态计量时，可以通过对各方案费用现值或费用年值的比较进行选择。

费用现值是净现值的特例，是统计不同方案计算期内的各年成本，按基准收益率换算到基准年的现值与方案的总投资现值的和。费用现值的计算公式为

$$PC = \sum_{t=0}^{n} CO_t \left(\frac{P}{F}, i_0, t\right) = \sum_{t=0}^{n} (K + C - S_V - W)_t (P/F, i_0, t)$$

公式中，PC 为费用现值或现值成本；C 为年经营成本；W 为计算期末回收的固定资产余值；S_V 为计算期末回收的流动资金。费用现值越小，方案的经济效益越好。费用现值只能反映费用大小，不能反映净收益情况，所以只能比较方案优劣，不能用于判断方案是否可行。

4. 动态投资回收期法。动态投资回收期是考虑了资金时间价值的条件下，按设定的基准收益率收回全部投资所需的时间。动态投资回收期法克服了静态投资回收期法没有考虑时间因素的缺点，但是动态投资回收期没有考虑回收期以后的经济效果，因此不能全面反映项目在寿命期内的真实效益，通常只适合进行辅助性评价。

动态投资回收期法的公式为

$$\sum_{t=0}^{P_D} (CI - CO)_t (1 + i_0)^{-t} = 0$$

公式中，i_0 为基准收益率；P_D 为动态投资回收期。P_D 也可以使用现金流量表中的累计净现金流量计算求出，公式为

$$P_D = (累计折现值开始出现正值或零的年份 - 1) + \frac{上年累计折现的绝对值}{当年折现值}$$

5. 内部收益率法。内部收益率又称内部报酬率，是项目在计算期内各年净现金流量现值累计值（净现值）等于零时的折现率，内部收益率 IRR 的公式为

$$\sum_{t=0}^{n} (CI - CO)_t (1 + IRR)^{-t} = 0$$

求出来的 IRR 需要和项目的基准收益率对比，当 $IRR \geqslant i_0$ 时，表明项目可行，反之表明项目不可行。

🔖 备考点拨

本考点学习难度星级：★★☆（适中），考试频度星级：★★★（高频）。

本考点考查动态评价方法，动态评价方法提到了 5 种方法，首先需要理解其定义，之后能够使用公式进行相应的计算，其中特别需要掌握动态投资回收期法，过去是考试的常见考点，不过公式理解和计算起来并不难，需要的是细心和认真，建议考生把考试大纲中的例题练习一遍。

🔖 考题精练

1. 某项目现金流量见下表，则项目的动态投资回收期为（　　）（折现率按 0.1 计算）。

单位：万元

年	0	1	2	3	4	5
现金流出	200					
现金流入		60	60	60	60	60

A. 4.26　　　　B. 4.37　　　　C. 4.43　　　　D. 5.03

【解析】答案为 A。根据题意继续在原表格基础上绘制如下表格：

单位：万元

年	0	1	2	3	4	5
现金流出	200					
现金流入		60	60	60	60	60
现金流	-200	60	60	60	60	60
折现因子	1	0.91	0.83	0.75	0.68	0.62
折现值	-200	54.6	49.8	45	40.8	37.2
累计折现值	-200	-145.4	-95.6	-50.6	-9.8	27.4

然后根据动态投资回收期的公式进行计算，（累计折现值出现正值或零的年数 -1）+ 上一年累计折现的绝对值 / 当年折现值 =5-1+9.8/37.2=4.26。

【考点 154】运筹学

考点精华

运筹学解决的是系统最优化问题，往往需要通过建立数学模型进行相关的求解，运筹学涉及的解决模型主要有以下几种：

1. 线性规划。线性规划问题是特殊的极值问题，是在一定的线性约束条件下，追求某个目标函数的最大值或最小值。由此可知，线性规划的数学模型包含 3 个要素，分别是决策变量、目标函数和约束条件。目标函数可以是产值、利润、成本、耗用的资源，约束条件可以是原料限制、设备限制、市场需求限制等。线性规划主要解决两类问题：一是在有限资源（人力、物力、财力）条件下，如何制订最优方案取得最佳效益；二是在任务确定的前提下，怎样合理统筹安排，使完成任务消耗的资源最少。解决这两类问题的步骤整体上分 3 步：①确定决策变量；②确定目标函数；③确定约束条件。如果线性规划问题只包含两个变量，那么可以使用简单直观的图解法进行求解。

2. 运输问题。运输问题要解决的问题是把某种产品从若干个产地调运到若干个销地，已知每个产地的供应量与每个销地的需求量，以及各地之间的运输单价，此时如何确定总运输费用最低的方案。运输问题的求解，可以使用表上作业法，表上作业法的求解步骤整体上分 3 步：①确定初始解；②方案检验；③方案调整。

3. 指派问题。指派问题要解决的问题是假如有几项任务，正好有 n 个人可以分别完成其中任何一项，但是由于任务性质和每个人的专长各有差异，因此不同人完成不同任务的效率也不同。此时应当如何指派才能使总效率最高。类似的指派问题还有：n 台机床加工 n 项任务、n 条航线安排 n 艘船或 n 架客机航行等。指派问题的求解步骤整体上分 4 步：①效益矩阵的每行减去各行的最小元素，每列减去各列的最小元素；②找出一个指派方案来寻求最优解；③确定系数矩阵中最多的独立元素数；④修改缩减矩阵。

4. 动态规划。动态规划可以用于解决最短路径问题和资源分配问题。最短路径问题想要解决的是从起点到终点存在多条路径，如何找出最短的路径，动态规划法在解决最短路径问题时用到的是逆序法，逆序法从终点出发，反向求出倒数 n 个阶段，直到起点的各最短子路径，最终就可以得到起点到终点的最短路径；资源分配问题要解决的问题是假设有某种资源，总数量固定，可以用于多种产品的生产，不同数量的资源用于不同的产品生产，可以获得不同的收益，此时应该如何分配资源，才能让总收益最大。动态规划法在解决资源分配问题时，将资源分配使用的过程看成阶段进行求解。

5. 图与网络。最短路径问题可以使用标号法进行解决，标号法的求解会用到弧的概念，首先需要求解弧集合，然后计算弧长度，最后进行标号，标号法只适合每条弧的长度都是非负数的情况，整个计算过程会包含多轮。

在图论的概念中，树是无圈的连通图，最小生成树问题是在一个赋权的、连通的无向图中找出生成树，使这个生成树所有边的权数之和最小。最小生成树的求解方法分别是破圈法和避圈法。破圈法求最小生成树的步骤：①在给定赋权的连通图上任找一个圈；②在找的圈中去掉一条权数最大的边；③如果剩下的图中已不含圈，则计算结束，此时余下的图就是最小生成树，否则返回步骤①。

6. 博弈论。博弈论也称对策论，研究在利益冲突情况下如何理性选择和决策分析。对于矩阵对策模型，只要确定了甲方赢得矩阵，也就确定了其矩阵对策模型。赢得矩阵的每一行代表局中人甲的一个策略，每一列代表局中人乙的一个策略，行的数目表示甲的策略集的策略数目，列的数目表示乙的策略集的策略数目，赢得矩阵的第 i 行第 j 列的数值表示甲出第 i 个策略，乙出第 j 个策略时，甲所得的益损值，此时乙所得的益损值是该数值的相反数。

备考点拨

本考点学习难度星级：★★★（困难），考试频度星级：★★☆（中频）。

本考点考查运筹学，运筹学还有一个"决策分析"的考点在后面进行讲解。个人认为运筹学考点从项目实战来讲几乎不会用到，从备考来讲性价比太低。按照正规的运筹学理论来计算，非常耗时也容易出错，所以运筹学的备考有 4 点建议：第 1 点建议是优先借助选择题的答题技巧来求解，而非用常规方法求解，能最快选对答案的方法才是最好的方法；第 2 点建议是优先级后置，在掌握了论文、案例和其他考点之后，学有余力时再学习运筹学考点；第 3 点建议是对理论要不求甚解，运筹学是一门学科，想要透彻了解仅靠高项的一章难以做到，所以能做对题就行，没有必要打破砂锅问到底；第 4 点建议是从真题入手备考，不要从理论入手备考。从过往的考试数据分析看,运筹学的考题范围相对较小,以过往真题作为备考的重点,以教程作为辅助,是个不错的备考策略。当然如果你时间充分,对运筹学也感兴趣,可以把教程中的例题做一遍加深印象。鉴于以上4点建议,本书对运筹学考点的讲解,更多聚焦在框架和关键要点上,起到备考提纲挈领的效果,深入学习请参考历年真题以及教程等材料。

考题精练

1. 一个项目需要 A 和 B 两种资源,每种资源包含材料 1 和材料 2。对于项目来说,这两种材料每日需要量见下表。请问项目每日使用资源 A 的量为__(1)__,使用资源 B 的量为__(2)__,可使得在满足要求的情况下总费用最少。

	资源 A	资源 B	每日最少需要量/个
材料 1	10	4	20
材料 2	5	5	15
价格/万元	6	3	

(1) A. 4/3　　　B. 5/3　　　C. 2　　　D. 7/3
(2) A. 4/3　　　B. 5/3　　　C. 2　　　D. 7/3

【解析】答案为 A 和 B。本题考查的线性规划问题是一类特殊的极值问题,是在一定线性约束条件下,追求某目标函数的最大值或最小值。线性规划问题的数学模型包含 3 个要素,即决策变量、目标函数和约束条件。假设资源 A 使用量为 X,资源 B 使用量为 Y,则约束条件有 4 个,分别是:$10X+4Y \geq 20$;$5X+5Y \geq 15$;$X \geq 0$;$Y \geq 0$。目标函数为 $\min(6X+3Y)$。可以采用教程的图解法求解,也就是画出可行区域,也可以直接用简便方法求解,也就是把 ≥ 改成等号求解,可以得出:$X=4/3$,$Y=5/3$,所以选择 A 和 B。

【考点 155】决策分析

考点精华

作为高级项目经理,在项目管理中不可避免会遇到各种决策问题,决策分析针对不确定型决策和风险型决策的决策法如下:

不确定型决策简单讲,就是不仅不知道未来的结果,而且连结果发生的概率也不知道,可见这样的决策方法有很大的主观性,针对不确定型决策有 4 种决策方法:

1. **乐观决策法**。乐观决策法也称最大收益值法,是"大中取大、优中选优"的决策法。乐观决策法即使情况不明,也不放弃任何可能获得最优结果的机会,所以乐观决策法可能会带来较大的风险性。

2. **悲观决策法**。悲观决策法也称最大最小收益法,是"小中取大"的决策方法。和乐观决策法正好相反,悲观决策法比较保守,决策者往往抱着最悲观的态度,首先从各方案中选出最差的结果值,然后再从结果值中挑选出最好的结果值。

3. 平均值决策法。平均值决策法也称等可能决策法，决策者认为各种未来事件的发生可能性完全相同，所以采用等概率计算各方案的期望结果值，然后选择期望结果值最优的方案作为最优方案。

4. 悔值决策法。假如决策者没有采取最优策略方案，而是采取了其他方案，决策者必然会后悔，而最优策略方案与各方案的结果值的差额称为悔值。悔值决策法计算各种状态下的悔值，并从最大悔值中选出最小的悔值，悔值决策法是对悲观决策法的修正，从而减轻保守程度。

风险型决策在决策中引入了概率，决策者除了要知道未来可能出现的状态，还要知道这些状态出现的概率分布，然后根据不同状态下可能发生的概率进行决策，由于存在概率，故而就要承担一定的风险，针对风险型决策有 3 种决策方法：

1. 期望值决策法。期望值决策法计算每个方案的期望值，然后根据期望值的大小确定最优策略。

2. 期望值与标准差决策法。这种方法引入了标准差，目的是减少决策的失误概率，不仅希望期望值达到最优，而且希望结果值偏离期望值的程度小。

3. 最小悔值与期望值决策法。在非确定型决策中计算某种状态下的悔值，考虑到状态的发生概率，可计算出每种方案的悔值与期望值，在悔值期望值中选出最小的，对应的方案就是最优方案。

✈ 备考点拨

本考点学习难度星级：★☆☆（简单），考试频度星级：★★☆（中频）。

本考点考查决策分析，虽然同样属于运筹学的范畴，但是决策分析相对简单，在考试时可以使用标准步骤来求得正确答案。本考点的学习建议依然和前面运筹学类似，那就是以题促学，直接练习历年真题和学习教程中的例题，通过做题来体会和掌握不同的决策方法。

✐ 考题精练

1. 【2023 下】某企业新研发的产品要投入市场，有 3 种价格方案 A、B、C，预估每种价格方案的 3 种销售状态，根据同类产品的销售经验，算出 3 种价格方案下 3 种销售状态的收益值见下表，该企业根据悔值决策标准，应选择（　　）方案。

价格方案	收益值/万元		
	销路较好	销路一般	销路较差
A 方案	34	25	22
B 方案	30	30	24
C 方案	26	28	26

A．B 方案 　　　　　　　　　　B．B 方案或 C 方案
C．C 方案 　　　　　　　　　　D．A 方案

【解析】答案为 A。这道题考查的是决策分析，属于运筹学范畴。决策分析讲到的 7 种决策法相对简单，计算也没那么复杂，所以还是建议尽量掌握。悔值决策法是计算各种状态下的悔值，

从最大的悔值中选出最小的悔值，可以画出如下的悔值矩阵，最大悔值最小的就是 B 方案。

价格方案	收益值 / 万元			最大悔值
	销路较好	销路一般	销路较差	
A 方案	34	25	22	5
B 方案	30	30	24	4
C 方案	26	28	26	8

第 23 章

组织通用治理考点精讲及考题实练

23.1 章节考情速览

组织通用治理一共包含 3 小节知识块，分别是组织战略、绩效考核和转型升级。这一章是为了提高项目经理能力，属于项目经理核心能力圈的外延式拓展，毕竟项目终极目标是组织战略以及组织转型升级。在这个过程中，假如项目经理对战略、绩效和转型有更深层次理解，相信会非常有助于项目价值交付与组织战略达成。

组织通用治理按照往年的考试经验看，一般会考查到 3 分左右，而且主要在综合知识科目进行考查。

23.2 考点星级分布图

本章涉及的主要考点分布及难度与频度双星级如图 23-1 所示。

组织通用治理考点精讲及考题实练 第 23 章

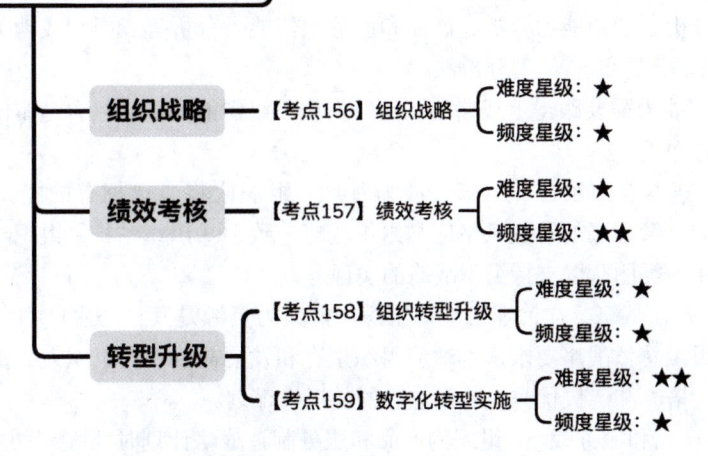

```
组织通用治理考点
├── 组织战略 ──【考点156】组织战略 ── 难度星级：★
│                                    频度星级：★
├── 绩效考核 ──【考点157】绩效考核 ── 难度星级：★
│                                    频度星级：★★
└── 转型升级 ┬─【考点158】组织转型升级 ── 难度星级：★
             │                          频度星级：★
             └─【考点159】数字化转型实施 ── 难度星级：★★
                                          频度星级：★
```

图 23-1　本章考点及星级分布

23.3　核心考点精讲

【考点 156】组织战略

◎ 考点精华

组织战略是组织针对发展进行的全局性、长远性、纲领性目标的策划选择，是组织策划具体行动计划的起点。组织战略的特点包括全局性、长远性、纲领性、指导性、竞争性、风险性和相对稳定性。战略目标是组织在战略期内总体发展的总水平和总任务，决定总体发展的主要行动方向，是组织战略的核心。制定战略目标要<u>明确对象和时间范围</u>，<u>定量和定性相结合</u>，<u>衔接并协调好短、中、长期目标</u>。

组织总体战略类型包括：①<u>发展型战略</u>：是组织从现有战略水平向更高一级目标发展的战略；②<u>稳定型战略</u>：风险相对较低，是组织由于运行环境和内部条件限制，在战略期内保持战略起点的运行绩效范围和水平的战略；③<u>紧缩型战略</u>：是组织从当前战略运行领域和基础水平收缩撤退，较大偏离战略起点的战略，可见紧缩型战略是消极的战略，一般仅作为短期过渡战略；④<u>其他类型战略</u>：总体战略还包括复合型战略、联盟战略、成本领先战略、差异化战略、集中化战略等。

<u>组织愿景</u>是在汇集每名员工个人心愿的基础上，形成的全体员工共同心愿，愿景指明了组织的前进方向，未来的业务形态、发展和塑造组织形象所确定的战略道路；<u>组织文化</u>是组织发展过程中的精神特质与内涵，组织文化是战略制定的重要条件，支撑战略执行，也是组织区别于其他组织的关键因素；<u>组织环境</u>存在于组织内外部，是影响组织发展的各种因素的总和。<u>组织外部环</u>

317

境分析的内容包括：政治环境分析、经济环境分析、社会—文化—技术环境分析、资源环境分析、市场需求分析和行业环境分析等；组织内部环境分析的内容包括：理清自身的优势和劣势、查清造成劣势的原因、挖出内部潜力、产品和服务竞争能力分析、技术开发能力分析、生产能力和服务效能分析、营销能力分析、产品和服务增值能力分析等。组织成功关键因素分析方法可以使用PEST模型分析和SWOT分析法。

组织能力需要跟得上战略的制定及实施，组织能力确认包含基本能力、人才战略和产品服务战略3方面：

1. 基本能力包含：①核心能力管理：组织应将自己拥有的能力当作资产进行积极管理；②领导力：管理层的管理风格应与组织战略一致；③组织结构：组织结构应根据战略设计，依据战略组建各类团队以支持组织战略的实现。

2. 人才战略。在治理密集型组织中，人力资源是其核心生产力和生产要素。人力资源战略是根据组织总体战略要求，为适应组织生存和发展需要，对组织人力资源进行开发、提高员工整体素质、培养和选拔优秀人才而进行的长远性谋划。

3. 产品和服务战略。组织为产品和服务制订战略计划时，除了考虑选定行业或领域的增长率、占有率、发展趋势、竞争分析之外，也要把具备良好的客户服务能力和服务平台纳入计划。产品和服务战略可以分为技术密集型、成本导向型和目标动态型。组织还可以通过强化产品的服务属性，提供产品更高的服务增值，实现产品与服务的深度融合，形成产品服务化战略，即服务增值战略。

备考点拨

本考点学习难度星级：★☆☆（简单），考试频度星级：★☆☆（低频）。

本考点考查的战略偏抽象，但是学习起来并不难，从篇幅来看内部不多，备考的重点在于理解少量的战略相关术语，比如日常工作中经常听到的组织愿景、使命和文化，另外掌握4种组织战略类型和组织能力确认的3个方面即可。

考题精练

1. 关于组织文化建设，以下说法错误的是（　　）。

    A. 组织文化展现了组织成员共同遵循的价值观体系，它具有鲜明的组织特色，将不同的组织区别开来

    B. 组织文化应当是面向组织大众的卓越文化，在同类组织中具备优越性，可以拿来复制，从而实现组织的卓越发展

    C. 组织文化建设应从大局出发，同时也要注重细节，立足组织实际情况，建设有本组织特色的组织文化

    D. 组织文化建设须尊重成员的个人价值观和心理要求，使团体成员有着较为强烈的参与感，从而激发全员的积极性

【解析】答案为B。组织文化是组织发展过程中凸显的精神特质与内涵，是组织区别于其他组织的关键因素。组织文化是组织最为本质的体现之一，是组织发展的原动力。组织文化很难复制，

所以能够使组织具备长期竞争优势，故选项 B 中"可以拿来复制"说法错误。

2．组织通用治理中，组织在分析和回顾战略实施过程中进行创新和改进的要素包括（　　）。

①内外部发展环境对战略规划的影响

②在业务增长、发展趋势等方面的预测及其与实际的差异

③提升业务增长和盈利的措施

④竞争优势和发展水平分析及措施

⑤流程规划和知识管理

A．①②③④　　　　　　　　　　　B．①③④⑤

C．②③④⑤　　　　　　　　　　　D．①②④⑤

【解析】答案为 A。本题考查组织战略的创新和改进，在分析和回顾战略实施过程中进行创新和改进的要素包括：①内外部发展环境对战略规划的影响；②在业务增长、发展趋势等方面的预测及其与实际的差异；③提升业务增长和盈利的措施；④竞争优势和发展水平分析及措施；⑤风险分析及措施。

3．关于组织定位的描述，不正确的是（　　）。

A．组织定位包括使命、愿景和价值观，不包括产品和服务定位

B．组织使命是组织较长期的业务发展的总方向和总特征

C．组织文化为日常工作提供具体的实践方法

D．组织愿景描述了组织发展的目的和如何达到这个目的的理性认知

【解析】答案为 A。组织定位除了包含清晰的使命、愿景、价值观、组织文化之外，还包含对业务单元的定位战略。业务单元定位战略是指组织围绕生产什么产品或者提供什么服务而做出的长远谋划，由此可见选项 A 的后半句描述错误。

【考点 157】绩效考核

考点精华

绩效计划是组织管理者和员工之间就需要达成的工作绩效，沟通后落实为正式的书面约定的过程，是双方在明确责权利的基础上签订的内部协议。绩效计划包括 3 个要素：绩效标准、绩效目标和绩效内容。制订绩效计划的原则包括目标导向原则、价值驱动原则、全员参与原则、流程系统化原则、可行性原则、重点突出原则、足够激励原则和职位特色原则。

绩效计划的设计从最高层开始依次向下，将绩效目标层层分解到下一级，最终落实到个人。各部门制订经营业绩计划的过程也就是组织经营业绩目标层层分解的过程，是各部门和组织之间就关键绩效指标、权重和目标值沟通达成一致的过程；员工绩效计划的制订，需要评估者和被评估者（上级和员工）进行充分地沟通，确定绩效标准、绩效目标和绩效内容，并参考历史绩效表现及组织目标，设定每个关键绩效指标的目标指标及挑战指标，以此作为被评估者绩效考核的奖惩基础。

绩效实施是员工根据绩效计划开展工作，管理者对员工工作进行指导、监督和管理，对问题及时协助解决，根据实际进展对绩效计划进行调整完善的过程。绩效实施的内容包括两方面：

①持续不断的绩效沟通；②绩效信息的记录和收集。绩效实施有 3 大关键点：①统一思维；②引发热情；③训练能力。绩效实施有 3 大特征：①绩效实施是动态的过程；②绩效实施的核心是持续沟通式的绩效辅导；③绩效实施结果为绩效评估提供依据。

科学、全面的绩效治理包括 8 个步骤：①统一组织目标；②明确职位职责；③提炼绩效考核指标，每个职位的关键考核指标不应太多，3～5 条为宜；④设定职位考核指标值；⑤执行中的跟踪、监督和指导；⑥绩效评估；⑦分析问题和建议方法；⑧绩效反馈。

绩效评估由人力资源部门牵头组织协调，有关部门予以配合。绩效评估的关键在于制订科学合理的评价方法，进行绩效评估和正确奖励，是绩效治理各环节中技术性最强的环节。

绩效评估的内容包含：①对上一绩效周期实际完成绩效的回顾评估，将实际完成结果与衡量标准进行对比；②为下一绩效周期制定或改进绩效标准、绩效目标和绩效内容；③确定报酬调整和奖励方案。

绩效评估包括 6 个因素：①被评估者：被评估者可以是个人，也可以是团队；②评估者：评估者也可以是个人或团队；③评估时间和周期：指在什么时间评估，多长时间评估一次；④评价指标：评价指标来自于对组织中长期目标的细化分解，往往聚焦在具体的情境，好的评价指标还需要考虑如何体现情境、如何获取数据，以及如何计分；⑤评定形式：评定形式是指评定工作表现的方式，一般从定性和定量两种维度评定；⑥评估数据收集：没有数据就无法进行绩效评估，这是绩效评估的基础。

绩效评估类型分为：①效果主导型：考评内容重点考查工作结果，而不是过程，不适合用于管理型或事务性的员工；②品质主导型：考评内容重点考查人员品质和能力，适合用于评估管理型员工的发展潜力、职业精神和沟通能力；③行为主导型：考评内容重点考查工作过程，而不是结果，适合用于管理型或事务性的员工。

绩效评估方法包括：①排序法；②硬性分布法；③尺度评价表法；④关键事件法；⑤平衡计分卡法；⑥目标管理法。

绩效评价结果的反馈要点包括：①通报被评估人当期绩效评估结果；②分析被评估人的绩效差距并确定改进措施；③沟通下个绩效评估周期的工作任务与目标；④确定与工作任务和目标相匹配的资源配置。

绩效评价结果的应用包含价值评价和绩效改进，绩效评价结果应用于以下方面：①员工荣誉；②绩效改进；③薪酬调整；④人事调整；⑤在职培训；⑥员工职业生涯规划。

备考点拨

本考点学习难度星级：★☆☆（简单），考试频度星级：★★☆（中频）。

本考点考查绩效考核，本考点很多人并不陌生，无论是管理者还是员工，大概率都会在职场中接触到绩效考核，所以本考点的学习很简单，那就是结合工作体验来理解学习，需要留心的是对理论要点的记忆，比如绩效实施的内容及要点、绩效评估的 6 要素，以及绩效评估的 3 种类型。本考点的掌握并不难，不用刻意去背诵，熟读有印象之后，考场上也能够凭借经验和印象，把题做对。

考题精练

1. 关于绩效评估的描述，不正确的是（   ）。
    A．绩效评估要以员工发展为第一目标，全面了解员工的发展潜力
    B．绩效评估由人力资源部门负责牵头组织、协调，相关部门予以配合
    C．绩效评估是绩效治理整个周期性循环过程中技术性最强的一个环节
    D．制订科学合理的评价方法是绩效评估的关键

【解析】答案为 A。绩效评估是指以员工与组织的共同发展为目标，通过正式的结构化的制度或方法，评价和测量在一定的周期内团队或员工个人的工作行为和工作成果，全面了解员工的发展潜力。绩效评估工作通常由人力资源部门负责牵头组织、协调，有关部门予以配合。作为绩效治理整个周期性循环过程中技术性最强的一个环节，如何制订科学合理的评价方法，进行绩效评估与考核，并进行正确的奖励是绩效评估的关键。

2. （   ）通过财务、客户、内部运营、学习与成长 4 个角度，将组织战略目标逐层分解转化为细化指标，有差异化地针对不同的指标进行不同时间周期的绩效评估，有助于组织战略目标的实现。
    A．目标管理法   B．平衡计分卡法
    C．硬性分布法   D．尺度评价表法

【解析】答案为 B。本题考查绩效评估方法，绩效评估方法一共包含排序法、硬性分布法、尺度评价表法、关键事件法、平衡计分卡法和目标管理法。平衡计分卡法通过财务、客户、内部运营、学习与成长 4 个角度，将组织的战略目标落实为可操作的衡量指标和目标值，对被评估者进行综合考评。平衡计分卡法可以将组织战略目标逐层分解转化为相互平衡的细化指标，从而有差异化地针对不同的指标进行不同时间周期的绩效评估，有助于组织战略目标的实现，广泛应用于团队和个人的绩效评估。

3. 绩效评价结果的应用包含价值评价和绩效改进两层内容，（   ）不属于价值评价。
    A．人事调动   B．薪酬调整
    C．在职培训   D．员工奖励

【解析】答案为 C。绩效评价结果的应用包含价值评价和绩效改进两层内容，价值评价包括奖惩、薪酬调整和人事调动；绩效改进包括培训和职业生涯规划。

4. 关于绩效实施的描述，不正确的是（   ）。
    A．绩效实施的核心是持续沟通式的绩效辅导
    B．组织管理者应当投入一定的精力进行绩效实施
    C．绩效实施的过程是对绩效计划的执行情况的指导，监督和管理
    D．绩效实施的具体内容包括绩效沟通和绩效评估

【解析】答案为 D。绩效实施的内容包含两个方面，一是持续不断的绩效沟通，二是绩效信息的记录和收集。

【考点 158】组织转型升级

考点精华

组织的转型升级包含组织战略转型升级、组织文化转型升级、组织架构转型升级和绩效考核转型升级，分别如下：

1. 组织战略转型升级。组织转型升级首先要解决战略选择问题，战略转型是对组织未来发展方向的规划，是组织未来发展的新战略，要从总体上进行规划设计。战略升级主线包括以下 4 点：

（1）技术战略：基于未来技术发展以及组织内部的技术水平，结合社会需求变化，制定技术方案，形成面向未来的技术发展战略，为产品和服务研发提供坚实的技术支撑。

（2）市场战略：分析社会与市场潜力、客户和服务对象需求，探索未来组织发展的驱动力量，明确业务发展方向，促进组织产品和服务开发动力。

（3）产品战略：将客户需求和技术发展相结合，研发符合市场需求的新产品和服务，推动新技术和市场需求经济价值的实现。

（4）组织架构：创新组织架构和机制的建设，合理配置创新资源，支持技术、产品与服务创新路线等提升。

2. 组织文化转型升级。创新文化的建立和改革包括：

（1）以组织战略为基础和原则，建立适应组织发展的组织文化体系。

（2）引进国内外先进实践经验，建立文化管理制度，构建学习型组织。

（3）打造知识获取能力、知识共享能力和知识创造能力，为转型奠定认知与观念基础。

（4）对人员进行培训和教育，提升知识技能和专业水平。

（5）建立人才评价机制，根据个人综合素质、履职情况等对人才进行评价。

3. 组织架构转型升级。转型方向和目标确认后，组织通过机制保障对组织架构、流程和管理制度进行重新构建，使其能够有效支撑组织转型目标的实现，同时借助于管理机制使转型过程紧密围绕转型方向和目标展开。

4. 绩效考核转型升级。转型结果用经济指标衡量，转型过程用非经济指标衡量，所以组织不能单以经济指标看待组织发展，应将非经济指标也纳入绩效评价体系，同时处理好经济和非经济指标的关系。

备考点拨

本考点学习难度星级：★☆☆（简单），考试频度星级：★☆☆（低频）。

本考点考查组织的转型升级，内容虽然抽象但是相对浅显，首先需要掌握组织转型升级的 4 个方面，分别是战略、文化、架构和绩效，战略解决的是方向问题，文化解决的是环境问题，架构解决的是协同问题，绩效解决的是激励问题，其中最重要的是组织战略转型升级，这里需要掌握的 4 条主线，分别是技术、市场、产品和架构，其他的内容了解即可。

考题精练

1. 以下不属于组织战略转型升级主线内容的是（　　）。

　　A．技术战略　　B．人才战略　　C．市场战略　　D．产品战略

【解析】答案为 B。组织战略转型升级主线包括技术战略、市场战略、产品战略、组织架构。人才战略不属于组织战略转型升级主线内容。

【考点 159】数字化转型实施

考点精华

数字化转型建立在数字化转换和数字化升级的基础上，进一步触及组织核心业务，是以新建业务模式为目标的高层次转型。在数字化转型之前，组织应根据自身数据化运行程度，对数字化水平做提前判定，从发展战略、管理体系、组织架构、人力资源等方面进行梳理，判断自身是否具备转型基础和实力，从而确定是否应该着手数字化转型。在组织做数字化转型的准备时，需要关注数字化转型的4点驱动因素：①新技术的强势发展；②低"交互成本"运作；③业务运行透明化；④个性化需求的满足。组织数字化转型的驱动因素还包括来自上级组织的要求、战略转型的需求、规模与效益的扩大、竞争优势的保持与提升等。

数字化转型组织架构及工作机制分为4个层次：①规划层：顶层设计、具有全局观；②实施层：围绕数字化产品和服务进行实施推进；③能力层：构建数字化相关的支撑实施层的能力；④资源层：组织与传统业务、传统IT链接。

数字化转型策划的内容包含：①战略与愿景策划，核心是制定数字化转型规划，并设立转型目标；②管理模式策划，可以通过引入数字化管理模式的方式实现智慧管理；③数据能力策划，数据是开展数字化转型的重要基石，组织可以利用数据的价值来释放新机遇。

数字化转型内容重点包括：组织数字文化、数字人才队伍、数字化绩效评价、业务模式创新、数字化产品和服务、数字化营销，分别如下：

1. 组织数字文化。从价值观和行为准则等方面入手，建立与数字化转型战略相匹配的组织文化。

2. 数字人才队伍。数字人才队伍主要包括：①创建数字化领导组织；②开展数字化技能培训；③定期评估员工数字能力。

3. 数字化绩效评价。数字化绩效评价主要包括：①KPI应涵盖组织数字化转型业务发展的各个阶段；②数字化转型指标不宜过多也不宜过少；③数字化转型指标不是独立的，应与组织其他业绩评估指标相辅相成。

4. 业务模式创新。数字化转型要将创新技术与业务深度融合，创新业务能力，提升用户体验，实现业务价值的新增长。

5. 数字化产品和服务。将数字化的理念和技术融入产品和服务中，利用数字技术促进产品和服务研发创新及其能力智能化。

6. 数字化营销。利用数字技术，拓展产品和服务的传播渠道，建设个性化客户和服务对象沟通服务体系，实现精准营销。

备考点拨

本考点学习难度星级：★★☆（适中），考试频度星级：★☆☆（低频）。

本考点考查数字化转型的实施，数字化转型实施的内容有些抽象，特别是对没有数字化转型经验的考生，不过数字化转型实施的考点内容不多，在记住数字化转型的驱动因素、层次和内容的同时，最好能够尽量理解其存在的原因，这样在考查到关键记忆点之外的延伸内容时，也能够凭借理解和常识选对答案。

考题精练

1. （　　）是开展数字化转型的重要基石，组织可以利用（　　）的价值支持新的业务模式、改进产品和服务等。

    A．数字化产品　数据技术　　　　B．数据　数据

    C．数字化人才　数据技术　　　　D．新技术　数据

【解析】答案为 B。数据是开展数字化转型的重要基石，组织可以利用数据的价值来释放新机遇，包括支持新的业务模式、改进产品和服务等。

2. 数字化转型是建立在数字化转换、数字化升级基础上，进一步触及组织核心业务，以新建一种（　　）为目标的高层次转型。

    A．组织模式　　　B．评估模式　　　C．技术模式　　　D．业务模式

【解析】答案为 D。数字化转型是建立在数字化转换、数字化升级的基础上，进一步触及组织核心业务，以新建一种业务模式为目标的高层次转型，这句话是考纲原话。业务永远是企业最核心的存在。

3. 组织在数字化转型中，（　　）是转型成功与否的关键要素，使组织具备长期竞争优势。

    A．组织数字营销　　　　　　　　B．数字化产品和服务

    C．数字人才队伍　　　　　　　　D．组织数字文化

【解析】答案为 D。数字化转型内容重点包括：组织数字文化、数字人才队伍、数字化绩效评价、业务模式创新、数字化产品和服务、数字化营销。其中组织数字文化是数字化转型成功与否的关键要素，是指导一个团体行为的共同信念、价值观和思维模式。由于组织文化很难复制，因此它使组织具备长期竞争优势。

第 24 章

组织通用管理考点精讲及考题实练

24.1 章节考情速览

组织通用管理一共包含 4 小节知识块，分别是人力资源管理、流程管理、知识管理和市场营销。和上一章类似，这一章的目的也是提高项目经理的能力，属于项目经理核心能力圈的外延式拓展，毕竟项目的终极目标是组织战略以及组织的转型升级，而组织战略的达成离不开人，离不开流程固化、最佳实践，离不开把产品和服务营销出去，组织希望能够稳定长期地发展，也离不开知识积累和赋能。项目经理如果能够对以上四个方面有更深层的理解，将会非常有助于项目价值交付与推动组织战略实现。

组织通用管理按照往年的考试经验看，一般会考查 2 分左右，而且主要在综合知识科目进行考查。

24.2 考点星级分布图

本章涉及的主要考点分布及难度与频度双星级如图 24-1 所示。

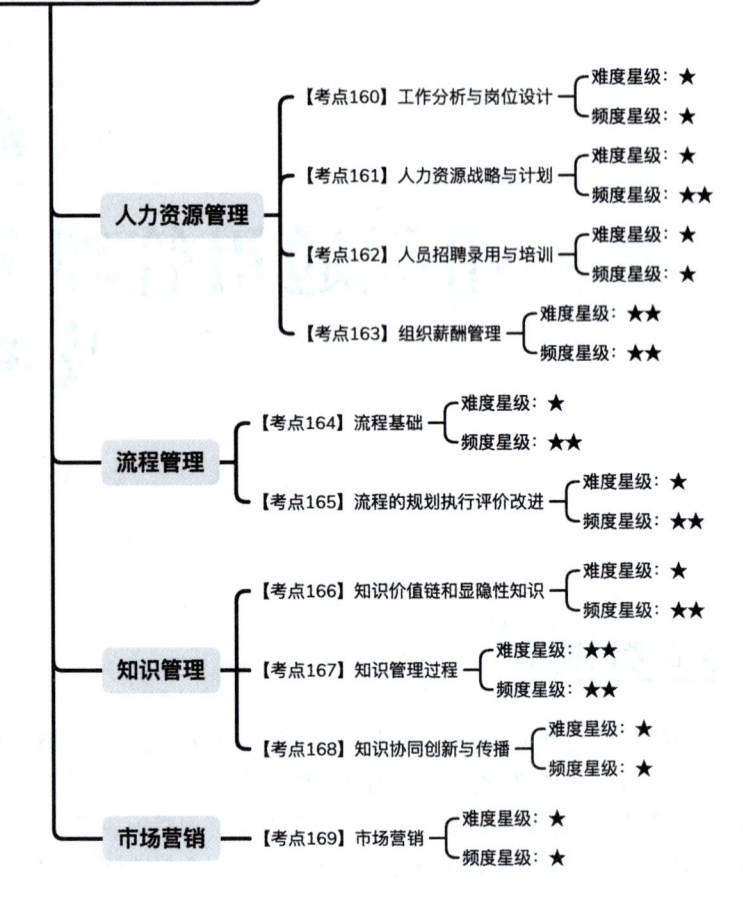

```
组织通用管理考点
├── 人力资源管理
│   ├── 【考点160】工作分析与岗位设计    难度星级：★   频度星级：★
│   ├── 【考点161】人力资源战略与计划    难度星级：★★  频度星级：★★
│   ├── 【考点162】人员招聘录用与培训    难度星级：★   频度星级：★
│   └── 【考点163】组织薪酬管理          难度星级：★★  频度星级：★★
├── 流程管理
│   ├── 【考点164】流程基础              难度星级：★   频度星级：★★
│   └── 【考点165】流程的规划执行评价改进 难度星级：★   频度星级：★★
├── 知识管理
│   ├── 【考点166】知识价值链和显隐性知识 难度星级：★   频度星级：★★
│   ├── 【考点167】知识管理过程          难度星级：★★  频度星级：★★
│   └── 【考点168】知识协同创新与传播    难度星级：★   频度星级：★
└── 市场营销
    └── 【考点169】市场营销              难度星级：★   频度星级：★
```

图 24-1　本章考点及星级分布

24.3　核心考点精讲

【考点 160】工作分析与岗位设计

🔘 **考点精华**

工作分析作用和过程

人力资源管理有如下 4 个目标：①建立员工招聘选择体系，获得最满足组织需要的员工；②充分挖掘员工潜能，既服务组织目标，也满足员工发展需求；③留住对组织目标实现有帮助的高绩效员工，同时淘汰无法满足要求的员工；④确保组织遵守人力资源的法律法规、政策标准。

人力资源管理包括：①规划：确认组织的工作要求及对应的人员容量与技术需求，向候选人提供均等的选聘机会；②招聘：确定最适合的人选，选拔符合组织需要的员工；③维护：维护员工工作积极性和安全健康的工作环境；④提升：提高员工的知识、技能和经验能力，增强员工工作素养；⑤评价：观察、测量和评估员工的工作结果和工作表现。

工作分析是明确需要完成的任务以及任务所需人员的能力特征。通过工作分析，可以把每项工作包含的任务、责任和任职资格用正式的文件明确下来。工作分析的作用在于招聘和选择员工、发展和评价员工、薪酬政策、组织与岗位设计。可以把工作分析的过程分为4个阶段，分别为：明确工作分析范围、确定工作分析方法、工作信息收集和分析、评价工作信息方法。在工作分析过程中，可以使用定性和定量两类方法，定性的工作分析方法主要有工作实践法、直接观察法、面谈法、问卷法和典型事例法；定量的工作分析方法主要有职位分析问卷法、管理岗位描述问卷法和功能性工作分析法。

岗位设计的目的是明确某类工作的内容和方法，岗位设计关注工作、任务和角色如何被构建、制定和修正，及其对个人、群体和组织的影响。岗位设计的内容包括以下3个方面：①工作内容设计是岗位设计的重点，包括工作的广度、工作的深度、工作的完整性、工作的自主性和工作的反馈性5个方面；②工作职责设计包括工作的责任、权利、方法以及工作中的相互沟通，其中工作责任设计是界定员工在工作中应承担的职责及压力范围，也就是工作负荷的设定；工作权利与责任需要满足一定的对应关系，否则会影响工作积极性；工作方法包括领导对下级的工作方法、组织和个人的工作方法设计；相互沟通是工作顺利进行的信息基础，包括垂直沟通、平行沟通、斜向沟通等形式；③工作关系设计表现为岗位之间的协作关系、监督关系等方面。

岗位设计方法包括科学管理方法、人际关系方法、工作特征模型、高绩效工作系统。有效的岗位设计必须综合考虑各种因素，需要对工作进行周密的、有目的的计划安排，既要考虑到员工素质、能力及其他各个方面的因素，也要考虑到组织的管理方式、劳动条件、工作环境、政策机制等因素。

备考点拨

本考点学习难度星级：★☆☆（简单），考试频度星级：★☆☆（低频）。

本考点考查工作分析与岗位设计，整个人力资源管理板块，甚至整个组织通用管理的章节，备考策略一定是先理解再记忆，而且要结合日常工作经验来理解，这样记忆效率会高很多。拿岗位设计的内容来举例，职场中的岗位设计，依赖的必然是工作内容设计，而工作内容（设计）又会决定对应的工作职责（设计），同时岗位设计是系统性工作，要从岗位之间的协同管理出发来设计，这就是工作关系设计，由此就可以轻松掌握岗位设计的3方面内容。

考题精练

1. 关于工作分析的核心流程的描述，不正确的是（　　）。

　　A. 影响工作分析对象的选择因素有工作的重要性、完成难度和工作内容变化

　　B. 主管人员收集工作分析信息的优点是对工作有全面的了解且速度较快

　　C. 工作说明书包括工作描述和工作规范两个方面

　　D. 直接观察法适用于对脑力劳动要求较高的工作

【解析】 答案为 D。直接观察法不适用于对脑力劳动要求较高的工作。

【考点 161】人力资源战略与计划

◎ 考点精华

人力资源战略确立人力资源管理的规划方向，明确组织人力资源管理的战略定位。战略性人力资源管理强调整合适应性，目标是有效运用人力资源实现组织的战略性要求和目标，致力于保证：①人力资源管理充分与组织战略和战略性需求相整合；②人力资源政策应涵盖政策本身和各层级；③人力资源实践作为一线管理者和员工工作的一部分不断得到调整、接受和运用。战略性人力资源管理分为两部分：人力资源战略和人力资源管理系统，其过程也包括两个阶段：战略制定和战略执行。

人力资源预测包括组织内外部的人力供给预测和组织人力需求预测。人力资源需求预测有集体预测、回归分析和转换比率等方法。人力资源需求预测的解释变量包括 5 个方面：①组织业务量，可以推算出人力需求量；②预期流动率，由于辞职或解聘等原因引起的职位空缺数量；③提高业务质量或者进入新行业的决策对人力需求的影响；④技术或管理方式的变化对人力需求的影响；⑤组织所拥有的财务资源对人力需求的约束。

内部人力资源供给预测思路是：首先确定各岗位现有的员工数量，然后估计下个时期各岗位上留存的员工数量，进行内部人力资源供给预测时需要对人力资源计划人员的主观判断进行修正。人力资源需求超过供给的两种解决方法：①增加录用数量；②提高员工效率或延长工作时间。反过来，人力供给超过需求的策略为：减少加班数量或工作时间、鼓励员工提前退休、减少新进员工数量等，还可以让合作伙伴以较低费率使用自己闲置的人力资源。如果没有其他选择时，组织只能采用辞退措施，来缓解或解除人力供需矛盾。

人力资源计划是人力资源战略的短期体现，预测未来一定时期组织任务和环境对组织的要求，以及为满足要求而设计提供人力资源的过程。人力资源计划包括 3 部分：①供给报表，指明重要员工今后若干年内的晋升可能性；②需求报表，指明各部门今后若干年中需要补充的职位；③人力报表，将供给报表和需求报表结合得到的实际人事计划方案。

◎ 备考点拨

本考点学习难度星级：★☆☆（简单），考试频度星级：★★☆（中频）。

本考点考查人力资源战略与计划，战略指引计划，计划是战略的短期体现。人力资源需要考虑的一方面是供给，另一方面是需求，需要掌握可能影响需求预测的 5 个方面，以及供需失衡时的应对措施，人力资源计划包含的 3 张报表有所了解即可。

◎ 考题精练

1. 以下不属于人力资源需求预测解释变量的是（　　）。
   A．组织业务量　　　　　　　　　B．预期流动率
   C．员工工作满意度　　　　　　　D．技术或管理方式的变化

【解析】 答案为 C。人力资源需求预测的解释变量包括组织业务量、预期流动率、提高业务质量或者进入新行业的决策对人力需求的影响、技术或管理方式的变化对人力需求的影响、组织所拥有的财务资源对人力需求的约束。员工工作满意度不属于人力资源需求预测解释变量。

【考点 162】人员招聘录用与培训

考点精华

人员招聘活动包括如下 5 点：①招聘计划制订；②招聘信息发布：根据招聘计划确定招聘信息发布的时间、方式、渠道和范围；③应聘者申请：应聘者获取招聘信息后可向招聘单位提出应聘申请；④人员甄选与录用：组织收到应聘者简历，从专业、工作经验等方面综合比较和初步筛选；⑤招聘评估与反馈：招聘过程还包括对招聘工作的评估与反馈。

招聘计划的内容包括：①招聘岗位、人员需求量、岗位具体要求；②招聘信息发布的时间、方式、渠道与范围等；③招募对象的来源与范围等；④招聘方法；⑤招聘测试的实施部门；⑥招聘预算；⑦招聘结束时间与新员工到位时间。

招聘策略包括负责招聘的人员、招聘来源和招聘方法 3 个方面。招聘策略的设计步骤一共有 3 步：①对组织总体环境进行研究，对组织发展方向和工作进行分析；②推断组织所需要的人力资源类型；③设计信息沟通的方式，确保组织和申请人能够彼此了解。

招聘录用环节的方法是申请表格、员工测评和录用面试，其中经常使用的方法还是面试。面试程序包括面试前准备、实施面试和评估面试结果。按照面试问题结构化程度，招聘面试类型分为非结构化面试、半结构化面试和结构化面试。

招聘效果评估有 5 个方面：①招聘周期；②用人部门满意度；③招聘成功率；④招聘达成率；⑤招聘成本。

员工培训包括入职培训及在职培训，4 个步骤分别为：①评估组织开展员工培训的需求；②设定员工培训的目标；③设计培训项目；④培训的实施和评估。

新员工培训的内容包括：①组织的管理标准、行为规范、工作期望、传统与政策等；②新员工需要被社会化；③工作中所需知识、技能等方面的内容。

在职培训内容可通过培训需求的循环评估模型及前瞻性培训需求分析模型确定。①**循环评估模型**针对员工培训需求提供连续的反馈信息流，周而复始地估计培训需求。每个循环都需要依次从组织整体层面、作业层面和员工个人层面进行分析。②基于组织的职业发展通道，利用学习地图、领导梯队模型进行**前瞻性培训需求分析**，为可能的工作调动、职位晋升或者适应工作内容变化做好准备等提出培训需求。

培训效果是在培训过程中受训者所获得的知识、技能、经验和其他特性应用于工作的程度。培训迁移重点关注知识、技能和态度能否转变为行为和结果，培训迁移过程模型指出受训者特征、培训设计和工作环境，会对学习、保存和迁移造成影响，并且受训者特征和工作环境直接影响迁移效果。

备考点拨

本考点学习难度星级：★☆☆（简单），考试频度星级：★☆☆（低频）。

本考点考查人力资源的招聘和培训，这个应该是距离大部分考生最近、相对最熟悉的人力资源内容，所以直接结合日常工作来备考就好，掌握起来很容易。

考题精练

1. 在招聘成本中，（ ）不属于显性成本。

    A. 管理层参与面试　　　　　　　　B. 增加招聘渠道
    C. 发布招聘广告　　　　　　　　　D. 内部推荐奖励金

【解析】答案为 A。招聘成本中的隐性成本有内部沟通、内部协商、管理层或技术骨干面试等。选项 B、C、D 属于招聘成本中的显性成本。

【考点163】组织薪酬管理

考点精华

员工在工作得到的薪酬包括薪资和所有其他形式的奖励，既包括货币收入的外在薪酬，也包括非货币收入的内在薪酬，通常意义上的薪酬是指外在报酬，可以分为直接报酬和间接报酬。薪酬体系的主要任务是确定组织的基本薪酬基础。国际上通行的薪酬体系有两类三种，即基于职位的薪酬体系和基于任职者的薪酬体系，后者又包括技能薪酬体系和能力薪酬体系。

薪酬体系必须满足公平性要求，公平性要求分为外部公平性和内部公平性要求，外部公平性要求组织的薪酬标准与其他组织相比更有竞争力，否则难以吸引或留住人才，内部公平性要求使员工感到自己与同事之间在付出和所得的关系上合理。

组织对不同类别员工的薪酬激励有所不同：①对于操作人员采用计件制，计件制包括完全计件制和部分计件制两种，完全计件制是完全按照员工的产量计算薪酬，部分计件制是指员工超过某一产量水平后的收入由员工和组织按比例分配；②对于销售业务人员采用佣金制和底薪制，这是特殊的激励方法，主要因为其工作难以有效监督；③对于专业技术人员可采用非金钱的奖励方法，如提供更好的设备、实行支持性的管理风格等，这是因为专业技术人员往往受过正式训练或从事研究工作，相对比较重视工作成就而非金钱；④高级管理人员的激励包括 5 个部分：基本薪酬、短期奖励或奖金计划、长期奖励计划、正常雇员福利、高级管理人员特殊福利或津贴。

薪酬等级结构的构成要素包括：①薪酬等级数；②目标薪酬；③薪酬级差；④薪酬幅度；⑤薪酬重叠情况。组织薪酬调整包括薪酬水平调整和薪酬结构调整。薪酬水平调整按照调整性质分为主动型薪酬水平调整和被动型薪酬水平调整，按照调整内容分为奖励性调整、生活指数性调整、年资（工龄）性调整和效益型调整；薪酬结构调整包括纵向的薪酬等级结构调整和横向的薪酬构成调整，纵向等级结构调整方法包括增加薪酬等级和减少薪酬等级，横向薪酬构成调整包括两种形式：调整固定薪酬和变动薪酬的比例、调整不同薪酬形式的组合模式。

工作评价常用的方法包括工作排序法、因素比较法、工作分类法、点数法和海氏系统法等。从是否进行量化比较的角度来看，工作排序法和工作分类法属于将整个工作看作整体的非量化评价方法；而因素比较法、点数法和海氏系统法属于按照工作要素进行量化比较的评价方法。从工作评价的比较标准看，工作排序法和因素比较法属于在不同的工作之间进行比较的工作评价方法；而工作分类法、点数法和海氏系统法属于将工作与既定标准进行比较的工作评价方法。

备考点拨

本考点学习难度星级：★★☆（适中），考试频度星级：★★☆（中频）。

本考点考查组织薪酬管理，这个考点没有想象中的容易，除非你是人力资源从业者。本考点的备考需要从人力资源从业者视角出发，去理解和掌握涉及的相关术语。不同类别员工薪酬激励的方式，以及工作评价方法，属于相对容易被考查的细分考点，比如工作评价方法，需要掌握不同评价法的异同和分类。

考题精练

1. 以下不属于组织薪酬调整内容的是（　　）。
   A．薪酬水平调整　　　　　　B．薪酬等级调整
   C．薪酬结构调整　　　　　　D．薪酬形式调整

【解析】答案为 B。组织薪酬调整包括薪酬水平调整和薪酬结构调整。薪酬形式调整属于薪酬结构调整的内容之一，而薪酬等级调整不属于组织薪酬调整的内容。

【考点164】流程基础

考点精华

组织战略执行保障体系分三层：①第一层：以会议管理、运行分析、预算考核为基础建立组织发展计划，形成以执行和控制为目标的战略控制层；②第二层：以业务流程、岗位描述、绩效测评为基础架构，对研发、采购、生产与交付、销售、客服等各职能领域构建稳定的流程执行层，流程执行层是战略执行落地的核心枢纽，在战略执行保障体系中起承上启下的作用，组织的战略目标需要落实到流程上执行；③第三层：以组织资源规划（ERP）、客户关系管理（CRM）、产品数据管理（PDM）等大量的信息技术应用为基础的系统支撑层。

业务流程是一组将输入转化为输出的相互关联作用的活动，流程的基本要素包括：流程的输入资源、流程中的若干活动、活动的相互作用、输出结果、客户、最终流程创造的价值。

流程的特点包括：①目标性：流程有明确的输出，也就是目标或任务；②内在性：流程包含于事物或行为中；③整体性：流程追求的是全量、整体的优化，不是个性、单点的优化；④层次性：流程是个嵌套的概念，组成流程的活动本身也可以是流程，也就是流程中的若干活动可以看作是子流程。

流程的生命周期是从导入期到成长期，历经成熟期后步入衰退期或变革期。处于导入期的流程不具备管理条件，此时没有必要把工作固化和结构化，否则结构化设计会束缚流程，影响流程的灵活性。进入成长期是流程管理介入的好时机，此时需要适度管理，把握规范和灵活的平衡。进入成熟期是流程管理的好时机，运用流程管理工具将业务转变成标准化、规范化的操作，并固化最佳实践，提高业务运作效率与效果。流程管理价值原则包括管理大跨度原则、管理多元参

原则和管理高频度使用原则等。

组织流程可分为：①战略流程。战略流程面向未来，为组织提供发展方向和整体管理。②运行流程。运行流程以战略流程为导向，以战略流程确定的架构为基础展开，逻辑顺序是：战略—业务模式—运行流程；运行流程直接为业务对象创造价值，能被内外部的业务对象感知到，运行流程包括产品价值链、市场链、供应链和服务链等。③支持流程。支持流程为运行流程提供支持服务，包括决策支持、后勤支持与风险控制3类。支持流程设计以战略流程为导向，有效支持组织未来的发展战略，为战略目标的实现准备相应的专业资源、支持与管控能力。

流程分为3个级别：①一级流程：也称为"域"，是高阶流程，是端到端流程；②二级流程：也称为"域过程"，是中阶流程；③三级流程：是低阶流程，是对域过程的细分，由子流程（四级流程）和业务活动构成，是工作活动比较具体的流程。

端到端流程的本质是组织做任何事情都要从目的出发而不是从任务出发，关注最终结果。端到端流程是以战略为导向进行全局管理、系统管理，追求整体最优，而不是分散聚焦在个人或部门的具体目标上。

💬 备考点拨

本考点学习难度星级：★☆☆（简单），考试频度星级：★★☆（中频）。

本考点考查流程相关的基础概念和专业术语，子考点相对比较细、多，需要逐个了解和掌握。流程我们在日常工作中接触较多，但是本考点提到的很多概念可能之前并不了解，比如组织战略执行保障体系的3层，流程的特点、生命周期、分类和级别等概念，所以还需要认真备考。

🔍 考题精练

1. 流程管理中，组织战略执行保障体系包含战略控制层、流程执行层、系统支撑层三层。其中，（　　）是战略执行落地的核心枢纽；预算考核属于（　　）。

   A. 流程执行层　系统支撑层　　　B. 战略控制层　系统支撑层
   C. 战略控制层　流程执行层　　　D. 流程执行层　战略控制层

【解析】答案为D。第1层的战略控制层以会议管理、运行分析、预算考核为基础建立组织发展计划，第2层的流程执行层以业务流程、岗位描述、绩效测评为基础架构，是战略执行落地的核心枢纽，在整个战略执行保障体系中起到承上启下的作用，第3层的系统支撑层以组织资源规划（ERP）、客户关系管理（CRM）、产品数据管理（PDM）等大量的信息技术应用为基础。

2. 运行流程以战略流程为导向，以战略流程确定的架构为基础展开，它的逻辑顺序是（　　）。

   A. 战略—业务模式—运行流程　　　B. 商业模式—战略—运行流程
   C. 运行流程—商业模式—战略　　　D. 战略—运行流程—商业模式

【解析】答案为A。运行流程以战略流程为导向，以战略流程确定的架构为基础展开，它的逻辑顺序是：战略—业务模式—运行流程。

3. 在组织战略执行保障体系中，经营分析活动属于（　　）。

   A. 战略控制层　　　　　　　　　　B. 流程执行层
   C. 信息系统支撑层　　　　　　　　D. 经营销售层

【解析】 答案为 A。具体包括以下三层：①第一层：以会议管理、运行分析、预算考核为基础建立组织发展计划，形成以执行和控制为目标的战略控制层；②第二层：以业务流程、岗位描述、绩效测评为基础架构，对研发、采购、生产与交付、销售、客服等各职能领域构建稳定的流程执行层；③第三层：以组织资源规划（ERP）、客户关系管理（CRM）、产品数据管理（PDM）等大量的信息技术应用为基础的系统支撑层。

【考点 165】流程的规划执行评价改进

考点精华

组织的最高管理层是流程框架总图的责任人，主要职责是制定并传达组织战略，确保组织各流程紧密衔接，建立各项活动的有机组合，形成整体系统，确保战略的实现。整体流程框架反映了组织的一级、二级流程，进一步向下细化形成二级、三级直到完整的组织流程清单。

流程规划小组负责确保流程规划的整体性和流程间的一致性，流程规划小组成员至少包括高级管理层、流程管理部门人员和涉及流程的部门负责人。

流程管理有效执行的保障措施：①理解流程是执行流程的前提；②做好流程变更后的推广；③新员工入职流程制度培训；④找对流程执行负责人；⑤流程审计及监控；⑥把流程固化到信息系统中；⑦把流程固化到制度中；⑧流程文化宣导。

流程检查方法有流程稽查、流程绩效评估、满意度评估和流程审计等。对单个流程的稽查，主要是稽查流程的安排是否得到了执行，执行是否到位，是否符合流程制度的要求等。

流程绩效评估有 3 个维度：效果、效率和弹性。①流程效果是流程产出满足业务对象需求和期望的程度，是达成流程绩效目标的程度；②流程效率是各类资源节约和杜绝浪费的程度。流程效率的指标有处理时间、投入产出比、增值时间比例和质量成本等；③流程弹性是流程具备的动态调整能力，从而满足业务对象当前和未来的需求，流程弹性的指标是适应性。

建立战略导向的流程绩效指标体系步骤包括：①将组织战略目标按平衡计分卡从 4 个维度分解成符合效率管理模型（SMART 原则）的目标；②将流程目标分解到组织一级流程上；③将流程一级目标分解到可管理级流程目标；④确定流程绩效评估体系。

流程评价的价值在于是否能够将评价结果应用到工作，并通过应用使流程检查产生价值。检查结果可用于以下 5 个方面：①流程优化：以业务对象需求为导向持续优化流程，提升业务对象满意度、流程价值和流程绩效；②绩效考核：流程绩效评估反映流程结果质量、流程执行水平和流程管理水平，显示流程管理者存在的缺陷或不足；③过程控制：根据流程评价结果，责任部门需要提交整改单、评审问题严重度、处理不合格事项并采取补救措施，确保流程结果符合要求；④纠正措施：对于系统性原因产生的问题、大面积发生问题或类似问题反复发生，应要求采取纠正措施；⑤战略调整：将业务对象满意度评估的结果与流程绩效评估的结果进行关联，对于组织战略调整具有极强的参考价值。

根据流程优化需求驱动因素的不同，流程优化需求大致可分为 3 种：问题导向、绩效导向、变革导向。

备考点拨

本考点学习难度星级：★☆☆（简单），考试频度星级：★★☆（中频）。

本考点考查流程从规划到执行再到评价和改进的周期中，需要掌握的要点。流程规划需要掌握规划小组的职责和组成，以及谁是流程框架总图的责任人；流程执行的保障措施需要理解，同样需要了解的是流程的检查方法、流程绩效评估的 3 个维度，最后关于流程评价价值及流程优化需求理解。

考题精练

1. 以下不属于流程管理有效执行保障措施的是（　　）。
   A．做好流程变更后的推广　　　　B．新员工入职流程制度培训
   C．流程设计及优化　　　　　　　D．把流程固化到信息系统中

【解析】答案为 C。流程管理有效执行的保障措施包括：理解流程是执行流程的前提；做好流程变更后的推广；新员工入职流程制度培训；找对流程执行负责人；流程审计及监控；把流程固化到信息系统中；把流程固化到制度中；流程文化宣导。流程设计及优化不属于流程管理有效执行保障措施内容。

【考点 166】知识价值链和显隐性知识

考点精华

知识管理是以知识为对象，以知识、技术为手段，运用知识进行的管理。知识管理的特征包括：①知识管理是优化的流程；②知识管理是管理；③知识管理依赖于知识。知识价值链是一个包含知识输入端、知识活动面、价值输出端的整合模式，知识价值链过程包括以下 6 个方面：

1. 知识创造。知识来源多元化，除组织成员所贡献的专业意见和知识外，来自互联网的全球知识，与外部组织共同贡献知识、分享知识也是关键所在。

2. 知识分类。组织日常运行中产生各的各种文件如何分类，需要根据组织的需要而定。

3. 知识审计。知识审计是知识分类的另一种方式，知识审计是指针对组织内部的专业领域与组织外部的需求，经由有计划的流程设计与审查，对组织知识进行系统的调查分析。知识审计一共 3 个步骤：①定义组织目前存在的重要知识（隐性与显性知识）并建立知识地图；②定义组织有哪些重要知识正在流失并评估对组织目标的影响；③结合盘点结果提出涵盖知识库、社群、实务学习、知识管理网站等执行方向的建议，作为知识管理活动优化的参考依据。

4. 知识存储。可以利用知识管理平台来存储。

5. 知识分享。分享才能产生真正的价值。

6. 知识更新。除文件更新之外，最重要的是能实时更新组织及个人内隐的核心专长。

知识可以分为显性知识和隐性知识。显性知识可以通过文字、公式、图形等进行表述，或者通过语言、行为等进行表述，并且可以体现于纸、光盘、磁带、磁盘等载体介质上的知识。显性知识也是客观性的、社会性的、组织化的知识，具有理性和逻辑性。显性知识具有 4 个主要特征：①客观存在性；②静态存在性；③可共享性；④认知元能性。隐性知识是难以编码、难以交流和

分享的知识，主要依赖个人经验和认知，例如主观见解、直觉和预感等。隐性知识具有6个主要特征：①非陈述性；②个体性；③实践性；④情境性；⑤交互性；⑥非编码性。

备考点拨

本考点学习难度星级：★☆☆（简单），考试频度星级：★★☆（中频）。

本考点考查知识价值链，从创造、分类，到审计、存储，再到分享和更新，对这个链条中的环节需要了解，本考点另外一个重要内容是显性知识和隐性知识的概念和区别，需要掌握两类知识的特点。

考题精练

1. 显性知识的特征不包括（　　）。
　　A. 非陈述性　　B. 可共享性　　C. 静态存在性　　D. 客观存在性

【解析】答案为A。显性知识有4个主要特征：客观存在性、静态存在性、可共享性、认知元能性；隐性知识有6个主要特征：非陈述性、个体性、实践性、情境性、交互性、非编码性。由此可知，选项A属于隐性知识的特征。

2. 直觉和预感这类知识属于（　　）。
　　A. 隐性知识　　B. 显性知识　　C. 言语性知识　　D. 数字性知识

【解析】答案为A。隐性知识是难以编码的知识，主要基于个人经验。在组织环境中，隐性知识由技术技能、个人观点、信念和心智模型等认知维度构成，隐性知识交流在很大程度上依赖于个人经验和认知，难以交流和分享，例如主观见解、直觉和预感等这一类的知识。

【考点167】知识管理过程

考点精华

知识管理遵循3条原则：①积累原则：知识积累是实施知识的管理基础；②共享原则：组织内部信息和知识要尽可能公开，使每一个员工都能接触和使用组织的知识信息；③交流原则：知识管理的核心是在组织内部建立有利于交流的组织结构和文化气氛，使人员之间的交流毫无障碍。

知识管理过程包括：知识获取与采集、知识组织与存储、知识交流与共享、知识转移与应用、知识管理审计与评估一共5个步骤，分别如下：

1. 知识获取与收集。知识获取与收集分为主动式和被动式两类：①主动式知识获取与收集是知识处理系统根据领域专家给出的数据与资料，利用工具直接自动获取或产生知识，并装入知识库；②被动式知识获取与收集是间接通过中介人并采用知识编辑器工具，把知识传授给知识处理系统。

2. 知识组织与存储。为保证知识库的构建质量，需要遵循的原则包括：①自顶而下原则；②由外而内原则；③专家参与原则；④高内聚低耦合原则；⑤定期更新原则。

组织知识库的建设步骤包括5个步骤：①分析构建目标：根据知识库目标，分析实现目标所需的知识类型、知识形态和存储情况，确定知识库规模、类型，明确知识库要解决的问题；②构建知识库框架：首先根据构建目标设计知识库的结构、检索界面和模型；③净化数据与知识去冗：将无序有噪声的数据进行净化处理，对与目标不相干的知识进行去冗处理；④知识整序：经清理、去冗后的知识，通过知识的分类、聚类等方法，按构建目标进行重新组合，并对重新组合后的知识进行整序，对知识单元进行结构化处理；⑤实施和联网：将去冗、净化、整序后的知识按构建的框架结构组织起来，形成有机整体。

3. 知识交流与共享。知识交流与共享是指与知识载体进行知识的互动交流，有4类视角：①信息沟通/信息流动角度；②组织学习角度；③市场角度；④系统角度。

知识共享的要素有共享对象、共享主体和共享手段3个方面：①共享对象即知识的内容；②共享主体即人、团队和组织；③共享手段即知识网络、会议和团队学习等。在知识共享的三要素中，人和技术是两个主要维度，无论强化哪个维度的作用，都能够促进知识共享的过程，推动知识的发展。

4. 知识转移与应用。知识转移由知识传输和知识吸收两个过程共同组成，知识转移包含3点：知识源和接受者、特定的情境或环境和特定的目的。

5. 知识管理审计与评估。知识管理审计是对组织知识资产和关联的知识管理系统的评估，知识管理审计与评估既是组织知识管理的起点，又是组织知识管理的重点，在组织的知识管理循环中，起到了承上启下的重要作用。知识审计包括知识资源审计、安全审计、能力审计等知识管理实践过程中全方位的知识管理对象和活动的审计。知识审计包括计划阶段、数据收集阶段、数据分析阶段、数据评估阶段、推荐沟通阶段、实现建议阶段和持续优化阶段。

知识管理的绩效评估过程包括：①确定绩效类别；②制定绩效指标与评估标准；③设定权重；④制订评分方法；⑤制作绩效评估表；⑥设定评估周期；⑦决定评估成员；⑧实施评估。知识绩效指标是知识绩效评估的核心，常见的知识绩效指标方法有知识管理绩效评估矩阵、以策略地图方式建立绩效指标和以知识地图设立绩效指标。

🐾 备考点拨

本考点学习难度星级：★★☆（适中），考试频度星级：★★☆（中频）。

本考点考查知识管理过程，首先需要理解知识管理的5个步骤，5个步骤之间的逻辑先后顺序还是比较明显的，首先需要收集获取知识，获取之后要组织存储起来，然后就可以对知识进行交流共享和转移应用，最后做知识管理的审计和评估。这5个步骤里也隐藏着较多的子考点，需要耐心学习并逐条掌握。

📝 考题精练

1. 知识管理需要遵循积累原则、共享原则和交流原则，其中（　　）是实施知识管理的基础，（　　）需要建立有利于知识管理的组织结构和文化气氛。

  A. 共享原则　交流原则　　　　　　B. 积累原则　交流原则
  C. 积累原则　共享原则　　　　　　D. 交流原则　共享原则

【解析】答案为B。知识管理是一个复杂的过程，要遵循以下3条原则：①积累原则：知识积累是实施知识的管理基础；②共享原则：组织内部的信息和知识要尽可能公开，使每一个员工都能接触和使用组织的知识和信息；③交流原则：知识管理的核心是在组织内部建立有利于交流的组织结构和文化气氛，使人员之间的交流毫无障碍。

【考点 168】知识协同创新与传播

考点精华

知识协同共有四大要素，分别是知识主体（即知识活动的参与成员）、知识客体（即知识）、时间、环境（包括"软环境"如文化环境和"硬环境"如计算机环境等）。知识协同具有面向知识创新、知识互补性、共赢性、知识协同平台支撑和"1+1>2"的效应涌现等特征。

知识传播分为个体知识传播、团队知识传播和组织知识传播三类。从知识主体之间的相互关系角度、从知识主体知识存量角度、从知识传播内容角度将知识模型分为如下 3 类：

1. 知识场模型。知识场模型中，知识员工是接收并提供知识的源头，所有知识载体都客观地散发着知识影响力，即知识场。

2. 知识势能流动模型。一个组织内出现知识传播的原因是人与人之间存在知识差异。仅存在知识势能的差异还不足以促成知识传播，还需要存在促使知识传播的"推力"和"拉力"。知识流在传播的过程中从知识势能高的地方向知识势能低的地方流动。

3. 知识转化模型。在 SVEI（S——内部概括；V——分析论证；E——消除障碍；I——潜在促进）知识进化模型的基础上增加知识传播过程中的"感受"（Feel）和"复制"（Copy）过程，形成了 FC-SVEI 知识传播模型。

知识服务的建立过程包括：①知识获取：知识获取将无序的文档、数据资料等显性知识，以及存在人脑中的经验、习惯等隐性知识，变成有序、可检索和存储的显性知识；②知识分析和表示：获取知识后对知识进行分析表示，形成知识单元；③建立流程与知识的映射关系图：将业务流程和紧密相关的知识相结合；④知识服务封装：将服务存入知识服务库，下次使用该服务时可直接到服务库中进行查找调用。

备考点拨

本考点学习难度星级：★☆☆（简单），考试频度星级：★☆☆（低频）。

本考点考查知识的协同、传播和服务建立。知识协同需要掌握四大要素及其特征，知识传播需要掌握知识模型的分类，知识服务需要掌握其建立的 4 个过程。本考点内容相对较少，掌握起来难度不大。

考题精练

1. 以下不属于知识协同要素的是（　　）。
   A. 知识主体　　　　　　　　　　　B. 知识客体
   C. 知识创新　　　　　　　　　　　D. 时间

【解析】答案为 C。知识协同共有四大要素，分别是知识主体（即知识活动的参与成员）、知识客体（即知识）、时间、环境（包括"软环境"如文化环境和"硬环境"如计算机环境等）。知识创新不属于知识协同要素内容。

【考点 169】市场营销

考点精华

市场营销是组织为获得利益回报而为客户创造价值并与之建立稳固关系的过程，客户和市场有 5 个核心概念：①需要、欲望和需求：市场营销的基础是人或组织的需要，欲望是需要的表现形式，在得到购买能力的支持时，欲望就转化为需求；②市场提供物：市场提供物包括产品、服务和体验，客户的需要和欲望通过市场提供物得到满足；③客户价值和满意：客户对市场提供物递送的价值和满意形成预期，并做出消费或购买的决定；④交换和关系：市场营销者试图获得人们对某种市场提供物理想的反应；⑤市场：市场是某种产品和服务的实际购买者和潜在购买者的集合。

市场营销战略的概念包括：选择目标客户、选择价值主张、营销管理导向和市场营销理念等。市场营销战略规划是在组织的目标和能力与不断变化的市场机会之间建立和维持战略适配的过程。主要的市场营销组合工具称为市场营销的 4P：产品（Product）、定价（Price）、渠道（Place）和促销（Promotion）。

市场营销的微观环境通常包括组织、供应商、营销中介、客户、竞争者、公众等；市场营销的宏观环境通常包括人口、经济、自然、技术、政治与社会，以及文化等。

市场营销者可以从 3 方面获得市场营销信息：①内部资料：从组织内部数据源收集关于客户和市场的信息；②竞争性市场营销情报：竞争性市场营销情报是指系统地收集和分析关于客户、竞争对手和市场发展趋势的可公开获得的信息；③市场营销调研：市场营销调研的过程包括 4 个步骤：确定问题和调研目标，制订调研计划，执行调研计划，解释和报告调研结果。

市场营销者需要理解刺激怎样在购买者黑箱中转化为反应，这由两部分构成：①购买者的特征影响对刺激的感知反应；②购买者的决策过程影响购买者行为。

与消费者市场的市场营销者相比，组织市场中的市场营销者通常面对数量较少但规模更大的客户，组织购买涉及更多的决策参与者和更加专业的购买工作，组织购买者的购买决策通常复杂多变。组织内部的购买行为由两个部分构成：一是采购中心，由采购决策涉及的所有人组成；二是采购决策过程。组织购买有 3 种主要类型：直接重购、调整重购和新购。影响组织购买者购买行为的因素包括环境、组织、人际关系和个人等。

组织营销控制需要关注 3 方面：①营销活动管理：4 种营销管理活动包括分析、计划、执行与控制；②整合营销沟通：市场营销者通过如下活动开展整合沟通：确定目标受众、明确沟通目标、设计信息、选择沟通渠道和媒体、选择信息来源、收集反馈；③人员销售管理：人员销售包括 7 个步骤：发掘潜在客户和核查资格，销售准备，接近客户，介绍和示范，处理异议，成交，跟进和维持。

备考点拨

本考点学习难度星级：★☆☆（简单），考试频度星级：★☆☆（低频）。

本考点考查市场营销，市场营销不是一个重要考点，作为高级项目经理了解相关概念即可，不过关键的要点也就是关键词最好记住，比如最典型的 4P 等在考点精华中蓝色字体标识的内容。

考题精练

1．某企业管理层采取纠偏措施缩小目标与实际业绩之间的差距。该企业正在执行（　　）阶段的营销活动。

A．市场营销组织　　　　　　　　B．市场营销执行
C．市场营销控制　　　　　　　　D．市场营销分析

【解析】答案为 C。本题考查市场营销活动管理中的市场营销控制，市场营销控制共有 3 个步骤，分别是：①管理层首先要设定具体的营销目标；②衡量其市场业绩，找到造成预期业绩和实际业绩之间缺口的原因；③管理层采取纠偏措施缩小目标与实际业绩之间的差距，包括改变行动计划，或者改变目标本身。本题题干描述的是步骤③，所以可以得出该企业正在执行市场营销控制阶段的营销活动。

第 25 章

法律法规与标准规范考点精讲及考题实练

25.1 章节考情速览

法律法规与标准规范正如其名，一共有法律法规和标准规范两部分内容，是全书内容最少的章节，按照往年的考试经验看，一般会考查 2 分左右，两部分内容各占一分，建议将重心放在法律法规上，因为备考起来的性价比会比标准规范高很多，标准规范有较多的图表都属于考试范围，特别是标准的内容和适用范围。

25.2 考点星级分布图

本章涉及的主要考点分布及难度与频度双星级如图 25-1 所示。

```
                    ┌─ 法律法规 ─【考点170】法律法规 ─┬─ 难度星级：★
法律法规与标准规 ──┤                                    └─ 频度星级：★★
范考点              │
                    └─ 标准规范 ─【考点171】标准规范 ─┬─ 难度星级：★★★
                                                        └─ 频度星级：★★
```

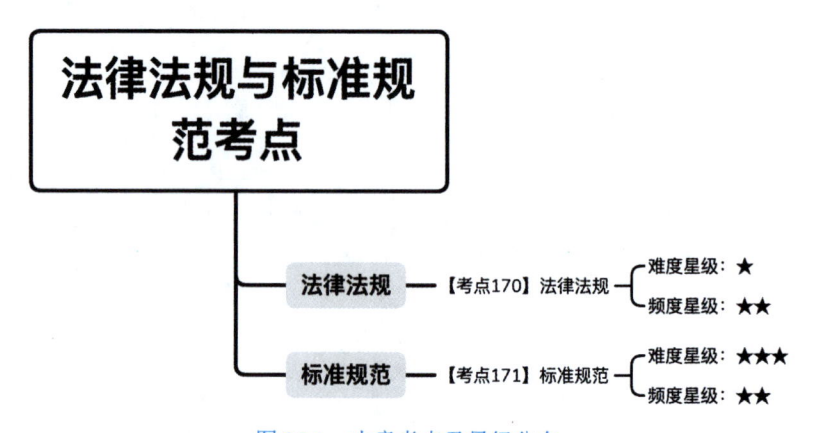

图 25-1 本章考点及星级分布

25.3 核心考点精讲

【考点 170】法律法规

考点精华

与信息系统活动有关的法律法规共有 8 部，分别如下：

1. 《中华人民共和国民法典》（简称"合同编"）。2020 年 5 月颁布的民法典（合同编）主要围绕合同进行了相关的法律规定和解释，比如其中提到：合同文本采用两种以上文字订立并约定具有同等效力的，对各文本使用的词句推定具有相同含义。

2. 《中华人民共和国招标投标法》（简称"招标投标法"）。招标投标法以及《中华人民共和国招标投标法实施条例》这两部法律法规，对招标投标活动以及具体措施做出了明确规定。

3. 《中华人民共和国政府采购法》（简称"政府采购法"）。2014 年 8 月 31 日通过，同日正式实施了政府采购法，同年 12 月 31 日通过，2015 年 3 月 1 日施行了《中华人民共和国政府采购法实施条例》。

4. 《中华人民共和国专利法》（简称"专利法"）。2020 年 10 月 17 日第四次修正的专利法通过，并于 2021 年 6 月 1 日正式实施。专利法规定，发明创造包括发明、实用新型和外观设计。发明是指对产品、方法或者其改进所提出的新的技术方案；实用新型是指对产品的形状、构造或者其结合所提出的适于实用的新的技术方案；外观设计是指对产品的整体或者局部的形状、图案或者其结合以及色彩与形状、图案的结合所做出的富有美感并适于工业应用的新设计。

5. 《中华人民共和国著作权法》（简称"著作权法"）。2020 年 11 月 11 日发布第三次修正版著作权法，于 2021 年 6 月 1 日正式施行。著作权法对著作权保护及其具体实施做出了明确的规定。

6. 《中华人民共和国商标法》（简称"商标法"）。商标法于 2019 年 4 月 23 日通过，2019 年 11 月 1 日起施行。经商标局核准注册的商标为注册商标，包括商品商标、服务商标、集体商标和证明商标。集体商标是指以团体、协会或者其他组织名义注册的商标。证明商标是指由对某种商品或者服务具有监督能力的组织所控制，而由该组织以外的单位或者个人用于其商品或者服务，用以证明该商品或者服务的原产地、原料、制造方法、质量或者其他特定品质的标志。

7. 《中华人民共和国网络安全法》（简称"网络安全法"）。2017 年 6 月 1 日起正式实施网络安全法。

8. 《中华人民共和国数据安全法》（简称"数据安全法"）。数据安全法于 2021 年 9 月 1 日起正式施行，数据安全法从数据安全与发展、数据安全制度、数据安全保护义务、政务数据安全与开放的角度对数据安全保护的义务和相应法律责任进行规定。数据安全法作为数据安全领域最高位阶的专门法，与网络安全法一起补充了《中华人民共和国国家安全法》框架下的安全治理法律体系，同时数据安全法延续了网络安全法生效以来的"一轴两翼多级"的监督体系。

备考点拨

本考点学习难度星级：★☆☆（简单），考试频度星级：★★☆（中频）。

本考点考查和信息系统有关的各种法律法规，本考点主要就是熟记，一方面需要大概知道相关法律颁布的日期，以便在选择题中通过排除法选对答案，另一方面需要记住法律中的重要关键词，比如专利法中提到了发明创造的3种类型，需要能够区分不同类型的特点以及定义；再比如数据安全法包含的4种角度以及监管体系，这些都是可能的出题点。

考题精练

1. 关于数据安全法的描述，不正确的是（　　）。
   A．现行数据安全法于2021年9月1日起正式施行
   B．数据安全法延续了网络安全法生效以来的"一轴两翼三级"的监管体系，通过多方共同参与实现各地、各部门对工作集中收集和产生数据的安全管理
   C．数据安全法从数据安全与发展、数据安全制度、数据安全保护义务、政务数据安全与开放的角度对数据安全保护的义务和相应法律责任进行规定
   D．数据安全法是数据安全领域最高位阶的专门法，与网络安全法一起补充了《中华人民共和国国家安全法》框架下的安全治理法律体系

【解析】答案为B。本题考查数据安全法，数据安全法延续了网络安全法生效以来的"一轴两翼多级"的监管体系，而不是选项B中的"三级"。本题更多是抠字眼的考法，很容易看错或者选错。

2. 关于商标法的描述，不正确的是（　　）。
   A．商标10年到期后，再续展有效期是5年
   B．商标在相当范围内被大众熟知，如果商标持有人觉得侵权，可以申请驰名商标保护
   C．商标有效期到期前12个月内需提交延期申请
   D．商标法于2019年4月修订

【解析】答案为A。注册商标的有效期是10年，到期前12个月内办理续展手续，每次续展注册的有效期也是10年。

3. 专利分类中，（　　）指对产品、方法或者其改进所提出的新的技术方案；（　　）指对产品的形状、构造或者其结合所提出的适于实用的新的技术方案。
   A．实用新型　发明　　　　　　　B．实用新型　外观设计
   C．发明　外观设计　　　　　　　D．发明　实用新型

【解析】答案为D。本题考查专利法中发明创造的概念。发明创造包含发明、实用新型和外观设计。其中发明是指对产品、方法或者其改进所提出的新的技术方案；实用新型指对产品的形状、构造或者其结合所提出的适于实用的新的技术方案；外观设计是指产品的整体或者局部的形状、图案或其结合，以及色彩与形状、图案的结合所做出的富有美感并适用于工业应用的新设计。

4. 关于招标投标的描述，不正确的是（　　）。
   A．招标人不得组织单个或者部分潜在投标人踏勘项目现场
   B．一个招标项目只能有一个标底，标底必须保密

C．属于同一集团组织成员的投标人可以按照该组织要求协同投标

D．国有资金占控股或主导地位的项目，可以公开招标，也可以邀请招标

【解析】答案为C。选项A正确，这样可以避免招标人对部分投标人有特殊照顾，保证招标的公平性；选项B正确，标底保密可以防止投标人恶意竞争，确保招标过程的公正性；选项C错误，属于同一集团、协会、商会等组织成员的投标人，按照该组织要求协同投标属于串标行为，是不被允许的；选项D正确，国有资金占控股或者主导地位的依法必须进行招标的项目，应当公开招标，但是符合一定情形的，也可以邀请招标。

5．合同履行费用的负担不明确的，由（   ）分担。

A．履行义务的一方　　B．接受履行的一方　　C．合同双方当事人　　D．协商确定

【解析】答案为A。合同履行费用的负担不明确的，由履行义务的一方分担。

6．当事人订立合同可以采取（   ）方式。

A．要约　　　　　　　B．承诺　　　　　　　C．要约承诺　　　　　D．邀请

【解析】答案为C。当事人订立合同，应当按照法定程序进行，即采取要约承诺方式。要约是希望和他人订立合同的意思表示，该意思表示应当符合下列规定：①内容具体；②表明经要约人承诺，要约人受该意思表示约束。

【考点171】标准规范

考点精华

与信息系统活动有关的标准规范可以分为三大类，分别是系统与软件工程标准、新一代信息技术标准和信息技术服务标准。

1．系统与软件工程标准主要分为基础标准、生存周期管理标准以及质量与测试标准，各标准关注的方向和侧重点不同。

（1）基础标准主要包含《信息技术 软件工程术语》（GB/T 11457）、《软件工程 软件工程知识体系指南》（GB/Z 31102）等标准。其中《信息技术 软件工程术语》（GB/T 11457）给出了软件工程领域的中文术语及其定义，以及每个中文术语对应的英文词汇；《软件工程 软件工程知识体系指南》（GB/Z 31102）描述了软件工程学科的边界范围，按主题提供了访问支持该学科文献的途径。

（2）生存周期管理标准主要包含《信息技术 软件生存周期过程》（GB/T 8566）、《系统与软件工程 系统生存周期过程》（GB/T 22032）等标准。其中《信息技术 软件生存周期过程》（GB/T 8566）为软件生存周期过程建立了公共框架，适用于系统和软件产品以及服务的获取，还适用于软件产品和固件部分的供应、开发、操作和维护，可在一个组织的内部或外部实施，该标准包括需要应用的过程、活动和任务，以及用来定义、控制和改进软件生存周期的过程；《系统与软件工程 系统生存周期过程》（GB/T 22032）标准为描述人工系统的生存周期建立了通用框架，从工程的角度定义了一组过程及相关的术语，并定义了软件生存周期过程，该标准涉及一个或多个可由各类元素配置的人工系统，当系统元素是软件时，ISO/IEC/IEEE 12207—2015 可以用于实现此系统元素。

（3）质量与测试标准主要有《系统与软件工程 系统与软件质量要求和评价（SQuaRE）》（GB/T 25000）等。

2. 新一代信息技术标准主要包括物联网相关标准、云计算相关标准以及其他的一系列标准，考纲只涉及物联网和云计算相关标准。

3. 信息技术服务标准主要包括信息技术服务分类与代码标准、信息技术服务质量评价指标体系、信息技术服务基本要求等系列标准。

备考点拨

本考点学习难度星级：★★★（困难），考试频度星级：★★☆（中频）。

本考点考查相对较多的标准规范，学习难度不在于理解，而在于记忆，毕竟考纲里面有四张长长的表格，表格里面有大量的标准规范，每个标准规范都列出了主要内容、适用范围等信息，这些都可以成为出题的考点。由于这些表格和其中的标准规范过多，本书一一摘录没有意义，所以请参考考纲中的表格进行学习，不过全部记忆的必要性不大，在其他考点掌握的前提下，对这个考点的标准规范表格熟读即可。

考题精练

1. （　　）适用于 PaaS 云计算系统的设计、实现、部署和使用。
   A.《信息技术 云计算 平台即服务（PaaS）参考架构》（GB/T 35301）
   B.《信息技术 云计算 平台即服务（PaaS）应用程序管理要求》（GB/T 36327）
   C.《信息技术 云计算 平台即服务（PaaS）部署要求》（GB/T 37739）
   D.《信息技术 云计算 参考架构》（GB/T 32399）

   【解析】答案为 A。《信息技术 云计算 平台即服务（PaaS）参考架构》（GB/T 35301）标准适用于 PaaS 云计算系统的设计、实现、部署和使用。

2. 国家标准（　　）为信息技术服务体系的建立提供了范围基础。
   A.《信息技术服务从业人员能力评价要求》　　B.《信息技术服务安全要求》
   C.《信息技术服务基本要求》　　D.《信息技术服务分类与代码》

   【解析】答案为 D。本题考查信息技术服务的系列标准，《信息技术服务分类与代码》是信息技术服务分类、管理和编目的准则，为信息技术服务体系的建立提供了范围基础。本题可以使用排除法，选项 A 和选项 B 分别是侧重人员和安全的细分领域，和题干不符，可以先行排除掉。剩下的选项 C 很有迷惑性，但是请注意题干提到的是范围基础，所以选项 C 过于宽泛，相比之下选择选项 D。

3. （　　）标准适用于服务供方和需方确立服务内容和签署合同。
   A.《信息技术服务 质量评价指标体系》（GB/T 33850）
   B.《信息技术服务 从业人员能力评价要求》（GB/T 37696）
   C.《信息技术服务 服务基本要求》（GB/T 37961）
   D.《信息技术服务 服务安全要求》（GB/T39770）

   【解析】答案为 C。本题考查现行主要信息技术服务通用标准，其中《信息技术服务 服务基本要求》（GB/T 37961）适用于服务供方和需方确立服务内容和签署合同。

案例分析篇

第 26 章

案例专项强化之问答题型

信息系统项目管理师的案例分析的问答题型，从大类看可以分为两类：一类为和题干背景有关的问答题，通常分为两步进行考查，第 1 步是让你从题干的项目背景中找出有问题或者有错误的做法，第 2 步是让你写出应对措施或者纠正方案；另一类和题干背景关系不大，就基础理论知识进行考查，这类问答通常以简答、填空、选择、判断等具体的题型展现。

➲ 例题手把手

阅读下列说明，回答问题 1 至问题 4，将解答填入答题纸的对应栏内。

[说明] 某金融机构信息化建设项目共 100 多个，质量管理部门仅有 5 名质量工程师。为提升交付质量，质量管理部门决定引入外部力量协助开展质量管理工作，组建多层级质量管理体系，并委任部门具有丰富质量管理经验的张工负责此项工作。

考虑到组织信息化项目的体量，张工通过招标方式引入了第三方 QA 团队共计 20 人，负责项目级 QA 工作，并根据项目重要程度，为每个项目配备 QA 人员负责项目的质量。质量管理部门 5 名质量工程师则担任组织级 QA，对项目级 QA 进行监督检查，期望以此来保证项目级 QA 工作的客观性和有效性。

张工建立了标准的质量检查单，要求各项目 QA 根据标准的检查单制订项目级的质量保证工作计划及检查单，并按照计划和检查单执行质量管理工作，同时要求组织级 QA 对项目级 QA 进行检查。

新的质量制度执行 3 个月后，项目经理纷纷向张工反馈：项目具有各方面特殊性，项目质量检查单并不完全适用，有些检查项在项目工作中并不涉及，而上级审计机构及客户要求的部分特定交付成果却不在检查单中，难以起到质量审计作用。同时，组织管理层要求质量管理部门出具工作阶段报告，张工发现当前并没有明确的度量指标能够对各项目团队质量情况进行评价，对各项目级 QA 的工作也无法客观评价。

组织级 QA 向张工反馈：项目级 QA 工作不积极，不主动向组织级 QA 提交工作报告，由于项目数量较多，难以检查到项目级 QA 的每个工作细节，组织级 QA 只能根据经验随机挑选一部分认为重要的环节进行检查，检查结果并不客观。

【问题1】（12分）结合案例，请从质量管理和沟通管理角度，指出存在的问题。

【问题2】（4分）项目质量管理包括 （1） 、 （2） 、 （3） 三个主要过程。依据质量数据采集、数据分析和数据表现，出具质量报告属于 （4） 过程的工作。

【问题3】（3分）结合案例，请填写合适的沟通方法：
（1）质量管理部门向高级管理层电子邮件汇报质量工作情况属于 （1） 。
（2）组织级 QA 从项目管理平台获取项目质量管理工作信息属于 （2） 。
（3）项目级 QA 与组织级 QA 之间的沟通方法适合采用 （3） 。

【问题4】（6分）为了改善当前沟通问题，张工制订了项目级 QA 和组织级 QA 的沟通计划，计划中明确了汇报步骤上报方式（电子邮件或会议）、上报频率，请帮张工补充沟通管理计划中缺少的内容。

百闻不如一见，这里举出一道具体的案例分析题，近距离看看这两类出题风格和答题策略。例题通过一段项目状况的简介，考查了质量管理和沟通管理两个考点，一共提出了4个问题。问题1让你从质量管理和沟通管理角度，指出存在的问题，这是一个典型的找错类问题；问题2~4基本上都可以视为和项目背景无关的基础理论题，比如问题2考查项目质量管理的三个过程，问题3考查三种沟通方式，问题4考查沟通管理计划的内容。

接下来一起围绕这个具体案例，看看如何应对这类问题，如何找到破解案例问答题型的窍门。

第1个窍门是：带着问题看案例，也就是先把问题看一遍，找出提问的要点，然后带着要点去回看正文，这样做的好处是，头脑在阅读案例正文时会一直保持对问题的敏感度，进而更容易找到案例正文中的关键词。回到这个案例，找错类问题的要点是质量管理和沟通管理，那么就可以带着这两个要点阅读案例正文。

第2个窍门是：使用机考系统的"强调显示"功能，在阅读时将关键词高亮显示，这样读完案例正文一遍之后，张工的问题就跃然纸上了，本书在前面正文中使用了蓝色字体对可能有问题的地方进行高亮显示。

这道题的案例背景讲的是某金融机构信息化建设项目有上百个，但是质量管理部门只有5个人，属于典型的活多人少，所以质量管理部门就决定找第三方外包 QA 来负责项目级的 QA 工作，自己部门的5个人负责组织级的 QA 工作。沿着案例正文读下去，首先可以发现第1个问题的关键词是"具有丰富质量管理经验的张工负责此项工作"，人员任命不当是案例分析中的高频问题之一，根据题干描述的背景可知，质量管理部门希望组建的是多层级质量管理体系，但是张工只是有质量管理经验而已，质量管理经验和多层级质量管理体系建设经验是两类不同的经验，所以张工缺乏多层级质量管理体系的建设经验，存在质量管理方面负责人任命不当的问题。

第2个问题的关键词是"张工建立了标准的质量检查单"，结合后文可以判断，张工的质量管理工具箱中只有这一个工具，手段非常单一，并没有很好地结合其他的质量管理工具与技术，

347

所以可以得出质量管理工具与技术单一的问题。从这个关键词中还可以识别存在的第 3 个问题是缺乏质量管理计划，这也是案例分析中的高频问题之一。没有提前制订质量管理计划，就开始下场干活，开始建立质量检查单是典型的问题。同理可知第 4 个问题是质量检查单没有邀请关键干系人一起参与建立，从而导致后续的问题。

下一个问题的关键词是"要求各项目 QA 根据标准的检查单制订项目级的质量保证工作计划及检查单"，可以发现第 5 个和第 6 个问题。第 5 个问题是项目级的检查单没有结合项目特点进行个性化，第 6 个问题是没有制订组织级的质量保证工作计划。而这些问题也在后文中"项目经理纷纷向张工反馈：项目具有各方面特殊性，项目质量检查单并不完全适用，有些检查项在项目工作中并不涉及"得到了印证。

前面提到的都是质量管理问题，接下来的关键词是"新的质量制度执行 3 个月后，项目经理纷纷向张工反馈"反映的是沟通管理的第 1 个问题，制度执行 3 个月后，才收到了项目经理的反馈，说明张工和项目经理的沟通并不及时。关键词"组织管理层要求质量管理部门出具工作阶段报告"反映的是沟通管理的第 2 个问题，作为负责人，不能等管理层过来要报告，而是需要提前规划好报告沟通机制，在报告发送格式、内容、频率等方面提前和管理层达成共识。最后和质量管理计划的问题一样，我们会发现张工也没有制订沟通管理计划，所以沟通管理计划的缺失是沟通管理中存在的第 3 个问题。

质量管理第 7 个问题的关键词是"张工发现当前并没有明确的度量指标"，反映的是质量度量指标缺失的问题，没有提前制定质量度量指标，就会出现题干中描述的现象，无法对各项目团队的质量进行客观评价，而这是多层级质量管理体系的重点建设项之一。

接下来的关键词是"组织级 QA 向张工反馈：项目级 QA 工作不积极，不主动向组织级 QA 提交工作报告"，这反映的是第 4 个沟通管理问题，组织级 QA 和项目级 QA 的沟通机制存在问题，要么是沟通渠道不畅，要么是沟通方法不当，最终导致了项目级 QA 在工作报告方面的不积极。

接下来的关键词是"项目数量较多，难以检查到项目级 QA 的每个工作细节"，检查是一种沟通工具，检查不到工作细节说明要么沟通工具与技术不适合，要么沟通重点没抓对，无论是借助数字化工具，还是通过关键点专题会议的方式，其实都能够解决类似的问题，所以这是发现的第 5 个沟通管理问题。

最后一个关键词是"组织级 QA 只能根据经验随机挑选一部分认为重要的环节进行检查，检查结果并不客观。"这反映的是质量检查工具与技术的问题，组织级 QA 缺乏系统的质量检查方法，其实也暴露了张工对团队（包括自己）在组织级 QA 方面缺乏培训和指导的问题，这是发现的第 8 个质量管理问题。

这样从头到尾读下来，通过机考系统的"强调显示"功能，把正文中的关键词标识出来进行逐个分析，这样问题 1 的答案自然就出来了，案例分析找错题型的基本作答原则是尽量多找，所以本书找出了 8 个质量管理问题和 5 个沟通管理问题。总结下这类题目答题的关键是如何在阅读题干正文的过程中，敏锐地捕捉到关键词，尽量找更多的问题出来。

至于和题干正文背景关系不大，就基础理论知识进行考查的题型，就是问题 2 至问题 4。问题 2 是填空题型，考查质量管理包含的 3 个过程，这是一道非常基础的问题，质量管理的 3 个过程分别是规划质量管理、管理质量和控制质量过程,而最后一个空应该填写的是管理质量。所以这是纯粹考查基础理论记忆的考题,面对这样的问题,如果你记得不太熟悉,也需要尽量结合工作实际把空都填满,拿到尽可能多的分数。问题4是问答题型,就是考查沟通管理计划包含的内容。沟通管理计划包含的内容一字不落写下来其实挺难,必要性也不大,更重要的还是在理解中记忆,可以用自己的话写出来,意思对得上就能够得分。

通过这道案例例题的讲解,相信你已经对两类题型有了进一步的体会和理解,接下来本书会分别针对两类题型,结合过往十余年的考题特点,总结出针对性的问答题型案例分析应对策略。

26.1 理论记忆型的案例问答

理论记忆型案例问答题的答题关键在于记忆,如果是选择题或者判断题倒还好,但是如果遇到填空题或者简答题,只能依靠记忆力,从过往的考题统计规律看,其中有相当一部分理论记忆考题会多次重复出现,本书对高频案例理论记忆考点集中整理如下。

说明:这些记忆考点已经在前面的考点精讲中出现过,此处仅标识对应的考点编号,方便翻阅学习。

26.1.1 项目管理概论案例记忆点

1. 问:项目的组织结构有哪些类型?
答:详见【考点60】组织系统和项目经理。
2. 问:项目经理需要具备哪些关键技能?
答:详见【考点60】组织系统和项目经理。
3. 问:组织过程资产包含哪些主要内容?
答:详见【考点59】组织过程资产与事业环境因素。
4. 问:项目办公室(PMO)的类型有哪些?
答:详见【考点60】组织系统和项目经理。
5. 问:项目生命周期的类型包含哪些?分别有什么样的特点?
答:详见【考点62】项目生命周期特征。
6. 问:价值交付系统包含什么内容?
答:详见【考点64】价值交付系统。

26.1.2 项目立项管理案例记忆点

7. 问:项目可行性研究的内容包含哪些?
答:详见【考点66】可行性研究的内容。
8. 问:项目投资前的四个阶段是什么?
答:详见【考点65】项目建议书。

9．问：项目评估的依据是什么？

答：详见【考点69】项目评估。

26.1.3 项目整合管理案例记忆点

10．问：项目章程包含的内容有哪些？

答：详见【考点71】项目章程。

11．问：项目管理计划包含的内容有哪些？

答：详见【考点73】制订项目管理计划的输入、输出、工具与技术。

12．问：项目管理计划包含哪些子计划？

答：详见【考点73】制订项目管理计划的输入、输出、工具与技术。

13．问：制订项目管理计划的作用是什么？

答：详见【考点73】制订项目管理计划的输入、输出、工具与技术。

14．问：项目整体管理包含哪些过程？分别属于哪些过程组？

答：详见附录B　五大过程组、十大知识域和49个过程。

15．问：变更请求的分类有几种？

答：详见【考点74】指导与管理项目工作的输入、输出、工具与技术。

16．问：知识管理过程包括哪些？

答：详见【考点75】管理项目知识的输入、输出、工具与技术。

17．问：变更控制工具支持的配置管理活动和变更管理活动有哪些？

答：详见【考点77】实施整体变更控制的输入、输出、工具与技术。

18．问：结束项目或阶段过程所需执行的活动有哪些？

答：详见【考点78】结束项目或阶段的输入、输出、工具与技术。

26.1.4 项目范围管理案例记忆点

19．问：范围说明书包含的内容有哪些？

答：详见【考点82】定义范围的输入、输出、工具与技术。

20．问：范围说明书的作用是什么？

答：详见【考点82】定义范围的输入、输出、工具与技术。

21．问：WBS的结构有哪些形式？

答：详见【考点83】创建WBS的输入、输出、工具与技术。

22．问：WBS分解的步骤是什么？

答：详见【考点83】创建WBS的输入、输出、工具与技术。

23．问：创建WBS需要遵循的注意事项有哪些？

答：详见【考点83】创建WBS的输入、输出、工具与技术。

24．问：范围基准包含哪些内容？

答：详见【考点83】创建WBS的输入、输出、工具与技术。

25．问：干系人对确认范围的关注点有哪些不同？
答：详见【考点 84】确认范围的输入、输出、工具与技术。

26.1.5 项目进度管理案例记忆点

26．问：活动之间的 4 种依赖关系是什么？
答：详见【考点 88】排列活动顺序的输入、输出、工具与技术。
27．问：项目进度计划包含的种类有哪些？分别的用途是什么？
答：详见【考点 90】制订进度计划的输入、输出、工具与技术。
28．问：进度压缩技术有哪些？分别的优缺点是什么？
答：详见【考点 90】制订进度计划的输入、输出、工具与技术。
29．问：资源平衡和资源平滑的区别是什么？
答：详见【考点 90】制订进度计划的输入、输出、工具与技术。

26.1.6 项目成本管理案例记忆点

30．问：制定预算的步骤是什么？
答：详见【考点 95】制定预算的输入、输出、工具与技术。
31．问：制定预算的作用是什么？
答：详见【考点 95】制定预算的输入、输出、工具与技术。
32．问：应急储备、管理储备、成本基准之间的关系是什么？
答：详见【考点 95】制定预算的输入、输出、工具与技术。

26.1.7 项目质量管理案例记忆点

33．问：质量成本的类型有哪些？
答：详见【考点 98】规划质量管理的输入、输出、工具与技术。
34．问：项目质量管理计划包含的内容有哪些？
答：详见【考点 98】规划质量管理的输入、输出、工具与技术。

26.1.8 项目资源管理案例记忆点

35．问：规划资源管理的数据表现有哪些形式？
答：详见【考点 103】规划资源管理的输入、输出、工具与技术。
36．问：项目资源管理计划包含的内容有哪些？
答：详见【考点 103】规划资源管理的输入、输出、工具与技术。
37．问：团队建设通常需要经历哪些阶段？
答：详见【考点 106】建设团队的输入、输出、工具与技术。

38．问：冲突管理的方法有哪些？分别有什么样的特点？

答：详见【考点 107】管理团队的输入、输出、工具与技术。

26.1.9　项目沟通管理案例记忆点

39．问：沟通方法有哪三种？

答：详见【考点 110】规划沟通管理的输入、输出、工具与技术。

40．问：项目沟通管理计划的内容包含哪些？

答：详见【考点 110】规划沟通管理的输入、输出、工具与技术。

26.1.10　项目风险管理案例记忆点

41．问：项目风险管理计划包含哪些内容？

答：详见【考点 114】规划风险管理的输入、输出、工具与技术。

42．问：风险应对措施有哪些？

答：详见【考点 118】规划风险应对的输入、输出、工具与技术。

26.1.11　项目采购管理案例记忆点

43．问：采购管理的步骤和过程有哪些？

答：详见【考点 121】规划采购管理的输入、输出、工具与技术。

44．问：常见的招标文件有哪些形式？

答：详见【考点 121】规划采购管理的输入、输出、工具与技术。

45．问：合同类型如何进行选择？

答：详见【考点 124】合同的分类及内容。

46．问：合同内容包含哪些？

答：详见【考点 124】合同的分类及内容。

26.1.12　项目干系人管理案例记忆点

47．问：请画出权力/利益方格，并注明不同区域的管理策略是什么？

答：详见【考点 126】识别干系人的输入、输出、工具与技术。

48．问：干系人分类模型包含哪些？

答：详见【考点 126】识别干系人的输入、输出、工具与技术。

49．问：请画出项目干系人参与度评估矩阵，并说明干系人参与水平有哪些？

答：详见【考点 127】规划干系人参与的输入、输出、工具与技术。

26.1.13 配置与变更管理案例记忆点

50．问：配置项的状态分几种？

答：详见【考点 138】配置管理八大术语。

51．问：基线配置项和非基线配置项分别包含什么？

答：详见【考点 138】配置管理八大术语。

52．问：配置项的内容有哪些？

答：详见【考点 138】配置管理八大术语。

53．问：配置库的分类和作用分别是什么？

答：详见【考点 138】配置管理八大术语。

54．问：配置库的建库模式有哪几种？分别的优缺点是什么？

答：详见【考点 138】配置管理八大术语。

55．问：配置管理包含哪些主要的活动？

答：详见【考点 139】配置管理活动。

56．问：配置审计的功能有哪些？

答：详见【考点 139】配置管理活动。

57．问：变更的分类有哪些？

答：详见【考点 140】变更管理基础。

58．问：变更的角色有哪些？

答：详见【考点 140】变更管理基础。

59．问：变更的工作程序流程是什么？

答：详见【考点 141】变更工作程序。

60．问：文档的分类有几种？

答：详见【考点 143】项目文档管理。

26.1.14 过程 ITO 的案例记忆点

61．问：项目十大知识域，每个知识域的过程包含哪些，分别属于什么过程组？（考试时可能挑选其中的某个知识域进行考查）

答：详见附录 B 五大过程组、十大知识域和 49 个过程。

26.2 找错纠正型的案例问答

找错纠正型案例问答题的答题关键在于关键词以及随之触发的条件反射，依然拿前面的案例来说，当在案例背景正文看到"具有丰富质量管理经验的张工负责此项工作"的关键词后，就要马上条件反射出"人力资源任命不当的问题"；看到"张工建立了标准的质量检查单"的关键词后，就要马上条件反射出"没有提前制订质量管理计划的问题"；看到"项目级 QA 工作不积极，不主动向组织级 QA 提交工作报告"的关键词后，就要马上条件反射出"沟通管理必定存在问题"。

找错纠正型案例问题的回答，一定要排除自己日常工作经验的惯性思考，不要拿自己的日常工作作为找错纠正的标准，而是要拿五大过程组和十大知识域的输入、输出、工具与技术作为找错纠正的标准，拿八大绩效域中的绩效要点作为找错纠正的标准，拿合同管理、配置管理、立项管理中的考点描述作为找错纠正的标准。

通常而言，针对找错纠正型的案例问答，首先需要检查有没有过程缺失，特别是有没有提前制订对应的管理计划，检查各项计划、说明书之类的重要产出有没有经过评审，检查各种活动有没有遵循流程开展，比如变更管理流程就是此类案例问答的高频出题点。

除此之外，还会有一些个性化的找错纠正型问题，本书结合历年考试情况和案例覆盖的考点，整理了具有代表性的高频找错纠正型案例问答的"关键词"以及对应的"条件反射"，需要熟读这些关键词，在头脑中建立对应的条件反射，这样才能在面对找错纠正型案例问答时，能够敏锐捕捉到案例正文中的问题所在，进而答全和答对。

为了阅读方便，本书按照官方大纲的十大知识域进行了分类，并细化到对应的过程组和过程，方便对照学习。

26.2.1　项目整合管理的关键词及条件反射

项目整合管理的个性化找错纠正型问题整理见表 26-1。

表 26-1　项目整合管理案例关键词及条件反射

过程组	过程	案例正文中的"关键词"	头脑中的"条件反射"
启动过程组	制定项目章程	公司在中标之后，口头安排小李负责进行本项目的管理工作，小李收到通知后马上投入到了项目中	项目经理的任命需要通过项目章程的方式
		公司中标后，安排小张担任项目经理，小张收到任命后，亲自编制完成并发布了项目章程	项目章程由发起人编制，项目经理可以参与编制，但是项目经理无权发布项目章程
		小张详细分析了项目的目标、范围和交付成果，并以此为内容协助完成了项目章程的编制	项目章程内容有缺失，需要包含：①项目目的；②可测量的项目目标和成功标准；③高层级需求、高层级项目描述、边界及主要可交付成果；④整体项目风险；⑤总体里程碑进度计划；⑥预先批准的财务资源；⑦关键干系人名单；⑧项目审批要求；⑨项目退出标准；⑩委派的项目经理及其职责和职权；⑪发起人或其他批准项目章程的人员的姓名和职权等
		因为人手紧张，部门负责人指定编程高手小李担任此项目的项目经理，小李同时兼任模块的编程工作	项目经理通常情况下不建议是兼职角色，同时小李缺乏项目管理经验，不适合担任项目经理

续表

过程组	过程	案例正文中的"关键词"	头脑中的"条件反射"
规划过程组	制订项目管理计划	项目经理疯疯在收到任命之后，马上投入项目工作，对目前项目整体情况通过每日例会方式进行监控指导	项目经理在收到任命之后，首先要着手进行项目管理计划的制订
		在一次例会上，项目经理疯疯发现成员小李把本周和下周的任务进行了互换，没有按照计划执行，小李认为整体上不会影响项目进度，疯疯也认为问题不大	项目管理计划需要保持其严肃性，一旦团队对项目管理计划达成共识，就需要严格遵守计划，而不是随意改变，不按照计划执行
		经理疯疯按照过往的经验，并参考组织过程资产，完成了项目管理计划的制订	项目管理计划不能一个人制订，需要和团队成员以及相关干系人一起制订
		项目管理计划编制完成后，小李马上按照计划开展项目管理工作	项目管理计划编制完成后，需要通过评审才能生效
执行过程组	管理项目知识	案例正文中没有出现项目经理在知识管理方面的总结、培训和优化工作	如果案例考查的是项目整合管理，不能缺失对项目知识的管理环节
监控过程组	监控项目工作	项目开展3个月后，高层组织项目汇报会，发现了项目存在诸多问题	项目经理的监控工作不力，同时也没有进行阶段性内部评审
	实施整体变更控制	项目经理收到客户的变更申请后，认为是小改动，对项目没有影响，就直接安排工程师完成，取得了客户的表扬	没有执行变更控制流程，再小的变更都要走变更控制程序
		PMO对项目中期审查时发现，项目计划和实际情况不符	项目发生变更后，没有及时更新并同步至项目计划
		项目经理对变更完成进行确认后，直接关闭了对应的变更	变更完成后，需要及时通知变更提出人，以及受到影响的干系人
收尾过程组	结束项目或阶段	项目结束后，项目经理疯疯就地解散了项目团队，各自回到了自己的部门	项目收尾工作不到位，收尾过程组的重点工作包括项目验收、项目移交和项目总结

26.2.2 项目范围管理的关键词及条件反射

项目范围管理的个性化找错纠正型问题整理见表26-2。

表 26-2 项目范围管理案例关键词及条件反射

域	过程	案例正文中的"关键词"	头脑中的"条件反射"
规划过程组	规划范围管理	项目经理接到任命通知后，立即召集团队成员开展需求收集工作	项目经理需要提前规划范围管理，制订范围管理计划和需求管理计划

355

续表

域	过程	案例正文中的"关键词"	头脑中的"条件反射"
规划过程组	收集需求	考虑到时间紧，项目经理参考过往类似的项目，完成了需求文件的编制	需求收集工作开展不到位
		项目经理对客户需求进行了初步分析后，启动了项目的开发实施工作	需要对项目干系人进行全面的需求收集和详细的需求分析工作
	定义范围	考虑到时间紧，项目经理参考过往类似的项目范围说明书，完成了本项目的范围说明书编制	需要根据项目的实际情况进行范围说明书的编制，而不是照搬类似项目的范围说明书
		项目经理完成项目范围说明书的编制工作，并以此作为控制范围的依据	项目范围说明书编制后需要通过评审，另外不能项目经理一个人完成编制
		项目经理召集项目团队成员完成了项目范围的评审	项目范围评审需要邀请团队外部关键干系人（如客户）参与，确保和客户关于范围提前达成一致
	创建WBS	项目经理对WBS进行了分解	WBS分解不能由项目经理一人完成，项目团队成员需要参与进来
		项目经理召集团队成员进行了WBS的分解，将WBS分解到3层，分别是…	WBS分解的最佳实践是4~6层
		项目经理带领大家，把项目团队需要完成的工作完成了分解，形成了WBS及WBS字典	WBS应该也要包含分包出去的工作
		考虑到项目管理工作由自己完成，而且非常熟悉，所以项目经理决定不把项目管理工作列入WBS分解范围	WBS应该也要包含项目管理工作
		在WBS分解过程中，考虑到某项工作挑战很大，所以项目经理安排了小李和小王共同负责完成	一项工作只能由唯一一个人负责完成
监控过程组	控制范围	工程师小王在开发过程中，认为增加智能提醒功能更有必要，于是直接增加了这个功能	项目成员存在范围镀金的现象
		开发人员直接对软件进行了修改	需要走流程，否则容易导致范围蔓延
		案例正文中描述到客户的需求和小问题层出不穷，没有收敛的迹象，团队成员疲于应付	范围控制出现问题，可能出现了范围蔓延问题

26.2.3　项目进度管理的关键词及条件反射

项目进度管理的个性化找错纠正型问题整理见表26-3。

表 26-3　项目进度管理案例关键词及条件反射

域	过程	案例正文中的"关键词"	头脑中的"条件反射"
规划过程组	规划进度管理	项目经理接到任命之后，立即组织团队成员开始定义活动	没有进行规划进度管理过程，没有制订进度管理计划
监控过程组	控制进度	项目进入设计阶段时，项目经理联系架构师进行架构设计，但是架构师反馈按照资源日历，目前还在另外一个项目中无法抽身	项目经理在制订进度计划时，未及时参考资源日历，导致资源用时出现冲突现象
		考虑到项目时间紧张，项目经理临时招聘到岗两名应届毕业生参与项目工作，但是应届毕业生交付的代码出现了较多漏洞，进度延期问题并没有得到有效缓解	增加人手并不能直接带来进度的压缩，项目经理没有考虑到新人的熟悉、培训等摩擦成本，导致进度延期未改善
		客户找到了项目经理，希望能够赶在端午节活动前提前上线广告发布模块，项目经理要求负责模块开发的工程师小孙压缩3天，以便满足客户要求	变更需要走变更流程，进度压缩需要经过评估后才能进行

26.2.4　项目成本管理的关键词及条件反射

项目成本管理的个性化找错纠正型问题整理见表 26-4。

表 26-4　项目成本管理案例关键词及条件反射

域	过程	案例正文中的"关键词"	头脑中的"条件反射"
规划过程组	规划成本管理	项目经理快速完成了成本管理计划的制订后，开始据此进行成本管理	项目成本管理计划的制订需要相关干系人参与；项目成本管理计划需要经过评审

26.2.5　项目质量管理的关键词及条件反射

项目质量管理的个性化找错纠正型问题整理见表 26-5。

表 26-5　项目质量管理案例关键词及条件反射

域	过程	案例正文中的"关键词"	头脑中的"条件反射"
规划过程组	规划质量管理	项目经理赵经理安排开发工程师王工兼任QA，负责项目的质量保证工作	人员安排不当，不能安排没有质量保证经验的人员兼任QA
		项目经理认为质量管理工作是质量部门的职责，自己作为项目经理做好配合即可	项目经理对质量管理的职责认识存在问题
		案例正文中没有提到质量管理计划的制订	开展质量管理之前，需要先制订并评审通过质量管理计划

续表

域	过程	案例正文中的"关键词"	头脑中的"条件反射"
执行过程组	管理质量	案例正文中描述到项目后期验收出现质量问题，同时前面并未提及过程中的质量管理	需要加强项目执行过程中的质量保证和质量控制工作，避免最后发现质量问题
		QA按照自己过往的经验，对项目开展质量管理工作	质量管理工作，需要严格按照事先制订的质量管理体系开展
		案例正文中描述到质量管理由人员兼任	质量管理人员需要指定专人负责，而且要具备相应的能力和经验
监控过程组	控制质量	项目由于时间原因，项目经理要求测试人员减少测试用例，仅仅测试关键流程	不能因为时间原因就压缩测试时间，会造成质量风险
		项目经理提出公司的质量管理部门只需要在项目交付时对结果进行检查即可	公司的质量管理部门应该全程参与项目质量管理和体系运行
		项目经理组织人员对问题进行了原因分析，发现是另外一个缺陷修复导致了此问题的发生	缺陷修复后没有及时组织进行回归测试，并通知相关受到影响的干系人

26.2.6　项目资源管理的关键词及条件反射

项目资源管理的个性化找错纠正型问题整理见表26-6。

表26-6　项目资源管理案例关键词及条件反射

域	过程	案例正文中的"关键词"	头脑中的"条件反射"
规划过程组	规划资源管理	案例正文中描述到项目经理直接开始具体的资源管理活动	没有在此之前开展规划资源管理活动
		案例正文中描述到项目实施中出现成员职责不清的问题	没有通过职责分配RACI矩阵，提前对成员的任务职责进行分配
	估算活动资源	案例正文中描述到项目后期出现资源不足的问题	前期估算活动资源不充分、不准确，进而导致后续出现的资源不足
		案例正文中描述到因为个别成员的事假、病假导致进度出现延期风险或者人员超负荷加班工作	估算活动资源时，没有考虑到意外情况而对资源有合理的冗余储备
执行过程组	建设团队	为了不耽误进度，小王要求项目组采取997工作模式，项目中后期，有核心人员提出离职	团队建设不到位，没有及时对加班进行同步的激励，同时对人力资源风险识别不足
		案例正文中描述到项目成员的工位依然在各自部门，分散在不同的区域甚至不同的办公楼	项目成员工位分散，不利于沟通和团队凝聚力建设，可以采用集中办公等措施来强化团队建设

续表

域	过程	案例正文中的"关键词"	头脑中的"条件反射"
执行过程组	管理团队	项目团队成员开始抱怨周例会效率低下、缺乏效果,而且由于例会上意见不同,导致彼此争吵,甚至影响到了人际关系的融洽	项目经理管理团队有问题,对冲突的处理缺乏经验,团队章程可能缺失或者形同虚设
		部分项目团队成员提出对自己的绩效评价不够客观,希望人力资源部门介入	项目团队成员的绩效考核和评价标准不够明确和客观,并且没有提前和成员达成共识
		项目经理认为好的项目团队中绝对不能出现冲突现象,这次冲突与小张的个人素养有直接关系	项目经理对冲突的认识不到位,冲突是不可避免的,关键是如何妥善处理冲突

26.2.7 项目沟通管理的关键词及条件反射

项目沟通管理的个性化找错纠正型问题整理见表 26-7。

表 26-7 项目沟通管理案例关键词及条件反射

域	过程	案例正文中的"关键词"	头脑中的"条件反射"
规划过程组	规划沟通管理	案例正文中描述到项目经理直接开始具体的管理沟通活动	没有在此之前开展规划沟通管理活动
		案例正文中描述到项目经理一人完成了沟通管理计划的制订	沟通管理计划需要和关键干系人一起制订,并需要通过评审
执行过程组	管理沟通	案例正文中很少提及项目经理主动和各方干系人进行卓有成效的沟通	项目经理管理沟通有问题,没有充分利用沟通技能和方法,促进团队和干系人之间有效率和有效果的沟通
		案例正文中描述到和成员的沟通不顺畅、无效果甚至出现了冲突	项目经理没有提前对项目成员的沟通需求和沟通风格进行分析,执行适合的沟通策略
监控过程组	监督沟通	案例正文中描述到和干系人的沟通不顺畅,或者信息发布出现延误等现象	项目经理没有建立有效的沟通机制和沟通渠道,沟通信息传输不顺畅
		案例正文中描述到干系人或者成员对会议机制意见很大,但是项目经理迟迟未解决,也没有给出明确的答复	项目经理对沟通控制不到位,没有对存在的沟通问题进行及时和彻底的解决
		案例正文中描述到客户向 PMO 部门投诉项目不透明、项目进度不清楚等问题,PMO 部门需要先向项目经理了解当前的绩效信息,才能回复客户的投诉	项目经理的沟通管理存在问题,缺乏向客户和 PMO 定期发送工作绩效报告的渠道和机制,同时监督沟通工作不到位

26.2.8 项目风险管理的关键词及条件反射

项目风险管理的个性化找错纠正型问题整理见表 26-8。

表 26-8 项目风险管理案例关键词及条件反射

域	过程	案例正文中的"关键词"	头脑中的"条件反射"
规划过程组	规划风险管理	案例正文中描述到项目经理直接开始识别风险活动	没有在此之前开展规划风险管理活动
		项目经理参考之前的项目模板,编制完成了风险管理计划	过去的风险管理模板只能作为参考之一,而不能完全按照模板来完成风险管理计划的编制
		项目经理独立完成了风险管理计划的编制	风险管理计划需要项目成员及相关干系人一起参与编制
	识别风险	项目收尾时,小王发现交付的软件存在部分功能与设计文档不一致	没有对质量风险进行提前识别,直到软件交付时,才发现部分功能与设计文档不一致
		项目经理按照自己的经验和对项目的了解,对风险进行了识别	项目的识别风险,需要与项目成员一起开展,充分调动干系人参与识别风险
		项目团队一起对主要风险进行了识别,并将主要风险写入了风险登记册	识别风险需要识别出全部风险,不能只识别出主要风险就结束
		由于项目本身时间周期较短,又受疫情影响,时间更加紧迫,为了不耽误进度,在项目进行到后期时,小王要求项目组采取 997 工作模式	对进度风险认识不到位,没有对进度风险进行提前识别,导致后期 997 的工作模式
	规划风险应对	案例正文中描述到项目经理亲自负责各项风险的应对措施	风险应对措施责任需要分配至合适的人员,而非完全归到项目经理
		项目成员按照自己的经验,分别制订了所负责风险的风险应对计划	风险应对计划的制订,需要结合定性风险分析和定量风险分析的结果,并且在团队内部充分讨论后完成
监控过程组	监督风险	案例正文中描述到项目由于天气等外部原因,或者成员离职等内部原因,导致项目出现问题	项目经理没有提前识别并妥善处理相关的潜在风险,没有制订有效的应对措施
		案例正文中描述到后期出现了没有及时发现的风险	风险识别和监控做得不到位,出现了没有发现的风险

26.2.9 项目采购管理的关键词及条件反射

项目采购管理的个性化找错纠正型问题整理见表 26-9。

表 26-9 项目采购管理案例关键词及条件反射

域	过程	案例正文中的"关键词"	头脑中的"条件反射"
规划过程组	规划采购管理	作为政府重点项目，为扶持当地民营企业，将项目建设工作交给 A 公司牵头负责	需要通过公开招标进行承建方的选定，不应该直接把建设任务交给当地民营企业
		案例正文中描述到项目经理直接开始采购的具体实施工作	没有提前进行规划采购管理的相关活动
		案例正文中描述到了后期出现采购成本大于自制成本的情况，给公司带来了经济损失的问题	没有提前进行充分的自制/外购分析工作
		采购部通过网站搜索发现 B 公司能够提供项目所需全部备件且价格较低，于是确定 B 公司作为备件供应商并签署了备件采购合同	供应商的选择仅仅以低价作为选择标准，没有对供应商进行全面调查，供应商的选择标准存在问题，另外实施采购环节存在问题，没有进行必要的询价比较、谈判等过程，就签订了备件采购合同
执行过程组	实施采购	案例正文中描述到项目中后期发现中标供应商由于缺乏某项资质，导致交付出现问题的现象	招投标时没有对供应商资质进行有效审查
		案例正文中描述到评标委员会的成员构成	评标委员会要有技术、经济类专家，5 人以上单数，而且技术、经济类专家占 2/3
		案例正文中描述到投标截止时间	投标截止时间自招标文件发出至投标文件提交，不得少于 20 日

26.2.10 项目干系人管理的关键词及条件反射

项目干系人管理的个性化找错纠正型问题整理见表 26-10。

表 26-10 项目干系人管理案例关键词及条件反射

域	过程	案例正文中的"关键词"	头脑中的"条件反射"
启动过程组	识别干系人	案例正文中描述到后期出现了没有识别到的干系人，导致项目出现了一系列的问题	项目团队对干系人的识别不到位，导致遗漏了重要的干系人

26.2.11 其他类别的关键词及条件反射

项目立项管理、配置管理和合同管理的个性化找错纠正型问题整理见表 26-11。

表 26-11 其他类别案例关键词及条件反射

分类	案例正文中的"关键词"	头脑中的"条件反射"
项目立项管理	项目经理独立编制了投标文件	投标文件不能单独完成，需要相关干系人一起参与，包括法务专家
	李经理从技术角度对项目可行性进行了分析	可行性分析不全面，需要包含技术、经济、社会效益和运行环境等分析
	项目经理安排工程师小王负责投标文件的编写	技术人员编制投标文件不合适，因为缺乏相关经验
	项目经理收到任务后，判断项目满足上级国家主管部门要求，决定立即启动项目	项目需要经过可行性研究和评估论证后才能启动
	小王负责完成可行性研究报告之后，即刻组织项目的启动工作	重要的报告和文件，比如可行性研究报告等都需要通过评审之后才能生效
	公司任命项目经理疯疯编制立项申请，疯疯完成后提交公司高层审批通过后，开始启动项目	立项申请（项目建议书）由建设单位的上级主管部门负责审批，而非建设单位自行审批
	项目经理完成立项申请和初步可行性分析之后，认为项目整体可控且目标清晰，于是着手开展后期的项目启动工作	详细可行性研究不能缺失
	公司高层领导当场拍板决定启动项目，要求产品部补充编制项目建议书，并组建项目团队	项目建议书又称立项申请，需要在立项前完成，而不是后补
配置管理	案例正文描述中，配置管理的关键活动有所缺失	配置管理计划是否编写、配置识别是否及时执行、是否进行有效的配置控制、是否制订并发布配置状态报告
	项目经理认为有配置管理工具对代码进行控制，大家只要对程序代码做好版本控制就可以了，考虑到项目组人员紧张，没必要再安排专人负责配置管理工作	需要设置专职的配置管理员
	项目经理发现，经常收到用户提出之前其他用户已经提出过的问题，或者成员还在讨论之前已经处理完毕的问题	问题缺乏及时的书面记录，或者文档的配置管理存在问题
	产品部发现说明书描述的内容与软件不完全一致，项目经理经检查发现提交的说明书并不是最新的说明书	版本管理和变更管理有问题，没有建立配置库并做好基线管理
	小张要求看一下配置管理库，小马回复："我正忙着，让测试工程师王工给你看吧，我们10个人都有管理员权限。"	配置库权限设置存在问题，项目组全体人员不能都被设置为管理员权限
	小张看到配置库分为了开发库和产品库	配置库设置存在问题，应该还需要设置受控库

续表

分类	案例正文中的"关键词"	头脑中的"条件反射"
配置管理	产品库与实际运行版本有偏差	版本管理存在问题，产品库版本与实际运行版本不一致
	项目经理拿到提出人的变更并对变更进行评估和影响分析后，直接提交CCB审批，CCB审批通过后项目经理安排开发人员进行了实现	变更的评估和影响分析需要及时通知变更提出人，CCB对变更的审批意见和后续实施关键节点也需要及时通知变更提出人
	小版本只能在开发库中找到代码，但没有相关文档	文档管理存在问题，部分文档存在缺失
	新需求迭代太快，有些很细微的修改，开发人员随手进行了修改，文档和代码存在一些偏差	变更管理存在问题，没有对变更进行记录
	开发工程师修改完成后直接发布	修改完成后需要进行验证，验证通过后才能发布
	CCB完成了配置管理计划的制订，并交由项目团队及配置管理员按照计划执行	CCB是决策机构，不是作业机构，所以不负责配置管理计划的制订
	案例正文中描述到后期出现重要版本丢失的问题	缺乏统一的版本管理机制
合同管理	案例正文中描述到后期和供应商针对合同条款产生了理解上的歧义	前期在制订合同时，条款缺乏清晰无歧义的说明，或者合同条款不够严谨
	案例正文中描述到后期根据合同条款进行验收时，出现了验收问题	可能存在合同中的验收标准出现缺失、歧义、漏洞等问题
	案例正文中描述到合同变更的随意现象或者没有对合同进行及时变更的现象	缺少事前约定并达成共识的合同变更流程，没有按照合同变更流程进行合同变更
	案例正文中描述到后期发生找不到合同历史版本的现象	合同管理过程中没有做到合同的版本管理和归档工作，合同档案管理不够规范
	C公司将项目的某项重要工作分包给了第三方公司	订立项目分包合同必须同时满足5个条件：①经过买方认可；②分包的部分是非主体工作；③只能分包部分分项目，不能转包整个项目；④分包方必须具备相应的资质条件；⑤分包方不能再次分包

第 27 章
案例专项强化之计算题型

27.1 关键路径计算专题

首先看关键路径的计算考点,这个考点在案例计算题中往往作为第一问或者基础问题,毕竟大多数时候,找出关键路径才能继续回答后续的问题。

关键路径是项目进度管理域的知识点,首先要真正理解关键路径的含义,关键路径是项目中时间最长的活动顺序,决定着项目最短工期。回想自己曾参与或管理过的项目,其中会包含非常多的任务,这些任务有些并行,有些串行,有些花费时间长,有些花费时间短。不管怎样,我们总能从中找到一条花费时间最长的线,这条线就是关键路径。关键路径上的活动称为关键活动,这些关键活动的最早开始时间和最晚开始时间完全相等,所有的这些关键活动串联起来就形成了关键路径。

进度网络图中可能有多条关键路径。在项目进展过程中,有的活动会提前完成,有的活动会推迟完成,有的活动会中途取消,新的活动可能会在中途加入,于是进度网络图可能会不断变化,由此也将引发关键路径的不断变化,这个特点往往会在案例题中出现,让你找出变化或者进度压缩之后的新关键路径。

关键路径考点有两幅图需要牢牢掌握,分别是前导图和箭线图,不仅要会看图,也要会动手画图。

前导图法(Precedence Diagramming Method,PDM),也称为紧前关系绘图法,用方框(也称为节点)代表活动,节点之间用箭头连接,这是最常见也是曾经考查最多的项目进度网络图。由于这种网络图只有节点需要编号,因此也称单代号网络图。

箭线图法(Arrow Diagramming Method,ADM)是用箭线表示活动(活动标在箭头线上方),箭线之间用标着数字的圆圈连接。由于节点和箭线都要编号,所以也称双代号网络图。提到箭线图,就不得不提虚活动，虚活动是人为引入的一种额外的、特殊的活动，在网络图中由一根虚箭线表示。虚活动不消耗时间，也不消耗资源，只是为了弥补箭线图在表达活动依赖关系方面的不足，借助虚活动，我们可以更好地、更清楚地表达活动之间的关系。

以上是关于关键路径、前导图和箭线图的核心概念，了解这些核心概念，不仅有助于计算题，也有助于非计算类的选择题作答。

关键路径的计算方法其实很简单，用穷举法即可，从起点开始针对每一条路径计算长度，最终看哪一条路径最长，最长的就是关键路径。

举例如下，图 27-1 中一共有 A、B、C、D、E、F、G、H、I 九个活动，每个活动的持续时长和彼此之间的依赖关系从图中可以非常容易看出，想要找出关键路径，就可以从起始活动 A 出发开始画线，首先画出第 1 条路径，这条路径历经 ACDGI，接着把历经的 5 个活动持续时长相加，就可以算出这条路径的长度为 25；继续从起始活动 A 出发画第 2 条线，第 2 条路径历经 ACEGI，路径长度为 27；按照同样的方式，依次可以得到第 3 条路径 ACEHI 长度为 25；第 4 条路径 ABFHI 长度为 24；而关键路径是最长的路径，所以这副前导图的关键路径是 ACEGI。

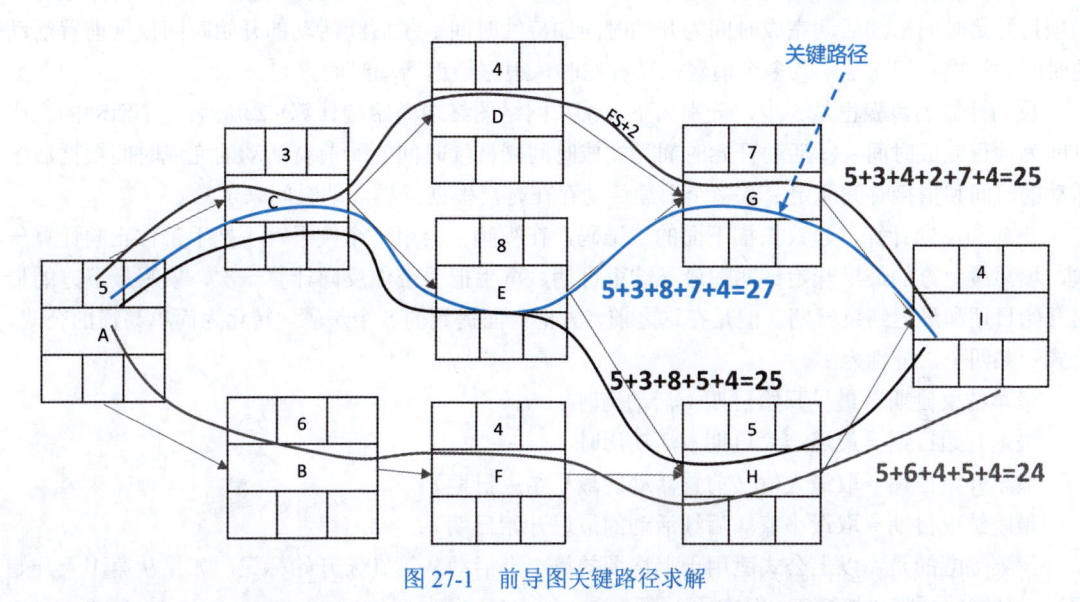

图 27-1 前导图关键路径求解

在案例分析科目的考试中，有可能会让你先画出网络图，再找出关键路径，绘制双代号网络图时，根据题干提供的项目紧前活动和工期信息，就能够画出双代号网络图，双代号网络图画出来之后，计算项目的关键路径和工期自然就不在话下。

27.2 时差计算专题

计算时差，也就是计算总浮动时间和自由浮动时间，解题关键在于画出活动七格图。活动七格图如图 27-2 所示。

最早开始日期 ES	活动历时 DU	最早结束日期 EF
活动 ID		
最迟开始日期 LS	总时差 TF	最迟结束日期 LF

图 27-2　活动七格图

每个活动都需要用七格图来表示，每个七格图中有 7 个格子，最中间打通的格子是活动 ID，最左边上下的两个格子分别是最早开始日期和最迟开始日期，最右边上下的两个格子分别是最早结束日期和最迟结束日期，中间上下的两个格子分别是活动历时和总时差。

画出活动七格图的关键是分别计算最左边的两个开始日期和最右边的两个结束日期。计算的方式为两次计算，一次正向计算得出最早完工时间，一次反向计算得出最迟完工时间，所谓正向计算是指从第一个活动到最后一个活动的顺序计算，所谓反向计算是指从最后一个活动到第一个活动的顺序计算。

正向计算的步骤共有 5 步，分别如下：①从网络图始端向终端计算；②第一活动的开始时间为项目开始时间；③活动完成时间为开始时间加持续时间；④后续活动的开始时间根据前置活动的时间和搭接时间而定；⑤多个前置活动存在时，根据最迟活动时间来定。

反向计算的步骤也是 5 步，分别如下：①从网络图终端向始端计算；②最后一个活动的完成时间为项目完成时间；③活动开始时间为完成时间减持续时间；④前置活动的完成时间根据后续活动的时间和搭接时间而定；⑤多个后续活动存在时，根据最早活动时间来定。

正向和反向计算，建议扫描下面的二维码，在视频中会用一个例子，手把手带你正向计算一次，填写最上方的最早开始日期和最早结束日期，再手把手带你反向计算一次，填写最下方的最迟开始日期和最迟结束日期。但是在这之前，先把前面提到的 5 个步骤，转化为简单易懂的公式，公式一共四个，分别为：

最早结束日期＝最早开始日期＋活动历时；
最迟开始日期＝最迟结束日期－活动历时；
最早开始日期＝取最大值（前置活动的最早结束日期）；
最晚结束日期＝取最小值（后续活动的最迟开始日期）；

需要提醒的是，以上公式适用于七格图的第 1 个活动从第 0 天开始标记，如果从第 1 天开始标记，公式后面需要加减 1，但本质上都一样。

活动七格图画完之后，就可以继续计算时差，也就是总时差和自由时差，或者叫总浮动时间和自由浮动时间。

活动七格图计算

总浮动时间是指在任一网络路径上，进度活动可以从最早开始日期推迟的时间，但是不会延误项目完成日期或违反进度制约因素。总浮动时间的计算公式为：本活动的最迟完成时间减去本活动的最早完成时间，或本活动的最迟开始时间减去本活动的最早开始时间。

自由浮动时间是指在不延误任何紧后活动的最早开始日期或不违反进度制约因素的前提下，某进度活动可以推迟的时间量。自由浮动时间的计算公式为：紧后活动最早开始时间的最小值减去本活动的最早完成时间。

同样的浮动时间的计算依然可以扫描视频二维码，手把手通过具体例子带你完成计算。

27.3 挣值计算专题

挣值计算是案例分析科目中的热点考点，也是综合知识科目考试中的热点，挣值在计算类考点中，属于偏容易的考点。挣值计算是计算进度绩效测量指标或者成本绩效测量指标，比如进度偏差（SV）、进度绩效指数（SPI）、成本偏差（CV）和成本绩效指数（CPI），这些指标可以用于评价偏离初始进度或者成本基准的程度。

计算公式方面，成本偏差 CV=EV-AC，进度偏差 SV=EV-PV，成本绩效指数 CPI=EV/AC，进度绩效指数 SPI=EV/PV。由此可见，如果想求得绩效测量指标，首先需要分别求得 PV、EV 和 AC。

从成本视角看，PV 是计划价值，也就是为计划工作分配的经批准的预算，代表计划属性。EV 是挣值，是对已完成工作的测量值，用该工作的批准预算来表示，代表挣到的值，类似于赚到的钱。AC 是实际成本，是在给定时段内执行某活动而实际发生的成本，代表实际投入。

使用上面介绍的 4 个公式，分别计算出 CV、SV、CPI、SPI 之后，考题往往会跟着追问目前项目执行情况，比如是超支了，还是进度提前。此时项目执行情况的判断规则如下：如果算出来的成本偏差 CV 大于零，代表此时成本节约，如果 CV 小于零，代表此时成本超支。如果算出来的进度偏差 SV 大于零，代表此时工期提前，如果 SV 小于零，代表此时工期滞后。简单理解就是大于零是好事，小于零是坏事。如果 SV 和 CV 同时大于零，说明既实现了成本节约，又实现了工期提前，如果两者都小于零，说明既导致了成本超支，又导致了工期滞后。

CPI 和 SPI 的计算公式，仅仅是把 CV 和 SV 公式中的减法，换成了除法，除此之外没有任何区别，所以 CPI 和 SPI 如果大于 1，说明是好事，成本节约的同时工期提前，如果均小于 1，则说明是坏事，成本超支的同时工期还滞后延期。

比如曾经有一年考过这样一道选择题，如下所示。

【例题】某公司项目的绩效数据见表 27-1 所示，能提前完成且不超支的项目有（   ）个。

表 27-1 绩效数据   单位：万元

项目	计划价值	挣值	实际成本
A	1000	1500	1200
B	2000	1700	1800
C	2500	2700	2800
D	4000	3500	3200
E	1600	1800	1500

A. 1　　　　　　B. 2　　　　　　C. 3　　　　　　D. 4

这道题的求解过程比较简单，考查的是进度偏差计算公式：SV=EV-PV，成本偏差计算公式：CV=EV-AC。针对项目 A：SV=1500-1000=500；CV=1500-1200=300，可知项目 A 进度提前，同时成本节约；针对项目 B：SV=1700-2000=-300；CV=1700-1800=-100，可知项目 B 进度延期，同时成本超支；针对项目 C：SV=2700-2500=200；CV=2700-2800=-100，可知项目 C 进度提前，同时成本超支；针对项目 D：SV=3500-4000=-500；CV=3500-3200=300，可知项目 D 进度延期，同时成本节约；针对项目 E：SV=1800-1600=200；CV=1800-1500=300，可知项目 E 进度提前，同时成本节约。由上可知，能提前完成且不超支的项目有两个，分别为项目 A 和项目 E，本题正确答案为 B。

27.4　预测计算专题

预测计算从逻辑上讲可以视为挣值计算的延伸，相比于挣值计算，预测计算的公式稍微复杂一点，不过也同样简单。

项目往往不会按照提前设定的方向前进，随着项目进展，有可能完工预算（BAC）已明显不再可行，那么项目团队就不能还坚持使用过时的 BAC，而是需要根据项目绩效，对完工估算（EAC）进行预测。对 EAC 的预测，依据的是当前掌握的绩效信息和相关知识，预计项目未来的情况和事件，绩效信息包含项目过去的绩效，以及可能在未来对项目产生影响的任何信息。

在计算完工估算（EAC）时，可以把工作分为两个部分，一部分是已经完成的工作，这部分工作花掉的成本无法改变，所以计算 EAC 时需要把已完成工作的实际成本加进来；另一部分是还没有完成的剩余工作，这部分依赖预测，对应完工尚需估算（ETC）。由此可见，完工估算（EAC）= 已完成工作的实际成本（AC）+ 剩余工作的完工尚需估算（ETC）。

还没有完成的剩余工作到底要花多少成本，完全依赖项目组的预测，预测不同，得出的结论也就大相径庭，主要有两种预测场景。

第 1 种预测场景是，假设项目将按截至目前的情况继续进行，也就是过去的实施情况表明，原来所作的估算彻底过时了，原来的估算已经不再适合该项目，一切会按照目前的最新趋势发展下去，这个时候 EAC 的计算公式为：EAC=AC+ETC=BAC/CPI。

第 2 种预测场景是，目前出现的偏差只是一种特例，并且将来不会再发生类似情况，这个时候 EAC 的计算公式为：EAC=AC+(BAC-EV)。

当然还有第 3 种预测场景，也就是 SPI 与 CPI 将同时影响 ETC 的情形，这种场景没有考过，知道即可。

接下来咱们同样看一道过去曾经考过的试题，用做题来巩固下刚才学到的公式，考题如下所示。

【例题】表 27-2 是某项目截至 12 月底各项活动的成本执行（绩效）数据。假设当前项目的成本偏差是典型的，则完工尚需估算（ETC）为（　　）万元。

表 27-2　成本执行（绩效）数据

活动编号	活动	完成百分比 /%	计划值（PV）/ 万元	实际成本（AC）/ 万元
1	A	100	1800	2200
2	B	100	1000	1200
3	C	100	1500	1500
4	D	90	4200	3600
5	E	80	3550	3000
6	F	80	3000	2500
7	G	70	1000	800
8	H	70	4400	3200
合计			20450	18000

项目总预算（BAC）/ 万元：38000

　　A．40000　　　　B．22000　　　　C．20900　　　　D．38450

　　这是一道典型的预测计算，给了你一张表格，列出了目前各个活动的计划值、实际成本和完成百分比，同时也给出了项目总预算（BAC），让你计算完工尚需估算（ETC）。前面讲过，计算 ETC 时，存在两种分叉的预测场景，而根据题干中提到的"假设当前项目的成本偏差是典型的"，说明原来的估算已经不再适合，一切会按照目前的最新趋势发展下去，那么计算 ETC 的公式就是 ETC=(BAC-EV)/CPI。接下来求解挣值 EV=17100，继续求解 CPI=EV/AC=0.95，进而可以得出 ETC=(BAC-EV)/CPI=22000，所以正确答案为选项 B。

27.5　三点估算专题

　　三点估算通过考虑估算中的不确定性与风险，使用三种估算值来界定活动成本 / 时间的近似区间，来提高单点成本 / 时间估算的准确性，这是三点估算的目的和意义。三种估算值分别是最可能、最乐观和最悲观，根据这三种估算值，可以计算出期望值 =（最可能 ×4+ 最乐观 + 最悲观）/6，这就是三点估算的公式。

　　公式中的最可能时间 / 成本，指的是基于最可能获得的资源、最可能取得的资源生产率，所估算的活动持续时间 / 成本；最乐观时间 / 成本，是基于活动的最好情况，所估算的活动持续时间 / 成本；最悲观时间 / 成本，是基于活动的最差情况，所估算的活动持续时间 / 成本。

　　三点估算可以用于时间，也可以用于成本。举个用于时间的例子，假设你平时下班回家，如果不堵车，最快 30 分钟就能到家，但是如果赶上大堵车，需要 2 个小时才能到家，不过多数情况是 1 个小时就能到家，那么问题来了，如何估算回家所需的时间呢？

　　此时就可以使用三点估算来求解。期望时间值:（最可能持续时间 ×4+ 最乐观 + 最悲观）/6，根据题意，最可能时间是 60 分钟，最乐观时间是 30 分钟，最悲观时间是 120 分钟，代入公式就可以求出回家所需的期望时间是 65 分钟。

三点估算的概念源自计划评审技术（PERT），需要掌握并记住标准差的计算公式：标准差=（最悲观－最乐观）/6。上述下班回家的例子中，回家时长的最悲观时间是120分钟，最乐观时间是30分钟，那么标准差就是：(120-30)/6=15分钟。

标准差在计算考题中的作用在于求解概率，首先标准差是正态分布的概念，PERT技术认为项目的完成时间服从正态分布，根据正态分布的规律，在正负一个标准差范围内完成的概率为68%，在正负两个标准差范围内完成的概率为95%，在正负三个标准差范围内完成的概率为99%，如图27-3所示。

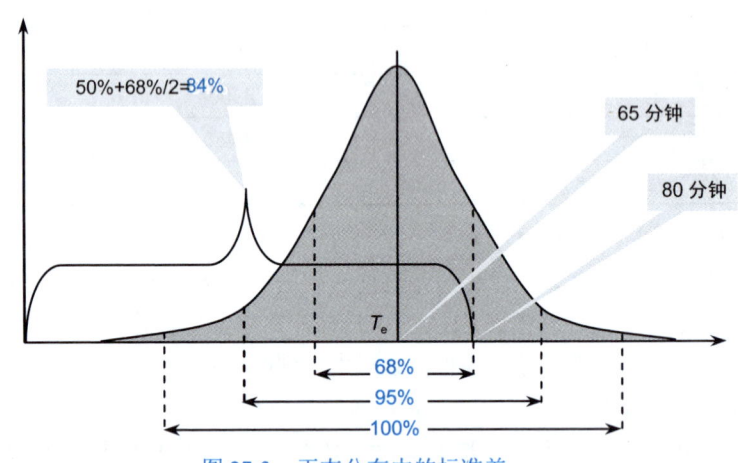

图27-3　正态分布中的标准差

三类标准差对应的3个百分比68%、95%和99%务必要记牢掌握，通过这3个百分比和标准差，就可以求解接下来的衍生概率问题。

上述下班回家的例子中，如果想要求80分钟以内到家概率问题怎么解？之前通过三点估算法，求得回家的期望时间是65分钟，这个65分钟对应正态分布图中间的垂直线，标记为T_e。从概率上看，期望时间65分钟内到家的概率是50%，正好对应垂直线T_e左侧50%的阴影面积。80分钟等于65分钟加上15分钟，而15分钟是刚才计算的标准差，前面提到正负一个标准差范围内完成的概率是68%，也就是在区间（65-15,65+15），即（50,80）分钟内回家的概率是68%，那么区间（65,80）分钟内回家的概率是68%/2=34%。于是80分钟内回家的概率是区间（0,65）和区间（65,80）回家概率的和，也就是50%+34%=84%。

理解了上面的求解过程，如果再问80分钟以上回家的概率，求解就很简单了，100%减去区间（0,80）间回家的概率，也就是100%-84%=16%，在正态分布图中的位置为平均值右侧超过一个标准差的区域。

27.6　沟通渠道专题

沟通渠道是项目经理用来测算项目沟通复杂程度的工具，计算公式简单易懂，假如某个项目有

n 个干系人，那么潜在的沟通渠道总量为 $n(n-1)/2$。比如有 6 个干系人的项目，就有 6×(6-1)/2=15 条潜在沟通渠道，假如此时有 2 名新成员加入项目，此时沟通渠道就变成了 8×(8-1)/2=28 条，仅仅增加了 2 个人，项目沟通渠道就增加了 13 条之多。

沟通渠道的计算公式很简单，甚至比三点估算都简单，如果考试考到了，大概率是送分题，比如下面这考题。

【例题】某项目潜在沟通渠道数为 153，则项目干系人数量为（　　）。
A．16　　　　B．17　　　　C．18　　　　D．19

这道例题已知沟通渠道，让反过来求解项目干系人的数量，可以直接使用公式 $n(n-1)/2$ 逆向求解正确的干系人数量 n 值，也可以分别计算四个选项的沟通渠道数来求解正确答案，经过计算可得项目干系人数量为 18，本题正确答案为选项 C。

27.7　决策树分析 EMV 专题

决策树分析与 EMV 计算属于定量风险分析的工具与技术。EMV 是预期货币价值，本身是个统计概念，用来计算将来某种情况发生或不发生时的平均结果，也就是不确定状态下的分析，需要掌握机会的预期货币价值为正数，而风险的预期货币价值为负数。

预期货币价值的计算很简单，将每个可能结果的数值与其发生概率相乘之后相加，就能得出预期货币价值，预期货币价值通常用于决策树分析。决策树分析是对所考虑的决策以及相应可能产生的后果进行描述的图解方法。决策树综合了每种可用选项的费用和概率，以及每条事件逻辑路径的收益。当所有收益和后续决策全部量化后，通过决策树的求解过程就能得出每项方案的预期货币价值。

如图 27-4 所示，是一棵向右方生长的决策树，这棵决策树描述了需要做的投资决策，既可以投资项目 A，也可以投资项目 B。投资项目 A 有 50% 的概率赚 500 万元，但是也有 50% 的概率赔 300 万元，投资项目 B 有 80% 的概率赚 300 万元，但是也有 20% 的概率赔 500 万元。此时科学的决策就会用到决策树分析技术。

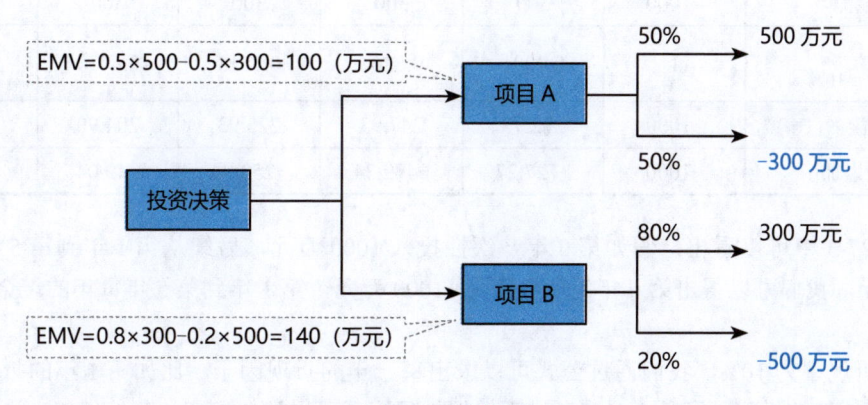

图 27-4　决策树

具体而言，决策树分析用求解对比每个项目的预期货币价值，来制定决策。首先看项目 A 的预期货币价值，由于预期货币价值是把每种可能的收益乘以概率，最后加在一起。所以项目 A 的 EMV=0.5×500+0.5×(-300)=100 万元，同理求得项目 B 的 EMV 为 140 万元。由此可见，项目 B 的预期货币价值更大，所以最明智的投资应该是投给项目 B。

27.8 净现值 & 投资回收期专题

项目管理科学基础章节中，需要掌握计算方法的考点是净现值和投资回收期，这个考点过去一直是综合知识科目的常见考点，更重要的是简单易掌握。净现值分析是把所有预期的未来现金流入与流出都折算成现值，以计算项目预期的净货币收益与损失。考虑到货币的时间价值，今天挣的钱比将来挣的钱值钱。净现值分析可以用来合理地比较跨越多年的项目现金流。

确定净现值（NPV）要遵循 3 个步骤：①确定项目的现金流入与流出，每年的现金流用每年收益减每年成本得出；②选定折现率，折现率是可以接受的最低投资回收率，根据折现率计算每年的折现因子，第 n 年折现因子的计算公式为：1/（1+折现率）的 n 次方，将折现因子乘上每年的成本，可以得到每年的折现成本，同样也可以得到每年的折现收益；③计算净现值，将折现收益与折现成本相加就得到了净现值。

投资回收期分析是项目选择时可以用到的财务分析工具，投资回收期是以净现金流入补偿净投资所用的时间。换句话说，投资回收期分析确定需要经过多长时间，累计收益就可以超过累计成本以及后续成本，当累计折现收益与成本之差开始大于零时，回收就完成了。

了解完净现值和投资回收期概念之后，可以根据下表做一个相应的练习。

表 27-3 习题用表　　　　　　　　　　　　　　　　　　单位：万元

年份	0	1	2	3	4	5
投入成本	1000					
每年收入		300	300	300	300	300
现金流	-1000	300	300	300	300	300
$(1+i)^{-n}$ 备注：i=10%	1	0.9091	0.8264	0.7513	0.6830	0.6209
现值 = 终值 ×$(1+i)^{-n}$	-1000	272.73	247.93	225.93	204.90	186.28
现值累加	-1000	-727.27	-479.34	-253.94	-49.04	137.24

从表 27-3 中可以看出，假如第 0 年一次性投入 1000 万元，后续从第 1 年到第 5 年每年收入 300 万元，我们可以得出第 0 年的现金流是 -1000 万元，第 1 年到第 5 年每年的现金流是 300 万元。

假设折现率为 10%，我们通过公式可以求出每一年的折现因子，比如第 1 年的折现因子是 0.9091，第 5 年的折现因子是 0.6209。进而根据折现因子可以计算出每一年的现值，也就是把每一年的现金流乘以折现因子，比如第 1 年收入是 300 万元，折现后的现值是 272.73 万元，第 5 年的收入是 300 万元，折现后的现值只有 186.28 万元。

最后可以将现值持续累加，可以发现第 5 年时出现了正值，也就是累计净现值出现正值或零的年份为第 5 年，此时上一年，也就是第 4 年的累计净现值的绝对值为 49.04，当年也就是第 5 年的净现值为 186.28，将上面的数字代入公式：

$$P_t = (累计净现值开始出现正值或零的年份数 - 1) + \frac{上年累计净现值的绝对值}{当年净现值}$$

就可以求出投资回收期为 (5-1)+(49.04/186.28)=4+0.26=4.26。

论文写作篇

第 28 章

论文 4 路攻略：论文也是"纸老虎"而已

28.1 百闻不如一见，从论文真题看起

在论文备考之前，首先切记不要在心中自己吓自己，感觉除了高考外，自己从来没有写过这么长的文章，从来没有一口气写两三千字，而且还在两个小时内写完，头脑一片空白、没有干货可写。世界上的万事万物，一切都有章法可循，目前你所掌握的知识足够用来撰写论文，因为高项论文的章法非常简单，只要掌握了章法，掌握了框架，掌握了逻辑，掌握了技巧，论文其实只是"纸老虎"。

我们之所以会怕写论文，根源在于不熟悉、不了解，所以在展开论文 4 路攻略之前，我们先来解开论文真题的面纱，看看论文真题的样子是不是真如想象般的骇人。如下是 2024 年高项论文真题中的一道题：

试题：论信息系统项目的成本管理

项目成本管理是为了项目在批准的预算内完成，而对成本进行规划、估算、预算、管理和控制的过程。请以"论信息系统项目的成本管理"为论题：

1. 概要叙述你参与管理过的信息系统项目（项目背景、项目规模、发起单位、目的、项目内容、组织结构、项目周期、交付的成果等），并说明你在其中承担的工作。（选择的背景要求本人真实经历，不得抄袭及杜撰）。

2. 结合项目管理实际情况并围绕以下要点论述你对信息系统项目成本管理的认识：

（1）根据你所描述的项目，写出项目成本基准形成过程。

（2）根据你所描述的项目，画出项目的 S 曲线图。

（3）结合你描述的项目，根据成本控制的目标，写出项目进展过程中你是如何进行成本控制的？

2024 年论文题目之一是《论项目的成本管理》，从以上的真题原文可以看出，论文题干的第一句话是对项目成本管理的概括，这句话不太重要，可以直接跳过。接下来论文题干提到了两大要求。第一点要求是概要论述参与管理过的信息系统项目，比如项目背景、项目规模、发起单位、目的、项目内容、组织结构、项目周期、交付的成果等，并说明你在其中承担的工作，选择的背景要求本人真实经历，不得抄袭及杜撰。

这个第一点要求，几乎会出现在每一年的论文要求中，而且非常类似，都是让你描述管理过的项目，以及在其中的职责。需要强调的是：括号里面的内容一定要在论文中体现，体现背景、规模、发起单位、目的、内容、组织结构、周期和交付成果，千万不要因为其在括号里面而轻视，论文要求中的括号里面提到的要求反而更重要。总结下来，论文写作科目中的第一点要求，其实对应着论文正文里的背景部分。

接下来是论文写作科目的第二点要求，不同于第一点要求，第二点要求非常个性化，不同年份、不同知识域、不同考题，第二点要求很可能千差万别。即使是同样的论题，比如同样是项目成本管理的论题，不同年份在第二点要求上也相差很大，正因为如此，你更需要在论文正式写作之前认真审题。回到前面举出的 2024 年论文真题示例，其中描述了 3 个子要求，分别涉及项目成本基准的形成过程、S 曲线的绘制和成本控制。相比论文大题目，第二点要求的 3 个子要求更加具体、更加聚焦，写出的论文，一定要呼应这 3 个子要求，这 3 个子要求应该是论文写作中的重点，只有这样去写论文，论文才能够符合题意，才不至于折戟沙场。

从前面的论文真题可以直观感受到，论文要重点写什么内容，已经跃然纸上了。首先论文要写项目的诸多背景，其次论文要围绕题目展开，比如 2024 年的论文真题，论文需要围绕项目成本管理展开，展开的主线就是项目成本管理的 4 个过程（规划成本管理、估算成本、制定预算和控制成本），其中需要重点突出成本基准的形成过程、S 曲线的绘制和成本控制。所以打破心中恐惧的有效手段就是正视论文和了解论文。

28.2 论文评分规则解读，做到知己知彼

论文写作科目的考试采用机考、闭卷的方式进行，总时长是 120 分钟，不能提前交卷离场，也就是 2 个小时写完一篇论文。论文写作科目满分 75 分，及格分 45 分，从 3 档划分来看，优良档是 60～75 分，及格档是 45～59 分，不及格档是 0～44 分。在制定目标时，一定要遵循"目标设定更高"的原则。假如能够把论文的考试目标定为 65 分，最终论文科目拿到了 55 分，虽然没有达成目标，但是却成功拿到了证书。但是假如把目标定为 45 分，那么就会从心理上加大最终论文分数低于 45 分的概率，从而败走麦城。所以建议一定要奔着优良去备考，要把优良作为论文写作科目的目标，这样才能最大概率拿到证书。

了解完考试时长和分数线之后，接下来看论文评分的五大标准。

第 1 大标准是"切合题意"，标准权重占比 30%。这也就意味着假如论文没有切合题意，大

概率论文科目就宣告了失败，所以关键在于如何才算切合题意。切合题意简单理解，就是切合论文题干中的两点要求，切合第二点要求中子要求，切合论文题干希望论文去描述的那些要点。比如 2024 年论文真题中的成本管理题目，要求中提到的项目背景描述，括号里面提到的发起单位、规模等就是题意，题干中提到的项目成本基准的形成过程、S 曲线的绘制和成本控制这些就是题意。论文中如果能够呼应这些要求并作为论文重点，才算是切合题意。另外从阅卷和评分角度，切合题意的标准分 3 档：非常切合、较好切合和基本切合，不同档位的得分不同。

第 2 大标准是"应用深度与水平"，标准权重占比 20%。要知道考生写出来的论文是否有深度，是否仅仅是蜻蜓点水，阅卷无数的评分老师其实很容易看得出来。应用深度和水平取决于你有没有学以致用，有没有把高项的理论考点，深入应用到日常的项目管理中，有没有在应用的过程中，展示出自己的深度思考和理解，这些可以通过论文中对理论知识的阐述、对项目案例的阐述看出来。应用深度与水平的标准分 4 档：很强、较强、一般和较差，不同档位的得分不同。

第 3 大标准是"实践性"，标准权重占比 20%。实践性标准用来判断论文中的实践深度，论文是通篇的理论知识堆砌，还是非常到位地融合了项目实战，是这个标准非常重要的判断依据。从实践性的 4 档标准中也可以获得类似的启示。实践性的 4 档标准分别为：有大量实践和深入的专业级水平与体会、有良好的实践与切身体会经历、有一般的实践与基本合适的体会、有初步实践与比较肤浅的体会。围绕实践性的评分标准，我们需要在论文里做到两点，第一点是论文要跟实战项目的实践结合起来，第二点是要在论文里描述自己的体会和思考。

第 4 大标准是"表达能力"，标准权重占比 15%。表达能力标准考查的是书面表达能力，能不能用 2000 多字，把项目理论和实践说清楚、说明白，前后逻辑有没有严重的错误或者断层，语言表达是否清晰有力等都是这个标准的考查点。表达能力标准很像中小学的作文要求，从逻辑清晰、表达严谨、文字流畅和条理分明这 4 个要素分成了 3 档。之前有考生找到我抱怨，说自己写的论文做到了实践性，在论文中举出了真实的项目案例，也完全呼应了子题目的要求，为什么还是没有过呢？事后复盘发现，很可能是因为表达能力。论文的撰写，既要有内容，也要有表达，两者缺一不可。对于理工科出身的同学而言，表达能力往往是容易被忽略的评分标准，不过想要做到逻辑清晰严谨和文字流畅，其实并不难，只需要不断修改打磨论文就可以。

第 5 大标准是"综合能力与分析能力"，标准权重占比 15%。这个评分标准看的是论文整体，从论文整体看分析能力如何，看论文中的理论和项目实战结合的综合能力如何，这个评分标准相对主观，标准分了 3 档：很强、比较强和一般。

经常听到很多的同学戏称软考论文考试是门"玄学"，论文怎么才能考过让人琢磨不透。软考作为国家级考试，即使是判卷主观性最强的论文写作科目，也是有其明确的评分标准，不如多读几遍论文的五大评分标准，然后对照自己的论文，看看自己不满足哪一条评分标准，持续改进论文。论文的五大评分标准对我们透彻理解论文考试科目，实际动手写论文提供很多有价值的指导，阅卷人阅卷时也是完全按照五大标准去评分，值得我们深入学习分析。

结合五大评分标准，我们可以得到这些启示：首先论文必须要和题意相结合，要认真审题，花时间阅读题干到底要求论文写什么、哪些是重点，要做到切合题意。其次论文需要跟实战项目相结合，不要在论文中纯写理论，最好的写法是让理论跟实战相结合，有一定的深度，而且在论文中描述自己的体会和思考。最后用逻辑清晰、文字流畅的书面表达方式完成论文。

28.3　洞悉论文加减分规则和 5 种情况

论文不是玄学，除了论文的评分规则之外，还有论文的加分、减分和不及格规则。

论文的加分项一共有 4 点：

第 1 点是论文要有独特的见解，或者有很深入的体会。由此可见，在论文中表达自己的见解非常重要，这一点可以应用到职业生涯中，假如你在职业生涯中能够针对工作职责和内容，有自己的想法、有自己的主见，那么将非常有利于职场发展，高项论文也是同样的道理，论文阅卷老师如果在论文中看到你对理论知识的活学活用，或者应用的案例具体到位，自然就会为你加分。

第 2 点是论文的观点应符合当今计算机应用系统发展的新趋势与新动向，并能初步加以实现。这个加分点的启示是：论文中项目案例用到的技术，一定不能是十几年前，甚至几十年前的淘汰技术，最好能够结合现在的主流技术和热点技术，来描述项目案例，比如当下的智慧医疗、智慧城市等诸多智慧化项目，还有与 AI、大数据、高端制造有关的项目，用主流和热点技术作为项目案例的背景，能够让阅卷老师耳目一新，可能是很好的加分点。唯一需要注意的是，你需要在论文中能够驾驭这类技术，而不是把新技术名词堆砌上去，具体的项目案例和新技术的关联度，从论文中进行识别其实并不难。

第 3 点是内容翔实、体会中肯、思路清晰、非常契合实际。内容翔实有两个不适用的情况，第 1 个不适用的情况是论文中大部分都是教程中的理论句子，涉及具体的案例描述很少，第 2 个不适用的情况是虽然在论文中描述到了项目案例，但是过于抽象和笼统，检验这个情况的技巧很简单，换一个项目标题或者案例，用来描述具体案例项目管理实践的语句是否还是通用，如果还是通用的，就说明论文属于第 2 个不适用的情况；体会中肯对论文的启示是，不要在论文中过于夸张；思路清晰在论文中的直观展现就是逻辑性，逻辑性体现在段落之间的关系，要有层层递进、层层向上的感觉；非常契合实际是基本要求，就是不要让阅卷老师觉得不真实。第 3 点加分项总结下来就是：要有自己的体会，让阅卷老师通过论文感受到你的思考，通过思路清晰的逻辑表达，让阅卷老师知道你的思路和逻辑。

第 4 点是项目难度很高，或者项目完成的质量优异，或者项目涉及重大课题并能正确按照试题要求论述。这里给论文的启示是，论文中不要出现看起来就是学校毕业设计的项目，或者培训机构的教学项目，这些项目的难度往往很低，很难匹配高级工程师的人设，要写难度很高的项目，或者重大课题项目。但是不能在论文中直接说项目难度高，而是要通过论文正文开头的背景描述、论文主体中的项目例子，间接让阅卷老师感受到项目难度，最后在收尾的时候别忘记展现下项目的成功交付。

论文加分项如果看作论文写作的目标，那么论文减分项就是需要我们在写作时需要努力避开的，论文的减分项一共有 4 点：

第 1 点减分项是正文按照条目方式逐条罗列叙述，就是写出了一篇流水账式的论文，流水账意味着论文缺乏重点，仅仅是所有条目的堆叠，每个条目都提到了，但是每个条目都是浅尝辄止，重点不突出，层次不分明。

第 2 点减分项是过分自我吹嘘或自我标榜、夸大其词，我其实理解类似论文的写作初衷，前面讲到的第 4 点加分项提到论文中项目的难度高、完成的质量优异，所以有些考生就在论文中写了一个看起来规模超前、难度超前、成果超前的三超项目，但是过犹不及，一下子从加分项变成了减分项。三超项目往往很难用 2000 字的文字来驾驭，如果自己的写作功底和实战功底欠火候，建议以真实性为第一原则，不要让论文看起来很假，假、大、空的论文直接会被扣分甚至不过。

第 3 点减分项是内容有明显的错误和漏洞。这点的特征很明显，最典型的是过程有所缺失，比如考到的过程没有写完整，或者输入、输出、工具与技术有错误，这就是明显的错误和漏洞，应对策略很简单，首先需要把十大知识域的过程名字及顺序、八大绩效域的绩效要点记熟了，因为是论文的框架主线，不容有错，其次关于输入、输出、工具与技术，论文中并不需要全部列出，挑选自己熟悉的举例写出即可。

第 4 点减分项是内容仅属于大学生或研究生实习性质的项目，并且实际应用背景的水平相对低的论文。这个其实对应了前面提到的第 4 点加分项的情况，项目背景一定不要选太简单的项目，容易被阅卷老师认为缺乏实战经验，缺乏实际项目经验。

以上这些虽然是减分项，理论上不会直接要了论文的命，但是积少成多，如果自己的论文不幸落在了减分项里，很可能意味着论文危险了。

论文减分项如果是需要尽量努力避开的，那么论文直接不及格的雷区则是必须避开的，不及格的雷区一共有 6 个：

第 1 个雷区是出现虚构情节，文章中有较严重的不真实或者不可信的内容出现。论文一定要真实，这应该是论文阅卷的底线，所以我一直建议考生一定要找自己熟悉的项目写论文，而不是随便找一篇范文改改了事。退一万步讲，即使你的确没有项目经验，的确缺乏项目背景，那么你大概率也知道行政办公、人力资源是怎么一回事吧，围绕行政办公 OA、人力资源 HR 的系统也很多，这些常见的系统项目门槛并不高，多查找资料和学习自然就能完美避开这个雷区，所以通过技巧和充分准备来让项目显得真实，这一点也不是不可为。

第 2 个雷区是未能详细讨论项目开发的实际经验，主要从书本知识和根据资料摘录进行讨论。论文通篇都是纯理论地堆砌内容，没有自己的想法，没有项目的实战，没有和项目实战相结合，踩到了这个雷直接不及格。

第 3 个雷区是讨论的内容与方式过于陈旧，或者项目水准相对较低，比如用到了历史久远的数据库，而且竟然还是单机版，这类项目在二三十年前适用，今天拿过来用就直接踩雷了。

第 4 个雷区是内容不切题意，或者内容相对很空洞，基本上是泛泛而谈的、没有较为深入体会。"体会"一词这里再次出现，说明一定要自己的体会、自己的思考、自己的理解。这个雷区还有一点是论文没有很好地回应子题目的要求，所以导致内容不切题意，切记子题目要求的内容应该成为论文的重点.

第 5 个雷区是篇幅过于短小，比如正文少于 1200 字。这个雷区应该是 5 个里面最好规避的，除非你早就抱着论文不过的念头，所以不管怎样，字数是一定要够的。

第 6 个雷区是文理很不通顺，错别字很多，条理与思路不清晰等情况相对严重。这个雷区有两点启示，首先最重要的启示是论文的逻辑感和条理性一定要明显，能够让阅卷老师在第一时间感受到文理通顺和条理清晰。第 2 点启示是注意不要有错别字，这一点在手写论文的年代倒还好，但是机考论文打字时，很容易打出错别字，往往很多同学会忽视这一点。

以上解读的论文评分标准和加减分规则，均来自官方考纲，无论教程怎么更新，这些标准和规则大同小异。根据上面介绍的标准规则，结合 10 年来的论文指导实战经验，我总结出来了论文科目分低的 5 种情况。这 5 种情况是过往的经验教训，知道了这 5 种情况，那就能更加容易地避开这 5 种情况，就能大概率通过论文写作科目。

第 1 种情况是关于文字，看到这个你可能瞬间会感觉奇怪，目前的机考环境下，大家论文的文字都是统一的，以前对错字的涂改和龙飞凤舞的字体都消失不见了，何来关于文字之说？这里的文字有 4 层意思：第一层意思就是前面提到过的错别字，论文机考会带来更多的错别字，这一点不能掉以轻心；第二层意思是前面提到的字数不够问题，只要注意了就很容易规避；第三层意思是前面字数写得太多，导致写着写着就收不住笔了，最后由于字数限制，不得已来个"急刹车"收尾；第四层意思是分段不足或者说段落太长，适当的分段，能够让论文更有条理，逻辑更清晰、更便于阅读。

第 2 种情况是关于跑题。这里有两个典型原因。第一个是没有认真审题，还拿前面提到的成本管理举例，命题人提出了几个论文要求，让描述项目成本基准的形成过程，让绘制 S 曲线，让描述成本控制，假如没有认真审题，结果论文里没有写这部分内容或者草草几笔带过，论文自然跑题；跑题的第二个原因也很常见，有些同学会在网上找些范文背，不管是否理解，先背下来再说。但是假如并没有理解范文，并没有转化为自己的知识，真正考试时，你的脑袋里只会有范文，不会有别的认知，而且大概率你背的范文并不会很好地呼应子题目的具体要求，那么此时默写出来的论文自然跑题，何况现在网上找的范文也是良莠不齐，范文找不对就直接影响论文的质量，即使范文没问题，但是机考时代的论文查重，这也是一个风险。关于论文范文，肯定要去读，但是一定要在理解范文的基础上，亲自动手去写，转化为自己的论文，比如把范文里用到的项目案例，换成自己的案例，自己的项目案例自己最清楚，这样无论子题目有什么具体要求，只要理论基础扎实，你都能写出来。

第 3 种情况是关于所选的项目。要么所选的项目是年代久远的项目，要么所选的项目一眼就能看出来很简单，比如拿学校的毕业设计项目用于论文。看到这里，可能会觉得项目金额是不是越大就越能"震住"阅卷老师呢？比如直接把项目预算改成大几千万甚至上亿。这个念头趁早打消比较好，因为阅卷老师很容易看出来不真实。即使超大预算项目就是真实的项目，论文也很难用 2000 多字去证明真实性，很难用 2000 多字驾驭千万级的项目。所以与其这样，还不如老老实实回到最佳实践，选择百万级的项目。

第 4 种情况是关于漏洞百出。比如知识域过程有所缺失，本来 7 个过程，论文中只写出了 5 个，或者顺序错误，本来应该是第 3 个过程，论文中写到了第 2 个过程，还有输出或者工具与技术的张冠李戴，比如把定性风险分析的工具用在了定量风险分析上，因此，基础知识一定要打牢、一定要掌握。

380

第 5 种情况是关于平淡无奇。造成论文平淡无奇的原因主要有两种：第一种是缺乏项目实战经验，只是在论文中堆砌理论，仅仅把过程名、输入、输出、工具与技术在论文中进行了介绍，没有项目实战，或者看不出理论和项目案例的结合；第二种是缺乏基本的书面表达能力，语句不通顺、论文逻辑混乱，抓不到重点。

避开了论文的这 5 种常见情况，大概率就能获得论文的成功通关。

28.4　论文时长篇幅分配策略

论文考试时长一共 120 分钟，建议将 120 分钟的论文写作时长分成四部分。前 3 部分时长全部都用于草稿纸，最后一部分时长用于正式上机写作。

从笔试到机考的改变对于大部分考生而言是明显的利好，毕竟打字速度明显快于手写速度，所以不用担心论文是否写作的时间不够用，更应该担心自己的论文是否缺乏科学的框架结构，而草稿纸就是用来对论文进行框架结构设计用的。

首先拿出 3 分钟的时间，把论文题干仔仔细细、认认真真、一字不落地看一遍，认真审题，重点关注论文考的是哪个知识域或者绩效域，比如考到了某个知识域，那么这里面肯定会考到全部的过程的输入、输出、工具与技术。此时先不要想怎么去写论文，先在草稿纸上把知识域涉及所有过程的名字按照顺序统统写出来，写在草稿纸上，接着把每个过程你能够想到的输入、输出、工具与技术也写在草稿纸上。完成这一步，就相当于吃了一颗定心丸，后面再去构思出彩点，甚至在正式上机写作的过程中，你都可以直接参考写在草稿纸上的过程、输入、工具与技术和输出，要知道这些输入、工具与技术和输出，会贯穿在论文的始终，也是构成论文框架的核心要素。总结下来就是，认真审题后，把论文框架的核心要素列在草稿纸上，后续直接参考。

其次再拿出 3 分钟的时间，在草稿纸上简单勾勒出论文的框架。如何勾勒论文框架呢？总结下来分为 3 步。首先构思整篇论文的内容一共分个几个自然段，每一段要写什么内容，其次在草稿上写上每段第一句的小标题，最后构思每段大概写多少字数。总结下来就是，构思论文一共分几段，每一段写什么，每一段大概要写多少字，以上就构成了论文的整体框架。

论文框架构建完成后，接下来是第 3 个时长"4 分钟"。论文写作科目的目标一定要是优良，一定要把拿到 60～75 分作为自己的目标，这样才有最大的通关概率。而想要拿到优良成绩，论文必须要有出彩点设计，论文必须能够脱颖而出、与众不同。所以接下来的 4 分钟，就需要在草稿纸上构思和设计出彩点。想象一下，左手是理论知识，主要是过程、输入、工具与技术、输出，右手是实战项目案例，将左手和右手交叉起来，让理论和案例相结合，才能迸发出脱颖而出的出彩点。论文的围绕出彩点可以在草稿纸上用关键词或者关键短句写出来，当然论文中的出彩点会在论文书写过程中不断更新，所以出彩点的迸发会贯穿在论文写作的全程。

当论文有了过程、ITO（输入、工具与技术、输出）、段落、段落主题句、段落字数、论文初步的出彩点之后，本质上整篇论文已经浮现出来了，接下来需要做的事情很简单，那就是用 110 分钟的时间，上机开始进行论文的创作，以上就是论文的时长分配策略。

论文的篇幅分配策略很简单，论文的字数要求需要以考试现场要求为准，毕竟近几年字数要求并非一成不变，目前最新的论文字数要求的上限从原来的 3500 字调整到了 2500 字，个人建议不要全部写满，论文字数在 2300 字左右即可。2300 字左右的论文结合论文的背景、正文和收尾 3 部分，建议字数安排如下：背景部分 400 字左右，正文部分 1600 字左右，收尾部分 300 字左右。400 字左右的背景部分，重点描述具体的项目，描述要简洁具体，对项目进行概要介绍，从而引出下面的论文正文部分，1600 字左右的正文部分，按题目要求详细展开描述就好，最后 300 字左右的收尾部分对论文进行总结收尾。

　　论文的备考技巧不需要太多，一共 3 点：

　　第 1 点是如果考到了知识域，那么论文要紧扣过程的顺序，整篇论文下来，应该是按顺序写出每个过程。单知识域的论文，过程数量和过程顺序是不能出错的，比如某个知识域的过程多达 7 个，考虑到 7 个过程太多，可能会导致论文写不下，于是只挑选了最重要的 5 个过程去写，这样做很可能会被阅卷老师误认为知识掌握不过关。所以所有的过程都要写在论文里，但是可以选择重点突出的写法。论文还有一种组合式的考法，虽然不太常见，但是毕竟曾经出现过。组合式的考法就是同时考了多个知识域，比如 2019 年上半年的论文题目就是组合式的考法。面对组合式的论文题目，建议按照五大过程组的顺序构建论文框架，因为五大过程组天然将知识域融合起来，所以这种写法最自然、最富有逻辑，也最容易，在此基础上需要融入对相关知识域关系的理解。

　　第 2 点是在段首增加总结句或者小标题，这个技巧能够让阅卷老师在最短的时间里，理解论文框架及逻辑构成，能够让阅卷老师最快了解到论文的组成部分及其重点，从而做到论文层次分明和一目了然，给阅卷老师带来较好的体验。在目前机考论文的模式下，更建议你采用段首总结句的方式，因为可以使用机考特有的文字加粗功能，而且论文看起来更加协调自然。

　　第 3 点是提前准备论文。首先论文的背景和收尾两部分内容，务必要在考前提前准备好，最好熟记，因为背景和收尾部分具有较大的通用性。背景部分涉及项目背景、项目规模、发起单位、目的、项目内容、组织结构、项目周期、交付成果、你的职责等，无论考试题目是什么，这部分内容都可以直接拿来用，收尾部分也是同样的道理。由此 400 字左右的背景部分，300 字左右的收尾部分，加起来一共 700 字左右都可以在考前提前准备好，考场上只用继续构思剩下 1000 多字怎么写就好，而需要继续构思的 1000 多字里面，又有一些输入、工具与技术和输出等知识理论部分，这样推导下来，其实需要在现场构思的内容并没有想象中的那么多，很多内容都可以在线下提前准备好，这也印证了论文并没有想象的那么难。在准备完背景和收尾部分之后，如果你还有时间，建议能够继续准备通篇的论文，论文准备得越多越好，这样无论考试题目是哪一个，你都已经提前准备了完整的论文草稿，考场上要做的工作仅有一项，那就是结合子题目的个性化要求，对已经记下来的论文草稿进行二次改进。

第 **29** 章

论文写作 3 步走："凤头、猪肚、豹尾"

"凤头、猪肚、豹尾"是中国古代文学中对文章结构的形象比喻，强调了文章开头、主体和结尾的重要性和各自的特点。这种结构不仅适用于古代文学，也适用于现代的软考论文写作。

前面了解了论文的全方位攻略，但是论文的一站通关需要动手亲自书写论文，本书认为最好的学习论文的方式是，直接给你展现一篇范文模板，然后进行拆解解读，带着你从上到下，用最简洁的语言讲解论文的思考逻辑和写作方法，同时本书也在范文模板中把通用的公共部分，用蓝色字体标出，针对不同的论文题目，就可以用个性化内容替换掉模板中的黑色字体部分。

29.1 论文背景的"凤头"写法

首先看论文背景如何做到"凤头"，"凤头"指的是文章开头要像凤凰的头一样，能够吸引人、引人入胜，具体而言就是论文开头简洁有力，吸引阅卷老师的注意力，并明确论文的主题。由此，我们可以看出，论文背景部分想要写好，首先需要给阅卷老师提供必要的项目背景信息，帮助阅卷老师理解论文的背景和项目的重要性，其次需要清楚地表明论文的主题论点。论文背景的参考模板如下：

▶ 论文背景部分参考模板

××××年××月，我作为项目经理参与了某集团的资源智能调度管理平台项目的建设工作，项目建设周期为 10 个月，共投资 635 万元，其中硬件设施投资 230 万元，软件开发费用为 405 万元，于××××年××月顺利交付验收。该项目平台基于 SOA 的架构、通过 Web Service 和企业服务总线（ESB）的方式来连接异构系统，并且支持 MySQL、DB2、Cache、

Oracle 和 SQL Server 等主流数据库。资源智能调度管理平台通过采集控制层、后台应用层和 App 服务层的 3 层架构，实现能源与设备管理及智能化调度，解决集团下属 400 多个园区及写字楼的集团化标准化管理存在的业务标准缺陷、统一管理平台缺失、管理机制和节能意识不足、基层经验和技术不足的问题，实现降低运营成本、提高设备可靠性和提高资源利用率的目的。

考虑到该项目的建设横跨多个业务系统且实施周期紧张，因此项目的进度管理特别是多业务系统的进度协调，自然成为项目成功与否的关键，在项目全生命周期管理中，我以 ×× 为切入点，通过落实 ×××× 项做事，紧抓 ××× 不放松，最终按期保质完成了项目交付，并顺利通过了客户验收。本文结合项目实践，从 ×××、××× 一共 × 个方面论述信息系统项目进度管理和思考。

论文背景部分的开头就要开门见山，简明扼要列出项目的关键信息，段落起始句子中的项目开始日期，不要距离当前太过遥远，建议选择 3 年以内的日期作为项目开始日期；起始句子中的自我角色，一定要是项目经理角色，而不是产品经理或技术工程师之类的角色；项目的名称需要列出来全称，但是如果项目中有省、市等名字，一定需要隐去，换成某某省或者某某市的写法；项目的投资金额应是百万级别的，300 万元至 800 万元之间最好；太小的投资金额比如 100 万元以下，会让阅卷老师认为项目过于简单，而太大的投资金额比如 1000 万元以上，又容易被阅卷老师质疑项目的真实性；项目的工期最好是 9～18 个月之间，最长不要超过 2 年，最短也不要低于半年；项目交付完工的日期，一定要在考试日期之前，也就是不要用还没有完工的项目作为论文案例。

在用最简洁的语言说完项目起止日期、项目名字、你的角色、项目预算等信息之后，接下来论文需要对信息系统的核心功能、系统构成、技术架构等进行简要描述，这部分的内容是个性化部分，你需要在论文中换成自己熟悉的项目，需要注意这里仅仅是对项目进行简要的描述，切记不要描述大量的技术细节，也不要使用大量晦涩难懂的专业术语，毕竟这部分写的是论文背景，论文背景的价值在于间接体现项目管理能力，而项目管理实践能力才是论文的核心，而不是让阅卷老师更懂项目本身。

在对信息系统的核心功能、系统构成、技术架构等进行简要描述之后，就需要简要列出项目的交付成果和实现的价值体现，建议这部分内容不仅要列出项目的交付成果，最好也提一下价值体现，价值体现能够拔高项目经理的格局，着眼于企业价值本身，而非只盯着项目的交付物。

接下来要写的是承上启下的句子，如"由于该项目具有 ××× 的特点，因此项目 ×× 管理是项目成功与否的关键之一。"，论文在这里需要把项目的特点，尤其是和论文题目有紧密关系的特点，用简要的短句或者几个关键词列出来，目的是引出论文的题目"项目 ×× 管理"，这句承上启下的句子目的就是从对信息系统的描述切换到论文题目上来。

有了承上启下的句子后，论文就可以继续按照类似的模板写下去，如"在项目全生命周期管理中，我以 ××× 作为切入点，通过落实 ××× 项措施，紧抓 ××× 不放松，最终按期保质完成项目交付，并顺利通过了客户验收。"这句话需要紧扣论文题目，特别是论文的子题目要求，对后续正文中即将表达的关键论点起到提纲挈领的作用，这句话如果写得出彩，往往可以起到意想不到的效果，通过这句话，阅卷老师就能够清晰了解到论文的思路框架，而且能够感受到背景部分和正文部分环环相扣的呼应。模板中还有一个细节就是用到了"切入点、措施、紧抓不放松"这样的关键词，可以有效提升论文逻辑性和语言张力。不过还需要提醒的是，在这个框架下，到底有哪些切入点，到底有几项措施，一定要结合正文进行提炼，一定要和正文能够互相对应。

背景部分的最后一句比较短，模板中提到"本文结合项目实践，从×××、××× 共 × 个方面论述了信息系统项目的 ×× 管理和思考"，这句话的主要作用是引出正文各段落的框架标题，比如各个过程名称或者绩效要点，相当于在背景部分再次强化了与正文部分的对照呼应。

最后，总结强调下论文项目背景部分的 5 个要点：①背景部分要包括发起单位、项目目的、规模大小、项目内容、担任角色、项目周期、组织结构、交付成果、关键影响要素、管理举措；②字数控制在 400 字左右；③项目时间选择 3 年内启动并且目前已经完成的项目；④项目金额避开特别"整"的数字，比如 500 万、1000 万等；⑤项目背景最好是自己真实经历，最好不要抄袭和杜撰，选择熟悉的领域，多在线上线下做好功课。

29.2　论文正文的"猪肚"写法

接着看论文正文如何做到"猪肚"，"猪肚"是形容论文的正文部分就像猪的肚子一样，要充实、丰富和有内容。论文正文部分需要详细阐述论文的主题，提供充分的论据和案例分析。由此，我们可以看出，论文正文部分想要写好，首先需要条理清晰，也就是结构合理、层次分明，让阅卷老师能够轻松理解论文的内容，其次要内容丰富，如同猪肚一般充实，包含足够的信息和细节，最后要论证有力，通过具体的项目案例对论文进行充分的论证。

正文是论文的重中之重，是论文的主体环节，也是最激动人心、最有挑战和难度的环节。根据过往的考试统计，论文的主体正文，通常都会围绕十大知识域或者八大绩效域展开。本书以项目范围管理为例，列出论文正文的参考模板并进行详细解读。

▶论文正文部分参考模板

1. 规划范围管理，确定范围指南针

科学的范围管理计划能够有效防止项目范围蔓延，并在项目期间对如何进行管理范围提供指南和方向。在这个阶段，我邀请了公司分管领导王总、业务专家李经理、客户方代表、项目组成员和其他干系人，通过会议的方式进行范围规划。过程中结合项目章程、项目管理计划等文件，参考组织过程资产库的参考模板和类似项目，使用备选方案分析逐一讨论并确定了范围管理方法，完成了初步的范围管理计划和需求管理计划的编制。由 PMO 组织评审通过后纳入基线管理，并在后续保持渐进明细和规范变更。

2. 收集需求，奠定范围管理基础

收集需求是为实现目标而确定、记录并管理干系人的需要和需求的过程，是定义范围的基础。在范围管理计划和需求管理计划的指导下，我组织团队分工采用问卷调查和一对一访谈相结合的方式，保障需求收集的广度和深度，针对难以有效表达的需求，则采用了"工作跟随"的观察法，比如针对"养老社区护理"模块中的"护理巡视"需求，我们跟着园区护工来到现场，发现护工完成老人的日常护理后，需先把老人相关的身体特征、护理内容等数据记录在本子上，然后回办公室再录入系统，整个过程耗时耗力，难以体现数字化价值。由此我们挖掘出了护工的潜在需求：通过室内定位、语音输入等多种技术实现护理信息自动录入，通过物联网技术，实现老人体征数据的自动录入，这一需求获得了园区护理人员的高度认可和称赞。最后我们把需求整理进需求文件中，并生成了相应的需求跟踪矩阵。

3. 定义范围，有所为有所不为

定义范围是制定项目和产品详细描述的过程，明确收集到的需求哪些要包含在范围内，哪些被排除在范围外。我带领团队以项目章程、范围管理计划和需求跟踪矩阵等文件为依据，召集项目主要干系人开会讨论，通过对产品的多次分析和数据分析讨论，制订了项目范围说明书，由客户项目负责人签字确认，并最终得到项目各干系人的确认和认可。项目范围说明书主要描述了其产品范围是对养老社区内护理流程实现科技赋能，可交付成果包括社区智能化护理平台、用户手册等，另外也明确了项目验收标准以及除外责任，比如机房服务器搭建不属于本项目范围。

4. 创建WBS，为交付确立架构

创建WBS是将项目可交付成果和项目工作分解为较小的、易于管理的组件的过程，这是一项非常重要的工作。在本过程中，我带领团队依据需求文件和范围说明书采用自上而下的方式进行了WBS分解。由于创建WBS涉及将要开展的具体工作，负责后续执行的成员最有发言权，因此我让大家都参与到创建WBS工作中。经过商议，我们约定WBS控制在五层以内，并且以可交付成果作为分解的第二层，比如智能资源调度子系统，资源智能排班模块为分解的第三层，第四层为资源注册、预约/计划、数据智能分析、报表绩效展示等。除此之外，我们还为各组件分配了编码并编写了WBS词典，从而将经批准后的范围说明书、WBS和WBS词典作为本项目的范围基准，最后将WBS中的编码更新到需求跟踪矩阵，实现彼此的相互关联，以便在后续的项目生命周期中对需求和WBS工作包进行协同管理。

5. 确认范围，强化终验一次通过概率

确认范围是正式验收已完成的项目可交付成果的过程，确认范围使验收具有客观性，也提高最终产品、成果获得验收的可能性。针对本项目已完成的可交付成果，我们会先通过内部测试形成核实的可交付成果，然后组织客户进行范围验收确认，得到验收的可交付成果，比如确认智能资源调度模块包含高频报表和自助分析功能，最后在需求跟踪矩阵中将需求状态修改为已确认。另外，对于其中涉及的等保测评模块，我会提前邀请客户认可的第三方评级机构完成评级，评级结果连同对应的可交付成果，组织客户进行范围确认，以上种种举措大大提升了确认范围及终验一次性通过的可能性。

6. 控制范围，确保范围基准的严肃性

控制范围是监督项目的范围状态、管理范围基准变更的过程。在本项目中，我带领团队成员在每周的项目例会上，根据范围基准、需求跟踪矩阵、工作绩效数据等审查项目和产品的范围，分析与范围基准的偏差并纠偏。比如有次客户领导联系我，希望在用户管理模块中新增"员工编号"的字段。我初步了解后向其说明涉及需求变更，希望能够在正式会议上提出，并向其详细汇报了变更处理流程和对客户的好处所在。最终在客户领导的认可理解下，我方收到了正式的变更请求。

接着我组织项目团队对请求进行了初审评估,发现此变更请求相当于给系统使用用户增加新的独立ID,而且要和相关模块进行关联,预估需要4天的实施周期。在完成变更方案的制定和论证之后,将此变更及相关论证材料提交CCB进行审批。在审批通过后,我将此变更纳入到项目管理计划中,并按照计划组织变更实施,保持对变更的监控评估,确保项目不会因为变更偏离正常轨道。变更实施完成并经过回归测试验证无误后,我在第一时间通知了客户,并同步更新了项目文件。

  项目范围管理共有6个过程,属于论文中过程相对较多的题目,如果把正文字数平均分配给6个过程,那么可能带来的问题是:每个过程都无法详细描述,整篇论文读下来会给阅卷老师意犹未尽的感觉,但是如果省略其中的部分过程,又会让阅卷老师误以为基础知识掌握不过关。所以针对此类过程较多的论文,需要不漏掉一个过程,但是又需要突出重点。解决方式是重点展开其中的某几个过程,其他的过程简单描述即可。在上面的论文范文模板中,从字数可以清楚看到,本书重点展开了收集需求、创建WBS和控制范围3个过程。论文中到底要重点展开哪些过程,到底要简单描述哪些过程,取决于两点。第1点是你自己的熟悉程度,可以重点展开你更加熟悉的过程;第2点是重要程度,可以重点展开重要程度更高的过程。比如论文范文中的控制范围过程,自然会讲到需求变更和对应的变更控制流程,而变更控制可以通过举例来使论文更加出彩,同时,对应的例子也可以运用到其他知识域监控过程组中,复用性很好,可以作为论文的重点展开过程。

  从正文范文模板中还可以看出来,论文的主框架就是对应知识域的过程名字,对于绩效域的论文,论文的主框架是绩效要点。不过需要提醒的是,用过程名字作为论文的主框架并非唯一的选择,这仅仅是论文最佳实践之一,你也完全可以使用子题目作为论文框架,论文并非要求严格的八股文,只不过用过程作为论文的主框架相对主流,所以本书以此为框架展开。另外,本书在论文范文模板中并非直接列出过程的名称,而是后面接了一个短句,比如"规划范围管理,确定范围指南针",这样写一方面是为了避免论文显得呆板,另一方面也能够通过增加的短句进行目的意义的强调。

  首先看第1个过程"规划范围管理,确定范围指南针"的论文写法。用一句理论开头,首先描述范围管理计划的价值作用,接下来就可以对具体做法展开描述。做任何管理计划最常用的工具与技术是开会,开会需要邀请对应的干系人参与,邀请的干系人最好列出姓,比如"王总""李经理"等,能够强化案例的真实性。接下来通过会议的描述,把规划范围管理的输入、工具与技术、输出等融合进来,这就是理论和实践相结合在论文中的应用方式之一。由于规划范围管理过程并不是这篇范文的重点论述过程,所以这段论文中就没有继续展开范围管理计划或者需求管理计划中包含的内容,如果规划范围管理过程是你论文的重点过程,那么建议展开会更好。最后别忘记管理计划需要通过评审后才能正式生效。

  第2个过程是"收集需求,奠定范围管理基础"。首先同样是用理论开头,描述收集需求的定义和作用,接下来把过程的输入、工具与技术融入具体的项目实践中开始理论和实践相结合的论述。这个过程是论文范文的重点过程之一,所以范文里面举出了实际的需求收集例子,描述了如何收集"养老社区护理"模块中的"护理巡视"需求,这样一段长文描述下来,能够明显增强整篇论文的真实感和具体感，细节更容易让论文出彩。最后别忘记在收尾的时候，提一下过程的输出。

第 3 个过程是"定义范围，有所为有所不为"。定义范围过程的写作难度高于前面的收集需求过程，所以在这段论文中，用了较多的理论内容，首先同样是理论开头，接下来还是召集干系人开会，通过描述开会可以非常自然地提到过程的输入和输出。最后结合论文中的项目案例，介绍了范围说明书包含的个性化内容，另外，在后面也简单提到了范围说明书里面不包含的"机房服务器搭建"内容，用来和开头中提到的"哪些被排除在范围外"遥相呼应。

第 4 个过程是"创建 WBS，为交付确立架构"。创建 WBS 过程在论文中可以发挥的点非常多，比如 WBS 分解的 8 个注意事项，选择自己熟悉的注意事项，并且在论文中和具体案例相结合，就能够得出不错的论文效果。论文范文模板中依然是以理论开头，然后引入了过程的两个输入"需求文件和范围说明书"，调动了全员进行 WBS 的分解，接下来是结合项目案例的特点，举例描述了分解的具体层次，为本过程的论文增添真实性，最后的 WBS 词典、范围基准等最好在论文中有所体现，毕竟这个过程最重要的输出是范围基准。

第 5 个过程是"确认范围，强化终验一次通过概率"。同样也是理论开头，介绍自己对确认范围过程定义和作用的理解，接着通过项目案例的具体举例来增强论文的真实性，最后再用"以上种种举措大大提升了确认范围及终验一次性通过的可能性。"收尾呼应开头提到的过程作用，这个过程相对不太容易写得精彩，所以本范文模板不作为重点。

第 6 个过程是"控制范围，确保范围基准的严肃性"。这个过程是范文模板的重点过程之一，因为只要涉及控制，往往就能够想到变更以及对变更的控制流程，而变更及控制流程相对容易举例、相对好写，所以自然成为了范文模板的重点之一。在范文模板中同样是理论开头，然后举出实际的案例，通过对案例的描述，体现项目经理对变更控制流程的恪守，以及在过程中优秀的沟通协调能力："向其详细汇报了变更处理流程和对客户的好处所在"，然后在具体案例中将变更控制流程有机融合进来，达到了学以致用、理论实践相互融合的效果。

从以上论文正文的详细写法中可以看出，论文的正文有其相对清晰的框架，也有其相对清晰的写作步骤，沿着这个框架和步骤，融合自己最熟悉的行业项目案例，亲自动手去写一写，论文就成了！

29.3　论文收尾的"豹尾"写法

接着看论文收尾如何做到"豹尾"，"豹尾"形容论文的收尾部分，就像豹子的尾巴一样，要有力、简洁、令人印象深刻。收尾应该总结论文的要点，并给阅卷老师留下深刻印象。由此，我们可以看出，论文收尾部分想要写好，首先需要总结要点，用简洁的语言总结论文的主要内容和观点，再次强化阅卷老师对论文的整体认识，其次要总结经验教训，让阅卷老师对自己的思考有所感受，最后在论文的结尾提出对未来的展望，让阅卷老师感受到论文的价值和你的志存高远。论文收尾的参考模板如下：

论文收尾部分参考模板

在全体成员的共同努力下，项目历时×××个月，×××系统最终成功通过验收并交付使用，系统至今运行稳定，得到了客户方的高度认可和用户的一致好评，此次建设项目也斩获了公司年度最佳项目奖。复盘整体项目实施，得益于项目初期即深刻认识到项目具有×××的特点，我们果断采取×××，并在过程中始终坚持×××，最终实现了×××。不过由于×××，我们在×××方面相对略显薄弱，后续会进一步加强。每个项目都有其独特性，项目管理实践没有最好的，只有最适合的，未来我会持续学习、思考和实践，不断提升自己的项目管理方法论和实践能力，为信息系统项目管理建设作出贡献。

论文收尾部分是对正文的总结，虽然论文收尾部分只有300字左右，但是麻雀虽小五脏俱全，整体上还可以分为4个组成部分：成果表功、成功经验、教训不足和未来展望。

首先是"成果表功"，本书在参考模板中开头时，可以把项目的总时长写上，一般会写×××个月，接着就可以开始通过成果来表功了，第1个可以使用的表功方式是体现系统的运行平稳，系统平稳运行是项目成功与否重要的参考标准之一；第2个可以使用的表功方式是客户满意度，可以使用类似"客户认可"和"用户好评"的方式来展现；第3个可以使用的表功方式是拿到了公司的某些奖项，比如本项目获得了当年公司年度最佳项目奖等；最后一种可以使用的表功方式是顺利拿下了客户的下一期的项目，或者通过客户的转介绍，拿下了新客户的同类项目。这几种成果表功的方式不一定都要写出来，你可以根据自己论文和项目的特点灵活参考借鉴。

有了成果功劳之后，就可以总结下这个项目为何会成功，先要提到成功的经验，成功经验一定要紧扣论文题目涉及的知识域或者绩效域，总结项目特点时最好突出项目的难度、复杂度等挑战，通过挑战间接体现自己的项目管理能力。总结项目关键举措的时候，要和论文的正文有所对应，和关键的过程或者绩效要点有所呼应，这里可以用一些关键句式，比如"坚持项目××管理不放松"来增强论文语言的张力，最后紧跟一个短句来列出项目目标的实现即可。

成功经验之后紧接着需要总结下教训不足，教训不足体现的是学无止境，首先简单提一下教训的原因，教训的原因可以一笔带过，然后简要描述教训，教训建议选择一个和论文主题关系不大的点，不要是严重的不足或者问题，轻描淡写一些，接着再紧跟一句说明教训导致的问题得到了妥善解决就好。

最后用一句话对未来进行展望收尾，这部分内容没有标准的写法，本书在参考模板中这样描述："每个项目都有其独特性，项目管理实践没有最好的，只有最适合的，未来我会持续学习、思考和实践，不断提升自己的项目管理方法论和实践能力，为信息系统项目管理建设作出贡献"，当然这句展望不一定最适合你的个性化论文，不一定最适合你的论文背景，所以仅供参考，写作时应换成更加适合自己论文的展望。